스마트 팩토리 : 미래 제조 혁신

※ 이 책은 한국전자통신연구원(ETRI) 기술정책연구본부와 산업·IoT지능화연구단이 기획하고, 국내 연구기관, 대학, 산업계의 스마트 팩토리 전문가들이 디지털 제조의 미래를 전망하고 혁신 방향을 제언한 전문 도서입니다.

스마트 팩토리 :
미래 제조 혁신

박준희 · 김문구 · 오지선 · 김희태 · 최동학
손지연 · 강학주 · 박종현 · 정선민 · 신동형
오재영 · 조충호 · 정재윤 · 김재현 · 강인식
임명환 · 배지훈 · 이은서 · 하태진 · 권원일
공저

율곡출판사

추천의 글 1

제4차 산업혁명이라는 새로운 패러다임의 전개는 제조분야에서 자국의 경쟁력 강화를 위한 치열한 경쟁을 일으켰다. 그동안 우리나라는 자동차, 조선, 반도체 등 여러 산업분야에서 제조 경쟁력을 제고하기 위해 자원과 역량을 집중적으로 투자한 결과 글로벌 제조 강국의 반열에 당당히 우뚝 섰다. 더불어 우리나라는 세계 최고 ICT 강국의 위상을 갖고 있어 첨단 ICT를 기반으로 제4차 산업혁명을 선도할 충분한 역량과 우호적인 환경을 갖고 있다.

한편, 앞으로 제조의 미래는 혁신을 어떻게 추진하느냐에 따라 그 명운이 달라질 것이다. 스마트 팩토리가 바로 제조 혁신의 아이콘으로 부각되고 있으며, 세계 주요국들은 자국 스마트 제조 혁신의 핵심 동인으로 스마트 팩토리에 주목하고 이의 구축을 위해 역량을 강화하고 있다. 우리나라 또한 제4차 산업혁명을 주도할 첨단 ICT 및 제조 역량 강화를 통한 지속적인 글로벌 제조 강국으로 나아가기 위해 스마트 팩토리에 대한 미래 비전과 전략 하에 지속적인 투자와 경쟁력 제고에 집중하고 있다.

한국전자통신연구원(ETRI)은 제조분야 산업 가치사슬 전반에 혁신적인 변화를 가져올 중요한 동인인 스마트 팩토리에 대해 전문가분들이 머리를 맞대고 고민하여 향후 스마트 팩토리 발전과 진화 방향 등에 대해 독자분들이 이해하기 쉽게 풀어쓴 책을 발간하게 되었다. 이 책은 제4차 산업혁명이 적용되는 핵심 산업인 제조분야에서의 스마트 팩토리에 대한 혁신 전략과 진화 방향을 선제적으로 다루었다는 점에서 의미하는 바가 크다.

제1부에서는 제4차 산업혁명과 비대면 사회에 직면한 스마트 팩토리의 혁

신과 전략 방향을, 제2부에서는 미래 스마트 팩토리가 나아가야 할 비전과 유망 서비스 및 진화 방향을, 마지막으로 제3부에서는 기술 관점에서 스마트 팩토리를 구성하는 다양한 기술의 발전과 인프라 구축 방향을 구체적으로 서술하고 있다.

제조 혁신을 통한 미래 스마트 팩토리의 미래 비전과 전략을 고민해야 하는 기업은 물론, 정부 정책담당자에게 본서 저자들이 전하는 심층적인 전략과 혜안은 그 무엇보다도 소중하고 가치가 있을 것으로 생각된다. 아울러 정책결정자, 기업 CEO, 연구자뿐만 아니라 스마트 팩토리를 중심으로 미래 제조 혁신의 변화와 방향에 관심이 있는 모든 분에게 이 책이 길라잡이가 되리라 믿으며, 자신 있게 일독을 권해 드린다.

한국전자통신연구원장 **김명준**

추천의 글 2

2011년 독일이 하노버에서 Industrie 4.0을 처음 주창한 이후 미국, 중국, 일본 등 제조기업을 중요시하는 모든 국가와 글로벌 기업들이 미래 "4차 산업혁명의 새로운 제조업 시대"에 대응하기 위한 정책을 수립 · 실행해 오고 있다.

우리나라도 2030년까지 글로벌 제조 경쟁력 국가 서열 5위에서 4위로 진입하겠다는 비전 선포식을 계기로 각 부처에서 구체적 실행을 위한 정책을 수립 · 추진하고 있다. 특히 중소벤처기업부에 "스마트 제조 혁신 기획단"을 다부처 합동으로 설립하여 중소 · 중견 제조기업을 위한 스마트 공장 보급 확산에 연간 4,000억 원 정도의 예산을 집행하고 있다. 기존 공장의 3D · 단순 반복적인 작업을 자동화하고, 자동화된 설비로부터 Raw Data를 수집 · 저장하고 있으며, MES, ERP, FEMS 등 기업 솔루션을 도입하고 있다.

지난 2014년부터 2020년까지 19,799개 기업이 정부 지원사업을 수행하였는데, 2018년까지 이를 수행한 7,903개 사를 대상으로 성과를 분석한 결과 생산성은 28.4%, 품질은 42.5%가 향상되었으며, 원가가 15.5% 줄었고, 고객에게 적기에 공급하는 적중률이 16.4%로 향상된 경제적 효과를 창출하였다. 또한 경영 개선 성과로 인해 인력은 2.6명 증가하였고, 매출액은 7.4% 증가하였으며, 재난사고는 6.1%로 줄어들었다. 이는 스마트 공장을 도입하기 1년 전과 도입 후 1년이 지난 시점의 양 지표를 비교 분석한 결과이다.

우리나라는 지난 50년 동안 정부의 막대한 자금을 대기업에 지원하였다. 그 결과 삼성, LG, SK, 현대, 포스코 등 대기업들이 글로벌 시장에서 많은 돈을 벌어 국민의 삶의 질을 향상시켰고 지금은 자생력 있는 글로벌 기업으로 성장하였다. 반면 대기업에 부품을 가공 · 조립하여 공급해 온 중소기업들은 원가 절감 압박에 마른 수건도 짜야 하는 고통을 겪어야 했지만, 다행히 지금까지 잘 버텨 왔다.

지난 50년이 대기업 중심의 경제체제였다면, 앞으로 50년은 중소기업 중심 디지털 경제체제로의 대전환 시기가 될 것이다. 이를 위해서는 정부가 막대한 자금을 스타트업과 벤처기업에 지원하여 이들 기업들이 중소 · 중견기업으로, 더 나아가 글로벌 히든 챔피언 기업으로 성장하도록 선택과 집중을 하는 방식으로 장기 협업 사업을 해야 한다. 이를 위한 핵심 정책을 위해 중소기업이 보유한 핵심 역량이 무엇인지, 부족한 역량이 무엇인가를 분석하고, 현재 생산하는 제품의 수명을 예측하며, 새로운 제품을 개발해야 한다. 또 글로벌 고객에게 공급할 수 있는 제품과 사업 모델 개발에 중점을 두어 미래 먹거리 시장을 개척해 나가야 한다. 우리나라의 스마트 제조 혁신은 이제부터다. 지금까지 수행했던 공정 혁신을 넘어 제품 및 사업 혁신에 집중해야 한다.

2022년까지 스마트 공장 30,000개를 구축한 이후의 새로운 도약 정책을 수립하는 시점에 ETRI를 중심으로 KISTEP, 기계연구원, 생산기술연구원, SKT, 경희대학교, KAIST, (주)트윔, (주)울랄라랩 등 연구기관, 학계, 산업계 전문가들이 합심하여 책을 펴낸 것에 감사드리며, 많은 독자가 이를 기반으로 미래 글로벌 시장에서 선두를 달릴 수 있도록 노력해 주기 바란다.

스마트제조혁신추진단 단장 **박한구**

들어가는 글

글로벌 경제는 2000년대 이후 금융위기, 코로나 바이러스 대확산을 거치면서 대부분의 선진국을 중심으로 발생한 성장률 정체, 실업률 증가라는 위기에 봉착해 있다. 국가의 경제성장률은 제조업 성장에 기인한다. 미국, 일본, 독일 등 선진국들은 장기간 경기침체를 겪었고, 이를 해결하기 위해 많은 국가들이 제조업 부흥을 위해 다양한 연구를 진행했다. 독일의 경우 세계 제조업에서 자국의 경쟁력 저하, 제조업 부가가치 기여율 감소가 가장 큰 문제였다. 이에 더하여 낮은 출산율, 고령화, 인구 감소, 고임금 체계, 낮은 에너지 자급률 등이 큰 이슈였다. 이러한 문제 해결을 위해 범유럽 중심의 제조업 재건 프로그램인 'Industry 4.0'이 시작되었다. 독일의 'Industrie 4.0'에서 시작된 4차 산업혁명은 이제 시대의 조류가 됐다. 4차 산업혁명에서는 스마트 팩토리를 구현하는 것이 산업적인 측면에서 가장 중요하다고 일컬어진다. 그 이유는 스마트 팩토리가 제4차 산업혁명에 중요한 사물인터넷, 로봇, 빅데이터 등 주요 기술들이 포함돼 있는 통합된 자동화 시스템을 구현하는 것이기 때문이다.

우리나라도 마찬가지다. 한국이 제조 강국이 되기 위해, 또한 제조산업의 글로벌 경쟁력 강화를 위해, 인공지능과 로봇, 디지털 트윈 등을 바탕으로 제조산업의 패러다임을 변화시기기 위해 스마트 팩토리가 해결책이 될 수 있을 것이다.

이 책은 디지털 제조분야의 학계, 연구계, 기업계 전문가들의 경험과 식견을 모아 우리나라 스마트 팩토리 산업 발전을 위한 방향을 제시하기 위해 기획되었으며, 크게 세 부분으로 구성되어 있다.

제1부에서는 스마트 제조 혁신에 대한 고찰과 디지털 전환에 기반한 스마트 팩토리의 발전 현황, 스마트 팩토리에 대한 국내외 정책과 기술개발, 주요국들의 정책을 살펴본다. 우리나라의 산업 혁신에서 왜 디지털 전환이 중요한가에 대하여 논의한다. 디지털 전환 사례와 제조업에서 스마트 팩토리 확산을 위한 방향을 모색하고, 스마트 팩토리 확산을 위해 필수적인 요소인 표준화 방향에 대하여도 심도 있게 다룬다.

제2부에서는 스마트 팩토리의 미래 비전과 진화 방향에 대하여 살펴본다. 인공지능이 융합된 미래 제조가 변화시킬 우리의 산업에 대하여, 그리고 인간과 로봇이 협업하는 미래 공장의 가장 진화된 형태인 자율공장을 살펴본다. 또한 RMS와 메타버스, 에너지, 유망 서비스 등 다양한 관점에서 바라본 스마트 팩토리의 비전을 제시한다.

제3부에서는 스마트 팩토리를 구성하는 기술과 인프라의 사례를 제시한다. 스마트 팩토리는 생산, 공정, 물류, 유통, 관리가 네트워크로 연결되어 있기 때문에 다양한 기술이 필요하다. 해킹 위험성에 대비한 보안기술, 통신기술, 인공지능, 로봇, 디지털 트윈, AR, SW 테스팅, 블록체인 등 많은 기술들이 수반되며, 기획과 설계, 생산, 공정, 유통, 관리에 이르기까지 스마트 공장 운영의 전 주기에 필요한 핵심 기술영역들(5G, IoT, AI, 빅데이터, 3D 프린팅, AR · VR · MR, 디지털 트윈)을 하부구조로 한다. 이러한 많은 기술들을 촘촘하고 원활하게 연결하고, 운용될 수 있게 하는 것이 바로 스마트 팩토리의 솔루션이다. 즉, 제조 · 유통 시스템을 자동화하여 자율공장으로 진화할 수 있게 하는 기술 기반인 것이다. 이

러한 스마트 팩토리의 다양한 기술 범위를 리뷰하고 시사점을 제시한다.

스마트 팩토리가 한국에서 성공하기 위해서는 기술 발전 추세에 맞추어 국내 제조기업들이 빠르게 대응하고, 제조 혁신과 비즈니스 혁신을 이루어야 한다. 또한 스마트 팩토리를 추진하려는 중소기업들에 대한 정부의 지원 정책이 강화되어야 하며, 정부 출연연구기관이나 솔루션 공급업체 등은 기업 현실에 맞는 한국형 스마트 팩토리 기술을 제공해야 할 것이다. 미래 지향적인 제조업체들은 보다 스마트한 방식으로 디지털 혁신을 주도해야 할 필요성을 이해하고 있다. 초기 투자비용에 대한 부담에도 불구하고 불확실한 미래에 대응하기 위해 스마트 팩토리는 주요한 해결책이 될 수 있다. 또한 한국 경제발전의 주축인 제조업의 혁신은 국가적 정책과 한국 기업들의 생존을 위한, 미래를 위한 필수적인 준비이다. 이 책이 한국의 제조업 혁신과 스마트 팩토리 산업 발전에 조금이라도 도움이 되길 바란다. 끝으로, 이 책이 세상에 나올 수 있게 많은 도움을 주신 율곡출판사 관계자 여러분들께 감사의 말씀을 드린다.

2021년 12월

저 자 일동

차 례

Part 2
미래 비전과 진화 방향

제1장 미래 스마트 팩토리 비전 : 자율공장____손지연(한국전자통신연구원)

제2장 미래형 공장 RMS(재구성 가능한 생산 시스템)____강학주(울랄라랩)

제3장 스마트 팩토리 미래 서비스 전개와 활성화

____박종현(한국전자통신연구원) · 정선민(한국과학기술기획평가원)

제4장 메타버스 관점에서 본 스마트 팩토리의 미래 ___ 신동형(알서포트)

제5장 에너지 관점에서 본 스마트 팩토리의 미래 모습과 발전 방향

___ 오재영(SK 텔레콤) · 조충호(고려대학교)

Part 3

기술과 인프라

제1장 디지털 원유 빅데이터와 스마트 팩토리 ___ 정재윤(경희대학교)

제2장 스마트 팩토리에서의 인공지능 기술과 발전 방향___김재현(트윔)

제3장 5G가 만들어가는 스마트 팩토리의 변화___강인식(SK 텔레콤)

제4장 블록체인 적용을 통한 스마트 팩토리의 혁신과 시사점

___임명환(한국전자통신연구원)

PART 1

혁신과 전략

1장

스마트 제조 혁신에 대한 고찰*

박준희(한국전자통신연구원)

* 본 장은 한국전자통신연구원(ETRI)의 기본 사업인 "자율적으로 연결, 제어, 진화하는 초연결 지능화 기술 연구(21ZR1120)"를 통해 작성된 결과물입니다.

〈요약〉

제조업은 지난 60여 년간 우리나라의 산업 발전을 이룩한 근간 산업으로 엄청난 기술적 진보를 이루어 왔다. 우리 국민의 우수성을 토대로 지속적으로 개선된 제조 현장의 역량은 우리나라를 전 세계 제조 5강의 반열에 올려놓는 괄목할 만한 성과로 귀결되고 있다.

그러나 소품종 대량생산 시대에서 치열하게 생존해 온 우리의 대응방식이 다품종 소량생산 시대 혹은 개인 맞춤형 생산 시대로의 패러다임 전환 속에서도 유효할 수 있을까? 최근의 제조 패러다임 전환에 그동안의 방식으로 대응하는 것에는 한계가 있는 듯하다. 적절한 대응방법을 알아내기 위해서는 제조분야에서 일어나는 거시적 트렌드 변화가 우리의 제조산업 경쟁력에 끼치게 될 영향이 무엇인지에 대해 깊이 고찰해볼 필요가 있다.

질 좋은 노동력으로 제조 경쟁력을 확보할 수 있던 시대는 저물어가는 반면, 인더스트리 4.0, 제4차 산업혁명 등의 트렌드 속에 첨단기술 중심의 제조산업 시대가 도래하고 있는 상황 속에 본 장에서는 우리가 그런 준비가 되어 있는지, 역량은 가지고 있는지, 어떻게 준비를 해야 하는지, 스마트한 제조 혁신을 달성할 기술은 무엇인지에 대해 고찰해 본다.

1. 서론

2011년 독일이 인더스트리 4.0 정책을 발표하고 얼마 후 WEF 다보스포럼에서 클라우스 슈밥이 '제4차 산업혁명'을 거론한 이후 첨단 ICT 기술 중심의 제조업 혁신이 주목받고 있다.

18세기 산업혁명 이후 제조업은 인류에게 새로운 경제활동의 기회를 제공하였으며, 인류 역사상 가장 번영한 시대를 만들어 주고 있다. 지구촌 거의 모든 국가는 제조업을 통해 성장했으며 제조업의 전후방 산업을 통해 경쟁력을 유지 혹은 발전시키고 있다.

우리나라도 다르지 않다. 1960년대 이후 우리나라 산업화를 이끈 주체는 제조업이었다. 지금까지 우리나라가 전 세계 경제대국으로 인정받는 근간에는 제조업이 있다. 제조업에서의 경쟁력 저하는 국가 전체의 경제적 어려움으로 연결되기 때문에 우리 정부도 항상 관심을 가지고 제조업 관련 정책과 제도 개선 및 투자를 추진하고 있다. 2022년부터 5년간 투자가 확정된 스마트 제조 혁신 예비타당성 사업도 이러한 활동의 일환이라 할 수 있다.

지난 60여 년간 우리 제조업은 괄목할 만한 발전과 성장을 해 왔다. 현재 글로벌 제조 강국들과 어깨를 나란히 하면서 경쟁하는 것이 바로 그 결과라 할 수 있다. 그러나 2010년대 이후 우리 제조업 경쟁력에 이상 시그널들이 포착되고 있다. 이러한 시그널을 분석해 보면 지금까지의 경쟁력 확보 전략이 한계점에 도달하고 있다는 느낌을 지울 수 없다. 서두에 기술한 제4차 산업혁명의 거시적 변화 속에 우리 제조업의 대응 전략도 혁신적 수정이 필요하다는 생각이다.

본 장은 2절에서 제조 패러다임 변화의 거시적 흐름에 대해서 알아보고, 3절에서는 이러한 거시적 변화 속에 우리의 경쟁력 현황과 이상 시그널 그리고 미래 공장의 비전에 대해서 고찰해 본다. 4절에서는 첨단 ICT 기술이 적용된 미래 공장을 그려본 후 5절로 마무리한다.

2. 제조 패러다임의 변화

2.1 거시적 동향

먼저 산업혁명이라는 거시적 역사의 흐름 속에서 현재를 진단해 보자.

유발 하라리가 '실패한 혁명'이라고 주장한 농업혁명 이후 1만 년 동안 인류는 땅에 정착해서 땅을 이용해 생산하고 문명을 이루어 살아왔다. 18세기에 일어난 산업혁명은 당시의 사회적 환경, 르네상스 시대 이후로 발전되어 왔던 과학과 초기 엔지니어링 기술이 접목된 결과이며 기계혁명이라고도 불린다.

이전까지 모든 생산을 땅에 의지했던 인류에게 산업혁명은 새로운 생산수단으로 "인간이 기계를 활용하는 공장"을 선물했다. 인간의 손으로만 이루어지던 생산이라는 작업에 기계가 투입되기 시작한 것이다. 20세기 초에 이르러서는 본격적인 대량생산 시대로 접어들게 한 혁신적 방식이 등장한다. 바로 헨리 포드가 도입한 조립 라인(Assembly line)이다. 2차 산업혁명이라고 불리는 포드자동차의 조립 라인 도입은 공장에서 인간의 역할을 단순화시키고 박리다매라는 제조산업의 속성을 완성시킴으로써 현대적 대량생산의 시작을 알렸다.

20세기 중·후반부에는 전기·전자 및 컴퓨팅 기술의 공장 침투가 시작되고 3차 산업혁명의 서막이 오른다. 안전성을 전제로 한 이러한 기술의 적용이 폭발적으로 늘어나면서 많은 공장에 PLC(Programable Logic Controller)를 중심으로 한 자동화 시스템이 도입된다. PLC를 중심으로 DCS(Distributed Control System), MES(Manufacturing Execution System), SCADA(Supervisory Control And Data Acquisition), ERP(Enterprise Resource Planning) 등은 공장 자동화의 바람을 타고 구축되어 전 산업 영역으로 전파되었으며, 하나의 독립적인 산업 영역(공장 자동화 산업)으로 구분될 만큼 규모가 큰 분야가 되었다.

요약하면 18세기 산업혁명 이후 20세기를 거치는 동안 소수의 특권층이 소비를 독점하던 소량생산 가내수공업 시대는 '대중(大衆)'을 위한 제품을 대량으로 생산해 내는 공장의 시대로 전환되었고, 그 과정에서 공장의 기술은 효율적 대량생산에 초점이 맞추어져 왔다. 그렇다면 앞으로는 어떻게 될까?

이제 21세기가 시작되었다. 우리가 살아가고 있는 현재는 어떤 변곡점에 있는가? 우리는 제4차 산업혁명 시대에 살고 있다. 제4차 산업혁명 시대는 제조산업이 어떻게 바뀌어 갈지 고민이 필요한 시점이다.

〈그림 1-1-1〉은 요람 코렌(Yoram Koren)이 2010년에 발표한 "The Global Manufacturing Revolution"에서 소개한 그림을 재구성한 것이다. 요람 코렌의 발표 이후 이 그림은 수없이 인용되었다. 제조분야에 몸담고 있는 사람이라면 익숙한 그림일 것이다. 앞에서 기술한 산업혁명의 역사는 모두 이 그래프 안에 담겨 있다고 할 수 있다. 이제 이 그래프를 통해서 제4차 산업혁명이 제조산업을 어떻게 바꿀지 생각해 보고자 한다.

그림 1-1-1 소비자 니즈에 의해서 형성되고 있는 제조 패러다임 변화

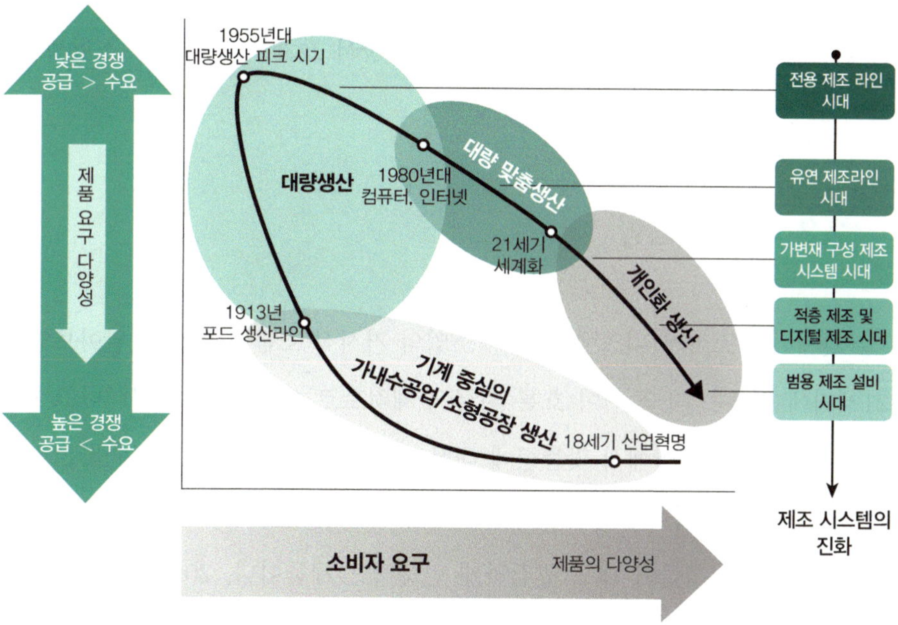

출처 : Yoram Koren(2010)

생산 볼륨과 품종 수라는 2차원 도면으로 표현된 그래프에서 재미있게도 곡선은 가내수공업으로 개인화 생산을 했던 200년 전의 위치로 향하고 있다. 20세기 들어 계속되어 온 소품종 대량생산 시대가 막을 내리고 200년 전의 개인화 생산 시대로 다시 회귀하고 있는 이 현상은 제조 현장에 어떤 변화를 요구하고 있는가?

200년 전과 지금의 가장 큰 차이 중 하나는 제품의 소비자가 다르다는 것이다. 200년 전 당시는 제품의 소비자가 주로 소수의 누군가—아마도 사회적 특권층이었을 가능성이 높다—였다면, 지금은 구매력이 있는 일반 대중들이 소비자가 된다. 같은 '개인화 생산 시대'로 표현될 수 있지만 소비의 규모는 비교가 되지 않는다. 개인 맞춤형 생산이면서도 대규모 소비를 만족시키는 생산수단은 무엇인가? 가내수공업으로 다시 돌아가는 대신 당시 인간처럼 무엇이든 만들어 낼 수 있는 유연한 능력을 가진 공장이 필요하다. 바로 범용적 제조설비가 작동하는 공장이다. 200년 전에는 인간이 범용적인 제조설비의 역할을 해주었다. 3D 프린터, 로봇, CNC 머신 등은 21세기 범용 제조설비의 예가 되고 있다. 결국 이들이 스스로 학습하고 생산하는 자율공장이 21세기의 다품종 소량생산의 답이 될 것이다.

2.2 미시적 동향

앞에서는 소비자 니즈에 의한 제조업의 거시적 흐름에 대해서 알아보았다. 21세기에 접어든 지 20년이 흐른 지금 구체적으로 어떤 변화가 일어나고 있는가? 이미 다양한 분야에서 맞춤형에 대한 요구가 증가하고 있고 실제로 그런 제품이 등장하고 있다.

화장품은 여성들이 매우 민감하게 반응하는 제품이다. 2020년 메조미디어에서 조사한 자료에 따르면 맞춤형 화장품이 필요하다고 답변한 응답자가 과반

수를 넘었다. 또한 맞춤형 화장품이 자신에게 더 잘 맞는다고 답한 응답자의 비율은 70%이고, 맞춤형 화장품의 장점으로 자신의 피부와 잘 맞는다고 답한 응답자의 비율은 60%에 육박했다(〈그림 1-1-2〉).

그림 1-1-2 1040 57% "맞춤형 화장품 필요"

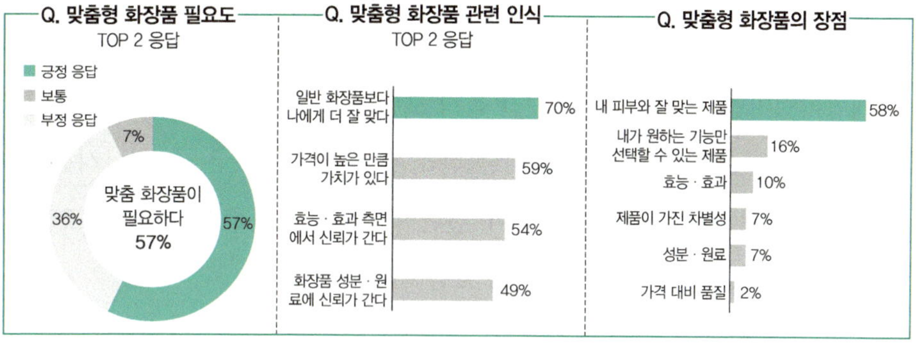

출처 : 메조미디어(2020)

또한 최근 가전사들은 구매자가 직접 디자인한 듯한 개념의 가전들을 속속 내놓고 있다(〈그림 1-1-3〉). 아직은 기능적 측면보다 디자인 관점의 개인화에 초점을 맞추고 있지만, 이러한 변화는 21세기를 살아가고 있는 소비자들의 기호 변화를 반영한 사례임에는 의심의 여지가 없다.

그림 1-1-3 S사의 나만의 냉장고 사례

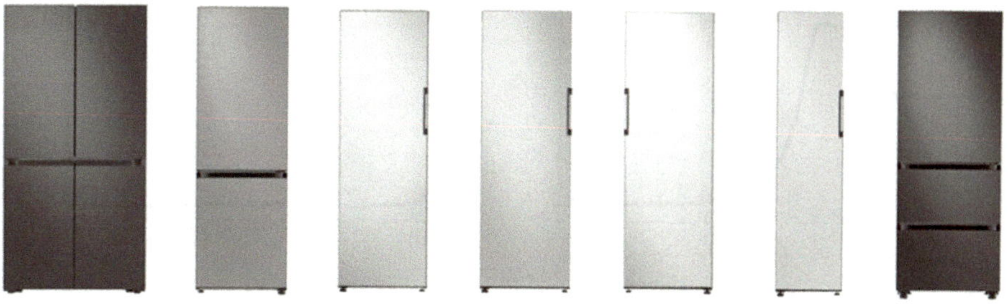

출처 : 삼성전자

마지막으로 이미 오래전부터 우리는 자동차를 구매할 때 나에게 맞는 여러 가지 옵션을 함께 주문하고 있다. 추가로 비용을 지불하더라도 나만의 것을 만들고자 하는 욕구가 반영된 것이라 할 수 있다. 〈그림 1-1-4〉는 최근까지 출시된 유명 자동차에 대한 모델 출시 빈도를 직접 조사하여 표현한 그래프이다. 그림의 좌측 *Y*축은 *X*축 연도 기준으로 최근 5년간 출시된 모델 수를 의미하며, 우축 *Y*축은 모델 출시 간격을 의미한다. 예를 들어 좌상의 그래프에 있는 A사 자동차의 경우 1993년에는 5년간 출시된 신모델 수가 단 하나이고 출시 간격이 60개월이었지만, 2017년에는 5년간 출시 모델 수는 11개, 출시 간격은 6개월로 줄어들었음을 보여주고 있다. 이러한 신규 생산 모델의 잦은 출시는 시장에서 소비자 니즈의 변화를 반영한 것이며, 전반적인 제품 생산주기의 단축으로 이어지는 다품종 소량생산 전환의 상징적 모습이다.

그림 1-1-4 자동차의 新모델 출시 빈도 변화

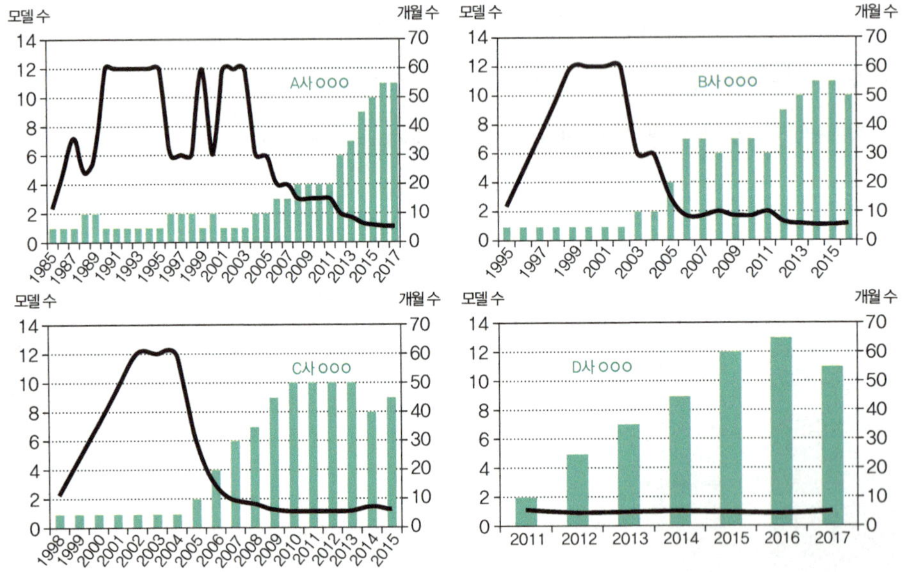

출처 : 인터넷 자체조사

이러한 소비자 니즈로 인한 제품 생명주기 단축은 제조 현장의 변화를 요구하며, 〈그림 1-1-5〉는 제조 현장의 변화를 이론적으로 설명하기 위한 그림이다.

〈그림 1-1-5〉의 좌측은 기존의 대량생산이 일어나고 있는 현장을 도식화한 사례이다. 그림은 4가지 부품이 조립되어 생산되는 네모 제품과 세모 제품을 생산하는 공장을 나타낸다. 전통적인 공장에서는 하나의 제조 라인은 단 하나의 제품을 위해서 활용된다. 그림에서도 네모 제품을 위해서 하나의 전용 라인을 구성하고 있고, 세모 제품을 위해서 또 하나의 전용 라인을 구축하여 생산하고 있다. 전통적인 공장에서는 인건비를 제외하고 생산라인 구축에 가장 큰 비용이 들어간다. 각 제품마다 전용 라인을 구축하는 것은 매우 큰 부담임에도 불구하고 대량생산이라는 조건이 있기에 손익분기점을 넘어선 생산을 보장받을 수 있었다.

그림 1-1-5 소비자 니즈에 의해서 전환되고 있는 제조 현장의 예

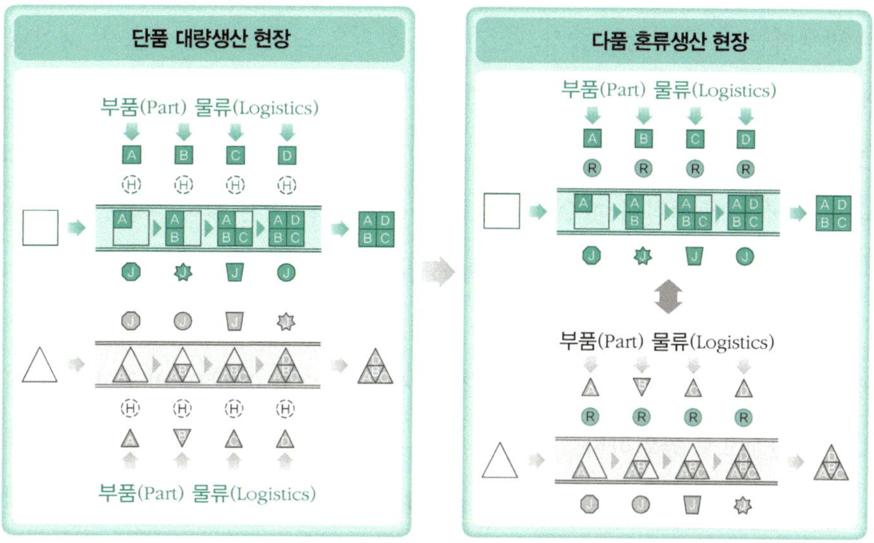

출처 : 저자 작성

그러나 다품종 소량생산 시대로 넘어가면서 더 이상 이러한 보장을 받는 것은 불가능해진다. 현재 공장에서 다품종 소량생산에 대응하고 있는 방식 중 하나가 바로 범용 제조설비인 로봇을 활용하는 혼류생산이다. 인간을 로봇으로 전면 대체하는 것은 아직은 묘연한 일이며 그야말로 스마트한 제조 혁신이 요구되는 일이다. 다만 이미 많은 산업 현장에 제조로봇이 도입되고 있는 것은 제조 현장의 수많은 작업이 단순한 교시만 있어도 로봇이 수행 가능한 일이기 때문이다. 여기서는 다품종 소량생산 시대에서 AI가 적용된 로봇의 필요성이 더욱 중요해진다는 점만 거론하고 혼류생산을 위한 제조 라인의 특성에 대해 집중하자.

혼류생산이란 하나의 제조 라인에서 여러 가지 제품이 생산되는 것을 의미한다. 〈그림 1-1-5〉는 우상의 네모 제품과 우하의 세모 제품이 하나의 제조 라인에서 번갈아 가며 생산되는 것을 표현했다. 실제로 현재 수많은 공장에서는 일 단위 혹은 시간 단위로 생산하는 모델이 수시로 바뀌고 있다. 이 경우 전통 공장에서 직면했던 비용의 본질—전용 생산라인 구축 부담—이 모델 변경으로 발생하는 유휴 시간의 증가, 즉 가동률 하락으로 전환된다. 로봇이 생산라인에 구축된 경우를 예로 들어보면 로봇의 작업을 위해 필수적으로 활용되고 있는 지그(Jig)의 제작 및 교체 비용과 시간이 가동률 하락에 영향을 주는 요소가 되며, 결국 모델 전환의 횟수가 중요한 파라미터가 된다. 결국 다품종 소량생산이 심해질수록 비용 손실은 더 발생할 수밖에 없는 구조가 되는 것이다.

위 사례는 제조분야에서 말하는 소위 이산공정의 사례에 해당되지만 연속공정에서도 모델 변화에 대한 효율적 대응이 필요하고 많은 비용이 요구되는 것은 본질적으로 동일하다.

18세기 산업혁명 이후 본격적으로 시작된 기계 중심의 제조산업 시대에서는 이미 오래전부터 전자·컴퓨터 기술의 접목을 통해 자동화를 이루어 오고 있었으나 더욱 복잡해진 소비자 니즈 변화로 인해 더욱 어려워진 저비용 생산을 수행해야 하는 숙제를 안고 있다. 이 숙제에서는 결국 DNA(Data, Network, AI)로 표현되는 첨단 ICT 기술과 정교한 설비기술의 접목이 유일한 해법으로 판단된다.

3. 한국의 제조 경쟁력

3.1 데이터로 본 경쟁력 현황

1960년대부터 산업화의 길을 걸어온 우리나라에서 제조업은 경제발전 그 자체라 해도 과언이 아니다. 18세기 이후 200년 이상의 시간을 들여 성장해 온 서방 선진국의 경제발전 역사를 우리나라는 30~40년 사이에 압축해 이루어냈다. 이 과정에서 제조업의 역할은 절대적이었다. 〈그림 1-1-6〉은 1960년대 이후 우리나라 GDP에서 제조업이 차지하는 비중을 보여준다. 우리나라의 경제 규모가 크게 성장했음에도 불구하고 그림에서 보는 바와 같이 1980년대 이후 지속적으로 25~30% 정도의 규모를 제조업이 차지하고 있는 것을 알 수 있다. 수출 중심의 우리 경제구조상 제조업의 역할은 매우 중요하며 지난 반 세기 이상 이 부분의 국제 경쟁력을 매우 잘 유지하고 지켜온 셈이다.

그림 1-1-6 한국의 GDP에서 제조업의 비중

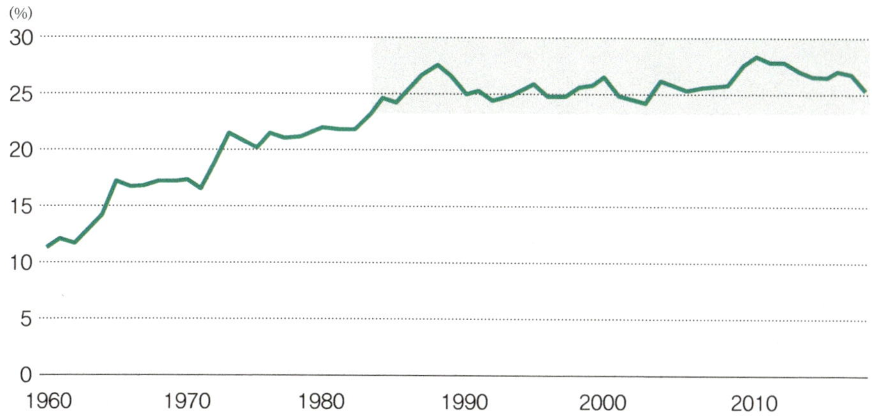

출처 : World Bank

우리나라가 글로벌 제조 5강에 포함되는 제조 강국임은 분명하다. 딜로이트가 2016년에 발표한 자료([표 1-1-1])에 따르면 우리나라 제조업 경쟁력 지수의 순위는 2016년에 5위이며, 2020년에는 6위이다. 2020년 이후 자료가 없어 확인은 불가하나 World Bank 자료에 의하면 2020년에도 우리는 규모 측면에서 여전히 5위권을 유지하고 있는 것으로 나타난다.

표 1-1-1 국가별 국제 제조업 경쟁력 지수, 2016년 및 2020년

2016년			2020년(전망치)			
순위	국가명	지수	순위	변화	국가명	지수
1	중국	100.0	1	▲1	미국	100.0
2	미국	99.5	2	▼1	중국	93.5
3	독일	93.9	3	–	독일	90.8
4	일본	80.4	4	–	일본	78.0
5	대한민국	76.7	5	▲6	인도	77.5
6	영국	75.8	6	▼1	대한민국	77.0
7	타이완	72.9	7	▲1	멕시코	75.9
8	멕시코	69.5	8	▼2	영국	73.8
9	캐나다	68.7	9	▼2	타이완	72.1
10	싱가포르	68.4	10	▼1	캐나다	68.1

출처 : 딜로이트

그러나 세부 지표를 들여다보면 상황은 개운하지 않다. 딜로이트가 제시하고 있는 인적 요인, 인프라, 혁신 정책, 에너지 정책, 법 · 제도 환경, 비용 경쟁력의 여섯 가지 지표에 대한 평가 내용을 보면 우리나라는 비용 경쟁력을 제외하고는 중국과 인도보다 앞선 것으로 나타난다. 그러나 상위 국가와의 격차가 하위 국가와의 격차보다 더 크게 벌어져 있는 것은 아쉬운 부분이며, 모든 항목의 평가가 중간 수준에 불과한 점은 종합적인 경쟁력 측면에서도 매우 취약할 수 있는 것으로 해석된다.

그 밖에도 몇 가지 지표에서 이상 신호가 감지되고 있다. 산업연구원 자료에 의하면 우리나라에서 생산된 제품이 전 세계 시장에서 차지하는 비중이

2010년대에 들어 처음으로 감소하고 있다(〈그림 1-1-7〉). 이것이 일시적 현상인지 하나의 변곡점인지에 대해서는 의견이 나누어질 수 있다. 그러나 다른 몇 가지 지표를 살펴보면 단순한 일시적 현상이 아닐 개연성이 더 높아보인다.

그림 1-1-7 국내 제품의 세계시장 점유율 변화

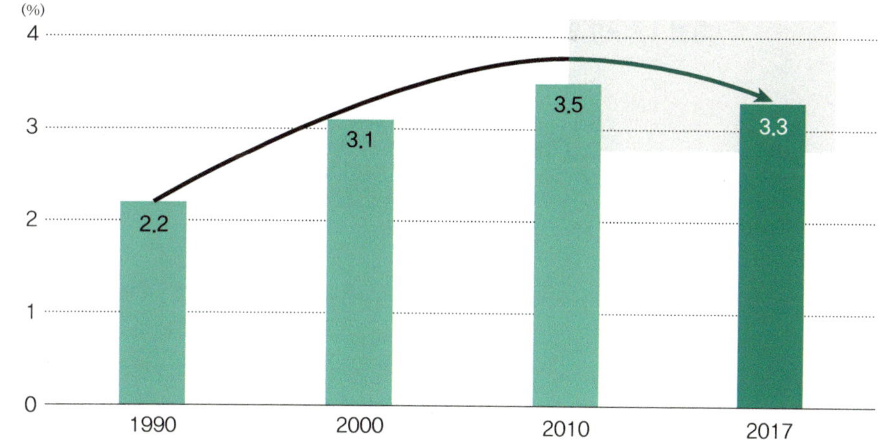

출처 : 산업연구원

미국 통계청에서 발표한 우리나라 제조 생산량의 증감 현황을 살펴보면 1990년대에는 5.9%의 증가율을, 2000년대에는 5.7%의 안정적 증가율을 보였

그림 1-1-8 한국의 제조 생산량 증감률

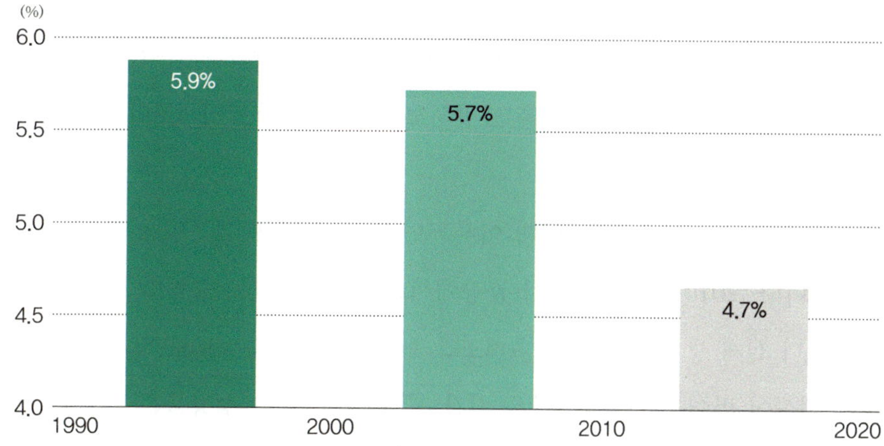

출처 : 미국 통계청

던 것이 2010년대 들어 4.7%로 크게 떨어진 것을 볼 수 있다(〈그림 1-1-8〉). 또한 같은 기간의 국내 공장 평균 가동률을 보면 지속적으로 감소한 것을 알 수 있다(〈그림 1-1-9〉). 우리나라의 제조업 평균 가동률이 8년이나 지속적으로 감소한 것은 가동률 통계가 작성된 이후 처음 있는 일이다.

그림 1-1-9 연간 우리나라 제조업의 평균 가동률 추이

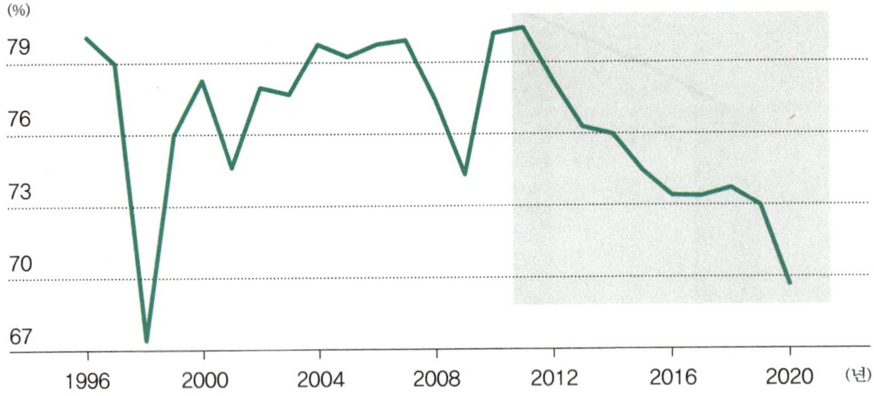

출처 : 통계청

2010년대에는 무슨 일이 있었던 것인가? 그동안 쌓여 왔던 문제들이 드디어 곪아서 터진 것일 수도 있고, 새로운 변화에의 대응이 미흡한 것이 문제일 수도 있다. 1990년대 이후 개방과 개혁 정책으로 자본주의를 수용한 중국의 경제 부흥은 누적되어온 문제일 수 있다. 그러나 원인으로 가장 의심되는 것은 2010년 이후 글로벌 제조업의 혁신을 표방하고 있는 인더스트리 4.0의 패러다임에 대한 대응 부족이다.

〈그림 1-1-10〉은 1990년대 이후 5년 단위로 국내 제조업 지수를 정리한 그래프이다. 2010년대에 들어서 공장에서 생산할 수 있는 능력(제조업 생산능력 지수)보다 실제 생산하고 있는 양(제조업 생산지수)이 지수상으로 더 낮아지는 크로스 현상이 벌어지고 있다. 같은 기간 전 세계의 GDP 성장률은 2.8%(1990년

그림 1-1-10 제조업 생산지수, 생산능력지수 그리고 가동률 등락률 비교

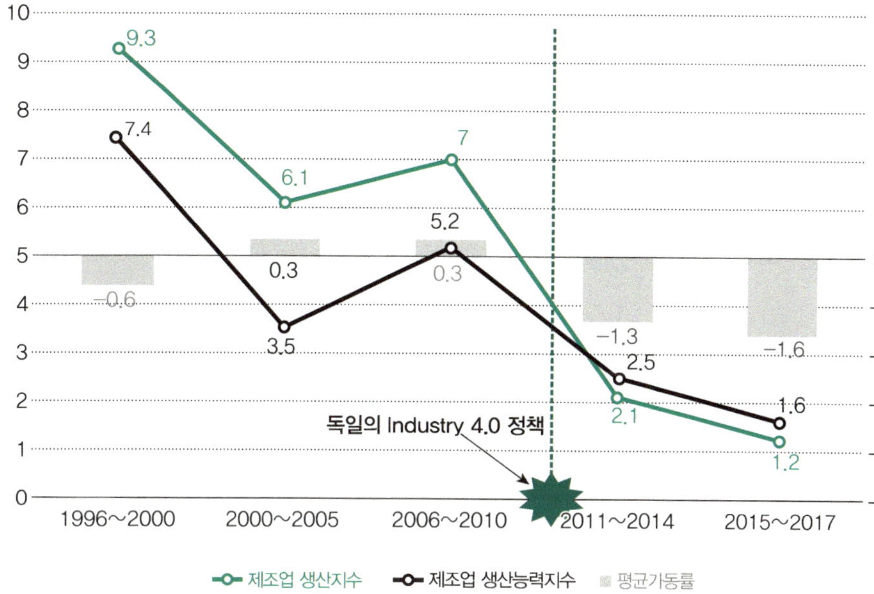

출처 : 통계청

대) → 2.9%(2000년대) → 2.8%(2010년대)로 글로벌 구매력의 변화 조짐을 찾아볼 수 없는 반면, 우리나라의 제조 관련 지수는 하락하고 있는 것이다. 우연치 않게 이러한 하락 국면의 가속화가 독일의 인더스트리 4.0 정책이 발표된 최근 10년간의 변화라는 점은 주목할 필요가 있다.

중국의 경쟁력 상승과 인더스트리 4.0 패러다임이 상호작용하여 우리나라의 제조업 경쟁력이 떨어지는 것이 아닐까? 즉, 중국은 인더스트리 4.0에 현실적으로 적절한 대응을 하고 있는 데 반해, 우리나라는 그 방법과 속도에 문제가 있는 것은 아닌지 의심해 볼 필요가 있다.

다행스럽게도 스마트 제조 혁신에 대한 정부의 의지는 굳건하다. 그동안에도 산업 경쟁력 강화를 위한 지속적이고 다양한 정부의 투자와 정책이 실행되어 온 점만 봐도 알 수 있다. 최근 스마트 제조 혁신 예타사업 추진의 확정 등과 같이 제조업의 부흥을 위한 정부의 관심은 여타 제조업 선진국에 비해 결코 뒤

지지 않는다. 다만 향후 5년간 수천억 원의 예산이 투입될 예정인 만큼 최근 10년간의 제조업 지수 하락 시그널과 인더스트리 4.0 혹은 제4차 산업혁명 시대에 걸맞는 제조업의 패러다임 전환에 대한 선제적 대응 전략이 필요한 시점으로 판단된다.

3.2 국내 기업 현황

통계청 자료에 의하면 2019년 기준으로 우리나라에는 44만여 개의 제조업체가 존재한다. 이 중 절대다수는 영세한 중소기업이며, 종사자 수를 10인 이상으로 한정할 경우 약 7만 개로 줄어든다.

각 공장들의 스마트화 수준은 어떠한가? 2019년까지 보급된 스마트 공장 현황을 살펴보면 〈그림 1-1-11〉과 같다. 2019년 현재 11,488개의 공장이 스마트 공장으로 간주되고 있으며, 그중 약 78%가 초기 스마트화 수준, 즉 공장 내 아날로그 생산 정보를 디지타이즈하는 수준의 공장에 해당된다. 생산 과정에서 실시간으로 다양한 정보가 수집되는 레벨 3의 공장이 약 20%에 달하는 2,300여 개이고, 약 1.6%인 187개의 공장이 데이터를 가지고 무언가 문제를 해

그림 1-1-11 국내 스마트 공장 보급 현황(2019년 기준)

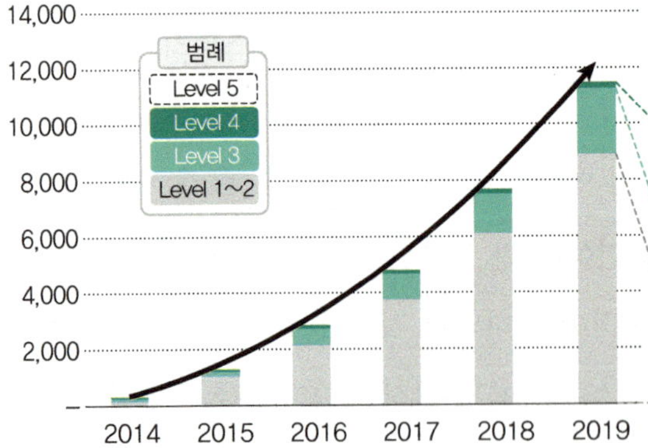

Level	#	개념
5	0	AI, CPS를 기반으로 고객의 요구에 즉시 생산, 배송하는 유연 맞춤 생산 지능형 공장
4	187	수집·분석된 생산정보를 토대로 문제의 원인과 해결책을 시스템이 스스로 판단하고 실시간으로 제어하여 생산 최적화
3	2,360	생산설비, 공정, 자재 및 제품 정보가 실시간 수집·분석되는 수준
1~2	8,941	공장 내 아날로그 생산 정보를 디지털화 하는 수준

출처 : 스마트 제조 혁신추진단

결할 수 있는 능력을 보유하고 있는 것으로 분류되고 있다.

여기에서 한 가지 주목할 부분은 스마트 공장 여부를 판단하는 기준과 레벨의 개념이 "디지털화(Digitization)"에 그 근거를 두고 있다는 점이다. 당연하게도 이는 인더스트리 4.0 혹은 제4차 산업혁명의 핵심 개념과 일치한다. 공장 스마트화의 핵심은 ICT 기술의 적용 여부라는 것이다.

우리나라는 세계에서 인정받고 있는 ICT 강국이다. 또 앞에서도 거론한 바와 같이 글로벌 제조 5강에 포함되는 제조 강국이기도 하다. 그럼에도 불구하고 최고 레벨의 스마트 공장은 하나도 없을 뿐더러 98%가 하위 레벨 3 이하에 속하는 국내의 스마트 공장 현황은 아쉬운 상황이 아닐 수 없다.

그러나 도약을 위한 기반은 어느 정도 확보되어 가고 있다. 산업통상자원부에서 시작하여 중소벤처기업부로 바통이 넘어간 스마트 공장 보급 사업은 계속 진행 중이고, 2022년에는 3만 개를 스마트 공장으로 편입시키려 노력 중이다. 다만 스마트 공장 영역 바깥에 존재하는 낙후된 공장을 레벨 1, 2단계의 스마트 공장으로 편입하는 노력은 현재의 전략이 유효할 것으로 보이나 레벨 3~5로의 업그레이드는 첨단 기술의 접목이 요구된다는 점을 간과해서는 안 된다. 어찌 보면 이 과정이 본 장에서 강조하고자 하는 스마트 제조 혁신의 골자가 될 것이다.

스마트 제조 혁신을 위한 DNA 기술은 스마트 공장 고도화 전략의 핵심이 된다. 아날로그의 디지털화를 넘어 데이터를 기반으로 한 분석, 문제 해결, 예측 등이 가능한 공장이 결국 우리나라 제조업이 만들어 가야 할 미래의 공장이 될 것이기 때문이다.

현재 시점에서 생각보다 낙후되고 뒤처진 공장에 실망할 필요는 없다. 고도화된 스마트 공장으로 발전하기 위한 제반 여건은 충분히 갖추고 있기 때문이다. 2020년 10월 기준으로 스마트제조혁신추진단에 등록된 스마트 팩토리 공급기업 현황을 보면 총 2,106개사 가운데 약 25%가 DNA 관련 공급기업으로 분류된다.

표 1-1-2 **스마트 팩토리 공급기업 현황**

DNA 기술	CPS	AR/VR	BigData/AI	Robot	5G	합
기업 수	26	43	242	188	119	506

출처 : 스마트 제조 혁신추진단

IDC는 2022년까지 IoT 플랫폼 공급업체의 40%가 시뮬레이션 플랫폼, 시스템 및 기능을 통합해 디지털 트윈을 이용할 것이고, 70%의 제조업체가 이 기술을 사용해 프로세스 시뮬레이션 및 시나리오 평가를 수행할 것으로 예측하고 있으며, 가트너는 IoT를 활용하는 대부분의 기업이 디지털 트윈을 구축할 것으로 바라보고 있다. 국내의 450여 개 사물인터넷 플랫폼 기업은 스마트 공장의 또 다른 공급기업 후보로 분류될 수 있다.

국내의 스마트 공장 현황은 다소 아쉬우나 스마트 공장 고도화를 위한 DNA 기술 공급기업 환경은 갖추어진 것으로 판단되므로 핵심 기술만 확보된다면 국내 제조 경쟁력 제고를 위한 스마트 공장 확산 및 고도화가 충분히 가능할 것으로 예상된다.

3.3 WEF 등대공장

그렇다면 고도화된 스마트 공장은 과연 어떤 모습이 될 것이며, 어떤 기준으로 판단될 것인가? 현재 기준으로 작동하고 있는 스마트 공장 레벨도 하나의 기준이 될 수 있으나 제4차 산업혁명 시대의 스마트 공장을 체계적이고 실제적으로 보여주고 있는 것은 바로 WEF 등대공장이다.

세계경제포럼(WEF, 다보스포럼)은 글로벌 컨설팅 기업 맥킨지와 협력하여 제조업에 제4차 산업혁명 기술이 적용된 수준을 평가하여 2018년부터 등대공장(GLobal Lighthouse Network)을 선정하고 있다. 현재까지 총 69개의 등대공장을 선정하였고 국가별 등대공장 현황은 [표 1-1-3]과 같다. 현재 중국이 21개로 가장 많은 등대공장을 가지고 있고, 미국, 독일, 프랑스, 터키, 인도 등이 그 뒤를 잇고 있다. 포스코 한 곳만 등대공장으로 선정된 우리나라는 글로벌 제조 5강이라는 측면에서는 다소 아쉬운 상황이다.

표 1-1-3 **국가별 등대공장 선정 현황**

No	국가	개수	No	국가	개수	No	국가	개수
1	중국	21	8	아일랜드	2	15	체코	1
2	미국	7	8	이탈리아	2	15	핀란드	1
3	독일	5	8	스웨덴	2	15	루마니아	1
4	프랑스	4	8	사우디아라비아	2	15	UAE	1
5	터키	3	8	인도네시아	2	15	한국	1
5	인도	3	8	일본	2	15	덴마크	1
5	싱가포르	3	15	영국	1	15	스페인	1
8	브라질	2	15	네덜란드	1			

출처 : World Economic Forum

등대공장은 제4차 산업혁명의 첨단 기술이 적용되었는지가 매우 중요한 선정의 척도이지만, 단순 실증 수준에서 판단하지 않는다. "No more Pilot Purgatory"를 표방하며 공장의 생산라인에서 실제품 생산에 활용되는 것이 최소한의 기준이다. 또한 단순한 공장 자체의 스마트화에 대한 평가와 공장을 둘러싼 통합적 밸류체인의 평가를 통해 크게 두 가지 유형으로 등대공장을 선정하고 있다(〈그림 1-1-12〉).

그림 1-1-12 **유형별 등대공장 현황**

출처 : World Economic Forum

2020년부터 전 세계에 불어닥친 코로나

팬데믹은 등대공장을 선정하는 기준에도 영향을 주면서 4가지 측면에서 더욱 내구성 있는 공장을 요구하고 있다. 먼저 더욱 강화된 고객에 대한 민첩성(Agility and Customer)이다. 소비자의 기호 변화에 대해 생산 현장은 물론 공급망까지 빠른 대응이 가능한 소규모로 모듈화된 생산체계를 가지고 있느냐가 관건이 된다. 두 번째는 공급망 회복력이다. 코로나 팬데믹이 일어나면서 가장 큰 문제가 되었던 것이 GVC(Global Value Chain) 붕괴였다는 점은 익히 알려진 사실이다. 세 번째는 속도와 생산성이다. 얼마나 다양한 방식의 자동화와 노동력 증강 기술이 활용되는지가 관건이다. 마지막은 갈수록 중요해지면서 선택이 아닌 필수가 되어 가고 있는 환경에 대한 고려이다. 향후 더욱 복잡하고 강력해질 것으로 예상되는 환경에 대한 규제의 대응력이 관건이 될 것이다.

상기한 두 가지 등대공장 유형에 대한 각각의 예를 살펴보자. 먼저 통합적 밸류체인의 디지털화(End-to-End digitization across the value chain) 측면에서 선정된 미국의 에릭슨 공장이다. 이 공장은 미국 텍사스 루이스빌에 있는 5G 모듈 생산공장으로 반사 에너지를 흡수하는 태양광 패널과 지열 시스템을 활용한 야간 냉각기의 활용 및 야간 냉각기로 만들어진 얼음을 활용한 주간 냉방기 가동, 지역의 강우를 담는 4만 갤런의 물탱크 활용 등 환경에 최적화된 시스템을 적용하고 있다. 이러한 시스템을 기반으로 5G, IoT, AI 등의 첨단 기술을 적

그림 1-1-13 미국 에릭슨 5G 모듈 공장의 LEED 인증 내용

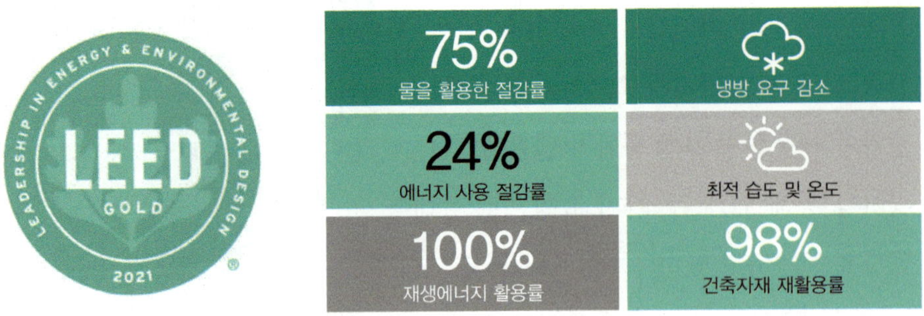

출처 : 에릭슨

용하였고, 1년 만에 25개의 Use Case를 개발 · 적용하여 1인당 생산성 120% 향상과 재고 50% 감축 등의 효과를 얻었다(〈그림 1-1-13〉). 특히 미국 그린빌딩협회의에서 발행하는 LEED(Leadership in Energy and Environment Design) 인증을 받음으로써 향후 더욱 중요해질 것으로 예상되는 친환경 공장으로의 모델을 제시하고 있다.

다음은 현재 시점 우리나라 유일의 등대공장이자 공장 내 생산 시스템 개선(Within the 4 walls of factory site) 측면에서 선정된 포스코 공장이다. 포스코는 철강을 생산하는 기업이다. 철강 생산의 핵심이 용광로라는 것과 용광로가 철을 녹이는 공정이라는 것은 일반인도 알고 있는 사실이다. 철을 녹일 만큼의 고열을 만들기 위해서는 엄청난 에너지 소모가 필요하며, 이러한 고열의 용광로 내부 상황을 모니터링하는 것은 사실상 불가능하다.

블랙박스와 같은 용광로 내부의 상태 파악을 위해서 포스코는 지난 50여 년

그림 1-1-14 한국 포스코의 AI 용광로

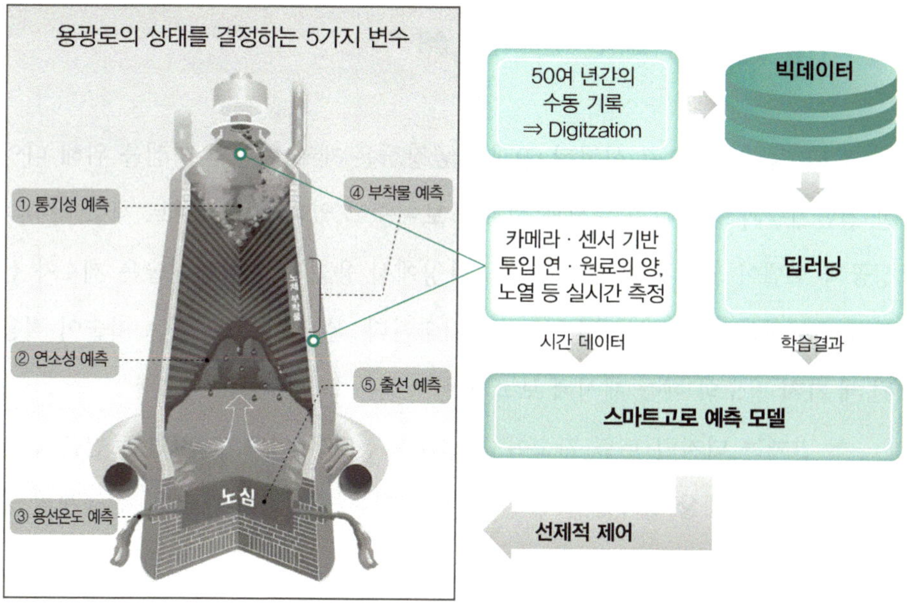

출처 : 포스코 뉴스룸 내용 재가공

간의 수기를 디지타이징하는 작업부터 시작했다고 한다. 50여 년의 기록이 데이터화되자 이는 하나의 모범 답안과 같은 빅데이터가 되었다. 이를 기반으로 AI 학습을 통해 예측 모델을 만들어 낼 수 있었고 그 결과 기존 용광로의 스마트 고로화가 가능해졌다. 다양한 센서를 활용하여 고로의 입력부와 외벽의 상황을 모니터링하였고 이를 입력값으로 하여 AI 모델을 동작시켜 통기성, 연소성, 용선온도, 부착물, 출선 등을 예측하였다(〈그림 1-1-14〉). 그리고 이를 통해 선제적 고로 제어와 연간 8.5만 톤의 생산량 증가를 이루어 냈다. 참고로 철강 8.5만 톤은 자동차 8만 대를 생산할 수 있는 양이라고 한다.

WEF 등대공장은 제조업이 가야 할 글로벌 비전에 맞게 혁신되고 있는 공장을 국제적으로 인정받는 유일한 수단이 되고 있다. 단순한 생산량의 측면만이 아니라 혁신적 기술 도입 측면에서도 글로벌 제조 5강의 네임밸류를 가질 수 있도록 국내의 스마트 제조 혁신 결과물들이 보다 많은 WEF 등대공장으로 등극하는 날이 도래하길 바라는 마음이다.

4. 미래 스마트 제조 혁신의 예

WEF 등대공장으로 선정된 69개의 공장들은 제조 현장의 혁신을 위해 다양한 첨단기술과 융합된 솔루션과 성과를 보여주고 있다. 즉, 스마트 제조 혁신의 성공적 모델이 되고 있는 것이다. 이 과정에서 융합되는 첨단기술은 제4차 산업혁명 시대의 첨단 ICT 기술인 DNA 기술이다. 본 장에서는 DNA 기술이 적용된 세 가지 정도의 예를 제시해 보고자 한다.

첫 번째는 디지털 트윈 기술이 융합된 혁신의 예이다. 디지털 트윈은 현실세계를 디지털 세상에 똑같이 복제하고 동기화하는 개념의 기술로, 실세계의 동작 전에 가상세계에서 실험적으로 동작시켜 보는 목적으로 활용되는 기술이다. 공장 내 설비 하나하나에 대한 예지보전 목적의 디지털 트윈 등 공장에서 활용하는 시나리오는 무궁무진하다. 그중 예로 들고자 하는 시나리오는 생산라인 구축 과정에서의 시행착오를 최소화하는 디지털 트윈이다.

보통 공장에서 새로운 제품을 생산하기 위해서는 제품 설계, 생산라인 설계, 생산라인 제작, 생산라인 설치 및 시범 가동 등의 준비 단계를 충분히 수행한 후 실제 제품 생산을 진행한다. 2절의 〈그림 1-1-5〉의 설명에서 기술한 바와 같이 전통적인 공장은 생산라인을 구축하는 비용이 매우 큰 이유도 이와 같은 복잡한 준비 단계의 비용과 시간에서 기인한다. 문제는 그것만이 아니다. 준비 단계 내의 세부 과정에서 각 과정별로 적용되는 기술도 전문가도 다르며, 이들 간의 원활한 피드백이 보장되지 않는 점은 현재의 제조 현장에서 풀기 어려운 큰 문제 중 하나이다. 즉, 제품 설계자는 설계자대로의 전문성과 전문적인 도구를 활용하여 독자적인 모의실험을 수행하고, 라인 설계자는 자신의 전문성과 도구로 목적이 다른 유사한 과정을 거치게 된다. 시범 가동 및 실제 제품 생산 과정에서는 공장 내 전문가가 직접 현장 상황을 모니터링하면서 자신만의 전문성으로 생산성 향상을 위해 대응하고 있다.

그림 1-1-15 디지털 트윈 기술이 적용된 스마트 제조 혁신의 예

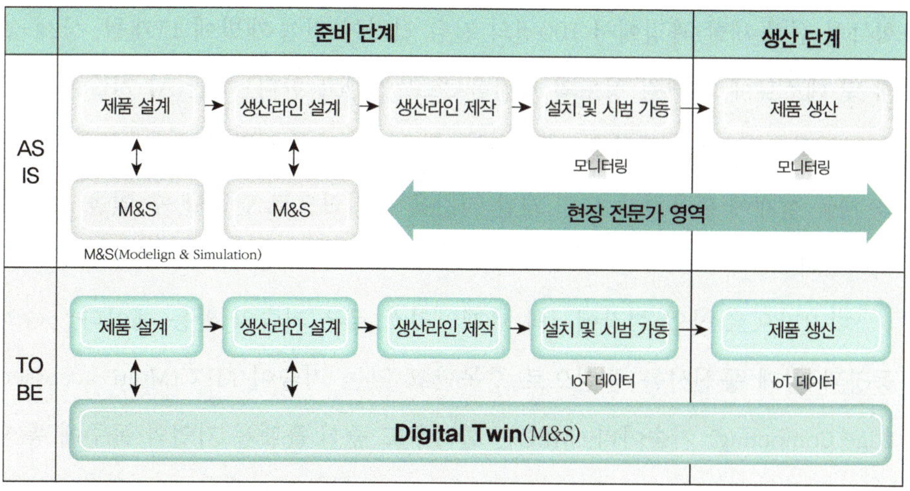

출처 : 저자 작성

디지털 트윈 기술 적용은 이러한 문제를 해결할 수 있을 것으로 기대된다. 즉, 전문가의 감에 의지하는 것이 아니라 각기 다른 전문가가 동일한 도구(디지털 트윈)를 바라보며 자신의 전문성을 발휘하게 되고, 그 결과가 실제 현장에서 어떤 작용을 하는지 피드백 받는 과정을 통해 더욱 고도화된 디지털 트윈을 보유하게 된다. 그리고 현장과 똑같은 수준의 디지털 트윈 피드백을 받게 되면서 더욱 정확한 설계, 제작, (가상)시범 가동이 가능해질 것으로 예상된다(〈그림 1-1-15〉). 이것은 신제품 생산에서 생산라인 구축 비용을 혁신적으로 줄이는 수단이 될 것이다.

두 번째는 혁신적 AI 기술의 활용 예이다. AI 기술은 이미 제조 현장에 폭넓게 활용되고 있다. 특히 생산 계획 수립을 지원하는 기술은 이미 수식 기반의 기술 적용을 넘어 데이터를 기반으로 하는 하이브리드한 휴리스틱 방식으로 확대되고 있는 추세이다. 본 장에서는 다소 생소한 AI 적용의 사례로 제품 설계에 활용되는 AI 기술에 대해서 예를 들어보고자 한다. 소형 디바이스는 물론, 대기업이 개발하는 복잡하고 커다란 제품에 이르기까지 제품의 외형 디자인은 기술적 · 상업적 성공을 보장하기 매우 어려운 과정임에도 이 과정에 투입되는 인적 · 물적 · 시간적 자원이 상대적으로 매우 큰 것이 현실이다. 실례로 자동차 회사의 신차 개발 과정에서 100명의 전담 인력이 컨셉 개발에 17개월, 상세 설계 및 테스트에 15개월 정도의 시간을 쓰고 있다고 한다. 최근 AI 기술은 음악을 작곡하고, 그림을 그리고, 시를 짓는 데에 활용되기 시작하였다. 이러한 기술을 제품 설계에 활용하게 되면 개발 기간을 획기적으로 단축할 수 있을 것으로 기대된다.

마지막으로 산업 현장에서의 브레인리스 로봇 기술의 활용 예이다. 5G의 등장과 함께 통신사를 중심으로 주목받고 있는 기술이 MEC(Multi-accessed Edge Computing) 기술이다. MEC는 클라우드 중심 플랫폼 기업의 독주에 통신사 및 서드파티 플랫폼 사업자가 대항할 수 있는 좋은 비즈니스 기회를 제공할 것으로 예상된다. 제조, 특히 우리나라와 같이 산업용 로봇 밀도가 높은 국가에서는 MEC가 로봇의 지능화에 매우 큰 인프라로 활용될 수 있으며, 이를 위한 로봇지능 기술이 매우 유용할 것으로 기대된다.

국제로봇연맹의 자료에 따르면 우리나라는 2019년 노동자 1만 명당 산업용 로봇 수가 855대로 제조 5강 중 로봇 밀도가 가장 높은 국가에 해당된다. 로봇은 범용성을 갖는 제조설비로 다품종 소량생산 시대에 매우 적합한 공장 설비임에는 분명하지만 지능이 없는 소위 깡통로봇의 활용은 설비 셋업의 부담이 매우 커지게 되면서 공장 가동률을 저하시키는 요인으로 작용된다(〈그림 1-1-16〉).

그림 1-1-16 다품종 소량생산 시대의 공장 가동 시간 변화 개념

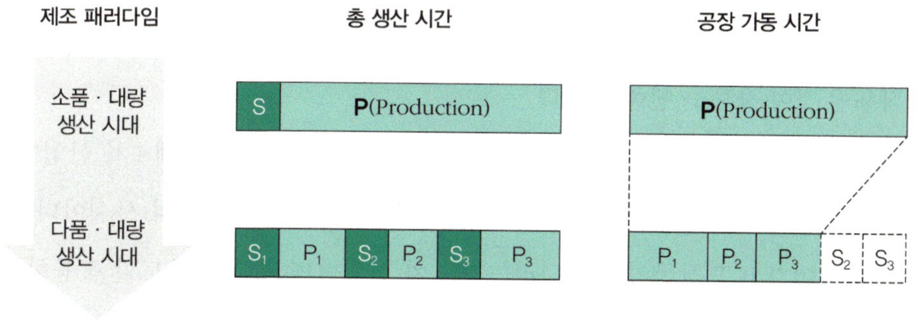

출처 : 저자 작성

〈그림 1-1-16〉에서 보듯이 한 번의 셋업으로 충분한 생산을 할 수 있었던 기존의 대량생산 시대와 달리 다품종 소량생산 시대에는 생산 시간이 짧아지면서 셋업의 빈도가 높아진다. 특히 로봇과 같이 셋업에 전문성과 시간이 필요한 설비의 경우는 더욱 더 셋업 시간이 길어지게 된다. 결국 범용성이 높은 설비인 로봇이 오히려 가동 시간을 줄이는 역효과를 가져오게 되는 것이고, 로봇 밀도가 높은 우리나라의 제조 현장은 더욱 부담이 가중될 수 있다. 이 문제를 해결하기 위해서는 로봇 자체의 지능화가 필수적이다. 즉, 전문가가 일일이 로봇의 행위를 교시(Teaching)하지 않아도 스스로 학습을 통해서 행위 방법을 알아내고

동작하는 지능을 만들어 내는 것이 필요하며, 이 지능이 동작하는 위치는 MEC가 최적의 장소가 될 수 있다.

5. 맺음말

전 세계는 제4차 산업혁명의 소용돌이 속에서 각자의 제조 경쟁력 제고를 위해서 치열한 경쟁 중이다. 우리나라는 글로벌 강국으로 제조 5강의 반열에 올라 있다. 그러나 현재는 거시적 패러다임 전환에 대한 정확한 인식과 적절하고 혁신적인 대응이 이루어지 않는다면 글로벌 경쟁력 유지가 묘연한 중요한 시점이다. 수출 중심의 경제 구조를 가지고 있는 우리나라에서 국가의 근간 산업인 제조업에서 글로벌 경쟁력에 문제가 생긴다면 이것은 국가 경제에 큰 부담으로 작용될 것이 불보듯 뻔한 일이다.

또한 우리나라는 전 세계가 인정하는 ICT 강국이다. 최근 제4차 산업혁명은 첨단 ICT 기술이 핵심적인 지렛대 역할을 한다는 점은 주지의 사실이다. 제조 강국이자 ICT 강국인 우리나라는 제4차 산업혁명 시대를 주도할 훌륭한 환경을 가지고 있다. 이러한 제반 여건을 활용하여 향후에도 글로벌 제조 강국으로 나아가기 위해서는 미래의 스마트 공장은 어떤 모습일지에 대한 창의적 비전을 세우고, 이를 달성하기 위해 우리는 무엇을 갖추고 있고 무엇이 모자란지에 대한 면밀한 분석과 대응 방안 마련이 매우 중요하다.

참고문헌

딜로이트(2016), "딜로이트 인사이트".

메조미디어, "2020 화장품 업종 분석 보고서", https://cosmorning.com/news/article.html?no=36263.

산업경제리서치(2020), "국내외 스마트 제조 및 스마트 팩토리 시장 분석과 비즈니스 전략".

산업통계 분석시스템(ISTANS), https://www.istans.or.kr/mainMenu.do.

스마트 제조 혁신추진단, https://www.smart-factory.kr/.

유발 하라리(2011), 『사피엔스』, 김영사.

정보통신산업진흥원(2020), "2020 사물인터넷 산업 실태조사".

정은미(2019), "한국 산업의 발전잠재력과 구조전환 방향", KIET 산업경제.

포스코, "이 고로(2고로)가 'AI용광로'라고?", https://newsroom.posco.com/kr.

Ericsson(2020), "Realizing sustainable 5G-enabled smart manufacturing in the US".

Gartner, "Top 10 Strategic Technology Trends for 2018".

Siemens, "Mass customization : The factory of the future", https://new.siemens.com/global/en/company/stories/industry/the-factory-of-the-future.html.

Yoram Koren(2010), *The Global Manufacturing Revolution*, John Wiley.

Vera Solovyova, "IoT and Digital Twins : Where the Two Technologies Meet", https://www.softeq.com/blog/iot-and-digital-twins-where-the-two-technologies-meet.

WEF, "69 manufacturing sites are scaling innovations on our learning network", https://www.weforum.org/our-impact/advanced-manufacturing-factories-light-the-way-as-learning-beacons/.

WEF(2020), "Global Lighthouse Network : Four Durable Shifts for a Great Reset in Manufacturing", White paper.

World Bank, https://data.worldbank.org/.

디지털 전환과 스마트 팩토리*

김문구(한국전자통신연구원)

* 본 장은 한국전자통신연구원(ETRI)의 기본 사업인 "자율적으로 연결, 제어, 진화하는 초연결 지능화 기술 연구(21ZR1120)"를 통해 작성된 결과물입니다.

〈요약〉

제4차 산업혁명의 거대한 파고 속에서 기업에게 생존과 지속적 성장을 위한 디지털 전환은 선택이 아닌 필수적 경로가 되고 있다. 디지털 전환은 디지털 기술을 기반으로 기업 경영과 조직, 비즈니스의 모든 측면을 통합하고, 창조적 파괴의 원천으로 가치를 창출하고 생산성 향상을 위한 혁신을 이루는 것이다. 특히 제조기업에서 디지털 전환의 중핵은 인공지능과 빅데이터, 사물인터넷(IoT)과 지능형 로봇, 디지털 트윈이 융합하는 스마트 팩토리이다. 본 장에서는 디지털 전환의 큰 틀에서 스마트 팩토리의 전개와 발전에 대해 살펴보았다. 이를 위해 우선 디지털 전환의 개념과 특징 속에서 그 중요성을 개관하였으며 디지털 전환의 등장배경과 추동요인을 기업의 가치 증진과 혁신 창출의 관점으로 조망하였다. 국내외 기업들의 다양한 디지털 전환 사례 분석을 통해 핵심 성공요인을 파악하고 디지털 전환이 기업의 미래를 결정할 동인임을 다시 한번 확인하였다. 제조기업에서 디지털 전환의 정점을 이루는 스마트 팩토리의 특징과 중요성을 상술하였으며 스마트 팩토리의 성공적 추진을 위한 협업 생태계 육성, 공급 솔루션 개발, 빅데이터 확보 등의 방향을 제언하는 것으로 결론을 맺었다.

1. 기업에서 디지털 전환은 왜 중요한가?

최근 몇 년 동안 대부분 산업 분야의 기업들은 새로운 디지털 기술을 탐색하고 그 이점을 활용하기 위해 다양한 정책들을 적극적으로 추진해 왔다. 변화와 혁신이 반드시 수반되어야 하는데, 비즈니스 주요 운영 체계의 변화, 시스템 체계 혁신 등이 포함된다. 이에는 제품 및 공정은 물론 조직 구조 및 인사, 경영, 관리 등 광범위한 분야에 걸쳐 있다. 기업은 이러한 변화에 대응하기 위하여 새로운 접근 방식을 택해야 한다. 이에 새롭게 등장한 개념이 디지털 전환이다. 디지털 전환에 대한 개념은 많은 학자들이 설명하고 있다.

Matt et al.(2015)은 디지털 전환을 R&D, 문화, 비즈니스 전 분야에 걸친 혁신으로 고객 경험과 기업 경영의 근본적인 재구상이라고 설명했다. Downes & Nunes(2013)은 디지털화의 잠재적인 이점은 다양하며 판매 또는 생산성 증가, 가치 창출의 혁신, 고객과의 새로운 형태의 상호작용 등이 있다고 밝혔다. 또한 전체 비즈니스 모델이 재구성되거나 대체될 수 있다고 주장했다. Bharadwaj et al.(2013)은 디지털 혁신 전략은 기타 모든 조직 및 기능 간에 긴밀한 적합성을 확보해야 하고 IT 전략과 비즈니스 전략의 개념을 포괄한다고 밝혔다. Oestreicher & Zalmanson(2013)은 디지털 전환이 R&D, 문화, 프로세스의 혁신으로 비즈니스 모델과 고객 확보, 기업 운영의 근본적인 재구상을 의미한다고 주장했다. 또 콘텐츠와 커뮤니티의 연결을 강조하며 커뮤니티 기반 디지털 비즈니스 모델이 수익성 있는 원천을 창출할 수 있음을 증명한다고 주장했다. 소비자에게 특별한 가치를 제공하고 기업의 수익을 창출하며 기업 경영의 효율성 제고를 위한 새로운 방법의 모색을 의미한다. Drnevich & Croson(2013)은 디지털 전환이 기업의 비즈니스 수준과 세부 전략, 기능 등에 어떻게 영향을 미치는지 관찰해야 한다고 설명했다. 또한 디지털 전환은 IT 기술을 비즈니스의 모든 측면에 통합하는 과정으로 기술, 문화, 운영, 가치 제공에서 근본적인 변화가 필요한데, 새로운 기술이 조직행동으로 확장되고 활용되기 위해서 모든 절차와 비즈니스 모델을 근본적으로 혁신해야 하기 때문이라고 설명했다. Hess et al.(2016)은 독일 미디어 회사가 디지털 혁신에 성공적으로 접근한 방법을 설명하면서 디지털 혁신 전략을 수립할 때 지침으로 사용할 수 있는 전략을 수립했다. 또한 디지털 전환은 조직에서 가장 우선적으로 다루어야 하는 사안이고 각 회사의 환경과 상황, 요구 조건과 목표에 맞게 기존 비즈니스 프로세스의 시스템에 통합되도록 해야 하며, 이를 통해 비즈니스의 혁신을 이루어야 한다고 주장했다. 여기에는 강력한 리더십과 명확한 목표 설정, 정교한 관리 전략, 네트워크 및 효과적 의사소통 등이 주요하다고 밝혔다. Ebert & Duarte(2018)는 디지털 전환

표 1-2-1 **디지털 전환의 개념과 특징**

학자	세부 내용
Matt et al.(2015)	R&D, 문화, 비즈니스 전 분야에 걸친 혁신으로 고객 경험과 기업 경영의 근본적인 재구상
Downes & Nunes(2013)	디지털화의 이점은 다양하며, 판매 또는 생산성 증가, 가치 창출의 혁신, 고객과의 새로운 형태의 상호 작용
Bharadwaj et al.(2013)	디지털 혁신 전략은 기타 모든 조직 및 기능 전략 간에 긴밀한 적합성을 확보해야 하고, IT 전략과 비즈니스 전략의 개념을 포괄
Oestreicher & Zalmanson(2013)	디지털 전환은 R&D, 문화, 프로세스의 혁신으로 비즈니스 모델과 고객 확보, 기업 운영의 근본적인 재구상을 의미
Drnevich & Croson(2013)	IT 기술을 비즈니스의 모든 측면에 통합하는 과정으로 기술, 문화, 운영, 가치 제공에서 근본적인 변화가 필요하고, 새로운 기술이 조직행동으로 확장되고 활용하기 위해서 모든 절차와 비즈니스 모델을 근본적으로 혁신
Hess et al.(2016)	회사의 환경, 요구 조건, 목표에 맞게 기존 비즈니스 프로세스 시스템에 통합되도록 해야 하며, 강력한 리더십과 명확한 목표 설정, 정교한 관리 전략, 네트워크 및 효과적 의사소통이 중요
Ebert & Duarte(2018)	사회 복지와 가치 창출, 생산성 향상을 위해 파괴적 혁신을 적용하는 것
Vial(2019)	기존 디지털 기술을 본질적으로 파괴하면서 광범위한 개인, 조직 및 사회적 맥락 등을 포함하여 혁신을 이룸

출처 : 저자 작성

은 사회 복지와 가치 창출, 생산성 향상을 위해 파괴적 혁신을 적용하는 것이라고 정의했다. 그들은 디지털 전환의 목표를 사회적·경제적 관점으로 나누어 제시하였고, 많은 국가와 정부들이 산업 발전과 장기적 관점의 정책 설계를 위해 디지털 전환을 적용하고 있다고 밝혔다. Vial(2019)은 다양한 학자들의 디지털 전환 정의를 종합적으로 리뷰하였고 디지털 전환이 기존의 디지털 기술을 본질적으로 파괴하면서 광범위한 개인, 조직 및 사회적 맥락 등을 포함하여 혁신을 이룬다고 밝혔다. 디지털 변혁의 의미를 수용하고 더 나은 운영성과를 이끌어내는 전략을 고민하여 이를 기반으로 기술 혁신으로 이어질 수 있는 방법을 찾아야 한다고 설명했다.

학자들의 공통된 정의는 분명 디지털 전환이 기업 경영과 조직, 비즈니스의 모든 측면을 통합하고, 파괴의 원천으로 가치를 창출하고 생산성 향상을 위한 혁신적인 형태라는 것이다. 디지털 전환의 특징은 기업 내에서 디지털 변환의 전체 조정, 우선순위 지정 및 구현을 통합하는 중심 개념 역할을 하는 디지털 기술 활용 전략을 선택하는 것이다. 디지털 기능과 기술을 활용하여 비즈니스 모델, 운영 프로세스 및 고객 경험이 가치를 창출할 수 있도록 하는 진화적인 프로세스인 것이다. 디지털 전환은 클라우드 컴퓨팅, 모바일 인터넷, 소셜 미디어, 빅데이터와 같은 디지털 기술의 확산에 대응하여 기존 비즈니스 모델의 근본적인 변화와 새로운 비즈니스 모델을 창출한다. 또한 디지털 기술의 활용 및 통합은 제품, 비즈니스 프로세스, 판매 채널, 공급망 등에 영향을 미침으로써 기업의 많은 부분에 영향을 미치고, 전 세계를 무대로 할 수 있다. 디지털화의 잠재적인 이점은 다양하며 판매 및 생산성 증가, 가치 창출의 혁신, 고객과의 새로운 형태의 상호작용 등이 있다. 이제 디지털 전환은 선택이 아닌 기업에게 필수가 된 혁신이다.

2. 기업에서 디지털 전환을 해야 하는 이유

현재까지 4번의 산업혁명이 일어났다. 1차 산업혁명은 면공업, 철공업, 석탄공업을 비롯한 제반 공업에서의 기술 혁신과 조직 혁신이 주를 이뤘다. 이와 함께 농업상의 변화, 교통수단의 변천, 국내시장 및 해외무역의 성장, 산업 자본의 조달, 노동력의 공급과 노동자의 지위, 인구의 성장과 도시화 등이 1차 산업혁명의 주요 키워드를 차지한다. 2차 산업혁명 시대는 공장 자동화, 조립 라인, 강철이 세상을 변화시킨 시대였다. 3차 산업혁명은 제2차 세계대전이라는 전쟁의 배경으로 시작되었다. 최초의 범용 전자식 컴퓨터인 에니악[1]이 1946년 개발되었고, 그 후 마이크로 컴퓨터가 발전하면서 3차 산업혁명의 주를 이루었다(송성수, 2017). 4차 산업혁명에서 가장 주요한 키워드는 바로 디지털 혁신 기술이다. 인공지능, 빅데이터, 사물인터넷, 머신러닝, 알고리즘, 네트워크, 로봇공학과 같은 지능형 디지털 기술은 업무 방식과 비즈니스 운영 방식, 고객 및 세상과 상호작용하는 방식을 획기적으로 변화시킬 잠재력을 담고 있다. 그 때문에 기업들은 디지털 전환에 대한 준비와 디지털 전환을 기업 조직 내에 적용할 수 있도록 역량을 키워야 한다. 기업들이 디지털 전환을 해야 하는 이유는 다음과 같다.

첫째, 디지털 전환은 생산시설 및 경영 시스템의 자동화를 구현하여 생산성을 향상시킬 수 있다. 단순노동 혹은 기계적인 작업에서 인간노동을 대체하여 기존 기능을 유지하면서 효율성과 효과성을 개선한다. 또한 투입되는 비용 대비 생산성을 증가시키고, 이러한 기록들을 수집하고 데이터화하여 생산 현황을 명확하게 식별하고, 측정 가능하게 한다(Issa et al., 2017). 둘째, 정보 능력을 향상시킨다. 기업 경영의 많은 부분들을 데이터화하면 의사결정, 조정 및 협업을

1. 에니악(Electronic Numerical Integrator and Calculator ; ENIAC)은 제2차 세계대전 당시 적을 공격할 때 탄도표를 계산할 목적으로 개발됨

개선시킬 수 있다. 최고 경영진에 정보를 제공하고 데이터에 기반한 좀 더 합리적인 방향으로 기업은 진화하게 된다(Howaldt et al., 2017). 셋째, 정보의 공유성을 용이하게 한다. 조직이 작을 때는 괜찮지만 조직이 커지면 조직 내 정보를 공유하고 필요한 내용을 회람하는 데에도 시간과 비용이 소요된다. 디지털 전환이 되면 회사 전체의 직원에게 정보 제공이 용이해지고, 조직 전체의 의견을 통합하거나 목표를 설정하는 것이 용이해진다(Pawłyszyn et al., 2020). 또한 조직 전체의 의사결정, 조정 및 협업을 개선할 수 있다. 넷째, 변화에 유연하게 대처할 수 있다. 4차 산업혁명 시대는 새로운 핵심 기술들이 활용되는 시대이다. 이에 따라 경영 환경에도 큰 변화가 생긴다. 이때 디지털 전환으로 기업의 비즈니스 모델, 비즈니스 프로세스 및 관계를 재정의할 수 있고, 내부 및 외부에서 기존 기능을 변경하고 새로운 기능을 수용하는 것이 가능하다. 즉, 근본적으로 파괴적 혁신을 통해 기업의 구조를 바꿀 수 있고, 변화에 능동적으로 대응할 수 있다. 이를 위해서는 데이터를 핵심 자원으로 인식하고, 디지털 전환에 수반되는 가속화를 지원할 수 있도록 기업 문화의 진화도 필요하다(Vial, 2019).

3. 국내외 기업의 디지털 전환 사례

독일은 2011년부터 인더스트리 4.0(Industrie 4.0)의 슬로건 하에서 국가 차원에서 스마트 팩토리 전략을 추진해 왔다. 인더스트리 4.0은 임베디드 시스템 생산기술과 스마트 생산 프로세스를 결합하여 제조업과 관련 산업의 가치사슬 및 비즈니스 모델을 획기적으로 변화시키기 위한 시도로 이러한 가치가 실제로 구현되는 플랫폼을 '스마트 팩토리'라고 정의하였다. 독일은 2006년 '하이테크 전략 2020'을 시작으로 각종 기술 혁신 프로그램을 거쳐 2011년 인더스트리 4.0을 발표하면서 그 비전과 청사진을 제시하였다. 정부의 주도 하에 산업계 및 관련 기업, 학계(연구소, 학회, 협회 등)가 각자의 비전을 수립하는 과정을 통해 현재의 기술 전략을 구체화한 것이다.

인더스트리 4.0에 가장 적극적으로 참여한 기업은 지멘스이다. 지멘스는 공장 자동화 시스템을 구축하기 위해 최우선 과제로 제조 라인과 경영 시스템을 디지털 전환 시스템으로 혁신한 것이었다. 지멘스는 디지털 전환을 위해 통합 자동화 시스템(Totally Integrated Automation Portal ; TIA)을 도입했다(Cozmiuc & Petrisor, 2018). 통합 자동화는 제품의 설계에서부터 경영에 이르기까지 기업 내 전 시스템, 전 산업 분야에 걸쳐 도입되었고, ICT 기술을 활용하여 자동화하는 시스템을 의미한다. 지멘스는 자체적으로 SIMATIC이라는 통합 관리 소프트웨어를 개발하여 제품 기획부터 통합 엔지니어링, 기업 운영까지 디지털화된 자동화 서비스의 전체 범위에 적용하여 활용하고 있다(SIEMENS 홈페이지)[2]. 구체적인 사례를 보면 시뮬레이션 도구를 사용하여 시장 출시 시간을 단축하고, 추가 진단 및 에너지 관리 기능을 사용하여 공장의 생산성을 높이며, 각 관리 수준에 대한 연결을 통해 유연성을 높인다. 전 산업 분야에 걸쳐 도입되어 비용을 30%까지 절감할 수 있게 되었고, 신제품 개발 기간(Time to Market ; TTM)을 50%까지 단축시켰다[3]. 통합 자동화 기술은 제품 생산에만 적용되는 것은 아니다. 지멘스는 인프라 구축 분야에서도 디지털 전환을 이용하여 비용을 절약한다. 지능화된 건물 관리 기술을 활용하여 초고층 건물이나 사무실 및 생산설비에 소요되는 에너지 비용을 절감했고, 유통 서비스와 스마트 모빌리티 관리 시스템 R&D도 수행하고 있다(Cozmiuc & Petrisor, 2018). 지멘스는 끊임없이 늘어나는 사람들의 이동 수요에 부응하여 지능적인 이동 솔루션을 개발하고 있는데, 고트하르트의 베이스 터널(Gotthard Base Tunnel)[4]의 안전과 방화 지능 솔루션

---

2. https://new.siemens.com/global/en/products/automation/industry-software/automation-software/tiaportal.html#:~:text=Your%20gateway%20to%20automation%20in,integrated%20engineering%20and%20transparent%20operation
3. https://www.plm.automation.siemens.com/global/ko/products/collaboration/product-architecture.html
4. 고트하르트의 베이스 터널 : 스위스 남부 알프스 지역을 통과하는 세계에서 가장 긴 철도 전용 터널로 약 57km에 이른다. 지난 2016년에 개통된 이 터널은 스위스 취리히와 이탈리아 밀라노를 연결하면

이 대표적이다. 지멘스의 지능형 이동 솔루션의 성공으로 스마트 모빌리티, 철도 교통, 도로 교통, 통합된 모빌리티의 활용 가능성이 높아졌다. 구간 활용을 최적화하고 새로운 품질을 만들기 위해 인프라 구조를 전산화하면서 차세대 이동수단의 표준을 설정하고 있다.

1937년에 설립된 폭스바겐 그룹은 유럽 7개국, 12개 브랜드(폭스바겐 개인용 자동차, Audi, 세아트, 스코다, 벤틀리, Bugatti, Lamborghini, Porsche, Ducati, 폭스바겐 영업용 자동차, Scania, MAN)를 가지고 있다. 폭스바겐은 자동차 생산기업이라고 널리 알려져 있지만 임대사업, 은행업, 보험업과 같은 금융업 및 차량 관리 분야 등 다양한 분야에도 진출해 있다. 폭스바겐 또한 인더스트리 4.0에 맞춘 혁신을 추구하고 신기술을 적용하여 더 효율적이고 안전하며 더 고객 친화적인 자동차를 개발하면서 자동차 생산방식도 발전시키고 있다. 하나의 생산라인에서 똑같은 차량이 수백 대씩 생산되던 고전적인 생산 방식에서 탈피하여 현재는 고객이 어떠한 자동차를 주문하느냐에 따라 자동차가 생산되기 때문에 각 자동차를 별개의 제품으로 볼 수 있을 정도로 고객 주문 맞춤 생산이 가능해졌다(Zinke & Padur, 2015). 고객이 주문한 자동차에 대한 각종 데이터들은 폭스바겐 그룹의 시스템을 통해 생산라인의 각 부분에 전달된다. 자동차는 수천 개의 개별 부품의 조합으로 만들어진다. 먼저 차체를 제작한 후 고객의 주문 정보가 담긴 RFID 태그를 차체에 부착한다. RFID에는 특정 고객의 주문 정보가 담겨 있기 때문에 해당 차체의 주문자 요구사항을 즉시 파악할 수 있다. 도장 파트도 고객이 주문한 색상을 시스템에서 파악하고 작업한다. 시스템은 생산 데이터를 파악하여 최적화된 조립 순서를 결정하고, 이에 따라 각 파트를 담당하는 제작자는 어떤 부품이 언제 어디에서 필요한지에 대한 정보를 얻을 수 있다. 조립 공정이 끝나면 고객이 주문한 차량이 완성된다. 폭스바겐 그룹은 오래전부터

서 과거 3시간이 소요되었던 거리를 1시간 반 정도로 단축시켰다.

다양한 프로젝트를 통해서 디지털 전환에 대한 실험을 해왔고 이는 생산 과정의 혁신을 가져왔다. 특히 생산과 관련된 모든 요소를 디지털화하여 시스템의 각 요소들에 대해서 디지털 트윈을 만들고 사물인터넷으로 조정하였다. 또한 새로운 안전센서 기술을 도입하여 로봇과 인간의 공동작업이 가능하도록 했다[5]. 특히 폭스바겐 볼프스부르크 공장에서는 인간과 로봇이 서로 협업(Mensch-Roboter-Kooperation ; MRK 공정)하여 골프 시리즈를 생산한다. 로봇은 엔진 조립 파트에서 엔진 부품들을 조립하여 엔진으로 만드는 과정을 돕는다. 사람이 인체공학적으로 수행하기 불편하고 힘든 반복 활동을 로봇이 대신하고, 근로자는 각 과정을 감시하고 제어한다. 과거에는 안전 문제 때문에 인간과 로봇이 서로 격리되어 있었지만, 이제는 힘이 가해지거나 접촉을 감지하는 센서가 로봇에 장착되어 있기 때문에 인간과 로봇이 한 공간에서 작업하는 것이 가능해졌고, 로봇이 실수로 근로자와 접촉하게 되면 자동으로 움직임을 멈춘다(Dachwitz, 2017). 폭스바겐은 "Together Strategy 2025" 프로그램을 시작으로 미래에 나아가야 할 포괄적인 방향과 구체적인 실행 방안들을 설정하였다. 지속 가능한 미래를 보장하고 수익성 있는 성장을 목표로 삼고 있는데 ① 자동차 핵심 사업의 포괄적인 변혁 추구, ② 새로운 사업 영역인 모빌리티 솔루션의 신속한 구축, ③ 효율성 증가, ④ 기업 내 혁신 능력 및 기업가적 사고와 행동 강화를 통해 목표를 달성하고자 하였다. 2025년까지 30종류 이상의 E-Mobility 개발, 연간 판매량 2백~3백만 대 목표로 정하고, 그룹 차원의 판매량 수익을 7~8%대로 향상시키고, 자동차 분야의 자본 수익률을 15% 이상으로 높이려고 노력한다.[6] 이 모든 것들을 실현시키기 위한 핵심적인 최우선 과제는 디지털 전환이 될 것이다.

바스프(BASF)는 매출 규모와 시가총액 기준 세계 최대 화학 그룹으로 화학

5. https://www.volkswagenag.com/en/brands-and-models.html
6. Capistrano Volkswagen, https://www.capovw.com/blog/what-is-the-volkswagen-together-strategy-2025/

으로 지속 가능한 미래를 만들어 나가겠다는 목표를 갖고 있다[7]. 바스프는 1913년에 세계 최초로 암모니아 합성 공장을 운영하였고, 질소 비료를 생산하였다. 1951에는 스티로폼을 생산하였는데 스티로폼이 건축용 단열재와 포장재로 쓰이면서 세계적인 성공을 거두게 되었다. 현재 화학 분야에서 바스프는 무기화학, 석유화학 제품 및 중간재를 생산하고 있다. 그 밖의 제품군에는 석유화학 기초제품(프로필렌, 에틸렌 등), 연화제, 전기화학제품, 접착제, 합성수지, 아민, 디올, 섬유 및 정제화학 등이 있다. 바스프 그룹은 설비와 생산 과정의 효율성을 높이기 위해서 디지털 기술을 도입하고 데이터를 적극적으로 활용하는 스마트 매뉴팩처링(Smart Manufacturing)의 대표적인 기업이다. 직원들은 일상업무를 할 때 태블릿이나 스마트폰과 같은 단말기를 활용한 '증강현실'을 통해서 필요한 정보에 직접 그리고 빠르게 접근할 수 있다. 이처럼 모바일 단말기를 통해 정보에 쉽게 접근하고 생산과 영업을 연결시킴으로써 더 나은 결정을 빠르게 내릴 수 있게 되었다. 생산 면에서는 교체 시기가 임박한 압축기나 열교환기와 같은 설비 부품의 작동 상태를 예측하여 유지 보수가 가능하도록 했다. 센서를 통해 부품의 현재 가동 상황을 감지하고 전달된 데이터는 특별한 분석 소프트웨어를 통해 평가되고 모델화된다. '예측 기반 유지 보수'를 통해 유지 보수를 위한 최적의 시점을 예측하여 예상하지 못한 작업 중단이나 수리 시간을 줄이고 생산공정을 최적화한다(Tai et al., 2020). 바스프는 전기도 생산하고 있는데 전기가 필요량 이상 생산될 경우 공공 네트워크에 저장하고, 생산된 전기를 판매하기 위해서는 시시각각 변하는 전기 가격을 분석하여 판매할 최적의 시점을 예측하는 것이 중요하다. 바스프는 디지털 전환을 통해 소프트웨어를 활용하고, 전기를 판매할 수 있는 최적의 시점을 파악한다. 또한 얼마나 많은 전기를 생산하고 공급해야 하는지, 그렇다면 생산단지의 공장을 얼마나 가동시킬 수 있

7. Bloomberg, https://www.bloomberg.com/profile/company/BAS:GR

을지, 또 얼마나 전기를 제공해야 하는지 예측한다. 필요한 전기량은 생산에 따라 시시각각 변하고, 생산 가능한 양도 계절, 날씨 및 경제적인 조건에 의해 달라지기 때문에 소프트웨어를 통한 정확한 예측이 꼭 필요하다. 기존에는 수작업을 통해 자료를 수집하였지만 이제는 소프트웨어가 과거와 현재의 각종 자료를 참고하고 각 요인들 사이의 연관성을 찾아 에너지 수요를 예측한다. 이처럼 빅데이터에 기반한 소프트웨어를 활용해 전기 거래 최적의 시점을 예측함으로써 잉여 전기 판매를 통한 이익을 창출한다(Saling et al., 2002). 또한 바스프는 고객, 공급자, 파트너와의 네트워크를 강화하여 스마트 공급망을 결성하였다. 스마트 공급망을 통해 데이터를 교환함으로써 전체 공급망의 가시성과 투명성을 높이고 이는 효율성 향상으로 이어졌다[8]. 이를 위해서 수직적 통합, 수평적 통합을 실행하였고, 회사 내 공급망과 고객들의 공급망을 네트워크로 연결하였다. 디지털 플랫폼을 바탕으로 고객 및 공급자들과 데이터를 교환함으로써 바스프의 공급 신뢰도를 높이고 전체 공급망에서 소요되는 비용을 낮추었다(Tai et al., 2020). 디지털 기술을 바탕으로 고객들과의 소통도 강화했다. 바스프 제품 공급에 대해 더욱 정확한 정보를 제공하기 위하여 디지털 플랫폼에서 세계의 운송 관련 데이터들을 실시간 제공하고 있고, 바스프의 배송 및 고객서비스팀은 제품 배송과 관련된 사안을 실시간으로 파악할 수 있게 되었다. 고객들 또한 적절한 시기에 정확한 정보를 얻을 수 있게 되었다. 최근 바스프는 화장품 업계에도 진출을 하였는데 소비자의 니즈를 파악하여 제품 개발과 연계하고, 사람들의 개성을 Energetic, Perfect, Professional, Protected, Authentic, Creative 여섯 가지 유형으로 분류하여 마케팅하고 있고, 빅데이터를 기반으로 시장과 고객을 분석한다(Larsen, 2012). 이처럼 디지털 전환을 하기 전에는 불가능했던 일들이 가능해지면서 바스프는 좀 더 넓은 시장 진출을 꾀하며 새로운 고

8. BASF, https://www.basf.com/global/en/topics/our-plastics-journey.html

객층을 흡수하고 있다.

디지털 전환은 한국에서도 활발히 일어나고 있다. 2021년 6월 30일 중소기업벤처부는 경제협력개발기구와 공동으로 '디지털화를 통한 중소기업 회복력 강화, 한국 사례'를 발표하였다. 이때 부문별 정책으로는 스마트 공장 3만 개 구축 추진과 스마트 공장에서 창출된 제조 데이터를 인공지능 기반 제조 플랫폼을 통해 최적화하는 것이다. 또한 활용 기반을 확대하는 점에 주목하여 디지털 결제 시스템 제로페이, 소상공인 온라인 교육 플랫폼, 스마트 기술 보급 사업 등을 설명하였다. 이는 범국가적 차원에서 디지털 전환의 정책적 의지가 강하고, 중소기업 회복력 향상과 디지털화를 위하여 디지털 전환은 필수적인 사안임을 알 수 있다(중소기업벤처부, 2021). 한국은 오랫동안 ICT 강국으로서 글로벌 시장을 선도해 왔다. 코로나19를 계기로 비대면 경제, 언텍트 업무 등 사회 전 분야에서 디지털 전환이 가속화되고 있다. 인공지능, 빅데이터, 클라우드, 사물인터넷 등의 기술 혁신을 기반으로 가상현실, 디지털 트윈 등 새로운 플랫폼도 등장했다. 기존 산업의 프로세스를 탈피하여 전혀 새로운 시스템이 도래하면서 기업들은 조직 전반을 디지털화하지 않으면 살아남기가 어려운 상황이다. 디지털 전환을 성공적으로 진행한 기업만이 핵심 경쟁우위를 갖추고 새로운 시장과 새로운 고객들을 확보할 수 있다. 국내 주요 기업들도 디지털 전환을 주요 실행 전략으로 세우고, 과감한 투자를 통한 체질 전환, 인력 양성, 새로운 정보의 신속한 흡수 등 다양한 역량을 강화하고 있다.

LS그룹은 '연구개발 가속화'와 '디지털 전환'을 그룹의 미래를 준비하는 주요 전략으로 채택했다(LS보도자료, 2016.10.12). LS전선은 동 산업계 최초로 사물인터넷을 적용한 재고관리 시스템을 본격 시행 중이다. 원자재와 제품에 통신이 가능한 센서를 붙여 스마트폰으로 재고수량, 위치 등을 실시간으로 파악할 수 있다. 수많은 제품의 제조부터 출하까지 모든 단계의 시간과 비용을 절감할 수 있다. 또한 자재 및 제품의 경로 추적이 가능해지므로 운송 중 일어나는 각종 사고도 미연에 방지할 수 있다. LS일렉트로닉은 청주공장에 부품 공급, 조립, 시험, 포장 등 전 생산라인에 걸쳐 자동화 시스템을 구축하였다. 청주공장이 스마트 공장으로 바뀐 후 생산라인 38개 품목이 기존 7,500대에서 2만 대로 확대되었다. 에너지 사용량도 60% 이상 절감되었고, 불량률도 독일이나 해외 선진국의 스마트 공장 수준인 6PPM[9]으로 감소하면서 생산효율이 대폭 개선되었다(조선일보, 2020.5.21). LS일렉트로닉은 2011년부터 4년간 200억 원 이상을 투자해 인공지능, 사물인터넷, 빅데이터 등 4차 산업혁명의 핵심 ICT 기술들을 접목하여 다품종 대량·소량 생산, 맞춤형 생산 등 다양한 방식의 생산을 할 수 있도록 스마트 공장 프로젝트를 단계적으로 추진해 왔다(아시아경제, 2020.5.27). 스마트 공장 프로젝트는 전통적 제조업에 인공지능, 빅데이터, 자동화 ICT 기술들을 적용하여 디지털 역량을 강화하여 외부와의 전약적 파트너십, 오픈이노베이션 등 혁신적인 R&D를 기반으로 디지털 전환을 적극적으로 추진하며 성장하고 있다.

CJ그룹도 인공지능과 빅데이터 기반의 경영구조 고도화를 추진하면서 식료품 및 물류, 문화사업에 걸친 모든 사업분야에서 적극적으로 디지털 전환을 위해 노력하고 있다. CJ제일제당의 CJ블로섬캠퍼스는 다양한 정보들을 모두 디지털화하여 실시간으로 정보를 수집, 관찰, 분석, 제어가 가능하다. CJ대한통운은 물류 현장의 자동화와 첨단화를 위해 ICT 기술 적용 및 개발에 노력하고 있다(동아일보, 2021.7.23), 코로나19 시대가 도래하면서 언택트 사회가 되어 쇼핑의 양상이 많이 바뀌었다. 의식주에 필요한 식음료는 물론 쥬얼리나 생활용품 등 다양한 물건을 온라인으로 주문하고 택배로 수령하는 쇼핑 비율이 높아졌다. 이에 폭발적으로 증가한 택배의 효과적인 관리를 위해 디지털 전환은 필수적일 것이다. 또한 CJ그룹은 내부 인력 교육에도 많은 투자를 하고 있다. 디지털 전환을 위해 사내에 'DT 아카데미'를 출범하여 전 계열사 전 직원에게 IT 역량 교

---

9. 백만분율(Parts Per Million)

육을 제공하고 있다. DT 아카데미는 CJ 계열사 직원이 ICT 기술을 배우거나 혹은 현재 기술수준을 향상시켜 혁신적인 성과로 이어지도록 하는 CJ의 인적자원 개발 조직이다. 각 직원들의 보유 역량을 체계적으로 분석하고 학습을 유도하여 성장으로 연결시켜 일하는 방식을 변화시키는 것이 목표이다(이데일리, 2020. 3.16). CJ그룹은 DT 아카데미를 통해 빅데이터, 클라우드, 인공지능 등 ICT 핵심 기술 관련 강의를 제공하며, 디지털 전환을 리드할 수 있는 젊은 리더를 육성하기 위한 리더십 육성체계도 개편하였다.

표 1-2-2 국내외 디지털 전환 사례와 특징

기업		특징
해외	지멘스	– 전사적 통합 자동화 시스템(TIA) 도입, SIMATIC 통합 관리 소프트웨어 개발 전 시스템, 전 산업 분야 도입 – 단일 인터페이스 기반의 SIMATIC Energy Suite를 통해 엔지니어링 및 에너지 관리 – 지능화 건물 관리, 지능화 이동솔루션 등 인프라 구축
	폭스바겐	– 고객 주문 맞춤 생산 자동차 생산 가능 – 생산 과정의 모든 요소 디지털화, 시스템 각 요소에 대하여 디지털 트윈 구축, 사물인터넷으로 조정 – 인간과 로봇의 협업 생산
	바스프	– 설비와 생산 과정 전 분야 디지털 전환, 스마트 메뉴팩쳐링 구축, 모바일 단말로 조정, 생산–영업 연결 – 압축기 및 열 교환기 등과 같은 설비 부품의 작동 상태 예측 기반 유지 보수 가능 – 빅데이터 기반 수요 예측, 전기 거래 최적 시점 파악 – 고객–공급자–파트너와 네트워크 강화, 스마트 공급망
국내	LS그룹	– 동 산업계 최초 IoT 적용 재고 관리 시스템 시행 – 스마트폰으로 재고 수량, 위치 실시간 파악 – 4년간 200억 원 이상 투자해 AI, IoT, 빅데이터 등 기술 접목. 다품종 대량·소량 생산 등 다양한 방식으로 생산
	CJ그룹	– AI, 빅데이터 기반 경영구조 고도화 추진 – 식료품, 물류, 문화사업 모든 사업 분야 디지털 전환 – CJ대한통운 물류 시스템 자동화, 첨단화 – 전 계열사 직원들에게 빅데이터, Cloud, AI 등 ICT 역량 교육(DT 아카데미)

출처 : 기업 사례분석을 바탕으로 저자 작성

미국과 중국, 다른 유럽 국가들도 디지털 전환을 통한 스마트 팩토리 구축을 기반으로 생산성과 효율성 향상을 위해 많은 노력을 기울이고 있으나 본 장에서는 최초로 제조업에서 혁신을 주도해 온 독일 기업들을 위주로 살펴보았다. 성장이 정체되어 있는 세계 경제 속에서 많은 기업들은 파괴적 혁신과 변화를 통해 현 시대를 돌파해 나가려 하고 있다. 기업들에게 4차 산업혁명은 기회이지만 위협이 되기도 한다. 디지털 전환을 위해 기업들은 과거에는 없었던 혁신적인 개념의 비즈니스 모델과 시스템을 구축해야 한다. 기업 내 모든 프로세스와 기기를 자동화할 뿐만 아니라 이러한 프로세스를 최적화하고 개선할 방법을 끊임없이 고민해야 한다. 디지털 반경을 넓히고, ICT 기술 전문인력 양성으로 경쟁우위를 강화해야 하는 것이 최우선 과제이다. 스마트 기술로 기업 경영의 모든 영역에서 데이터를 얻고, 이를 통해 얻은 통찰은 기업이 지속 가능 경영 목표를 달성하는 데 필수적인 요소가 될 것이다.

4. 제조기업에게 스마트 팩토리가 왜 중요한가?

제조업 기반 스마트 팩토리 도입에 앞장서고 있는 나라는 단연 독일이다. 독일은 국가적 전통 산업인 제조업을 기반으로 가장 활발하게 디지털 전환과 스마트 팩토리 전략을 수행하고 있다. 독일이 스마트 팩토리에 대해 다른 나라보다 먼저 고민한 이유 중 하나는 높은 제조업 비중에서 찾을 수 있을 것이다. 최근 통계에서도 알 수 있듯이 2011년 세계 최초로 'Industry 4.0'을 내세우며 4차 산업혁명에 뛰어들었던 독일은 탄탄한 제조업 기반의 경제부국이고 세계에서 손꼽히는 선진국이다(Detlef Zuehlke, 2011). 그러나 장기적인 경기침체와 함께 첨단기술을 앞세운 미국과 중국 등의 추격이 빨라지면서 위기의식을 느꼈다. 독일은 Industry 4.0 최초 선언 후 몇 년간 공장 자동화와 스마트 팩토리 구축을 위해 노력했고 그 당시 세계은행(World Bank)에 따르면 2014년 독일 제조업의 GDP 비중은 23%였다(미국 12%, 일본 19%). 그 중 독일의 주력 제조업은 자동차(18.5%), 기계장비 및 부품(15.2%), 화학(9.8%)이다. 이처럼 독일은 기계 설계 · 제조 기술이 강하고 기계 운용과 관련된 산업 소프트웨어, 엔지니어링 기술력이 강점이다. 이처럼 디지털 전환에 앞장섰던 독일이 발 빠르게 스마트 팩토리를 채택한 것은 스마트 팩토리로 인해 구현할 수 있는 효율성 · 생산성 향상이 궁극적인 돌파구가 될 수 있었기 때문이다. 그동안 전 세계 경제는 저 성장의 늪에 빠져 있었다. 이러한 분위기 속에서 이윤을 추구하는 기업들에게 저성장 시대에서 새로운 터닝포인트를 어떻게 찾아야 하는지에 대한 고민이 가장 큰 화두가 됐다. 자본과 자원을 투입하여 효율적인 생산 · 경영 활동을 수행하고 최대의 이윤을 남기는 것. 이러한 궁극적인 목적의 해답이 스마트 팩토리가 된 것이다. 사람이 하던 일을 로봇과 기계가 대신하면 더욱 정확하게 더욱 신속하게 저비용으로 고품질의 제품을 생산할 수 있기 때문이다. 소량 · 대량 다품종 생산이 가능해지고, 고객과 시장이 원하는 제품을 빠르고 정확하게 파악 · 제공할 수 있는 것이 기업의 유일한 생존 전략이 될 것이다. 그러나 스마트 팩토리는 하고 싶다고 하여 바로 할 수 있는 것은 아니다. 스마트 팩토리 도입의 걸림돌은 첫째, 높은 비용 부담이다. 앞서 설명한 바와 같이 폭스바겐 그룹은 오래전부터 다양하고 실험적인 프로젝트를 통해 학습해 왔고, 관련 노하우를 축적해 왔다. LS일렉트로닉스는 4년간 200억 원을 투자해 핵심 ICT 기술을 접목하여 다양한 생산방식 구현에 성공하였다. 이처럼 스마트 팩토리를 구현하는 데 가장 큰 장애물은 비용적인 측면일 것이다. 구축한 후에는 과거에 비해 생산성과 효율성이 월등히 향상될 수 있지만 초기 투자비용이 크므로 중소기업이나 경험이 부족한 기업이 홀로 수행해 내기는 어렵다. 두 번째는 미래 지향적인 측면에서의 불안감이다. 대기업의 경우 자회사와 계열사, 세계적으로 많은 지사를 두고 있어 5~10년 정도의 미래 비전과 전략을 세우고 기업 활동을 수행한다. 기업 규모가 큰 만큼 합의된 목표와 목표 달성을 위한 단계별 Action Plan

을 가지고 움직여야만 통일감 있게 비용과 에너지를 집중할 수 있기 때문이다. 하지만 중소기업들은 당장 내년, 내후년의 일도 장담할 수 없는 높은 위험도를 감수하고 기업 경영을 한다. 또한 대기업에 비해 거시경제적 환경에 영향도 많이 받는다. 이 때문에 거액의 초기 투자비를 감수하고 스마트 팩토리 전환을 위해 기업 자본과 인력을 집중적으로 투자한다면 이것이 오히려 위협이 될 수도 있다. 많은 기업들은 이러한 이유들 때문에 스마트 팩토리로의 전환을 망설인다. 그럼에도 불구하고 스마트 팩토리는 4차 산업혁명 시대에 필수적으로 이행해야 할 수순이다. 인구는 줄어들고 경제는 정체기에 있다. 제조업은 산업을 불문하고 전통적으로 튼튼한 허리 역할을 해왔다. 이러한 제조업의 붕괴는 산업 전반, 나아가 국가 경제 전반의 불안한 지각 변동을 야기할 수 있다. 이러한 점에서 스마트 팩토리는 선택이 아닌 필수가 될 것이다.

5. 스마트 팩토리 확산을 위한 방향

스마트 팩토리 확산을 위해서는 첫째, 산·학·연의 유기적인 팀워크로 시너지 효과 강화가 중요하다. 제조업의 생산성 고도화, 글로벌 경쟁력 강화를 위해서는 범국가적 이니셔티브로 스마트 팩토리를 추구해야 한다. 한 부처, 한 산업만의 부분적인 노력으로는 어렵기 때문이다. 독일은 2015년에 다양한 스마트 팩토리 기업들이 참여하는 개방형 기술 협의체인 플랫폼 인더스트리 4.0(Platform Industrie 4.0)을 결성했다. 지멘스, 노빌리아, 폭스바겐 등 대기업들이 플랫폼을 만들었고, 이에 추가적으로 벡호프, 페스토 등 중소·중견 기업들도 활발하게 참여하고 있다. 이처럼 중소·중견 기업들의 참여가 활발한 이유는 독일에는 기계, 부품, 엔지니어링 산업을 중심으로 뛰어난 기술력을 가진 히든 챔피언들이 많고, 독일 정부가 적극적으로 중소기업들의 스마트 팩토리 사업을 지원하고 있기 때문이다(Issa et al., 2017). 독일 제조업의 경쟁력은 히든 챔피언이라

부르는 강소기업들에서 나온다. 또한 독일 제조업 내 다양한 기업 구성(대·중소기업 골고루 참여)이나 기업 간 관계의 공고함은 큰 장점으로 작용한다.

둘째, 스마트 공장 실태조사의 모니터링 및 요청사항에 대한 면밀한 검토 및 추적 조사가 필요하다. 스마트 공장 실태조사에 따르면 스마트 팩토리 구축 시 기업들의 가장 큰 요청사항이 정부지원금 확대이다. 국내 스마트 팩토리 사업은 기업들의 자기부담금과 정부지원금을 일정 비율로 나누어서 구축 비용을 부담하는 것인데, 이에 기업들은 정부지원금의 비율을 늘려 달라고 요청하고 있다. 또한 스마트 팩토리의 경우 단기간보다는 직원 교육, 새로운 시스템 적용, 인력 배치, 기업 경영 시스템 변경 등 기업 입장에서는 조직의 큰 변화가 예상되는 만큼 부담이 될 수 있다. 이 때문에 스마트 팩토리 구축에 여유를 가지고 천천히 진행하는 것이 중요하다고 판단된다. 기업들마다 규모별, ICT 전문인력 보유 상황, 산업별, 업력별 다양한 조건들과 차이가 있을 것이다. 이에 대한 맞춤형 지원이 필요하다고 생각된다. 또한 전문인력과 멘토링, 컨설팅과 관련 교육, 유지 보수 및 사후 관리도 중요하다. 스마트 팩토리는 한 번 구축으로 끝나는 것이 아니라 각 기업들이 기업 사정에 맞게 적용하고, 활용하여 생산성 향상에 기여하는 것이 중요한 성과이다. 이런 의미에서 초기 구축보다는 사후 관리가 더 중요할 수 있다. 이에 스마트 공장 실태조사를 기초자료로 적절히 활용하여 기업들이 요구사항 및 목소리에 더 귀 기울여야 할 것이다.

셋째, 스마트 팩토리 구축 관련 정보 활용 고도화 및 지적재산권 보호가 중요하다. 스마트 팩토리 구축 후 공장을 가동하면 많은 데이터들이 축적되게 된다. 이렇게 얻은 정보를 기반으로 불량률 저감, 생산량 증가, 유지 보수 예측 등 다양한 목적으로 활용하게 된다. 이때 빅데이터로 구축된 정보가 양질의 정보인지, 실제 기업의 운영과 제품 생산 활동에 필요한 정보인지 선별하고 제대로 활용하는 능력이 필요하다. 또한 연구개발과 지식재산권 확보, 보안 등에 대한 기업별 전략이 필요하다.

넷째, 소프트웨어 솔루션의 국산화율 제고가 필요하다. 독일의 지멘스는 통합 자동화 시스템(TIA) 구축을 위해 자체적으로 SIMATIC(통합 관리 소프트웨어)을 개발하여 제품 기획부터 통합 엔지니어링, 기업 운영까지 전사적으로 기업 내의 모든 흐름을 통합 시스템으로 관리하고 있다. 어떤 부서든 어느 지역의 지점에 있든 상관없이 통합 관리 시스템으로 실시간 지멘스의 모든 물류, 경영, 회계, 제품의 흐름을 한눈에 파악할 수 있다. 스마트 공장 실태조사에 따르면 스마트 팩토리 구축 고도화 계획에 있어서 MES 솔루션에 대한 수요가 가장 컸다. 자체 솔루션을 보유한 기업들도 일부 있으나 해외 솔루션 보급이 여전히 많아 국내 기업들의 시스템에 적용하기에 한계점이 있다. 이에 핵심 제조 시스템이나 소프트웨어, 애플리케이션 등의 개발에 투자하여 스마트 팩토리 소프트웨어 확산과 고도화에 노력해야 할 것이다.

참고문헌

동아일보(2021. 7. 23), "국내 기업 '디지털 경쟁력' 높인다", https://www.donga.com/news/Economy/article/all/20210722/108086741/1.

송성수(2017), 「산업혁명의 역사적 전개와 4차 산업혁명론의 위상」, 『과학기술학연구』, 17(2), 5-40.

아시아경제(2020. 5. 27), "LS그룹, R&D 속도 높여 디지털 트랜스포메이션 대응한다", https://www.asiae.co.kr/article/2020052711335586405.

LS 보도자료(2016. 10. 12), "구자열 회장, 임원세미나서 "디지털 트랜스포메이션 철저대비" 강조", https://lsholdings.com/ko/media/news/71375371694e6d-50646562766b357a516f715377584a4c7766487339754e6669.

이데일리(2020. 3. 16), "CJ 전 임직원 'DT 아카데미'서 디지털전환 교육받는다", https://www.edaily.co.kr/news/read?newsId=01620326625703976&-mediaCodeNo=257.

중소기업벤처부(2018. 11. 13), "스마트 공장 실태조사".

중소기업벤처부 보도자료(2021. 7. 1), "경제협력개발기구도 인정한 우리의 디지털 전환정책".

조선일보(2020. 5. 21), "'디지털 전환' 나선 LS그룹 구자열 회장 "새로운 기회의 순간 잡자"", https://biz.chosun.com/site/data/html_dir/2020/05/21/2020052101953.html.

Bharadwaj A, El Sawy OA, Pavlou PA, Venkatraman N(2013), "Digital business strategy : toward a next generation of insights", MIS Q 37(2) : 471-482.

Cozmiuc, D., & Petrisor, I.(2018), "Industrie 4.0 by siemens : steps made next", *Journal of Cases on Information Technology (JCIT)*, 20(1), 31-45.

Dachwitz, J.(2017), "Zukunftsorientierte Arbeitsplatzgestaltung unter Anwendung der Mensch-Roboter-Kooperation-Ergebnisse einer qualitativen

Studie", Gesellschaft für Arbeitswissenschaft e. V (Hrsg.), Frühjahrskongress.

Detlef Zuehlke(2011), "Industrie 4.0 digital transformation towards smart factories", https://digital4industry.lu/wp-content/uploads/2017/10/I40-LUX-Zue_en.pdf.

Downes L, Nunes PF(2013), "Big-bang disruption", Harv Bus Rev 91(3) : 44-56.

Drnevich PL, Croson DC(2013), "Information technology and business-level strategy : toward an integrated theoretical perspective", MIS Q 37(2) : 483-509.

Ebert, C., & Duarte, C. H. C.(2018), "Digital Transformation", IEEE Softw, 35(4), 16-21.

Hess, T., Matt, C., Benlian, A., & Wiesböck, F.(2016), "Options for formulating a digital transformation strategy", MIS Quarterly Executive, 15(2).

Howaldt, J., Kopp, R., & Schultze, J.(2017), "Why Industrie 4.0 needs workplace innovation—A critical essay about the German debate on advanced manufacturing", In Workplace innovation, Springer, Cham, pp.45~60.

Issa, A., Lucke, D., & Bauernhansl, T.(2017), "Mobilizing SMEs towards Industrie 4.0-enabled smart products", *Procedia CIRP*, 63, 670-674.

Larsen, L. (2012), "In-Cosmetics 2012 : events", South African Pharmaceutical and Cosmetic Review, 39(5), 16-21.

Matt, C., Hess, T., & Benlian, A.(2015), "Digital transformation strategies", Business & information systems engineering, 57(5), 339-343.

Oestreicher-Singer G, Zalmanson L(2013), "Content or community? A digital business strategy for content providers in the social age", MIS Q 37(2) : 591-616.

Pawłyszyn, I., Fertsch, M., Stachowiak, A., Pawłowski, G., & Oleśkó w-Szłapka, J.(2020), "The Model of Diffusion of Knowledge on Industry 4.0 in Marshallian Clusters", Sustainability, 12(9), 3815.

Saling, P., Kicherer, A., Dittrich-Krämer, B., Wittlinger, R., Zombik, W., Schmidt, I., Schrott, I. & Schmidt, S.(2002), "Eco-efficiency analysis by BASF : the method", *The International Journal of Life Cycle Assessment*, 7(4), 203-218.

SIEMENS 홈페이지 Totally Integrated Automation Portal, https://new.siemens.com/global/en/products/automation/industry-software/automation-software/tia-portal.html#:~:text=Your%20gateway%20to%20automation%20in,integrated%20engineering%20and%20transparent%20operation.

Tai, X. Y., Zhang, H., Niu, Z., Christie, S. D., & Xuan, J.(2020), "The future of sustainable chemistry and process : Convergence of artificial intelligence, data and hardware," Energy and AI, 100036.

Vial, G.(2019). "Understanding digital transformation : A review and a research agenda", *The journal of strategic information systems*, 28(2), 118-144.

Zinke, G., & Padur, T.(2015), "Berufsbildung-Digitalisierung der Arbeit in produktionsunterstützenden Bereichen der Automobilindustrie am Beispiel Volkswagen und mögliche Konsequenzen für affine Ausbildungsberufe", BIBB, Bonn.

3장

스마트 팩토리 주요국들의 정책적 움직임

오지선(KAIST)

〈요약〉

그동안 큰 주목을 받지 못했던 제조업이 다시 부활하고 있다. 독일에서 먼저 시작된 스마트 팩토리는 4차 산업혁명의 핵심으로 최근 큰 관심을 끌고 있다. 2008년 글로벌 금융위기 때에도 제조업 비중이 상대적으로 높았던 국가들이 비교적 타격이 크지 않았기 때문이다. 현재 스마트 팩토리 도입을 적극적으로 하고 있는 국가들은 미국, 독일, 일본, 중국 등이다. 이 국가들은 모두 제조업의 생산성 극대화, 효율화, 글로벌 경쟁력 강화를 위한 대안으로 스마트 팩토리를 추구하고 있지만, 구체적인 전략 방향은 조금씩 다르다. 그 배경은 국가별로 거시경제적 환경, 제조업 특성, 기술과 사업 부문의 강점 역량, 기업 간 구조의 차이 때문인 것으로 판단된다.

미국은 대기업 주도 하에 개방적 구조로 시장 기반의 표준화 전략을 추진하고 있다. 미국은 사물인터넷 등 산업 인터넷을 강점으로 하여 '새로운 사업 모델'과 '수익 흐름의 창출'이라는 시장 기반의 현실적 실리를 추구하고 있다. 또한 빠르게 관련 법령을 제정하여 스마트 팩토리 추진의 강력한 근거를 만들어 두어 정책 추진에 혼선이 없도록 하고 있다.

독일은 세계적 수준의 제조기술을 기반으로 강력한 경쟁력을 보유하고 있다. 미래를 준비하는 혁신의 원동력으로 '인더스트리 4.0'을 발표하고 제조업 경쟁력 강화를 위한 전략을 추진하였다. 특히 인공지능, 로봇공학, 센서, 빅데이터, IoT 등 혁신 기술을 기반으로 사이버 물리 시스템의 구축, 스마트 생산 체제로의 전환 등 제조 공정의 스마트화를 통해 독일의 제조업 경쟁력을 강화하겠다는 목표를 제시하였다. '플랫폼 인더스트리 4.0'을 제시하면서 제조 프로세스의 좀 더 정교한 디지털화 전략, 데이터의 보안 및 유지 관리, 표준화, 인적자원 관리, 중소·중견기업의 활발한 참여를 유도하는 정책을 실행하였다.

한편 일본은 아베노믹스의 재흥전략을 기반으로 고령화 및 노동력 감소 등 근본적인 사회 문제를 해결하기 위해 노력하고 있다. 제조 기반 기술 진흥시책 보고서인 '제조백서'를 매년 발행하고 있고, 인력육성과 고용제도를 개혁하고 과학기술 이노베이션을 추진하고 있다. 또한 국가전략특구를 지정하여 각 주요 지역을 선정하고, 성장 전략 실행을 구체화하고, 전략적 통상관계 구축 및 경제 협력을 추진하는 동시에 글로벌 시장 확보를 위한 전략적 방안을 다양하게 마련하고 있다.

중국은 미국, 일본, 독일 등의 선진국들의 제조 혁신에 대응하기 위하여 '중국제조 2025' 계획을 발표하였고, 제조업의 스마트화 및 고도화를 통해 2025년까지 중국을 글로벌 제조 강국 대열에 진입시키는 것을 목표로 삼았다. 이를 위해 3단계에 걸친 전략 계획을 세웠는데, 1단계(2015~2025년)에는 제조 강국 대열에 진입하는 것을 목표로 공업과 IT 융합을 통해 제조업의 디지털 고도화를 추진한다. 2단계(2026~2035년)에는 글로벌 제조 강국 내 중간 수준으로 도약하고, 3단계(2036~2045년)에는 글로벌 제조업 선도국가가 되는 것을 목표로 하고 있다. 또한 중국 2025 전략에서는 중국 제조업의 고도화를 위해 5대 프로젝트와 10대 중점 육성산업을 선정해서 구체적인 추진안을 제시하였다.

한국은 '스마트 제조혁신 비전 2025'를 통해 스마트 공장의 보급 목표를 기존 2020년 1만 개에서 2025년 3만 개로 상향 조정하였으며 2025년까지 스마트 공장을 고도화하고 스마트 공장 기반 기술 역량의 확보, 스마트 공장 보급·확산을 위한 시장 창출, 해외시장 진출을 위한 협의체 구축 등을 지원하였다. 스마트 공장의 자발적 구축 기업에 대한 인증제도 신설, 대기업 협력사 인증·호환 등 민간 주도의 보급·확산을 위한 인센티브도 도입하였다. 그 후 '스마트 공장 확산 및 고도화 전략'을 통해 ① 민간·성과 중심의 보급을 확산하고 ② 스마트 수준을 고도화 및 첨단화로 제고하며 ③ 근로자 직무 전환 및 전문성을 강화하는 등의 핵심 전략을 추진하였다.

향후 스마트 팩토리 기술 발전과 함께 글로벌 제조업의 경쟁 지형도 서서히 변해 나갈 전망이다. 정부 및 기업들은 해외 국가들의 정책에 대한 학습을 통해 한국 체질에 맞는 스마트 팩토리를 만들어가야 할 것이다. 한국 고유의 주력 제조업, 기술·사업 역량, 기업 간 구조의 특성에 잘 부합하고, 미국, 독일, 일본, 중국 주요 국가들의 전략 방향과는 차별화된 스마트 팩토리 전략을 구상하고 실행해야 한다. 스마트 팩토리 구축을 고려하는 기업들의 경우 산업 유행의 추종보다는 명확한 추진 목표 하에 자신들의 시장, 제품, 공정 특성에 맞도록 도입 전략을 세밀하게 준비해야 할 것이다.

1. 서론

2000년 후반 글로벌 금융위기 이후 상대적으로 제조업 비중이 높은 국가들은 경제적으로 비교적 빠른 회복력을 갖고 있었고, 이에 따라 제조업의 가치가 재인식되었다. 그동안 중국과 동남아 등에서 생산 활동을 했던 기업들이 현지의 인건비가 상승함에 따라 고품질의 제품 생산과 자국의 제조업 강화 및 보호를 위해 본토로 되돌아가는 리쇼어링 현상이 일어나고 있다. 글로벌 저성장 시대에서 효율성과 생산성으로 돌파구를 찾으려는 세계 선진국들이 ICT 기술과 스마트 팩토리를 도입함으로써 제조업의 혁신이 활발히 이루어지고 있다(Menezes et al., 2018). 인공지능, 빅데이터, 사물인터넷 등 주요 핵심 ICT 기술은 스마트 팩토리 구축과 이로 인해 창출되는 거시경제적 환경을 변화시키고 있다(de Felice et al., 2018). 특히 2016년 다보스포럼에서 세계적인 저성장을 해결하기 위한 방안으로 '4차 산업혁명의 이해(Understanding of the Fourth Industrial Revolution)'를 주제로 미래 기술혁명이 사회와 미래 세대에 어떤 변화를 가져올 것인지에 대해 심도 있게 논의한 바 있다[1].

4차 산업혁명을 주도하는 대표적인 국가로는 미국의 '산업 인터넷(Industrial Internet)', 독일의 '인더스트리 4.0(Industry 4.0)', 일본의 '로봇 전략(Robot Strategy)', 중국의 '중국제조 2025 전략(Chinese Manufacturing 2025 strategy)'이 있다. 특히 독일의 인더스트리 4.0의 경우 다양한 IT 기술과 정보통신기술, 사물인터넷, 개인화 등 다양한 기술력을 제조업에 접목시켜 다품종 대량생산, 다품종 소량생산, 주문제작 등 기존에 없었던 제조업의 고도화를 이루어 냈다(Kagermann et al., 2013). 또한 중국은 제조업 중심의 산업구조에서 2049년까지 서비스 산업으로 산업 체질을 고도화할 계획을 세워 안정적인 경제와 산업 발전을 추구하

1. https://www.weforum.org/agenda/2016/01/the-fourth-industrial-revolution-what-it-means-and-how-to-respond/

고 있다(Zenglein & Holzmann, 2019).

각 국가들은 산업환경 및 거시경제적 상황, 제품 생산구조, 사업 성장성 등 산업 특성을 고려하여 제품 수명주기별 산업별 상황에 따른 추진 전략을 수립하고 있다. 스마트 팩토리의 부분적인 구축이나 정부의 일부 부처만의 노력으로는 이루어지지 않기 때문이다. 범정부 차원의 통합된 정책과 이니셔티브, 전체적인 최적화가 이루어지지 않으면 첨단 스마트 팩토리가 완성되지 않기 때문에 많은 고민과 토론, 실험 등을 수반하여 정확하고 확실하게 설계하고 추진하는 것이 효과적이다(Cimini et al., 2017). 특히 대기업 중심의 산업 구조를 갖고 있는 한국의 경우 다른 국가들에 비해 스마트 팩토리의 핵심 원천 기술경쟁력이 선진국에 비해 낮다. 한 예로 독일은 대기업뿐만 아니라 탄탄한 히든 챔피언이라 불리는 중소·중견기업들의 상호작용을 바탕으로 인더스트리 4.0 플랫폼을 이끌어가고 있다. 또한 한국은 산업용 장비, 소프트웨어 등 스마트 팩토리에 적용할 수 있는 산업 기반도 취약하다. 스마트 팩토리의 근간이 되는 기반기술, 하드웨어와 소프트웨어 분야의 주요 기술경쟁력은 선진국의 70% 미만 수준이다. 특히 산업용 로봇과 관련 소프트웨어 분야에서 큰 격차가 있다(정태석, 2016). 초기부터 스마트 팩토리를 추진해 온 기업은 불필요한 요소를 배제함으로써 생산공정의 차별화된 역량을 주도할 수 있다. 조립산업에서는 다양한 수요와 신속한 주문에 대응, 개인화 맞춤형 생산에 대응할 수 있는 고객 맞춤형 생산 시스템 구축으로 스마트 팩토리를 최적으로 구현할 수 있다(Radziwon et al., 2014). 또한 가상공간과 물리적 세계의 결합을 통해 인간과 기계가 유기적으로 통합된 작업환경을 구현함으로써 생산 방식을 개선하고 생산 효율성을 높여 제조업의 경쟁력을 강화시킬 수 있다(Ramakrishna et al., 2017).

이에 본 장에서는 스마트 팩토리를 통한 제조업의 기술 혁신과 관련하여 미국, 독일, 일본, 중국 등 해외 주요 국가들의 스마트 팩토리 관련 정책을 살펴보고 스마트 팩토리의 미래를 전망해보고자 한다.

2. 국내 및 해외 스마트 팩토리 정책 현황

2.1 미국

미국은 2010년 초반부터 제조업에 적극적으로 관심을 기울였다. 2012년 2월 국가과학기술위원회(NSTC)는 미국경쟁력강화재승인법 규정에 따라 2012년 2월 "국가 첨단제조업 전략 계획(National Strategic Plan for Advanced Manufacturing)"을 발표하며 제조업 부흥 정책에 대한 강력한 정책적 의지를 보였다. 특히 미국은 R&D를 통해 제조 인프라를 구축하는 것을 목표로 하고 있고 이는 경쟁력 있고 효율적이며 지속 가능한 성장을 가능하게 하는 제조산업 발전에 필수적인 요소라고 인식하였다. 주요 내용은 첨단제조 R&D를 지원하는 연방정부의 활동을 조정하고 지침을 부여하는 전략 플랜으로 R&D와 혁신 기술 상용화의 간극을 메우기 위해 첨단제조업을 위한 혁신 정책을 제언하고 있다. 미국은 전통적으로 기초 R&D에 투자하는 혁신 정책을 추진해 왔지만, 기초 R&D의 성과가 제조업에 충분히 활용되지 못하는 실정이었다. 이에 정부가 시장 실패에 대응할 필요가 있으며, 과거 반도체 산업에서와 같이 정부가 연구 · 기술 · 교육 · 훈련에 투자함으로써 신산업 창출을 추구해야 한다고 밝혔다.

'국가 첨단제조업 전략'의 주요 내용은 첫째, 제조업에 대한 세율 조정 및 첨단제조 기업에 대한 세제 지원을 확대한다. 법인세 상한선을 35%에서 28%로 낮추고 제조업체는 25% 세율을 적용한다. 첨단제조 부문의 세금을 공제하고, 리쇼어링 기업의 세금 환급 및 감면 등 세제 지원을 확대한다(Shariatzadeh et al., 2016). 둘째, 통상 무역정책 강화를 위한 기구를 설치한다. 국제무역협정에서의 미국 정책을 심의 결정하는 ITEC(Interagency Trade Enforcement Center ; 범부처 통상 강화 센터)를 설치한다. 범부처 통상강화 센터는 미국 근로자와 비즈니스를 위한 범부처 차원의 통상 강화책 수립을 목표로 한다. 셋째, 첨단제조업 혁신 가속화를 위해 '첨단제조파트너십 조정위원회' 설치 및 '국가제조업혁신 네트워크'를 구축한다. 미국 정부는 대통령과학기술자문위 산하에 민간, 학계가 함께 참여하는 '첨단제조파트너십 조정위원회'를 설치하였다. 이는 제조업 혁신 가속화와 상업화 지원을 위해 미국 전역에 국가제조업 혁신 네트워크(National Network for Manufacturing Innovation ; NNMI) 구축을 목표로 한다. 구체적인 육성 정책은 국가 및 민간 연구소를 설립하고, 공공 및 민간 부문과 파트너십을 형성하여 지역산업의 R&D를 최대한 강화한다는 것이다. 각 지역의 연구소는 산업적으로 적용 가능한 최첨단 제조기술의 개발을 위하여 산업체(대기업, 중견·중소기업, 스타트업), 연방정부, 주정부, 비영리 단체 및 학계 등과 강력한 파트너십을 구축한다. 이에 2013년 회계연도에 제조부문 경쟁력 강화를 위한 첨단 R&D 예산 전년도 대비 19% 증액을 제안했다(Radziwon et al., 2014). 넷째, 첨단제조업 인재 육성을 위한 펀드 조성 및 제조 혁신기관을 건립한다. 2012년 2월 첨단제조업을 포함한 고성장 산업의 인재 훈련을 위해 지역대학과 산업계를 지원하는 펀드를 80억 달러 조성하고, 새로운 첨단제조기법 및 기술에 적합한 인력 육성을 위해 민관 컨소시엄으로서 '제조혁신 기관'을 설립하였다.

이러한 다양한 추진 과제가 있음에도 불구하고 '국가 첨단제조업 전략'은 국가 차원에서 새로운 미래 제조업 체제의 청사진까지는 구체적으로 제시하지 못했다. 다만 2012년부터 GE의 산업 인터넷 전략 추진이 있었고, 미국의 제조업으로 회귀하는 제조업체 증가에 힘입어 스마트 팩토리에 대한 관심이 높아졌다. 이에 본 정책은 새로운 스마트 팩토리 정책의 마중물이 되었다. 또한 산업현장에서 사물인터넷, 클라우드, 빅데이터 분석 등 새로운 기술적 기반을 활용해 최근의 생산성 정체를 돌파하고 사업 모델을 창출하자는 분위기가 조성되었다. 미국의 정책적 특징은 대기업 주도형이며, IoT의 연장선상에서 데이터와 네트워킹을 활용해 신사업 모델을 창출하고 새로운 수익 원천을 확보하자는 실리 측면에 더 관심을 갖는다. 미국에서는 주로 대기업들이 산업 인터넷을 주요 기술로 하여 스마트 팩토리 관련 사업들을 주도해 왔다. 적극적으로 스마트 팩토리 관련 사업을 추진했던 대표적인 기업은 GE, 나이키 등이다. 특히 GE는 2012년 산업 인터넷 개념을 처음 제시하고, 2014년 인텔, 시스코 등과 협력해 산업 인터넷 컨소시엄(Industrial Internet Consortium ; IIC)을 결성한 후 2015년에는 산업 인터넷 클라우드 플랫폼인 프레딕스(Predix)를 구축했다. 산업 인터넷의 구현에는 센서, 네트워크, 클라우드, 빅데이터, 소프트웨어, 인공지능 등 다양한 기술들이 골고루 필요하며 모두 중요하다. 이 때문에 아마존은 클라우드, 마이크로소프트는 클라우드, 소프트웨어, IBM은 인공지능을 강점으로 하여 산업 인터넷 시장에 뛰어들었으며 그 밖에도 많은 대기업들이 산업 인터넷 시장에 적극적으로 참여하려고 하고 있다. 록웰, 허니웰 등 전통적인 자동화 장비 기업들도 최근 소프트웨어나 네트워킹 기술 역량을 보강하여 시장에 참여하고 있다.

스마트 팩토리의 기반이 되는 산업 인터넷 컨소시엄은 개방형 혁신을 추구하며 전 세계 모든 기업들에게 문호를 개방한다. 디지털 기술의 선도를 통한 시장 지배적 위상 확보를 목표로 하면서 시장이 흘러가는 곳에서 자연스럽게 표준이 결정되는 시장 표준 전략을 추구한다. 독일이 인더스트리 4.0을 기반으로 제조업 자체의 진화에 초점을 맞춘다면 IIC는 제조업을 포함해 디지털 헬스케어, 교통, 에너지 등 다양한 산업 영역에 걸쳐 산업 인터넷의 상호 호환성 확보를 추구했다. 그 밖에도 중소 제조기업들에게 첨단기술을 이전하고, 공정의 자동화 및 고도화, 인력 교육 및 컨설팅, 수출 등을 종합 지원하는 제조업 확장 파트너십(Manufacturing Extension Partnership ; MEP) 프로그램을 통해 중소기업들에 대해 맞춤형 서비스를 제공하고, 생산공정 개선 및 제품혁신 촉진을 추진해 왔다(한국산업기술진흥원, 2018). 그 후 오바마 정부는 'Manufacturing Enhancement Act of 2010(제조업 증강법)'을 제정하여 해외에서 완제품으로 수입되는 상품에 대해 관세를 부과하고, 수출기업을 지원하는 아웃소싱 기업에 대한 세금 감면 혜택을 폐지하는 등 리쇼어링 정책을 본격적으로 추진하였다. 법인세 최고 세율을 35%에서 28%로 낮추고 조세감면 정책을 실시하여 제조업 활성화를 위한 기업 지원 정책을 추진하였다. 또한 국내생산공제법안(Domestic Production Deduction)을 함께 제정하여 미국에서 제품을 생산하는 제조기업에게 세금공제 혜택을 제공하였다(김보민 외, 2014). 그 밖에도 기업의 해외 진출과 국내직접투자를 확대하기 위하여 해외 지원조직을 설립하여 도시 개발과 교통과 같은 해외 인프라 프로젝트에 자금을 지원하고 해외 관련 사업을 추진하였다. 그와 함께 자금 조달, 상품거래, 테러, 전쟁 등 다양한 위험에 대응하기 위하여 무역보험법 개정안이 추진되었다. 또한 미국 정부는 제조업 혁신 전략을 지속적으로 추진하기 위해 제조 혁신을 위한 국가 네트워크 구축을 포함하는 'AMP 2.0 전략'을 발표하였고, 'Revitalize American Manufacturing Act(2014)'를 법제화함으로써 제조업 혁신을 위한 다양한 정책 추진의 근거를 마련하였다. 제조업 혁신의 주요 육성 분야는 3D 프린팅, 디지털 제조 및 디자인, 경량화 금속제조, 광대역 반도체, 첨단 합성 제조, 유연 하이브리드 전기소자, 통합 포토닉스, 클린 에너지, 혁신섬유 및 직물 등이다(이경선 외, 2018).

미국 스마트 팩토리 정책의 전략적 방향은 비교적 시장에 민감하고 현실적이며 단기적이다. 기존 기계나 공장에 사물인터넷을 접목하고 빅데이터를 분석해 즉각적인 생산성 개선을 이루어내고, 이를 기반으로 새로운 사업 모델과 수익 원천을 창출하는 것이 특징이다.

2.2 독일

독일의 제조업은 세계적 수준의 제조와 기술을 바탕으로 높은 경쟁력을 보유하고 있다. 그러나 인구의 사회적 변화 문제와 함께 제조업 강화를 기반으로 한 경쟁자들이 독일을 추격하고 있는 데다 세계 경제는 정체기에 머물러 있어 위기가 확산되고 있었다. 이에 생산인구 감소, 노인인구 증가에 따른 인구구조의 변화, 고령화로 인한 사회 복지비용 및 노인부양비 등이 사회적 이슈로 떠오르면서 독일에게 제조업의 혁신은 선택이 아니라 필수가 되었다(Balasingham, 2016). 상대적으로 제조업 비율이 높은 독일이 스마트 팩토리 전략을 선택한 것은 어쩌면 당연한 것이었다.

전 세계적으로 독일의 제조업 부가가치는 1995년 8.9%였으나 2011년 6.5%로 하락하였다. 세계 수출 시장의 점유율은 2000년대 중반까지 9.5%를 유지했으나 2011년에는 8.7%로 감소하였고, 독일의 생산인구는 2025년에 2012년보다 약 500만 명 감소할 것으로 예상된다. 이에 독일은 미래를 준비하는 혁신의 원동력으로 'Industry 4.0'을 발표하고 제조업 경쟁력 강화를 위한 전략을 추진했다. 독일 정부는 Industry 4.0 전략을 통해 인공지능, 로봇공학, 센서, 빅데이터, IoT 등 혁신 기술을 기반으로 사이버 물리 시스템(CPS)의 구축, 스마트 생산체제로의 전환 등 제조 공정의 스마트화를 통해 독일의 제조업 경쟁력을 강화하겠다는 목표를 제시하였다. 그리고 독일 전 공장의 기계, 공정, 물류 및 서비스 시스템이 통합적으로 연결·관리되는 '스마트 공장' 시스템을 구축하여 2020년 이후에는 독일 제조업 전체가 거대 플랫폼화되는 로드맵을 제시하였다. 이 전략의 핵심은 CPS인데 이를 이용하여 독일 내 모든 공장을 하나의 가상 공장환경으로 만들어 국가 단위에서 생산 및 수요 예측이 가능한 미래형 공장 생태계를 마련하겠다는 전략이다.

스마트 팩토리는 독일이 최초 주도하였고 일본과 중국, 미국이 추격해 오며 치열하게 경쟁하고 있는 상황이다. 독일은 2011년부터 Industry 4.0의 슬로건 하에 국가 차원에서 스마트 팩토리 전략을 추진해 왔다. Industry 4.0은 ICT 기술을 활용해 생산공정을 개선하고 신제품 개발, 구매, 유통, 서비스까지의 전 가치사슬을 통합하며 셀 생산 방식, 사이버 물리 시스템 등을 결합해 새로운 형태의 생산 체제를 만들었다. 즉, 전통 산업과 IT 시스템을 통합하고 생산 시설을 네트워킹하여 기존의 시스템을 확장하는 형태이다(Balasingham, 2016).

독일은 2013년부터 ICT와 제조업 융합 혁신에 따라 기존 'Industry 4.0'의 문제점을 증명하고 'Platform Industry 4.0'을 개선하는 작업을 진행 중이다. 제조 프로세스의 좀 더 정교한 디지털화 전략, 데이터의 보안 및 유지 관리, 표준화, 인적자원 관리, 중소중견기업(히든 챔피언)의 활발한 참여 등이 주요 내용이다. 이에 독일 정부는 3년에 걸쳐 R&D를 위해 약 5억 유로 이상을 투자해 왔다. 각 지역에 설립된 인더스트리 4.0 역량 센터의 컨설팅 등을 통해 독일 중소·중견기업의 공장 디지털화 프로젝트를 지원하고 있는데, 인더스트리 4.0 플랫폼은 기술 로드맵을 작성해 계속 발전시키고 있다(하원규, 2017). 이에 사이버 물리 시스템을 구축하고 전체 생산 시스템에 스마트 팩토리를 적용하여 표준화를 확대하고 체계를 강화하고 있다.

특히 독일 정부는 제조업의 경쟁력 유지·강화를 위해 2007년에는 법인세율을 2006년 39%에서 29%대로 낮췄고, 고용보험 요율도 6.5%에서 3.3%로 하향 조정하는 등 고용주의 부담을 완화하는 기업 투자 확대를 위해 세제 부담을 줄이기 위해 노력해 왔다. 그 밖에 2011년에는 대외무역 활동을 지원하고 자금지원 시책을 개선하였다. 대외무역 활동 지원책으로서 무역장벽 축소, 수출 신용 및 추가 보증 등 중소·중견기업의 수출 지원 프로그램을 추진하는 것이 주요 내용이다. 중소·중견기업의 신용제공 확대를 위해 독일개발은행(KFW)을 통한 자금지원 시책을 개선하고자 하였다. 그 후 미래 프로젝트인 "첨단기술 전략(High Tech Strategy) 2020"을 통해 제조·생산 체계와 ICT 융합을 위한 스마트 생산, 스마트 사업 환경을 조성하고자 노력하였다. 첨단 기술 전략 2020은 2014년부터 2020년까지 기후·에너지, 건강·식량, 운송, 안전·보안 및 ICT 분야 기술 개발 전략을 의미하는데 산·학·연 R&D 협력 프로그램으로서 Research Campus(연구캠퍼스), Leading-edge Cluster(첨단기술 클러스터), 혁신연합 등 다양한 프로그램을 운영하였다.

또한 중소기업 혁신과 기술개발 지원을 위해 특화된 R&D 프로그램인 ZIM(Central SME Innovation Program), 중소기업 기술지원 프로그램(KMU-innovativ)을 운영하였다. 인력 양성 측면에서는 제조업 숙련인력의 안정적 공급을 위해 현장 학습형 직업교육 체계의 글로벌 협력 강화 및 제조업 분야 고숙련 인력의 유입을 장려하였다. 기존에 독일 정부는 2003년 'Agenda 2010'을 통해 제조업 관련 직업교육의 효율성을 극대화함으로써 인력의 숙련도를 높이고 청년층의 고용률을 높게 유지하고자 하였다. 고령화의 빠른 진행으로 제조 현장의 고숙련 인력이 부족해져 2012년부터 해외 고숙련 인력의 이민을 장려하는 정책을 실행하고 있다.

2.3 일본

일본은 2013년 산업재흥전략을 발표하면서 성장 전략의 구체적인 계획이 수립되었다. 산업재흥전략은 아베 정권 출범 후 장기간 침체에 빠져 있던 일본 경제의 재건을 목적으로 수립된 것으로 GDP와 소득의 증가 등 실질적인 경제 성장을 실현하고자 하였다. 일본은 1999년 제조 기반 기술 진흥기본법 제8조에 따라 일본 정부가 책정한 제조 기반 기술 진흥시책 보고서인 '제조백서'를 발행하였다. 일본 '제조백서'는 일본 제조업의 문제점을 크게 2가지로 설명했다. 첫째, 엔저 현상에도 불구하고 생산 거점의 해외 이전에 따른 수출의 더딘 회복, 둘째, 인구 감소에 따른 국내 시장 축소, 생산 가능 인구의 감소, 노동력 부족 등의 문제다. 이런 문제의 해결 방안도 함께 제시하였는데 국내 생산거점의 고도화, 고부가가치 제품 생산을 위한 3D 프린터 제조 기반 구축, 새로운 시장 창출과 함께 입지 경쟁력 강화, 모듈화의 확대 등이다. 제조업 혁신을 위한 종합적인 전략은 발표되지 않았지만 이런 문제 인식에 따라 향후 제조업 혁신 전략을 수립하게 되는 기반이 되었다.

장기적인 경기침체에 시달렸던 일본은 고령화 및 노동력 감소 등 근본적인 사회문제를 극복하기 위한 방안으로 제조업 혁신 정책을 추진했다. 2013년 6월 일본재흥전략을 최초로 발표했을 때는 긴급구조 개혁 프로그램의 성격이 더 강했다. 인력 육성과 고용제도를 개혁하고, 과학기술 이노베이션을 추진하는 데 중점을 두었다. 전략적 통상관계 구축 및 경제협력을 추진하는 동시에 글로벌 시장 확보를 위한 전략적인 방안을 다양하게 마련했다. 또한 국가전략특구를 지정하여 각 주요 지역을 선정하고 성장 전략 실행을 구체화시켰다. 한편 2015년 6월 일본재흥전략을 개정하여 다시 발표하였다. 이는 아베노믹스 2단계로 설비투자와 R&D, 인재 육성 등 미래 투자를 통한 생산성 혁신을 실현하고 일본 경제의 활력을 되찾기 위해 지역별 아베노믹스를 구체적으로 제시하였다. 즉, 지자체의 새로운 역할을 제시함으로써 민간이 아베노믹스에 참여할 수 있도록 민간 역량을 최대로 유인했다. 중소·중견 기업, 소규모 사업자들의 매출과 수익을 늘리기 위해 정책적 노력을 기울이는 한편 서비스 산업을 활성화하고, '개혁 2020'을 통해 성장 전략을 가속화할 수 있는 민관 프로젝트를 실행하였다(한국산업기술진흥원, 2015).

앞서 설명한 바와 같이 일본은 종합 경제 전략인 '일본재흥전략'과 '과학기술이노베이션 전략 2015' 등에 첨단설비 투자 촉진과 과학기술 혁신 추진 등 제조업 강화 내용을 포함시켰다. '일본재흥전략'의 3대 실천과제로 일본산업계획을 제시하고 있으며 이를 통해 고용제도 개혁 및 인재 역량 강화, 과학기술 혁신, 산업 입지 경쟁력 강화 등의 제조업 강화 정책을 추진해 왔다. '과학기술 이노베이션 전략 2015'는 일본 재흥에 추가적인 전략으로 일본재흥전략의 발전을 위해서 과학기술 혁신이 필수적이라는 판단 아래 핵심 기술을 선정하여 기초연구에서 실용화·사업화까지 연계되는 로드맵을 구상하고 이를 통해 전략 시장을 창출하기 위한 목적으로 추진하였다. 주요 내용은 '전략적 혁신 창조 프로그램(Strategic Innovation Promotion Program ; SIP)'과 장기적으로 미래 경제·사회 · 산업 측면에서 영향력이 큰 혁신적 연구주제를 선정하고 PM 책임 하에 독창적인 연구를 수행하는 프로그램인 '혁신적 연구개발지원 프로그램(Impulsing Paradigm Change through Disruptive Technologies Program ; ImPACT)' 등 국가중점 프로그램을 포함하였다. 일본은 타 선진국들과는 달리 제조업 자체에 대한 경쟁력 부족 문제보다는 교육 · 연구개발 등의 과학기술 혁신을 통한 제조 기반 지원 측면에서 제조업 혁신에 접근하고 있다. 본 전략은 새로운 혁신제조 시스템을 도입하여 제품 기획, 설계, 생산, 유지 보수 모든 과정을 IT로 연결하고 자원의 조달, 재고관리, 사용자 정보 관리 등 모든 데이터를 네트워크 플랫폼으로 구축하는 내용을 담고 있다. 다시 말해 로봇 기술, IoT, 빅데이터, AI 등을 이용한 엔지니어링, 생산 프로세스 등을 통한 새로운 공급 시스템을 구축하기 위한 전략이다(이경선, 2018). 또한 일본은 2016년부터 스마트 공장 시범사업을 시행하고 있는데 2016년에는 14개 프로젝트에 5억 엔을 지원하였고, 2017년도에는 3억 엔을 배정하였다. 일본의 스마트 공장 시범사업은 각 기업이 로봇이나 공작기계, 컨트롤러 등 각종 기계에서 수집한 데이터를 다른 기업들도 공유할 수 있도록 플랫폼을 제작하거나 중소기업도 이용 가능한 데이터의 활용 시스템 개발하는 방식으로 이루어지고 있다(김규판 외, 2017).

2.4 중국

1990년대 중반 이후부터 중국 정부는 기존의 경제성장 모델의 한계를 느꼈고, 세계 경제의 변화에 발맞추기 위하여 2001년 WTO 가입을 계기로 새로운 국가발전 계획을 모색하였다(최은영, 2008). 중국은 미국, 일본, 독일 등의 선진국들의 제조 혁신에 대응하기 위하여 '중국제조 2025' 계획을 발표하였다. 중국 제조업의 스마트화 및 고도화를 통해 2015년 5월부터 2025년까지 글로벌 제조 강국 대열에 진입한다는 목표이다. 지금까지 중국 제조업은 저임노동자를 기반으로 대규모 인력을 투입하여 대량생산을 하는 구조였다. 그러나 중국의 인건비는 물가상승률을 감안하더라도 매우 가파른 상승을 보여 2003~2013년 사이 3배 정도 증가했다(최해옥, 2016). 이로 인해 중국의 제조업 구조는 저임노동이 아닌 기술력 기반으로 전환해야 하는 시점에 도달했으며 이에 중국 정부는 제조업의 고도화를 추진하는 동시에 해외로부터 기술력 및 인력을 확보하는 데 많은 자금을 투입하고 있다.

중국은 '제12차 5개년 계획(2011~2015)'에서 '자주적 혁신능력'을 통한 전략산업 육성을 추진하였으나 최근 주요국의 제조 혁신 전략에 대응하기 위해 '중국제조 2025' 전략을 수립하여 세부 계획을 실행하고 있다. "중국제조 2025"는 중국의 제조업 중장기 발전을 위해 13차 5개년(2016~2020) 계획과 14차 5개년(2021~2025) 계획을 세워 약 10년의 장기 경제부흥 전략을 추진해 오고 있다. 세부적 목표는 2025년에 제조 대국에서 제조업 강국으로 발전하고, 2035년에는 전 세계적으로 앞서가는 제조업 강국으로 부상하여 독일과 일본 등 전통적인 제조업 강세 국가들을 추월한다는 것이다. 특히 중국은 현재 중국의 상태, 역량 등을 체계적으로 분석하였는데 혁신역량 부족을 최대 단점으로 도출하였고, 이를 개선하기 위하여 적극적으로 혁신체계를 구축해야 한다고 주장하였다. 장비 핵심 기술의 부족, 제품의 품질 문제 등을 고려했을 때 아직은 제조업 강국이 아니라고 판단한 것이다. 또한 혁신역량을 강화하기 위하여 R&D 투자의 부족과 중복된 연구 및 지원에서 기인하므로 좀 더 합리적인 방안을 강구하고자 하였다. 2013년 당시 중국의 GDP 대비 R&D 투자는 2%였다. 이는 미국이나 유럽 등 선진국들의 R&D 투자비율이 평균 2.5%인 것을 감안하면 연구개발투자는 아직 많이 낮은 비율이다. 또한 기업의 매출액 대비 R&D 투자 비율도 1~1.5%로 해외 주요 기업의 R&D 투자비율이 3~5%인 것과 비교하면 많이 낮은 실정이었다. 이에 중국 정부는 미국 첨단제조 혁신 네트워크와 같이 주무부처와 지원기관을 일원화하여 제조업 관련 지원정책을 한번에 가능할 수 있도록 시스템을 재구성하였다. 또한 부문 간 장벽 및 중복을 회피하고, 산·학·연 협력, 공통 플랫폼 기술 및 제품 개발 지원 등 혁신 시스템 개선을 적극적으로 추진하였다. 특히 중국의 산업 정책은 독일을 롤모델로 하고 있으며 '중국제조 2025'도 독일 'Industry 4.0'의 개념과 시스템을 벤치마킹했다고 볼 수 있다. 그 밖에 중국 정부는 부품·소재·공정·산업 기술의 4개 기반 기술의 역량을 강화하기 위하여 '공업 기반 강화 중장기 계획'을 수립하였고, 이를 기반으로 '중국제조 2025'의 기본 방향을 발표하였다.

중국 정부는 중국제조 2025 전략 추진을 위해 '혁신 능력', '질적 성장', 'IT 제조업 융합', '친환경 성장'이라는 목표를 설정하고 구체적인 세부 목표도 설정하였다. 세부 목표는 2020년까지는 스마트 제조업의 질적 성장을 제고하고 핵심 기술 및 핵심 공정의 품질을 개선하는 한편 제조업의 에너지 소모량 및 이산화탄소 배출량 감축 방안을 모색하고 2025년까지는 제조업 부가가치 증가율을 2015년 대비 4.0%p 증가시키고 핵심 공정의 컴퓨터 제어비중(CNC)도 64%까지 늘리는 등 제조업과 IT 융합을 통해 제조업의 전반적 수준을 높이는 것이다(이경선 외, 2018).

중국제조 2025의 중점 프로젝트는 국가 제조업 혁신센터 추진, 스마트 제조공정 구축, 공업기반 강화공정 구축, 녹색 제조공정 구축, 고급 장비 혁신공정 구축이다. 특히 중국 2025 전략에서는 제조업 혁신을 촉발하기 위하여 차세대 정보기술, 스마트 제조, 적층제조, 신소재, 바이오 의약 센터 구축을 지원하고 있다. 중국정부는 제조업 혁신센터를 구축하여 산업 기초·핵심 기술 관련 연구개발, 성과물의 산업화, 인재개발 등을 추진하고 있다. 2020년까지 15개 구축, 2025년까지 40개 구축을 목표로 두고 있다.(이현태, 2017). 중국 혁신센터는 미국의 첨단제조업 연구개발 거점인 제조 혁신연구센터와 유사한 개념으로 중국 혁신센터는 중국 제조업 혁신을 위해 현지 중소기업 경쟁력을 제고하고 혁신을 위한 다양한 지원을 제공하며 3년마다 R&D의 양적·질적 성과와 연구결과의 기술 이전 및 산업 효과를 평가한다(산업연구원, 2018).

한편 중국 정부는 4차 산업혁명 선도국가인 독일과 협력하여 제조업 혁신 전략 추진에 있어서 긴밀한 협조를 이어왔다. 중국과 독일은 2016년 정부 간 합의로 산업협력, 표준화 구축, 시범단지, 인재 양성 등 4대 분야 14개 스마트 제조 시범합작 프로젝트를 추진했다. 14개 프로젝트에는 '화웨이 SAP스마트 제조 공동 해결 방안', '보강과 멘스의 철강산업 인더스트리 4.0 합작', '중국과 독일 합작의 클라우드 플랫폼 기반 스마트 팩토리 개조', '심양 중국 · 독일 합작 스마트 제조 학원' 등이 포함되어 있다(김창도, 2017).

2.5 한국

산업통상자원부는 2014년 6월 IT · SW와 제조업의 융합을 통한 제조업의 새로운 부가가치를 창출, 경쟁우위 확보를 위해 "제조업 혁신 3.0 전략"을 발표하였으며 이후 꾸준히 제조 현장의 스마트화를 지원해 오고 있다. 산업통상자원부는 2017년 4월 "스마트 제조 혁신비전 2025"을 통해 스마트 공장의 보급목표를 기존 2020년 1만 개에서 2025년 3만 개로 상향 조정하였으며 2025년까지 스마트 공장을 고도화하고 스마트 공장 기반 기술 역량의 확보, 스마트 공장 보급 · 확산을 위한 시장 창출, 해외시장 진출을 위한 협의체 구축 등을 지원하겠다고 밝혔다. 또한 '지역제조업의 스마트 혁신 추진 방향'에 따라 사업 목표를 설정하였다. 중소기업벤처부는 2017년까지 200여 개의 기업을 지원하는 정보화역량 강화 사업(생산 현장디지털화 사업)에 100억 원의 예산을 투입하였고, 40억 원 규모의 예산으로 뿌리기업 자동화 · 첨단화 지원사업을 추진하였다(스마트 공장추진단).

동 전략을 통해 스마트 공장의 자발적 구축 기업에 대한 인증제도 신설, 대기업 협력사 인증 호환 등 민간 주도의 보급 · 확산을 위한 인센티브도 도입하였다. 스마트 공장 협약보증 대출 기관 및 대상을 확대하여 기업들의 자발적 스마트 공장 구축 비용 부담을 완화하고, 대표 스마트 공장 발굴을 위한 지원금액도 상향 조정하여 2025년까지 1,500개의 선도 모델을 구축하는 등 스마트 공장을 고도화할 방침이다. 스마트 공장 관련 솔루션 개발을 위해 빅데이터, 사이버 물리 시스템(CPS), 스마트 공장용 센서, 협업로봇 등 관련 분야의 연구개발을 확대하고 중소기업과 대기업을 연계하여 스마트 공장 구축을 지원하는 계획안도 마련하였다. 이 밖에도 스마트 공장 시스템 활용 역량 제고, 인력 재배치 지원을 위한 중소·중견 기업 재직자 대상 교육을 확대하여 2025년까지 스마트 공장 창의융합형 인재 4만 명을 양성한다는 방안도 마련하였다(산업통상자원부 보도자료, 2017.4.20).

그동안 스마트 공장의 추진 성과를 살펴보면 2014~2018년까지 7,800개의 스마트 공장 구축을 지원한 것을 포함해 ① 상생 모델을 통한 대기업의 참여 활성화, ② 지방청, 테크노파크, 지자체가 협력하는 확산체계 구축, ③ 활발한 현장 소통을 통한 정책 개선, ④ 스마트 공장 구축기업의 성장(생산성 향상, 불량률 감소, 고용 증가) 등 다양한 성과가 창출되었다(중소벤처기업부 보도자료, 2018.12.13). 2014년부터 2016년까지 구축을 완료한 2,800개사를 분석한 결과에 따르면 구축기업들은 생산성 30% 증가, 불량률 45% 감소, 원가 15% 절감, 산업 재해율 22% 감소 등의 효과를 거두었으며 생산물량 증가 등으로 매출액 20% 증가, 영업이익 53% 상승, 기업당 2.2명의 고용이 창출된 것으로 조사되었다(4차 산업혁명위원회·관계부처 합동, 2018.3). 그러나 스마트 공장 보급 및 확산 사업이 정부 및 중앙 중심의 일회성 지원에 그치고 있으며 구축된 대부분의 스마트 공장이 기초 단계이고 공급 산업의 전문인력도 부족하다는 지적에 따라 정부는 2018년 3월 "스마트 공장 확산 및 고도화 전략"을 마련하였다. 세부 내용은 ① 민간·성과 중심의 보급을 확산하고 ② 스마트 수준을 고도화 및 첨단화로 제고하며 ③ 근로자 직무전환 및 전문성을 강화하는 등의 핵심 전략이 주요 내용이다. 이후 정부는 2018년 12월 "스마트 공장 확산 및 고도화 전략"의 성과를 기반으로 스마트 혁신의 범위를 스마트 공장 구축에서 나아가 제조업 전반으로 확산하기 위해 스마트 제조 혁신에 대한 새로운 전략을 발표하였다. 중기부, 산업부 등 9개 부처는 2018년 12월 13일 '중소기업 스마트 제조 혁신 전략보고회'를 개최한 자리에서 관계부처 합동으로 "중소기업 스마트 제조 혁신 전략"을 발표하고 ① 공장 혁신 ② 산단 혁신 ③ 일터 혁신 ④ 혁신 기반이라는 슬로건을 통해 제조업 전반의 스마트 혁신을 추진하겠다는 목표를 밝혔다. 정부는 이번 방안을 통해 6.6만 개 일자리 창출을 통한 18조 원의 매출의 증가와 산재 감소, 근로시간 단축, 유연근무제 확산 등의 성과를 기대한다고 밝혔다(중소벤처기업부 보도자료, 2018.12.13).

표 1-3-1 주요국의 스마트 팩토리 정책

국가	주요 정책	세부 내용
미국	국가 첨단제조업 전략 계획	- 제조업에 대한 세율 조정 및 첨단제조 기업에 대한 세제 지원 확대 - 통상 무역정책 강화를 위한 기구 설치(범부처통상강화센터 설치) - '첨단제조파트너십 조정위원회', '국가제조업혁신 네트워크' 구축
	제조업 확장 파트너십 구축	- 중소기업들에 대해 맞춤형 서비스를 제공, 생산공정 개선 및 제품 혁신 촉진
	제조업 증강법 제정	- 수출기업 지원, 아웃소싱 기업 세금 감면 혜택 - 법인세 최고세율 35% → 25% 조세 감면 - 국내 생산 공제법안 제정, 미국 현지 생산 제조기업 세금 공제 혜택
독일	Industry 4.0	- 인공지능, 로봇공학, 센서, 빅데이터, IoT 등 혁신 기술을 기반으로 CPS 시스템 구축, 스마트 생산 체제로의 전환
	Platform Industry 4.0	- 제조 프로세스의 정교한 디지털화 전략, 데이터의 보안 및 유지 관리, 표준화, 인적자원 관리, 중소중견기업(히든 챔피언)의 활발한 참여 유도 - 법인세율 39 →29% 낮춤, 고용보험 요율 6.5% → 3.3%
	Agenda 2010	- 제조업 관련 직업교육의 효율성을 극대화

일본	일본재흥전략	– 국가전략특구를 지정하여 각 주요 지역을 선정, 국가전략특구를 지정하여 성장 전략 실행 구체화 – 설비투자와 R&D, 인재 육성 등 미래 투자를 통한 생산성 혁신 실현, 지역별 아베노믹스 제시
	제조백서 발행	– 1999년 제조 기반기술 진흥기본법 제8조 근거, 제조 기반 기술 진흥시책 보고서 매년 발행
	과학기술 이노베이션 전략 2015	– 핵심 기술 선정, 기초연구~실용화 · 사업화까지 연계되는 로드맵 구상, 전략 시장 창출 – '전략적 혁신 창조 프로그램', '혁신적 연구개발지원 프로그램' 실행 – 새로운 혁신 제조 시스템 도입. 제품 기획, 설계, 생산, 유지 보수 모든 과정을 IT로 연결, 자원 조달, 재고 관리, 사용자 정보 관리 등 모든 데이터 네트워크 플랫폼으로 구축
중국	중국제조 2025	– 1단계(2015~2025년) : 제조 강국 대열 진입, 공업과 IT 융합을 통해 제조업의 디지털 고도화 추진 – 2단계(2026~2035년) : 글로벌 제조 강국 내 중간 수준으로 도약 – 3단계(2036~2045년) : 글로벌 제조업 선도국가 목표 – '혁신 능력', '질적 성장', 'IT 제조업 융합', '친환경 성장' 목표 설정, 구체적인 세부 목표도 설정
한국	스마트 제조 혁신 비전 2025	– 스마트 공장 보급목표 기존 2020년 1만 개에서 2025년 3만 개로 상향 조정 – 2025년까지 스마트 공장을 고도화, 스마트 공장 기반기술 역량의 확보, 스마트 공장 보급 · 확산을 위한 시장 창출, 해외시장 진출 위한 협의체 구축
	중소기업 스마트 제조 혁신 전략	– 공장 혁신, 산단 혁신, 일터 혁신, 혁신 기반 4개 전략 기반 제조업 전반의 스마트 혁신 추진 – 6.6만 개 일자리 창출, 18조 원의 매출, 산재 감소, 근로시간 단축, 유연근무제 확산

출처 : 저자 작성

3. 결론

세계 주요 제조 기업들은 제조업 경쟁력 강화를 목표로 지능형 공장 자동화, 스마트 팩토리화에 주력하고 있다. 현재 독일, 미국, 일본 등 주요 국가들이 디지털화에 앞장서고 있으며 우리나라 역시 정부의 보급 확산사업을 통해 스마트 팩토리 활성화에 노력하고 있다.

스마트 팩토리의 방향성은 각 국가들이 처한 환경과 상황에 따라 다르지만 미국은 인공지능, 빅데이터, 산업 인터넷을 활용한 높은 수준의 제조 정책을 추진하고 있으며 독일은 많은 사람들이 전통적인 제조와 IT를 연결하여 'Industry 4.0'을 완성해 나가고 있다. 일본은 투자 촉진 첨단 시설, R&D 연구, 로봇공학 발전 및 산업 기반 강화 전략으로 정책을 추진하고 있으며 과학기술 혁신을 촉진하고 새로운 시장을 창출 · 확장하고자 하였다. 이를 위해 과학기술 이노베이션 전략을 통해 주요 기술을 선정하고 글로벌 시장에 진출하고 있다. 중국 정부는 선진국들이 제조업에 투자하고 독일과 같은 제조업 강자들이 출현함에 따라 기존의 저렴한 노동력 기반의 제조 시스템을 개선하기 위해서 "제조 2025 전략"을 발표했다. 중국은 제조 기술과 IT 융합, 전통과 미래 기술을 융합하여 제조 강국으로 새로이 발돋움하려고 한다. ICT를 통한 제조업 혁신은 생산관리 최적화를 통한 비용 절감, 인간 오류 최소화 및 품질 제고, 유연 생산을 통한 서비스 경쟁력 강화에 기여하며 제조 기업들의 입지 결정에 직 · 간접적으로 영향을 미쳐 왔다. 또한 향후 ICT를 통한 제조업 혁신은 전 가치사슬에 걸친 제조업의 패러다임 변화를 이끌며 제조업의 입지 결정요인에 변화를 가져올 것으로 전망된다. 또한 제조업의 디지털화는 향후 제조업 현장에서 데이터를 이해하고 분석하는 인력 수요가 늘어날 것임을 시사한다. 독일의 경우 Industry 4.0으로 인해 품질 관리, 수작업 노동, 물류, 계획, 전통 엔지니어, 생산 부문 등에서의 노동수요는 감소할 것이지만, 데이터 과학자, 로봇 코디네이터, 산업 엔지니어, 시뮬레이션 전문가, 공급망 코디네이터, 디지털 엔지니어 등 IT, SW 개발 및 분석과 관련된 인력 수요는 증가할 것으로 전망했다(이시균 외, 2017). 따라서 향후 제조업 입지에 있어서도 데이터를 이해하고 분석할 수 있는 고급 인력의 가용성이 중요해질 것으로 전망된다.

ICT를 통한 제조업 혁신은 생산 현장에서의 비용 절감뿐 아니라 기업이 고객의 요구에 대응하는 속도를 제고하고 나아가 고객에게 가치를 전달하는 방식의 변화를 가져옴으로써 기업의 이익이 극대화되는 최적의 입지를 변화시킬 것이다. 아디다스는 지능정보기술과 제조업의 융합으로 비용 절감은 물론 기존 가치사슬의 파괴, 새로운 방식의 고객 대응을 가능하게 하였다. 아디다스는 2015년 독일 아디다스 본사가 있는 '안스바흐'에 기존 밸류체인인 디자인, 생산, 유통, 소비 형태를 파괴하고 생산 현장에서 바로 소비가 가능한 스피드 팩토리를 설립했다. 기존에 중국, 베트남 공장에서 수작업으로 이루어지던 운동화 제작을 각종 센서, 로봇 팔, 지멘스 마인드 스피어 등을 활용하여 최소의 기술자로 제작 가능하도록 구현했다. 결국 다양한 한계에 부딪혀 3년 만에 문을 닫고 다시 아시아로 향했으나 아디다스는 4년간의 실험으로 첨단 기술을 통한 제작시간 대폭 단축, 오픈 이노베이션을 통한 협업 네트워크 등 많은 노하우와 방대한 데이터를 얻을 수 있었다(매일경제, 2019.11.13).

스마트 팩토리에 대한 일자리 감소라는 막연한 두려움보다는 이를 통해 이룰 수 있다는 것이 더 많다는 것을 이해하고, 미래를 준비하는 것이 중요하다. 스마트 팩토리가 반드시 자국 내 일자리 감소로 연결되는 것은 아니며, 기업의 시장 확대를 위한 노력으로 국내뿐 아니라 해외까지 오히려 자국 내 일자리 증가로 연결될 수 있다. 한국도 국내 제조업의 시장 확대를 통해 제조업 일자리가 양적으로 확대되고 제조업의 고도화를 통해 제조업 일자리가 질적으로 제고될 수 있도록 통합적인 시각에서 고민할 필요가 있다. 따라서 제조업의 고도화를 적극적으로 추진하여 고부가 가치 구조로의 전환을 이끌 필요가 있다. 독일의 경우 인더스트리 4.0 플랫폼 전략을 통해 대·중소 기업이 상생하는 환경을 만들었다. 또한 지능정보기술은 제조업의 파괴적 혁신을 지원하며 기존에 없던 다양한 비즈니스 모델의 등장을 가능하게 하고 있다. 아디다스 안스바흐 공장은 스피드 팩토리를 탄생시켰고 기존의 벨류체인을 전환했다. 이는 독일 정부와 아헨공대 등 다양한 산·학·연·관과의 네트워크가 긴밀했고 정교한 협업이 있었기에 가능한 일이었다. 제조업에 ICT 기술을 융합한 혁신적 모델은 제조업에 대한 도메인 지식과 함께 ICT 기술에 대한 이해가 필요하다는 점에서 다양한 기업 간, 기업과 대학 간 협업 및 Open Innovation을 통한 시너지 창출이 필요하다. 따라서 정부는 혁신적 비즈니스 모델 창출을 위한 민간 주도의 협업을 장려하고, 제조업의 서비스화를 위한 테스트베드 구축 등 민간에서 추진하기 어려운 부분에 대한 투자 지원을 확대할 필요가 있다. 시범적 사업에 대한 규제 완화를 적극적으로 검토하여 새롭고 혁신적인 서비스의 가능성이 확대될 수 있도록 노력해야 한다.

참고문헌

국제금융센터(2013. 6), “일본 정부의 성장전략 결정과 시장 반응”, 이슈 분석.

김규판 · 이형근 · 김종혁 · 권혁주(2017), 「주요국의 4차 산업혁명과 한국의 성장전략 : 미국, 독일, 일본을 중심으로」, 연구보고서 17-07, 대외경제정책연구원, pp.61~62.

김보민 · 한민수 · 고희채 · 김종혁 · 이성희(2014), 「미국의 제조업 경쟁력 강화정책과 정책 시사점」, 연구보고서 14-21, 대외경제정책연구원.

김창도(2017. 4. 27), “중국의 인더스트리 4.0과 스마트 팩토리 추진 전략”, 『POSRI 이슈리포트』, 포스코경영연구원.

매일경제(2019. 11. 13), “아디다스 獨스마트 공장 4년 실험 접고 다시 중국행”, https://www.mk.co.kr/news/world/view/2019/11/940560/.

미래창조과학부(2013), “일본재흥전략 분석”, 과학기술동향심층분석보고서.

산업연구원(2013. 7), “아베노믹스 신성장전략의 주요 내용과 시사점”, 산업경제분석.

산업통상자원부 보도자료(2017. 4. 20), “2025년까지 스마트 공장 3만 개 구축으로 4차 산업혁명 선도”.

이경선 외(2018), “ICT를 활용한 제조업 혁신과 리쇼어링 유인 제고 방안 연구”, 정보통신정책연구원.

이시균 · 정재현 · 김수현 · 홍현균 · 정순기 · 이진면 · 이용호 · 김재진 · 황규성 · 김은 · 홍성민 · 공정승 · 이혜연(2017), 「기술 혁신을 반영한 중장기 인력수요 전망(2016~2030)」, 연구보고서 2017-25, 한국고용정보원.

이현태 · 최장호 · 최에린 · 김영선 · 오윤미 · 이준구(2017), 「중국의 제조업 발전현황과 한국의 대응방안」, 연구보고서 17-23, 대외경제정책연구원.

정태석(2016), 「스마트 팩토리 사례를 통한 성공적 공장 융합 자동화 방안 도출」, 『한국융합학회논문지』, 7(1), 189-196.

중소벤처기업부 보도자료(2018. 12. 13), “22년까지 스마트 공장 3만 개 구축으로 중소기업 제조 강국 실현".

최은영(2008), 「중국 기업들의 "자주적 혁신능력(自主創新)" 배양의 의미와 전망」, 아시아연구, 10(3), 209-247.

최해옥(2016), 「연결되는 공장, '중국제조 2025'」, 과학기술정책 Featured Policy, 217-04(1), 22.

하원규(2017), "인더스트리 4.0으로 세계적 생산거점 확보", KDI.

한국산업기술진흥원(2015), "아베정부의 일본재흥전략(2015년 개정판)", 『산업기술정책 브리프』, 2015-09호, 산업통상자원부, KIAT.

__________(2018), "미국의 '제조업 확장 파트너십(MEP)' 프로그램 현황과 시사점", 『산업기술정책 브리프』, 2018-5, 산업통상자원부, KIAT.

Balasingham. K.(2016), "Industry 4.0 : Securing the Future for German Manufacturing Companies", Master's Thesis, University of Twente.

Cimini. C. · Pinto. R. · Cavalieri. S.(2017), "The business transformation towards smart manufacturing : a literature overview about reference models and research agenda", IFAC Papers On Line, Vol. 50, No. 1, pp.14,952~14,957.

De Felice. F. · A. Petrillo · F. Zomparelli(2018), "A Bibliometric Multicriteria Model on Smart manufacturing from 2011 to 2018", IFAC Papers On Line, Vol. 51, No. 11, pp.1,643~1,648.

Kagermann. H. · Wahlster. W. · Helbig. J.(2013), "Recommendations for implementing the strategic initiative INDUSTRIE 4.0", Industrie4.0 Working Group Final report.

Menezes, S. · S. Creado · R. Y. Zhong(2018), "Smart Manufacturing Execution Systems for Small and Medium-sized Enterprises", *Procedia CIRP*, Vol. 72, No. 1, pp.1,009~1,014.

Radziwon, A. · Bilberg, A. · Bogers, M. · Madsen, E. S.(2014), "The smart factory : exploring adaptive and flexible manufacturing solutions", *Procedia Engineering*, Vol. 69, pp.1,184~1,190.

Ramakrishna, S. · Khong, T. C. · Leong, T. K.(2017), "Smart Manufacturing", *Procedia Manufacturing*, Vol. 12, No. 1, pp.128~131.

Shariatzadeh, N. · Lundholm, T. · Lindberg, L. · Sivard, G.(2016), "Integration of digital factory with smart factory based on Internet of Things", *Procedia CIRP*, Vol. 50, No. 1, pp.512~517.

Zenglein, M. J. · Holzmann, A.(2019), "Evolving made in China 2025", MERICS Papers on China, (8), 78.

4장

우리나라 스마트 공장의 산업경쟁력 강화 방안

김희태(한국기계연구원)

〈요약〉

2020년 3월부터 코로나19가 전 세계를 강타하며 산업 전반에 위기감이 감돌았다. 하지만 선진국은 제조업을 중심으로 경제 위기를 빠르게 극복했을 뿐 아니라 더 가파른 속도로 산업 발전을 이루고 있다. 비대면화에 따라 4차 산업혁명발 초연결, 초지능 기술이 생활 속에 빠르게 침투하면서 더 이상 온라인 회의와 재택근무가 낯설지 않은 환경이 되었고 우리는 10년 이상에 걸쳐 이뤄야 할 디지털 전환이 고작 1~2년 새에 이뤄지는 것을 지켜봤다. 스마트 공장은 이런 트렌드 변화의 중심에 있는 대표적인 사례 중 하나로 꼽을 수 있으며 제조분야 산업 밸류체인 전반에 혁신을 가져올 중요한 요인으로 꼽히고 있다.

따라서 이 장에서는 지금까지 우리 정부가 스마트 공장의 도입을 빠르게 확산하고 기술력을 고도화하기 위해 추진해 온 다양한 정책을 살펴보았다. 또한 정부 지원체계의 스마트화, 맞춤형 (재)교육 시스템 강화, 실질적 권한을 민간에 위임하는 협의체 구성, 질적 고도화 중심으로의 전환, 표준화 지원, 중소 · 중견기업과 벤처 · 창업기업 간 제휴 및 인수합병 장려, 신시장 개척 중심의 목표 설정, 스마트 공장을 위한 보안 시스템 구축, 새로운 환경에 대한 적응력 강화를 제시하며 근시안적인 관점에서 스마트 공장의 성공을 판단하기보다는 조금 더 장기적인 관점에서 접근할 것을 권고하였다.

1. 서론

코로나19가 팬데믹, 더 나아가 엔데믹으로 번지는 상황에서도 작년 초 산업 전반에 걸친 위기를 빠르게 극복한 국가들이 있다. 이들의 특징은 제조업이 강한 국가라는 점이다. 물론 백신 보급 시스템, 역학 조사, 자가격리 체계, 응급환자 대응 매뉴얼 등이 잘 구축된 국가가 선제적으로 코로나19 대응에서 좋은 대처를 보인 것은 사실이지만, 산업 전반에 미친 충격이 빠르게 회복된 국가들은 주로 제조업에 큰 강점을 가졌다는 공통점이 있다. 우리나라도 그랬듯이 말이다. 선진국은 제조업을 중심으로 경제 성장과 산업 발전을 이뤄왔고, 최근에는 제조업과 관련한 메가트렌드에 대응하기 위해 다양한 정책을 추진하고 있다. 특히 4차 산업혁명과 탄소중립이라는 거대한 두 개의 축은 제조업에 포함된 어떤 주체라도 무시할 수 없는 중요한 메가트렌드가 되었다. 수년 전부터 미국은 Manufacturing USA, 독일은 Industries 4.0, 일본은 Connected Industries 등을 내세워 메가트렌드에 대응해왔으며 최근에는 탄소중립 이슈에 미국이 앞장서 선진국뿐 아니라 개발도상국의 참여까지 독려하고 있다.

앞서 언급한 바와 같이 4차 산업혁명과 코로나19 확산에 의해 급진전되는 디지털 전환과 환경 규제 및 신기후체제에 따라 2050년을 목표로 향해 가는 탄소중립은 정부 정책의 중요한 두 개의 축이자 메가트렌드로 자리잡고 있다. 스마트 공장은 산업의 초연결 · 초지능 · 초청정화 등의 관점에서 볼 때 두 개의 메가트렌드에 대응하는 대표적인 사례로 볼 수 있으며 제조분야 산업 밸류체인에 폭 넓게 혁신을 유발하는 요인이 될 것으로 기대된다.

MarketsandMarkets(2021)에 따르면 2020년 우리나라의 스마트 공장 시장 점유율은 6.1%로 주요국 중 중위권에 그쳤다. 정보통신 기술의 압도적인 우위와 주력 제조업 위주로 성장해 온 국가임에도 아직 구슬을 제대로 꿰지 못한 것 아니냐는 평가가 반영된 것으로 볼 수 있다. 아직 스마트 공장 시장을 점유하기에는 기술력이나 산업 전반에서 디지털 전환이 이뤄지지 않았다는 의미이다. 즉, 정부 정책에 힘입어 많은 기업이 생산 공정 및 경영 시스템을 개선하고 있으며 여전히 정부는 스마트 공장 관련 다양한 지원책을 모색하고 현장의 소리를 들으려고 노력하고 있지만, 국내 중소기업의 스마트 공장 수준은 전반적으로 기초 단계에 머물고 있는 것으로 평가받은 것이다.

그림 1-4-1 2020년 스마트 공장 시장 점유율

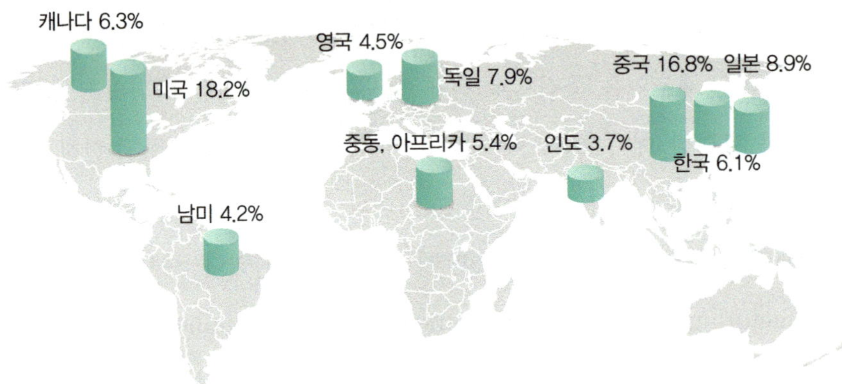

출처 : MarketsandMarkets(2021)

하지만 우리나라에는 스마트 공장을 직접 운영해본 경험, 이를 구현한 기술과 우수한 인력을 보유한 세계 최고 수준의 대기업들이 있고, 산업 내 잠재력을 인정받은 중소·중견기업이 광범위하게 저변을 형성하고 있다(박재성, 2020). 특히 로봇 보급률은 세계 최고수준에 정보통신기술 인프라는 OECD 국가 중 최고수준에 있어 스마트 공장 보급과 활용에 매우 유리한 환경을 갖고 있기 때문에 정책적으로 적절히 지원만 할 수 있다면 스마트 공장을 빠르게 구현할 수 있다는 것이 전문가들의 시각이다. 본 장에서는 지금까지 우리 정부가 스마트 공장을 도입하기 위해 추진해온 정책을 돌아보고 관련 연구들을 토대로 시사점을 도출하여 정책적 제언을 하고자 한다.

2. 우리나라의 스마트 공장 관련 정책 동향

2.1 제조업 혁신 3.0 전략, 2014년

정부는 제조 현장에 정보통신 기술을 접목하여 생산성과 경쟁력을 극대화하는 것을 목표로 2014년 "제조업 혁신 3.0 전략"을 발표하며 스마트 공장 보급과 확산을 위한 정책을 선보였다.

그림 1-4-2 우리나라 제조업의 혁신 패러다임 변화

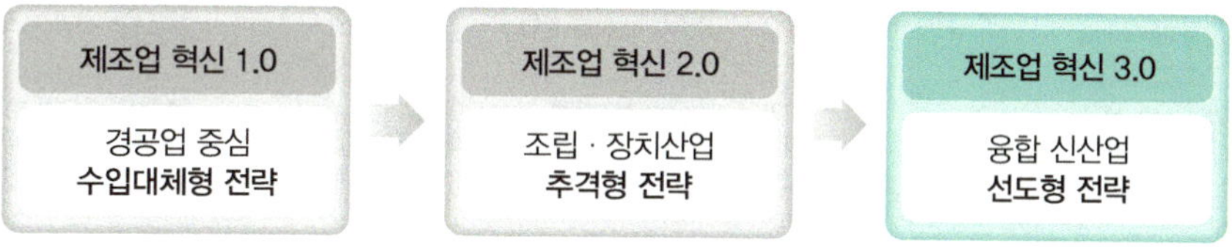

출처 : 산업통상자원부 홈페이지

"제조업 혁신 3.0 전략"은 제조업을 전체적으로 혁신하고자 하는 종합 전략으로 간주된다. 산업부는 혁신 전략 중 하나로 스마트 공장을 제안하고 있다. 세부 목표를 보면 2020년까지 1만 개 공장을 스마트화할 것을 목표로 하며 정부를 비롯하여 경제 단체, 대기업, 중소·중견기업 등이 모인 '스마트 공장추진단'을 설립하겠다는 계획을 밝혔다. 구체적으로는 스마트 공장을 2015년까지 1,000개 보급하고 2017년까지 4,000개 확대한 후 2020년까지 10,000개를 보급하겠다는 목표를 설정하였다(산업통상자원부, 2014).

이와 연계하여 2015년 12월에는 제조업 혁신에 속도를 더하기 위한 스마트 제조 R&D 로드맵을 발표하기도 했다. 제조업 혁신 3.0 전략 실행 대책의 세부 추진과제인 8대 스마트 제조기술 개발을 전략적으로 뒷받침하기 위한 로드맵으로 스마트 공장을 위해 필수적인 기술인 스마트센서, CPS, 사물인터넷, 클라우드 등 기술을 중점적으로 다룬 바 있다.

그림 1-4-3 스마트 제조R&D 로드맵의 10대 핵심 시나리오와 기술적용 사례

출처 : 산업통상자원부 보도자료(2015)

2.2 스마트 공장 표준화 추진 전략, 2015년

2015년에는 기존에 추진해오던 "제조업 혁신 3.0 전략"을 기반으로 산업부의 주도 하에 본격적인 스마트 공장 관련 정책을 수립·추진했다. 민관합동으로 '스마트 공장추진단'이 구성되어 본격적으로 스마트 공장 보급 사업을 추진한 것이다. 또한 산업부 산하의 국가기술표준원은 스마트 공장 표준화를 지원하기 위한 체계를 구축하여 중소·중견기업이 스스로 스마트 공장을 도입할 수 있도록 지원하는 "스마트 공장 표준화 추진 전략"을 발표하였다.

본 전략은 스마트 공장의 개념, 목적, 구축 방법 등을 구체화하는 국가 표준을 개발하고 공통으로 사용할 수 있는 용어와 표준 모델을 제공한다. 세부 추진 전략에는 스마트 공장에 대한 중소·중견기업의 인식을 제고하기 위한 KS 표준 및 인증 기반을 마련하는 것과 수요 기업과 공급 기업 간 소통을 강화하기 위하

그림 1-4-4 스마트 공장 수요자-공급자 간 표준의 역할

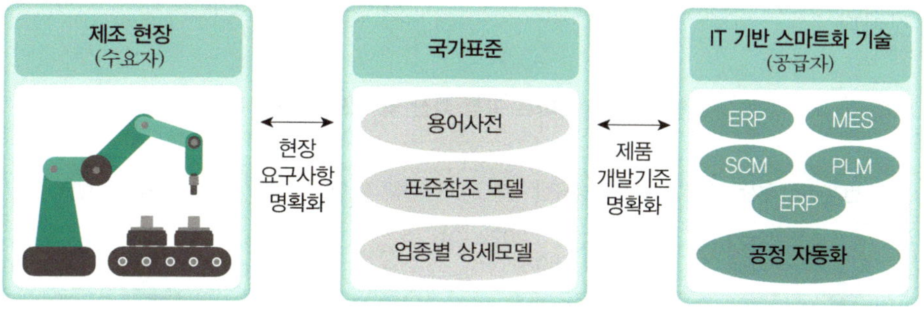

출처 : 산업통상자원부 보도자료(2015)

여 사전 등 참고서 개발 및 운영, 산업 현장과 스마트 공장 관련 기술 공급업체가 참고할 수 있는 표준 모델 마련 등이 있다. 더 나아가 표준화를 위한 로드맵을 개발하여 국제표준을 선점하겠다는 중장기적인 전략까지도 담고 있다.

2.3 스마트 공장 확산 및 고도화 전략, 2018년

국정과제('주력산업 경쟁력 제고로 산업경제의 활력 회복' 중 주력산업의 선제적인 사업 재편을 활성화하고 마트화 · 융복합화 · 서비스화를 통해 산업 전반의 경쟁력 제고, 산업부)와 혁신성장 선도사업의 일환으로 스마트 공장 보급이라는 정량적 목표는 2022년까지 20,000개로 목표를 수정하였으며(4차 산업혁명위원회 · 관계부처합동, 2018) 이와 동시에 제조산업 내 중소 · 중견기업의 경쟁력을 강화하고 더 많은 일자리를 창출하기 위해 "스마트 공장 확산 및 고도화 전략"을 마련하고 발표하였다. 본 전략은 현재 10인 이상 제조기업 약 65,000개의 46.2%에 달하는 30,000개로 목표를 상향 조정한 것이다(관계부처합동, 2018). 이와 같이 상향된 스마트 공장 구축 목표는 정부가 스마트 공장 구축을 희망하는 거의 모든 기업을 지원하겠다는 의지를 대변한다고 말할 수 있는 부분이다. 즉, 스마트 공장 도입에 대한 당위성과 필요성은 인정하면서도 구체적인 계획이 없었던 중

소기업이 스마트 공장 도입에 적극적으로 참여할 수 있도록 유도책을 마련한 것이다.

그림 1-4-5 스마트 공장 확산 및 고도화 전략 목표

출처 : 산업통상자원부 보도자료(2015)

본 전략은 중소기업 밀집도와 업종 등을 다각도로 분석하여 6개의 국가산업단지를 지역 스마트 공장 확산 거점으로 지정·운영하는 것을 골자로 한다. 중소·중견기업이 스마트 공장 도입과 관련하여 벤치마킹할 수 있는 업종·규모별 스마트 공장 시범공장을 산업단지에 2022년까지 50개까지 확대하여 구축하고(2018년 기준, 6개) 대표 공장도 점진적으로 확대하는 것을 목표로 한다. 또한 10개 업종의 중소기업이 함께 사용할 수 있는 스마트 공장 솔루션을 2022년까지 개발할 계획이다. 공동으로 스마트 공장 솔루션을 사용할 수 있도록 독려함으로써 소프트웨어의 문제로 도입을 꺼려하거나 기술력이 부족하다고 판단하는 기업이 발생하지 않도록 지원하겠다는 계획이다. 그리고 스마트시티 도시재생사업과 연계하여 구도심이나 도시 외곽에 위치한 노후 공장을 스마트 공장으로 리모델링하는 사업도 2020년부터 추진해왔다. 인근의 흉물이 아니라 스마트시티에 잘 어울리는 현대화된 공장으로서 이미지를 격상하고 스마트시티에서 발생하는 다양한 데이터를 기반으로 소비자 수요를 기업이 직접 분석하여 이를 토대로 신규 비즈니스를 창출할 수 있도록 지원하는 것이 중장기적인 목표이다.

민간이 먼저 힘을 모아 스마트 공장을 도입하면 이후에 정부가 후발로 지원하는 상생형 모델을 도입하는 것도 중요한 변화 중 하나이다. 비교적 스마트 공장 도입 초기였던 2017년에는 민간의 비중이 30%에 머물렀지만 이를 2022년까지 50%로 확대하는 방안을 포함하고 있다. 또한 정부나 대기업이 각자의 관점에서 중소기업을 선별하여 지원하던 방식에서 벗어나 정부와 대기업이 함께 중소기업을 선정하고 지원하는 상생형 모델을 도입함으로써 불필요한 중복 지원 및 혜택에서 배제된 기업을 줄이고자 계획했다.

본 전략에 담긴 중소기업에 대한 정책도 눈여겨 볼만하다. 중소기업벤처부가 주관하는 중소기업발 R&D의 20%를 스마트 공장 공급 기업에 선투자하고 인공지능 기술과 5G 통신 등 분야에 대한 지원을 확대해 나가겠다는 목표를 담고 있다(관계부처합동, 2018 ; 박재성, 2020). 2022년 국내에 있는 공장 중 1/3을 스마트 공장으로 업그레이드하고 질 좋은 일자리를 창출함으로써 제조 스마트화 · 융복합화 · 서비스화로 청년이 찾아오는 중소기업을 육성하고 중소기업 생산성 향상과 품질 제고로 글로벌 경쟁력 강화를 목표로 한다. 또한 민간이 앞에서 끌고 정부가 뒤에서 밀어주는 스마트 생태계 조성에는 중소기업도 하나의 중요한 주체로 참여토록 유도하였다(양희태, 2020). 마지막으로 스마트 공장 구축기업의 보안 분야도 강화할 수 있도록 지원한다. 스마트 공장을 대상으로 정보 보호 · 보안 전문가 등이 현장에 직접 방문하여 보안 취약점을 점검하고, 이를 개선할 수 있는 방안을 먼저 제시할 뿐 아니라 이미 고도화된 스마트 공장을 대상으로는 정보 보호 · 보안 관리체계(Information Security Management System ; ISMS) 인증 취득과 정보보호최고책임자(Chief Information Security Officer ; CISO) 지정을 권고하는 내용도 담고 있다.

2.4 스마트 제조 R&D 로드맵, 2019년

2019년 3월에 산업통상자원부는 우리나라의 제조분야 기술경쟁력을 세계 최고 수준으로 높이기 위하여 '스마트 제조 R&D 로드맵'을 수립 · 발표하였다. 본 로드맵에서 우리나라의 제조분야 기술경쟁력 수준은 세계 최고 수준인 미국과 비교하여 72.3% 수준으로 평가되었으며 이는 독일, 일본, EU 등 제조분야 선진국에 부족한 수준인 것으로 밝혀졌다(양희태, 2020). 오랜 기간 제조 선진국을 표방해 왔으면서도 여전히 주요국에 뒤처진 수준임을 고려하여 2025년까지 제조기술 경쟁력을 미국의 90% 수준까지 제고하고 세계 시장 점유율을 5%까지 확대하겠다는 목표를 세웠으며, 빠르게 변화하는 시장의 요구를 반영하여 제조 공정과 장비의 고도화를 통한 주력산업의 경쟁력 강화, 4차 산업혁명발 기술(AI, CPS, 5G 등)과 제조 시스템의 융복합, 스마트 제조산업 육성을 위한 기반 구축을 추진 방향으로 설정하였다. 특히 스마트 생산 시스템 패키지, 스마트 생산 장비, 스마트 제조 공정, 자동화 요소, 스마트 제어 요소, 패키지 응용, 시스템 지능화, 지능형 통신/엣지(edge)로 구분해 2019년부터 2025년까지의 세부적인 기술 로드맵을 수립하였고, 우리나라의 주력산업인 자동차 산업, 전자부품 산업, 석유 · 화학 산업, 항공 산업 등에 활용한 사례를 구체화한 것이 특징이다.

2.5 5G 기반 스마트 공장 고도화 전략(안), 2019년

2019년 10월에는 관계부처가 합동으로 '5G 기반 스마트 공장 고도화 전략(안)'을 발표했다. 우리나라는 세계 최초로 5G 통신을 상용화한 바 있으며 초저지연, 초고속, 초연결 기술적 개념을 활용해 스마트 공장 고도화의 기반을 마련한 바 있다. 특히 유선 시스템을 중심으로 기구축된 스마트 공장을 5G 기반의 무선 시스템으로 전환함으로써 제조 생산 라인의 유연성 제고와 초저지연 원격 제어, 원격 불량품 검사, 인공지능 예지보전 등의 기술을 구현할 수 있을 것으로 기대된다. 또한 다수의 협동로봇과 물류 자동화 개념에 기반을 둔 자율주행 모바일 로봇의 통합 제어가 가능해졌기 때문에 공장 내 안전과 효율성 제고의 측면에서도 높은 수준을 달성할 것으로 보인다.

본 고도화 전략은 5G 대표 솔루션 발굴 · 실증 확산, 5G 솔루션 적용 기술 · 서비스 고도화 지원, 5G 솔루션 보급 확산 지원 확대, 5G 솔루션 조기 확산 기반 조성 등 4가지 추진 방향을 중심으로 추진되며(양희태, 2020) 과학기술정보통신부가 5G 스마트 공장 솔루션을 개발하고 중소기업벤처부가 솔루션의 보급 및 확산, 수요 기업 적용을 지원하기로 역할을 나눴다. 또한 5G 스마트 공장 도입 기업 중심의 협의체가 현장의 의견을 취합하여 제시하고 5G 대표 시범공장이 시범형 선도 모델을 확산하며 5G 스마트 공장 협의체가 새로운 비즈니스 모델을 개발하여 보급하는 등 민관이 서로 유기적으로 협력하는 체계를 구축했다는 평가를 받고 있으며, 궁극적으로 제조산업 내 밸류체인에 있는 기업과 관련 산업의 혁신 및 동반 성장을 기대하게끔 한다.

2.6 AI · 데이터 기반 중소기업 제조 혁신 고도화 전략, 2020년

가장 최근에는 5G에서 한발 더 나아가 인공지능까지 스마트 공장 기술에 덧붙였다. 정부는 2020년에 세계 최초 민관 협력 인공지능(AI) 중소벤처 제조 플랫폼(Korea AI Manufacturing Platform ; KAMP)을 구축하고 제조기업의 인공지능 기반 스마트 공장화와 '마이제조 데이터'를 위한 기반을 마련하기 위하여 "AI · 데이터 기반 중소기업 제조 혁신 고도화 전략"을 발표했다(김익성, 2020).

5G와 인공지능 기술 기반의 스마트 공장을 1,000개 보급하고 산학 협력단지(커뮤니티)를 20개소까지 구축함으로써 제조 혁신 선도 사례를 확산시키고, 이를 토대로 한국판 뉴딜과 제조업의 디지털 전환을 함께 실현하겠다고 발표했

다. 또한 제조 혁신 연구개발, 인공지능 제조 인력 1.5만 명 양성 등을 통해 공급 기업을 육성하고 지원할 계획이다.

그림 1-4-6 AI 중소벤처 제조 플랫폼 구조도(안)

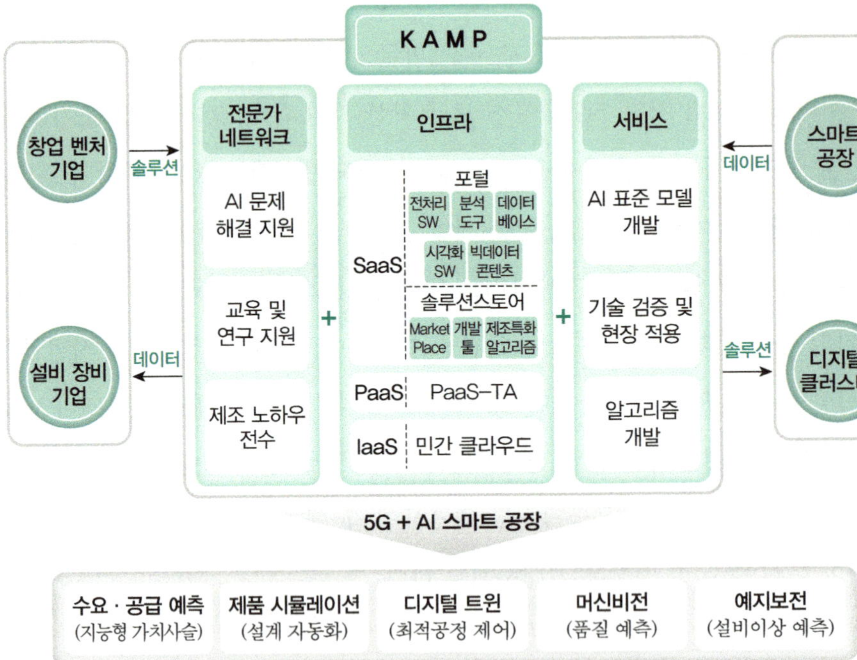

출처 : 관계부처합동 보도자료(2020)

3. 스마트 공장 경쟁력 강화 방안

스마트 팩토리는 제조 공정의 총괄적인 생산성과 효율성을 제고할 수 있는 주요한 요인이기 때문에 제조 또는 생산 분야의 혁신을 위해서는 반드시 추진해야 할 혁신 동인 중 하나로 꼽힌다. 그래서 정부는 2014년부터 다양한 정책을 추진하여 스마트 공장을 보급하고 고도화하기 위해 노력해왔으며 지금도 다양한 정책을 추진하고 있다. 하지만 산업계, 학계, 연구계 등 정책의 수혜 대상이자 제조 혁신의 파트너가 점점 더 확대되는 등 복잡성이 증가하는 상황에서 효과성과 효율성을 극대화하기 위해서는 다양한 관점을 포괄하는 추진 방안의 모색이 필요하다. 이미 우리 정부가 오랜 기간에 걸쳐 다양한 정책을 추진해 온 만큼 어떤 점을 보완하고 강화하면 스마트 공장을 더 수월하게 보급하고 고도화할 수 있는지에 대해 많은 선행연구가 있었고, 이를 토대로 다음과 같이 주요한 정책 제언 10개를 제시하고자 한다.

첫째, 다음의 9개 방안에 대한 포괄적인 논의일 수 있지만 모든 이해관계자 그리고 국민까지도 스마트 공장과 관련하여 추진 중인 계획과 전략을 더 장기적이고 지속 가능한 관점에서 고려해야 한다. 우리나라는 유독 단기간에 빠른 성장과 발전을 이루는 데에 익숙해져 있다. 소재 · 부품 · 장비도 같은 관점일 수 있겠지만 오랜 기간 많은 투자와 노력을 기울여야만 선진국이 지나온 길을 가까스로 쫓을 수 있는 분야들도 있기 마련이다. 스마트 공장의 안정적인 운용과 고도화도 마찬가지로 많은 시간과 투자가 요구된다. 스마트 공장 도입의 잠재적 주체인 기업은 현재 자신이 어떤 문제를 가지고 있는지, 스마트 공장 도입을 통해 이 문제를 어떻게 풀어갈 수 있는지 등에 대해 시범공장이나 선진국의 선행사례를 통해 정확하게 진단하고 판단해야 한다(김민호 외, 2019). 현재 선진국이 구현하고 있는, 또는 그보다 더 높은 수준의 스마트 공장을 구현하기 위해서는 오랜 기간에 걸쳐 일관적으로 대응해야 한다(함형준, 2017). 정권에 따라 방향성을 달리하면 기업이 가진 목표를 기저에서부터 흔드는 모양새가 될 것이고 단기적인 성과 창출에만 급급하게 될 것이다. 몇몇 기업은 여전히 공장의 수준이 아주 적게 개선되는 것으로 스마트 공장을 인식하고 있으며(이기승, 2017), 특정 공정을 개선하는 정도로만 인식하고 있다. 그러나 스마트 공장의 구축은 정부의 투자에 힘입는다고 할지라도 단시간에 달성할 수 있는 목표가 결코 아니다. 스마트 공장은 다양한 기술의 융합뿐 아니라 인력, 문화 등까지 아우르는 대변화를 야기할 수 있기 때문이다. 단순히 기술을 고도화하는 것이 아니라 제조 전반에 걸쳐 대전환이 필요하다. 스마트 공장 도입이 제품과 공정의 혁신, 고

품질 일자리 창출 등 다양한 변혁을 통해 기업에게 도움이 된다는 사실에 공감한다면 오랜 기간이 걸리더라도 지속적으로 투자하고 관심을 가져야 할 것이다.

둘째, 정부의 정책 지원체계부터 스마트화해야 한다. 정부 정책 지원체계의 스마트화란 정부가 기업을 지원하며 얻은 다양한 정보를 전후방 산업, 시장 등과 연계하여 활용하는 것을 의미한다(김민호 외, 2019 ; 함형준, 2017). 물론 기업의 영업비밀 등은 철저히 보장하여 신뢰관계를 구축하되 해당 기업에 이익이 될 수 있고 도움이 될 만한 다양한 사업이나 전후방 산업 내 플레이어와 연계하여 해당 기업이 스마트 공장을 확산시키는 기폭제 역할을 할 수 있게끔 해야 할 것이다. 스마트 공장을 구축하고 운영하는 과정에서 얻게 되는 기업에 대한 진단 · 평가 결과와 그에 대한 솔루션을 일회성으로 간주할 것이 아니라 유사 기업에도 선행 사례로 소개함으로써 강점을 살리고 약점은 보완할 수 있을 것이다. 또한 해당 기업의 향후 국가 R&D 사업, 인력 양성을 위한 교육 시스템 구축 등 다른 영역에까지 활용하여 정책의 효과성을 극대화하는 것도 기대해볼 수 있을 것이다. 선진국의 사례를 보면 '히든 챔피언'의 고장인 독일에는 많은 강소기업이 있고 기업과 함께 성장해 온 고급 산업 인력풀도 풍부하다. 이들은 스마트 공장에서 발생한 데이터를 활용하여 고객과 장기적으로 거래를 유지하고 오랜 기간 이익을 추구할 수 있는 '관계형 금융 시스템'도 발전시켜왔다(함형준, 2017). 우리나라도 스마트 공장을 운용하며 확보하는 데이터를 활용하여 고객을 관리하고 관련 금융 시스템을 선진화하는 계기로 삼을 수 있을 것으로 기대된다. 한국은 5G 네트워크 등 통신 인프라는 상대적으로 우수한 편에 속하지만 스마트 공장 도입의 필요성에 대한 인식은 열악한 수준으로 알려져 있다. 과거 물건을 많이 생산하던 시대에서 현재에는 좋은 물건을 생산하는 시대로 발전해 왔다면, 이제는 다수의 개별 소비자가 원하는 제품을 생산할 수 있어야 하는 상황임을 기업이 인지해야 할 것이다.

셋째, 스마트 공장을 도입하려는 대상 기업을 위한 맞춤형 (재)교육 시스템을 제공해야 한다. 지금까지 우리는 교육 훈련과 투자 유치를 중심으로 정책을 추진해왔다(박기현, 2017). 따라서 중소·중견기업 공장에 근무하는 인력을 대상으로 스마트 공장이 무엇인지에 대한 이론적인 교육부터 새로 도입하는 공정에 대한 실습 등을 통해 스마트 공장 운영역량을 배양하는 데 집중했다. 하지만 재교육은 스마트 공장을 운용하기 위한 시스템과 새롭게 도입하는 프로그램, 첨단 기술을 위한 교육에 국한되지 않는다(김민호 외, 2019 ; 정충영 외, 2021). 공장의 스마트화로 인해 불필요할 수 있는 직군이나 업종의 인력이 재교육과 직업 훈련을 통해 새로운 환경에 적응하고 해당 기업에 필요한 인력으로 자리할 수 있게 될 것이다. 하지만 문제는 스마트 공장에 대한 수요가 비교적 적은 중소기업은 교육 및 훈련 역량이 부족한 편이고 기업 간에도 편차가 심하기 때문에 교육 프로그램이 사전에 준비되지 않은 기업은 노동자를 교육하고 훈련시키기보다는 새로운 인력을 찾는 것을 더 편리하게 여기는 현실이다. 따라서 대기업과 중소기업 간, 스마트 공장 관련 기술 공급업체와 사용 업체 간 교육 프로그램을 공유하고, 특히 1~2차 벤더에게는 충분한 교육과 훈련을 제공함으로써 최종재의 품질을 극대화하는 계기로 삼아야 할 것이다. 여전히 중소기업은 스마트 공장 보급 사업을 통해 어떤 효과를 창출할 수 있는가에 대한 인식이 미흡하기 때문에 시급성과 필요성에 충분히 공감하지 못한다. 중소기업의 관심을 제고하기 위해서는 주요한 문제로 꼽히는 기술력을 갖춘 전문 인력의 부족, 정부 주도의 일방적인 보급 사업에 따른 의존도 심화 등을 해결해야 할 것이다(부산과학기술기획평가원, 2018)

넷째, 현재 정부 관련 부처 합동의 거버넌스[1]보다는 민간과 정부가 하나의 협의체를 통해 실질적인 권한을 나눠 가지고 전략을 개발할 필요가 있다. 우리나라가 추진하던 부처별 독립적인 추진방식은 4차 산업혁명 시대의 핵심인 초

1. 거버넌스(Governance) : 공동의 목표를 달성하기 위하여 한정된 자원을 모든 이해 당사자가 책임을 갖고 투명하게 의사 결정을 수행할 수 있게 하는 제반 장치

연결-초융합적 특성을 제대로 구현하기 어려울 뿐 아니라 중복투자에 대한 이슈를 해결하기 위해 많은 시간과 노력이 필요하다. 정부는 다양한 이해관계자가 상호 연결되고 협력할 수 있는 네트워크 플랫폼 방식의 조직을 구축하고 조직 외부에서 지원함으로써 조정자의 역할을 해야 할 것이다(김민호 외, 2019). 직접 방향성을 모두 결정하고 제시하기보다는 민간에 책임과 권한을 분명하게 일임하여야 할 것이다. 주력산업에 포진한 대기업은 주로 정보통신 분야에 특화된 자회사나 계열사를 활용해서 인하우스(in-house) 형태로 스마트 팩토리 솔루션을 개발하길 원한다. 하지만 기술력을 보유한 스타트업이나 중소·중견 기업의 기술이 모듈화되어 탑재될 수 있고 또는 대기업과 지분 교류의 형태를 취하여 빠른 시간 안에 기술력을 제고할 수도 있을 것이다. 또한 꼭 대기업이 포함되지 않더라도 중소·중견 규모의 스마트 팩토리 관련 기술을 보유한 기업들은 자체 소프트웨어의 기능 개선이나 기술력 제고를 위해 유사 규모의 다른 기업들과 협력할 수 있을 것이다. 이때 정부가 대기업과 중소기업, 또는 중소기업 간 가교 역할을 함으로써 협회나 학회 차원의 만남을 주선할 수도 있을 것이고 현장의 소리를 귀담아 들으며 그들이 필요한 기업과 기술 등을 매칭하는 플랫폼도 구축할 수 있을 것이다. 정부가 플랫폼만 구축해주고 기업이 능동적으로 자신의 수요와 공급을 해결하고자 노력할 때 스마트 공장 내 전체 밸류체인에 대한 건전한 지원 체계가 수립될 수 있고, 결과적으로 스마트 공장 생태계가 선진국 수준에 이를 수 있을 것이다.

다섯째, 스마트 공장 추진 전략을 양적 확산 중심에서 질적 고도화 중심으로 전환해야 한다. 스마트 공장 확산 및 고도화 전략(2018)의 목표를 다룬 〈그림 1-4-5〉에서도 쉽게 확인할 수 있듯이 제조 현장에는 정부 정책이 스마트 공장 기술을 도입한 기업 수 증가 등 정량적인 측면에만 집중해왔다는 의견이 지배적이다(박재성·강재원, 2020 ; 박기현, 2017). 실제로 정부에서 발표하고 있는 수준만큼의 생산성이나 효과성은 기대하기 어려울 뿐 아니라 투입한 비용 대비 효과나 이익이 발생하지 않는 것에 대한 불만 섞인 목소리가 많다. 물론 이런 비판과 불만에도 스마트 공장에 대한 기대와 필요성, 당위성에 대한 인정은 섞여있다. 당장 이 시스템을 정리하고, 더 이상 도입하고 싶지 않다는 이야기가 아니다. 그만큼 시시각각 빠르게 변화하는 수요에 맞춤형으로 대응하기 위해서는 공장의 스마트화가 필수적이고 중요한 절차이자 핵심적인 시스템이라는 공통적인 인식을 엿볼 수 있다. 대기업은 이미 다수의 선진 기업의 사례를 분석하여 스마트 제조 기술을 공장에 적용하고 관련 인력을 육성하고자 교육 프로그램을 개발하고 있다. 하지만 비교적 경제적으로나 인력 측면에서 어려움이 있는 중소기업은 자체적으로 스마트 공장 관련 기술을 개발하고 도입하기에 어려움이 있는 것이 현실이다. 기술을 개발하고 도입한다 할지언정 이를 운용하고 최적화할 수 있는 인력을 확보하는 것은 또 다른 문제로 남을 것이기 때문이다. 따라서 중소기업의 경영진이 스마트 공장에 대해 충분히 인식할 수 있는 계기를 마련하고 스마트 공장을 도입하여 각 제조 현장을 최적화할 수 있는 여건을 조성해줘야 한다. 기술을 도입한 이후에 발생할 수 있는 문제들을 해결하기 위해서는 정부의 집중지원 하에 기술표준화가 이뤄져야 한다. 또한 질적 고도화를 위해서는 하드웨어 개발에 대한 대응 전략도 마련해야 한다(양희태, 2020). 우리는 스마트 공장이라 하면 인공지능, 플랫폼 등 소프트웨어적인 측면에 집중하고 우리가 강점을 가져왔던 하드웨어적인 측면을 더 강화하지만, 이 분야를 선도한 중장기적인 솔루션은 내세우지 못하고 있다. 스마트 공장의 뇌, 감각신경세포 등에 해당하는 부품이나 장비 등 하드웨어 개발에 대한 대응방안은 현저히 부족하다. 따라서 특정 분야에만 정부 지원이나 연구 등이 편향되지 않도록 중심을 잘 잡으며 균형감을 찾도록 노력해야 할 것이다.

여섯째, 업종별로 데이터 공유, 업무순환 체계, 조달방식 등 스마트 공장 시스템과 관련한 기반 체계를 전반적으로 표준화해야 한다. 아직은 산업의 특성을 반영한 스마트 공장 기술이 부족하고 표준화 수준은 더 열악하다(박재성 · 강재원, 2020 ; 배병환, 2019). 스마트 공장을 도입할 산업에는 식료품, 섬유, 화학제품, 의약품, 전자전기, 자동차, 일반기계 등 다양한 제조분야의 산업을 포함한다. 하지만 산업별 특성은 크게 다를 수 있기 때문에 산업별 제조공정과 전후방 산업으로의 연계과정 등을 심도 있게 분석하여 스마트 공장의 기능을 산업별로 특화할 필요가 있다(양희태, 2020). 스마트 공장의 핵심은 어떻게 빅데이터를 수집하고 저장 및 가공해서 활용하는지이다(LS일렉트릭 자동화 CIC팀, 2021). 한 공장 내부의 데이터뿐만 아니라 그 공장과 연계된 전후방 산업, 더 나아가 밸류체인 내에 존재하는 다른 기업이나 산업에서 발생하는 데이터까지도 그 흐름을 분석하고 상호 연계할 수 있어야 한다. 이를 위해서는 표준화된 데이터 모델이 필수적이며 국제표준화를 선도하면 좋겠지만 만약 어렵다면 이미 국제표준화가 진행 중인 모델을 준용하여 스마트 공장의 청사진을 전개하는 것이 가장 바람직할 것이다. 미국 · 독일 등 제조업 선도국가들은 국제표준화 활동에 익숙할 뿐 아니라 새로운 분야를 개척하고 이끌어가는 역량 또한 월등하다(과학기술일자리진흥원, 2018). 따라서 선도국의 움직임을 파악하며 우리의 기술력과 청사진을 국제표준에 접목하는 등 대응방안을 모색할 수 있도록 전문가 네트워크를 구축해야 할 것이다.

일곱째, 기술과 새로운 비즈니스 모델을 구현하기 위해서 기존 중소 · 중견기업과 벤처 · 창업기업(스타트업)과의 제휴, 협업, 인수합병을 촉진시키고 장려해야 한다. 산업 생태계는 대기업과 중소 · 중견기업이 협력하면서 발전할 수 있음에도 불구하고 기존에 추진해온 스마트 공장 정책들은 개별 중소기업에 어떻게 스마트 공장을 보급하고 지원할지에 중점을 두고 있어 효과의 확산 측면에서는 분명한 한계가 있었다(양희태, 2020). 따라서 규모가 작은 기업과 큰 기업 간 협력과 제휴를 강화함과 동시에 M&A를 통해 빠르게 규모를 키우고 기술력을 제고하는 전략도 중요할 것이다(박재성 · 강재원, 2020). 선진 기업의 기술을 빠르게 확보하고 내재화하기 위해서는 우리 기업뿐 아니라 더 나아가 해외 선도국의 기업과도 M&A를 하거나 협력 네트워크를 강화해야 할 것이다(함형준, 2017). 스마트 공장은 단편적으로 몇 개의 기술만 확보한다고 해서 완성할 수 없다. 다양한 기술이 사용되기 때문에 기업-기업 컨소시엄 구성과 네트워크 구축이 선결되어야 할 것이다.

여덟째, 스마트 공장 보급 및 확산 사업은 새로운 시장의 창출, 니치마켓 공략, 공급망 개선 등을 전제로 추진해야 한다(박재성 · 강재원, 2020). 아직은 국내 시장이나 기술력을 넘어 해외 시장까지 진출하기 위한 전략에 미치지 못했다는 것이 전문가들의 주된 의견이다(양희태, 2020). 우리나라는 내수시장이 상대적으로 작고 수출 의존도가 높은 산업 특성을 갖고 있기 때문에 차별화된 기술을 개발하더라도 경쟁력이 있는 제품을 생산하기는 어려운 것이 현실이다. 국내 시장은 상대적으로 규모의 경제를 확보하기에 쉽지 않고 제조업은 특히 보수적이고 수동적인 특성도 갖고 있다. 따라서 우리 기업이 노릴 수 있는 해외 시장을 발굴하고 그들을 목표로 하는 스마트 공장 관련 정책과 비전이 우선되어야 할 것이다. 각 기업은 스스로 진출할 수 있는 시장과 기회를 파악하기 위해 노력해야 할 것이며 정부는 KOTRA 등 기관을 활용하여 우리 기업이 목표할 수 있는 시장을 같이 발굴함과 동시에 기업 또는 기술이 해당 시장에 진출하고 정착할 수 있도록 지원해야 할 것이다(함형준, 2017 ; 정은미, 2020). 앞으로의 스마트 공장 보급 및 확산 사업은 "생산 · 공정"의 효율화라는 측면을 넘어 세계 최고 또는 세계 최초 수준의 연구개발뿐 아니라 판로, 즉 시장과 직접적으로 연계하여 새로운 가치를 창출하도록 지향해야 할 것이다(박재성 · 강재원, 2020).

아홉째, 우리의 현 공장 네트워크 등 기술력이 높지 않은 수준임을 직시하고 대내외 통신 네트워크를 분리해서 영업비밀이나 대외비 정보 등의 유출을 방지해야 하며 스마트 공장 내 보안에 필요한 운영기술(플랫폼 등 포함) 및 체계적인 매뉴얼을 개발해야 한다. 일본은 스마트 공장을 위한 사이버 보안과 플랜트 등 현장 인프라의 안전성을 높이기 위한 가이드라인을 제정하기 위해 노력하고 있다(배병환, 2019). 우리나라도 스마트 공장 내 보안의 우선순위를 높이고 전용 프로토콜을 구축하여 활용하는 등 세부 요소별 보안성을 강화할 수 있는 매뉴얼을 개발하여 스마트 공장 보안 또는 설비 시스템 담당자가 참고할 수 있게 도와야 할 것이다. 또한 스마트 공장에 전용 보안기술 개발이 필요하다. 인더스트리 4.0 등 스마트 제조 분야에서 세계 최고 기술력을 확보한 독일은 스마트 공장을 구축하고 운영하기 위한 기술력을 제고함과 동시에 공장 내 통신망, 기계와 제품 간 통신의 보안성을 확보하기 위해 기술 스펙을 철저하게 검토하며 스마트 공장의 보안을 강화해 왔다. 우리나라도 스마트 공장을 위한 전용 보안 기술을 개발해야 한다. 당장은 범용 기술로도 가능할 수 있겠지만, 기존의 기술을 소폭 수정하며 많은 기업의 수요를 모두 충족하는 것은 쉽지 않을 것이고 각 기업에서 해당 보안 기술을 운용하고 관리할 수 있는 인력을 육성하는 것이 어려워지기 때문이다. 학계는 산업계와의 협력 하에 스마트 공장 내 제조 공정을 포함하는 시스템과 보안 체계를 두루 학습한 인력을 육성해야 하며 정부는 중장기적으로 산학협력이 이루어질 수 있게 지원해야 할 것이다. 특히 유관 부처는 데이터 관련 보안과 스마트 공장 분야 기술력을 확보한 기업·기관 간 네트워크 구축을 통해 상호 협력이 지속될 수 있는 환경을 마련해줘야 한다. 이후 상호 신뢰를 기반으로 유관 부처와 기관을 넘어 스마트 공장 기술을 개발하는 기업과 도입한 기업, 보안 솔루션 전문기업 등 민간 섹터까지를 포함하는 협회를 구성하여 스마트 공장과 관련한 보안 이슈가 발생했을 때 어떻게 대처할지에 대한 논의가 언제든 가능해야 할 것이다.

마지막으로, 4차 산업혁명발 최첨단 기술에 힘입은 스마트 공장의 도입은 새로운 근무여건과 근로환경을 제공할 것이기 때문에 이를 뒷받침할 기업 내 시스템을 준비해야 한다. 디지털 트윈, 인공지능 예지보전, 공장 간 부품장비 설계 공유뿐 아니라 에너지 효율성까지도 극대화할 수 있을 것으로 기대되며 공장은 환경 친화적인 요인을 강화함에 따라 더 이상 도심 외곽이나 도서지가 아닌 도심 내에 위치할 수 있게 될 것이다. 스마트 센서가 내장된 기계설비 사용이 확대됨에 따라 공장 간에 시설을 공유할 수 있게 되고 공장 내 모든 데이터를 통합 관리함에 따라 언제 어디서든 공장 내 상황을 정확하게 파악할 수 있게 될 것이다. 따라서 작업 공간을 보다 효율적으로 활용할 수 있게 될 것이고 현장이 아닌 사무실 또는 재택에서도 근무할 수 있는 상황이 펼쳐질 것으로 기대된다(함형준, 2017). 초연결, 초지능, 초자율화를 이룬 제조 현장은 소재와 부품의 활용도를 극대화할 것이며, 이에 따라 환경오염 물질의 배출도 감소할 것이다. 환경친화적인 측면이 강화됨에 따라 편의성과 지역연계성을 높이기 위해서 도심형 산업단지가 구축되고, 이는 스마트시티의 한 퍼즐이 될 것이다. 스마트 공장에서 발생한 폐열은 발전 시스템을 통해 지역 난방이나 전력 생산에 활용될 것이고, 따라서 스마트 공장은 지역 커뮤니티의 환영을 받게 되고 지금보다 더 많은 젊고 전문적인 인력이 스마트 공장에 근무하고자 할 것으로 보인다. 스마트 공장이 현장에 안착하기 위해서는 기술의 성공적인 도입은 당연한 선제조건이며 그 기술을 적절하게 활용할 수 있는 경영 시스템이 뒤따라야 한다. 스마트 공장 기술 도입으로 근로여건이 변경되면 내부 임직원의 인센티브도 지향점을 달리해야 할 것이며 새로운 기술을 학습하고 근로여건에 무사히 적응할 수 있도록 도와야 할 것이다.

4. 맺음말

우리나라는 제조업 중심의 산업으로 빠르게 발전해왔고, 특히 반도체 · 디스플레이 등 전자, 자동차, 조선 등의 주력산업은 세계 선도국가와 그 수준을 나란히 하며 제조 경쟁력을 인정받았을 뿐 아니라 매우 훌륭한 수출 실적도 보유하고 있다. 따라서 우리나라는 현재의 제조 역량을 토대로 스마트 공장 관련 기술을 접목해볼 수 있는 최고의 테스트베드 중 하나일 뿐 아니라 이를 검증의 계기로 삼아 세계 시장에 진출하는 교두보가 될 수 있는 국가다. 이미 우리나라의 스마트 공장 관련 핵심 기술을 담고 있는 '데모 스마트 공장'(스마트 제조 혁신센터)은 2018년 5월에 산업 인터넷 컨소시엄(Industrial Internet Consortium, IIC) 정규회의에서 "베스트 테스트베드 상"을 받은 바 있다. 전 세계 전문가로 구성된 위원회가 스마트 공장 기술의 고도화 수준, 국제표준 준수 여부, 적용가능성 등을 기준으로 종합적으로 평가해서 우리나라의 데모 스마트 공장을 선정한 것이다. 이렇듯 우리나라는 이미 스마트 공장과 관련 기술력은 전 세계적으로 인정받은 바 있기에 본 장에서는 기술개발의 방향성을 제시하기보다는 우리나라가 정책적으로 어떻게 이를 뒷받침하고 지원해 왔는지를 돌아보고 앞으로 어떤 정책을 추진하여 효과를 극대화할 것인가에 집중하여 논의하였다.

그동안 정부의 다양한 스마트 공장 관련 정책으로 중소·중견기업은 가동률과 생산성, 고용 증대의 효과를 누리기도 했지만, 세계적인 수준의 스마트 공장에는 미치지 못한 측면도 있었으며 특히 제품과 시장의 혁신의 측면에서는 그 효과가 제한적이라는 의견도 있었다(정은미, 2020). 또한 수익성 차원에서도 스마트 공장을 도입함으로써 얻은 효과가 미흡한 것도 사실이다. 하지만 MarketsandMarkets(2021)의 최신 연구보고서에 따르면 우리나라의 2021년부터

그림 1-4-8 **2021~2026년 스마트 공장 시장 연평균 성장률 전망**

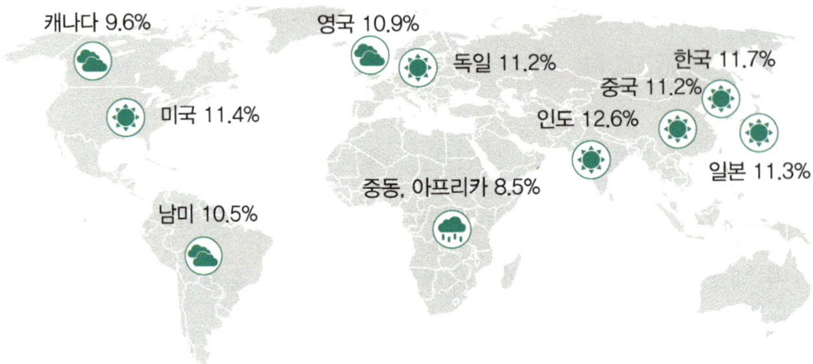

출처 : MarketsandMarkets(2021)

2026년 스마트 공장 시장의 연평균 성장률은 인도에 이어 주요국 중 두 번째로 높은 수준으로 평가 받고 또 기대 받고 있다.

MarketsandMarkets(2021) 보고서의 전망은 우리 기업이 충분히 스마트 공장을 도입할 역량이 있을 뿐 아니라 관련 법·제도 등 정책의 방향성도 스마트 공장 시장이 성장하기에 좋은 상황임을 단편적으로 나타낸다. 지금까지 정부 정책에 힘입어 이뤄온 양적인 성장도 고려사항이었겠지만, 분명 앞으로 있을 질적 성장까지도 충분히 분석하고 반영한 결과물일 것으로 생각한다. 이러한 성과를 실현하기 위해서는 도입을 당장 서두르는 것만이 능사는 아니다. 미성숙한 시스템을 도입하고자 하면 오히려 역풍을 맞을 수 있고 타깃이 빗나간 정책 지원은 낭비적 요소로 인해 국민의 지탄을 받게 될 것이다. 따라서 스마트 공장을 우리나라에 제대로 보급하고 활용하기는커녕 기존에 세계적으로 인정받은 경쟁력마저 잃게 만들 수도 있을 것이다. 그리고 우리는 이미 몇 차례 그런 사례를 보기도, 때로는 겪기도 했었다. 스마트 공장은 또 하나의 실패 사례로 전락하지 않기를, 우리나라의 메가트렌드 대응 역량을 세계에 다시 한번 알리는 계기로 삼을 수 있기를 기대해 본다.

참고문헌

과학기술일자리진흥원, "스마트 팩토리 산업 및 시장동향", S&T Market Report, Vol. 56.

관계부처합동(2018), "중소기업 스마트 제조 혁신 전략".

__________(2019), "5G기반 스마트 공장 고도화 전략(안)".

__________(2020), "AI · 데이터 기반 중소기업제조 혁신 고도화 전략".

김민호 · 정성훈 · 이창근(2019), "공장의 스마트화를 위한 스마트한 정책 방안", 『KDI Focus(통권 제97호)』.

김익성(2020), 「4차 산업혁명의 핵심 연구대상인 독일 자동화공장의 성공사례연구와 한국 내 도입방안 : 한국 스마트 공장건립을 위한 정책 및 전략제안」, 『유라시아연구』, 17(3), 189-213.

박기현(2017), "스마트 공장과 지역 경제 파급효과", 2017년 지역정보화 이슈리포트 제1호.

박재성 · 강재원(2020), "제조 혁신 촉진을 위한 스마트 공장 정책방안", 중소기업연구, 42(2), 117-137.

배병환(2019), "주요국 스마트 공장 보안 동향 분석 및 시사점".

부산과학기술기획평가원(2018), "제조 혁신을 위한 중소기업의 스마트 공장 도입 방안", BISTEP Beyond Sight, 2018-10호.

4차 산업혁명위원회 · 관계부처합동(2018), "스마트 공장 확산 및 고도화 전략", 제5차 4차 산업혁명위원회 의결안건 제1호.

산업통상자원부(2014), "창조경제 구현을 위한 제조업 혁신 3.0 전략".

__________(2015), "스마트 공장 표준화 본격 추진된다", 보도자료.

양희태(2020), 「인공지능 기반 스마트 팩토리 활성화를 위한 정책 개선 방안」, 『한국통신학회논문지』, 45(9), 1659-1665.

LS일렉트릭 자동화 CIC팀(2021), "Smart Manufacturing, Digital Twin과 AAS", 무

역협회 디지털 전환 포럼 발표자료.

이기승(2017), 「스마트 팩토리를 통한 제조 혁신에 관한 연구」, 한성대학교 지식서비스&컨설팅대학원 석사학위논문.

정은미(2020), “한국형 스마트 제조전략 수립의 중요성과 기본방향”, KIET 산업경제, 7-20.

정충영 · 이하나 · 오수진 · 허찬영(2021), 「스마트 공장 전문인력 양성 지원방안 연구-대전지역 제조업체를 중심으로」, 『기업 경영리뷰』, 12(1), 221-244.

함형준(2017), “ICT 기반의 스마트 팩토리 구현을 위한 정책연구”, e-비즈니스연구, 18(6), 363-380.

MarketsandMarkets(2021), “Smart Factory Market with COVID-19 Impact, Global Forecast to 2026”.

스마트 제조 표준화 전략

5장

최동학(국가기술표준원)

〈요약〉

스마트 제조는 제품 가치사슬을 구성하는 생태계 전체에 대하여 기능적인 상호연동이 필수적이므로 정보가 교환되는 모든 요소들 간에 표준화가 필요하다.

제조 시스템 영역 내에 배치된 여러 제품, 시스템 및 서비스에 대한 표준을 개발하고 있지만 현재까지 이러한 표준은 특정 장비(specific equipment), 프로세스(processes) 및 관리 시스템(management systems)에 중점을 두고 개별 기술 위원회(individual technical committees)에서 개발하고 있다. 스마트 제조 도메인 내에서 개별 시스템을 더욱 잘 통합하고 제조 비즈니스에서 정보를 공유(sharing)함으로써 전체 시스템 성능(system performance)을 향상하고 독립 공급업체의 여러 장비 및 시스템(multiple equipment and systems)을 구매(purchasing)할 때 제조업체가 경험하는 통합 비용(integration costs)을 절감할 수 있다. 이러한 향상된 통합 및 데이터 교환(data exchange)은 새로운 제조 프로세스 및 서비스의 개발을 촉진할 수 있다.

점점 더 커지는 세계 시장에서 제조사, 고객, 서비스 제공 업체를 모두 만족시키기 위해서는 제품의 상호운용성(interoperability) 등이 반드시 필요하며 이것은 표준을 통해서만 달성할 수 있다.

제조 시스템을 구성하는 요소들이 표준을 통해 연결되어야 스마트 제조 기반 구축 비용이 감소되고 시스템의 상호운용성이 확보되어 스마트 제조의 지능화가 이루어질 것으로 본다.

이를 위해 제조기업들이 표준 기반의 스마트화 환경을 점진적으로 구축해 갈 수 있도록 실용적인 표준 가이드라인 마련이 요구된다.

1. 서론

스마트 제조는 제품 가치사슬을 구성하는 생태계 전체에 대하여 기능적인 상호연동이 필수적이므로 정보가 교환되는 모든 요소들 간에 표준화가 필요하다. 표준을 활용한 스마트 공장 장비 개발을 추진할 경우, 개발성이 제공될 수 있어 개발 제품 간의 상호연동성 확보뿐만 아니라 관련 요소 기술 개발, 사업화의 확산 및 혁신이 촉진될 수 있다. 비표준 개발 및 구축 시에는 개방성 부족에 의해 관련 기업 시스템들과의 통합 및 연동이 불가능해지고, 다양한 제조업 혁신 기술 수용 및 통합이 불가능하여 스마트 공장 확산 시 제조융합 서비스 생태계의 지능화가 곤란해지게 된다.

표준화가 필요한 이유로는 다음 다섯 가지 이유를 들 수 있다.

- **기기·사물 간 연결** : 스마트 공장은 공장 내·외부의 다양한 기기 및 사물들의 연결이 필요
- **네트워크 통합** : 다양한 솔루션 및 기업 간 네트워킹과 통합을 위해서 공통의 표준이 필요
- **생산시스템의 진화** : 스마트 생산 시스템으로 진화하기 위해서는 기업 간, 생산 단계 간 네트워크를 통해 자유롭게 제어할 수 있도록 표준화가 필요
- **초 연결화에 따른 보안** : 모든 제조 현장에서 사용되는 설비, 기기, 시스템, 산업 데이터들이 상호 연결 및 연동됨에 따라서 정보 보호가 필요하고 이에 따른 국제표준화 작업이 요구
- **국가 간의 표준 경쟁** : 독일, 미국 등 선도국가가 표준을 선점할 경우 무역장벽으로 활용될 수 있어 적극적인 스마트 제조 표준화 추진과 국제표준화 활동 참여가 필요

그림 1-5-1 스마트 제조 표준화 중요성

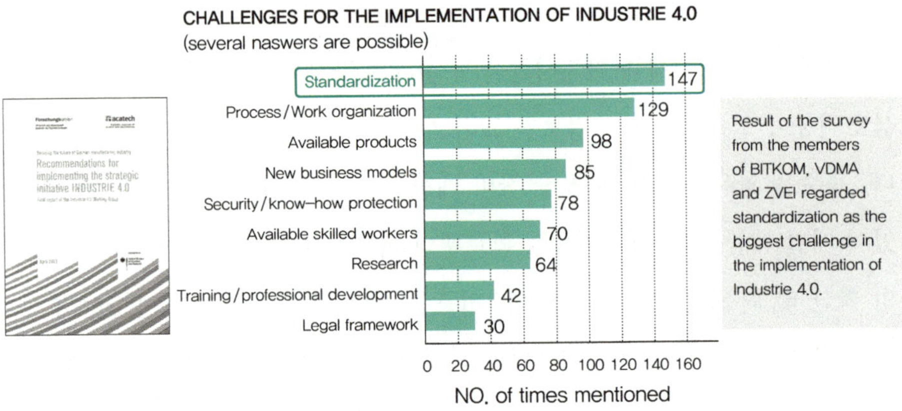

출처 : Recommendations for implementing the strategic initiative industrie 4.0, Forschungsunion acatech 2013

산업 제품을 제조하는 공장은 제품 기획, 수주, 영업, 설계, 개발, 제조, 품질 검사, 재고관리, 생산관리, 유통 등 매우 다양한 사업 활동으로 운영되고 있다. 제품이 실제 생산되는 제조 공정에는 수많은 공작기계, 제조 라인, 작업자 등이 움직이고 있으며 구성 요소들 간에 IT 기술로 연결되어 정보를 교환하여 생산 활동을 지원하고 있다.

제조 공정의 다양한 구성 요소에서부터 생산관리, 품질관리 등 제품 생산과 경영에 이르기까지 정보 교환의 주체들 간에는 표준화된 형태로 정보가 교환되어야 하고 이에 대해 매우 많은 표준들이 존재하고 있으며 향후 지속적인 표준 개발이 진행될 것이다.

표준은 제조업 혁신 전략의 추진 시 설계에서 폐기까지 제품수명 전 주기 관리의 물리적인 공간과 위치에 대한 상호호환성(interoperability) 확보뿐만이 아니라 데이터의 원활한 교환을 위해서도 필수적이다.

스마트 제조 도메인 내에서 제품, 시스템, 서비스, 프로세스, 관리 등 여러 분야 표준 개발이 진행되어 왔고 ISO와 IEC의 관련 표준화 그룹들이 여러 가지 많은 표준들을 공급해왔다. 이를 통해 개별 시스템을 더욱 잘 통합하고 제조 비즈니스에서 정보를 공유함으로써 전체 시스템 성능을 향상하고, 독립 공급업체의 여러 장비 및 시스템을 구매할 때 제조업체가 경험하는 통합 비용을 절감할 수 있다. 이러한 향상된 통합 및 데이터 교환은 또한 새로운 제조 프로세스 및 서비스의 개발을 촉진할 수 있다.

제조 산업계는 최적화, 비용 효율성, 에너지 효율성, 환경 문제, 품질, 보안, 안전, 출시시간 단축, 재고 감소, 시뮬레이션, 유지 보수의 용이성 등 여러 가지 분야에 대하여 지속적인 관심을 기울이고 있고, 또한 현재 새로운 기술의 가용성을 고려하여 고객의 새로운 요구사항을 충족시키고 새로운 활용 사례에 대응하고자 한다.

점점 더 커지는 세계 시장에서 제조사, 고객, 서비스 제공 업체를 모두 만족시키기 위해서는 제품의 상호운용성, 공개 인터페이스 등이 반드시 필요하며, 이것은 국제표준을 통해서만 달성할 수 있다. 이러한 국제표준에 대한 요구를 충족시키기 위하여 IEC 및 ISO에서는 스마트 제조와 관련된 활동을 하고 있다.

2. 표준화 동향

2.1 국제표준화 동향

스마트 제조 시스템은 유연성, 자율적 운영, 지속 가능성, 에너지 효율성 등의 분야에서 발생할 수 있는 지속적인 성능 향상을 가져오는 "정보 기반"이다. 이러한 논의를 위하여 IEC SyC-SM, IEC/TC 65, ISO/SMCC, ISO/TC 184 등에서 스마트 제조에 대한 표준화 논의가 진행되고 있고 사실상 표준화 기구의 관련 표준들도 ISO와 IEC를 통해 국제표준화를 진행 중이다. 또한 ISO/IEC JTC 1, IEEE, OCF(Open Connectivity Foundation), IIC(Industrial Internet Consortium) 등은 IoT, 빅데이터, 클라우드 컴퓨팅, 보안, CPS 등 제조와 관련된 정보통신기술 표준 개발을 수행하고 있다.

스마트 제조와 관련된 주요 표준 분야는 스마트 제조에 대한 개념, 표준화 범위, 표준화 항목, 관련 기존 표준, 추가 개발 표준화 항목, 표준화 로드맵 등이다.

최근에는 경쟁하던 IEC TC 65와 ISO TC 184가 스마트 제조 참조 구조에 대한 표준화를 위해 공동 작업반인 JWG21을 설치하여 표준 개발에 착수하였다.

1) ISO/SMCC 동향

ISO/TMB는 스마트 제조 전략자문그룹(SAG)을 설치하여(2015.7) 스마트 제조와 인더스트리 4.0에 대한 용어 정의를 검토하고 이미 존재하거나 진행 중인 표준 프로젝트 및 활용 사례 목록을 준비하도록 하여 신규 표준화 항목 발굴과 향후 표준화 작업 추진 방안에 대해 분석하도록 하였다.

SMCC의 주요 역할은 다음과 같다.

- 산업용 스마트 제조 분야 표준화의 기초 자료로서 유스케이스를 포함하여 시기적절하고 관련성 높은 자료를 개발
- SAG(IEC SyC-SM 및 IEC/ TC 65와 공동으로 수행)에 의해 개발된 적용 가능한 표준 디렉토리를 유지하고 업데이트
- IEC 웹 사이트의 "스마트 그리드 표준지도(Smart Grid Standards Map)"와 같이 역동적 기능과 유사한 "스마트 제조 표준지도" 개발에 대해 검토하고 데이터 유지 관리는 ISO/IEC 협동조직에서 검토
- SAG 보고서의 부록 C에 포함된 표준화 추진 분석 내용을 검토하고 제품 사용자 및 OEM의 전체 체인을 통해 다양한 통신 프로토콜 부문에서 데이터 수집, 통합, 공개 및 폐기 표준을 개발하기에 적합한 표준화 그룹 발굴
- SAG가 개발한 "스마트 제조"의 정의를 검토하고 IEC와 공통된 정의를 수립하기 위해 노력

2) ISO/TC 184 동향

ISO/TC 184에서는 산업 자동화를 위한 국제표준을 개발 중이고 제조 공정 데이터 모델, 시스템 연동 등에 대한 표준을 개발해왔으며 SMLC 그룹과의 기술 교류 등 스마트 제조 대응 표준화를 추진 중에 있다. 로봇 분야를 다루어 왔던 SC 2는 2015년에 ISO/TC 299(Robotics)가 신설되면서 업무가 이관되었다.

- SC 1, 물리장치제어(Physical device control) : SC 1은 공작물의 각종 절삭 또는 비절삭 가공방법으로 다양한 형상 및 치수로 가공하는 장비이며 선반, 머시닝 센터, 드릴머신, 밀링머신, 보링머신, 연삭기, 기어 가공기, 프레스 등의 전통적 정밀생산기계 및 초소형 공작물 가공, 융복합 기계, 시스템 통합, 집적화 기술 등을 포함하는 나노/마이크로 기계시스템 및 관련 부품 등을 포함한다. 또한 NC, CNC 기술을 이용하여 공작기계나 기타 장비의 기계적 동작을 제어하는 자동화 기술이 사용되고 있다. Industry 4.0의 영향으로 공작기계 역시 사물인터넷과의 연계 및 적층형 공정과의 조합 등의 다양한 시도가 정부 주도로 이루어지고 있다.
- SC 4, 산업 데이터(Industrial data) : SC 4는 산업 데이터의 국제표준 개발을 담당하고 있으며 제품의 수명주기 동안의 제품 데이터를 기술하고 관리하는 국제표준을 개발 및 유지 관리한다.
- SC 5, 기업시스템과 자동화 응용을 위한 상호운용성, 통합과 아키텍처(Interoperability, integration, and architectures for enterprise systems and automation applications) : SC 5는 '기업 시스템 및 자동화 애플리케이션을 위한 상호운용성, 통합 및 아키텍처'를 담당하는 Subcommittee로 기업과 공급망의 제조, 엔지니어링 및 유통 도메인에 대한 시스템, 애플리케이션 및 서비스의 통합 및 상호운용성을 가능하게 하는 표준을 개발하는 조직이다.

3) IEC/TC 65 동향

산업 공정에 대한 측정, 제어, 자동화(Industrial-process measurement, control and automation) 관련 표준을 개발 중이고 공정 제어기기, 공정 조절밸브 등에 대한 표준을 개발하고 있으며 최근 스마트 제조 실현을 위한 요소기술 표준화에 관심을 갖고 있어 TC 65 ahG 3(Smart Manufacturing Framework and System Architecture), TC 65 SC65E ahG1(Smart Manufacturing Information Models)을 설립하였다.

IEC TC 65는 아래와 같이 네 개의 표준화 위원회(SC)와 여러 개의 작업반(WG)으로 구성되어 있다.

- SC 65A, 시스템 측면(System Aspects) : 산업 프로세스 측정 및 제어를 위한 시스템의 포괄적인 측면에 대한 표준 담당
- SC 65B, 측정 및 제어 장치(Measurement and control devices) : 산업 프로세스 측정 및 제어를 위한 장치의 특정 측면에 대한 표준 담당(예 : 측정장치, 분석 기기, Programmable Logic Controller 등)
- SC 65C, 산업 네트워크(Industrial networks) : 산업 공정 측정 및 제어를 위한 디지털 데이터 통신에 대한 표준 담당
- SC 65E, 기업 시스템의 장치와 통합(Devices and integration in enterprise systems) : 디바이스의 특성 및 기능, 방법, 응용 프로그램의 디지털 표현을 지정하는 표준 담당
- WG 10(Security) : 제조분야 보안을 ISA 99 미국 표준을 기반으로 IEC 62443 Part 1~4 표준화 작업을 진행하고 있음
- WG 16(디지털공장) : 가상생산 시스템을 구성할 수 있도록 IEC 62832 표준 개발 중
- WG 17 : '산업 시설과 스마트 그리드 간의 시스템 인터페이스 관련 기술시방서'에 한국이 제안한 기술이 포함된 버전 1을 만들었고, 현재 한양대

학교는 버전 2 작업을 진행 중

4) IEC SyC SM 동향

IEC는 표준화관리이사회(SMB) 내 전략 그룹 SG 8(Industry 4.0—Smart Manufacturing)을 2014년 9월에 결성하였고 2년 동안의 표준화 연구를 거쳐 2016년 6월에 SG 8 활동을 종료하고 후속 그룹으로 SEG 7을 설립하였다. SEG 7은 2년 동안의 시스템 평가 그룹 활동을 거쳐 2018년 10월 부산 활동을 종료하고 후속 그룹으로 SyC SM을 설립하였다.

- SG 8의 주요 내용은 스마트 제조에 대한 비전, 개념, 참조 모델에 대한 연구를 수행하고 참조 모델에 따른 기능별 도메인 정의, 도메인 내에서 기능별 Use case 도출, Use case에 해당하는 IEC TC 및 SC 확인, 해당 TC/SC에서 개발 또는 개발 중인 표준 확인, 신규 표준화 필요성 및 표준화 항목 분석, 향후 표준 개발 방향 제시 등을 다루고 있음
  - 독일에서 개발한 RAMI 4.0(Reference Architecture Model for Industry 4.0) 모델을 SG 8에서 논의하고 있다.

2.2 국내 표준화 동향

국가기술표준원은 스마트 제조의 구성 모델, 관련 기능요소, 상호 간의 정보 교환 모델, 표준화 항목, 표준화 현황, 신규 표준화 항목 등의 전체 표준화 로드맵을 개발하여 단기, 중기, 장기 표준화 목표 설정 및 표준화 추진 전략을 수립하고 있다. 또한 산 · 학 · 연의 다양한 스마트 제조에 대한 정의를 정리하고 우리나라 제조업 상황이 반영된 국가 차원의 스마트 제조 개념을 정립하여 산업계 확산을 촉진시키기 위해 KS 국가표준 개발을 지원하고 있다.

또한 스마트 제조 표준기술연구회는 IEC/SMB SG 8의 대응을 위해 국가기

술표준원의 주도로 결성되었는데 이후 IEC/SEG 7이 설치되면서 대응 그룹이 변경되었다. 이 기구는 스마트 제조 표준화 비전, 전략 뷰 및 운영 뷰 관점의 표준화 프레임워크를 작성 및 보급함으로써 스마트 제조 상호운용성 확보와 스마트 제조 보급 · 확산 촉진 계획 수립 등의 역할을 수행한다.

1) 국가기술표준원

국가기술표준원은 스마트 공장의 보급 · 확산에 대한 효율적 지원을 위해 스마트 공장 표준화 추진 전략을 수립하여(2015.6) 세부 수행 목표들을 추진해 왔다.

- 스마트 공장 인식 확산을 위한 KS 표준 · 인증 기반 마련
- 수요자-공급자 간 표준 격차 해소 지원
- 스마트 공장 표준 활용 지원체계 구축
- 스마트 공장 표준 기술력 향상 기반 조성
- 스마트 공장 표준화 추진체계 확립

이러한 추진 전략에 따라 공장구성 모델, 관련 기능요소, 상호 간의 정보 교환 모델, 표준화 현황, 신규 표준화 항목 등의 전체 표준화 로드맵을 개발하여 표준화 목표 및 추진 전략을 수립하고 있다. 또한 국제표준화 단체 대응을 위한 국내 전문위원회를 관리하고 있으며 국가 차원의 스마트 공장 개념 정립 및 산업계 확산을 위한 KS 표준안 개발을 지원하고 있다.

- 스마트 공장 구축 및 운용의 용이성을 강화하여 민간 자율적 스마트 제조 확산 촉진을 하고자 제조 현장 수요자 중심의 표준화 체계 확립

2) IEC/TC 65 전문위원회

IEC TC 65 분야 국내 대응을 위한 전문위원회로 산 · 학 · 연 20명의 전문가로 구성되어 분기별로 회의를 개최하고 있다. 간사기관인 한국산업지능화협회

는 산업표준개발협력기관(Co-operating Organization for Standards Development; COSD)으로 지정되어 KS 개발·관리 및 표준화 정책 대응을 추진하고 있다. 이 기구는 2018년에 TC 65 총회를 국내에 유치하였다.

• 동 위원회에서는 한국 기술 RAPIEnet 국제표준화를 진행하고 있으며 관련 국제표준 Profibus/Profinet, EtherNet/IP, EtherCAT 등 KS 표준을 진행
• 한국 기술 RAPIEnet, RRP 국제표준화
• IEC 62872의 Part 2 표준에 대해 한양대에서 프로젝트 리더를 맡아 TC 65 전문위원회의 의견을 반영하여 개발

3) ISO/TC 184/SC 4 전문위원회

ISO/TC 184/SC 4 전문위원회는 산업 데이터 분야 국내 대응을 위한 기구로 산·학·연 18명의 전문가로 구성되었고 매년 분기별로 정기회의를 개최하고 있다. 간사기관인 산업데이터표준협회는 산업표준개발협력기관으로 지정되어 활발히 KS 표준을 제정하고 있으며 1년에 2회 개최되는 ISO 회의에 국내 대표단의 참여를 지원하고 있다.

■ **시설물 관리 정보표준화**

스마트 공장의 표준화를 위한 시설물 관리 정보 표준에 대해 전문위원회를 통하여 구체적 논의가 이루어지고 있음

■ **조선 분야**

조선 분야에서의 국내 표준화는 거의 이루어지지 않고 있으며 주로 국제표준의 활용에 초점을 맞추고 있음

■ **데이터 품질 분야**

ISO 800-150(마스터 데이터 품질관리 프레임워크), ISO 8000-60(데이터 품질관리 프로세스 평가 개요), ISO 8000-61(데이터 품질관리 프로세스 참조 모델)을 표준

으로 발간하였고, 현재 ISO 8000-66(데이터 품질관리 : 제조 프로세스의 데이터 처리에 대한 평가 지표), ISO 8000-81(데이터 프로파일링)이 국내 팀에 의해 개발 중

▪ **제품 모델 정보 교환 분야**

카이스트 한순흥 교수는 ISO TC 184/SC/WG 16의 컨비너를 맡고 있으며 2018년에 ISO 10303-57(절차적 형상 모델링에서 요소의 일관된 식별) 개발

▪ **디지털 트윈 분야**

국내 제조-CPS 기술개발 결과를 바탕으로 한국이 디지털 트윈 국제표준화를 제안하여 이것이 ISO 23247 표준화 프로젝트로 승인되었고, 한국은 4개의 부속서 각각에 대해 ETRI의 표준화 전문가들로 프로젝트 제안

4) ISO/TC 184/SC5 전문위원회

ISO/TC 184/SC 5 전문위원회는 기업 생산지원 시스템 통합을 위한 국내 전문위원회로 산 · 학 · 연 20명의 전문가들이 분기별로 회의를 개최하고 있다. 간사기관인 한국산업지능화협회는 산업표준개발협력기관으로 지정되어 KS 개발 · 관리 및 표준화 정책 대응을 추진하고 있다.

- RAPIEnet을 ISO 15745-4 표준에 등재하기 위하여 중국의 EPA, 일본의 CC-LINK IE, MECHATROLINK, 독일의 SafetyNET, SERCOS 등과 함께 팀을 구성하여 국제표준 개발 추진
- ETRI 전문가가 프로젝트 리더를 맡아 SC 5 전문위원회의 의견을 반영하여 ISO 16300의 Part 2와 4의 두 개 표준을 개발
- ETRI에서 프로젝트 리더를 맡아 SC 5 전문위원회의 의견을 반영하여 ISO 16400의 Part 3 표준을 개발
- 스마트 공장 수준진단 모델을 표준화하기 위해 스마트 제조 혁신 추진단 수준진단 점검 목록을 기반으로 ETRI에서 ISO 22549-2로 표준안을 개발하여 국제표준화

3. 스마트 제조 분야별 표준

제조기업의 생산·제조 기능은 ISA-95 표준에 정의된 5개의 레벨에 따라 흐르는 정보를 관리하면서 장비·설비의 가동률을 최대로 유지하면서 제품의 생산 비용을 낮추고 품질을 높이는 생산·제조 활동을 수행하고 있다.

- 레벨 4에 해당하는 ERP(기업자원 관리)와 SCM(공급망 관리)은 주문 관리, 인적자원 관리, 원자재 관리, 재무 관리 등 기업 전반에 관련된 기능을 수행함
- 레벨 3에 해당하는 제조 운영 시스템은 MES, APS(Advanced Planning and Scheduling), QMS(Quality Management System), MMS(Mold Management System), WMS(Warehouse Management System) 등을 이용하여 생산 현장의 효율적인 운영 관리를 수행함
- 레벨 2는 데이터 수집과 저장을 담당하는 DAS(Data Acquisition Server), 단위 기계의 센서와 액추에이터를 연결하여 제어를 수행하는 PLC, 작업자에

그림 1-5-2 제조산업의 생태계와 생산/제조의 ISA-95 표준 아키텍처

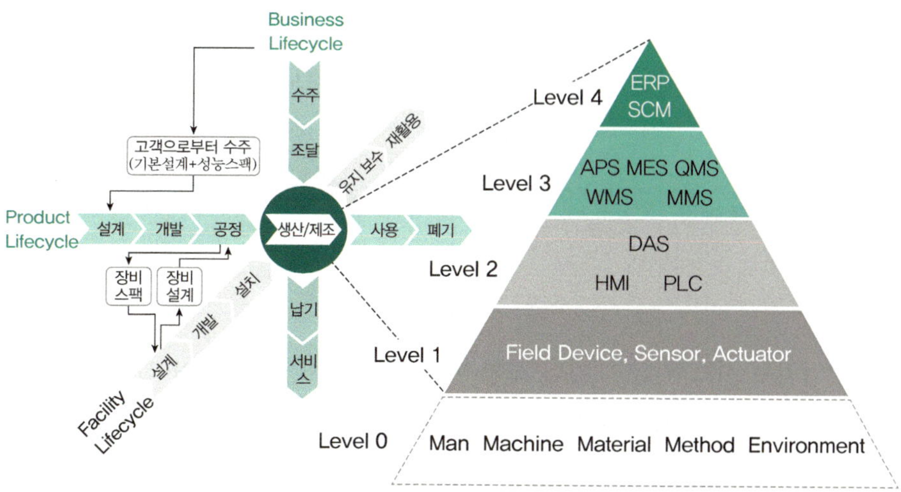

출처 : SA Standard인 ISA-95와 NIST의 Smart Manufacturing Reference Model을 참조하여 저자 재구성

의해 단위기계를 제어하는 입력 데이터를 관리하는 HCI 등을 수행함

- 레벨 1은 장비 · 설비의 제어와 모니터링을 위해 필요한 필드 디바이스, 즉 센서, 엑추에이터, 카메라, 스캐너, 바코드 리더, 그리퍼(Gripper), 파워공급 유니트 등을 포함
- 레벨 0은 생산에 사용되는 장비 · 설비를 의미하며 4M+1E라고 일컬음

제조기업에서 IEC 62264(ISA-95) 표준 아키텍처의 성공적인 정착을 위해서는 각 레벨 내 혹은 각 레벨 간에 흐르는 정보 내용과 표현 방식은 표준을 따라야 연결성(Connectivity) 확보가 가능하다. 또한 제조기업의 주문 접수부터 생산 · 제조를 거쳐 고객에게 배송이 도착, 즉 일이 마무리될 때까지 필요한 정보는 각 레벨 간 끊김 없이 흘러야 한다.

4. 스마트 제조 분야별 적용 표준 적용 방안

국가기술표준원은 국내 주요 표준기술 전문가와 함께 산업 현장에 적용할 수 있는 분야의 표준 모델 제시 및 계층별 요소들의 상호운용성 체계를 위한 방안을 마련하였다.

다음에서는 국내 산업 현장에 적용할 수 있는 분야의 표준 모델을 제시하고 계층별 요소들의 분야별 표준 적용 방안에 대해 살펴보도록 하겠다.

4.1 기업업무 시스템 간 데이터 교환 메시지 운영 표준 (KS X 9101)

기업업무 시스템 간 데이터 교환 메시지 운영 표준(KS X 9101)은 기업업무 시스템 간 표준 데이터 메시지 운영 스키마를 활용하여 기업업무 시스템의 도입 · 교체 · 업그레이드 시 시스템 간 상호운용성을 쉽고 빠르게 확보하기 위한

목적으로 제정되었다.

다양한 기업업무 시스템을 제조 현장에 적용하고 이들을 상호 연동할 때 많은 비용이 필요하다. 이에 표준 데이터 교환 메시지 스키마를 적용하면 기업업무 시스템 간 상호운용성을 확보할 수 있다.

4.2 제조운영 성능평가 지표(ISO 22400)

제조운영 성능평가 지표(ISO 22400) 표준은 생산 현장 제어 기기와 제품 가치사슬을 구성하는 ERP, SCM, PLM 등과 기능적으로 교환되는 데이터를 표준화한 후 해당 데이터로부터 핵심성과지표(KPI)로 정량화한다.

제조 현장의 핵심성과지표(KPI)인 생산성(Productivity, Quality, Cost, Delivery ; PQCD)의 정의와 계산식이 업종별로, 직무별로, 작업자별로 다르게 이해되거나 해석되는 문제로 인해 기업업무 시스템의 스펙 결정이 어려워 개발 기간이 지연된다.

이를 효율적으로 관리하기 위해서는 제조 현장의 제조 데이터인 4M2E 기반으로 데이터 표준화 수집이 중요하고 이를 제조 현장의 작업장에 연속 개선을 위한 업종별 표준 적용이 요구된다.

4.3 제조 시스템 통신 프로토콜(KS X IEC 62541)

제조 시스템 통신 프로토콜(KS X IEC 62541)은 제조 업체, 분야, 운영체제, 프로그래밍 언어로부터 독립적인 FA, OT, IT 연결을 위한 통신 기술 관련 오픈소스를 제조 시스템 개발에 활용하기 위한 표준이다.

제조 현장에서는 FA 장비별, PLC 공급업체별, 운영체제별로 상이한 통신 프로토콜을 사용하기 때문에 모니터링이나 제어를 위해 통신 프로토콜을 통합

시 시간과 비용이 많이 발생한다. 더군다나 스마트 제조는 네트워크 기술을 통해 공장 내·외부의 다양한 사물 및 서비스와 연결되므로 FA, OT, IT 통합을 위한 통신 기술 표준의 적용이 필요하다.

4.4 산업용 제어통신(KS C IEC 61158 등)

산업용 국제 통신 표준(IEC 61158/61784)에 근거한 제품을 적용하면 서로 다른 공급업체에서 공급하는 하드웨어나 소프트웨어를 함께 동작시킬 수 있기 때문에 상호운용성을 보장할 수 있다.

국내 제조 현장은 서로 다른 산업용 통신 솔루션이 수많이 사용되어 상호운용성 확보에 한계가 있다. 서로 다른 공급업체에서 개발한 디바이스들 간 상호운용성 보장과 OT와 IT 기반 서비스 융합을 위해 산업용 통신 표준의 적용이 필요하다.

4.5 제조장비 데이터 규격(IEC CD 63278-1)

제조장비 데이터 규격(IEC CD 63278-1)은 장비 공급업체가 하드웨어와 함께 AAS 모델을 제공하고 수요기업이 AAS를 기반으로 한 통합 환경을 구축하기 위한 표준이다.

제조생산 현장의 다양한 공급기업 장비는 서로 상이한 데이터와 인터페이스 방식을 제공하기 때문에 개별 인터페이스를 개발하는 데 어려움이 존재한다. 따라서 AAS를 기반으로 생산 현장과 상위 시스템들을 통합·운영한다면 기계·장비 공급업체는 고객 요구사항을 분석하고 기계·장비를 설계하는 과정에서 주변 공정의 기계·장비에 대한 데이터를 받아 활용할 수 있을 것으로 본다.

4.6 제조보안(KS X IES 62443)

제조보안(KS X 62443) 표준은 제조설비들로부터 데이터 수집, 전송, 저장 등의 과정에 발생할 수 있는 외부 공격을 막고 보안을 강화하기 위한 목적으로 제정되었다.

스마트 제조 환경으로 변화되면서 산업기밀을 보호하고 산업설비, ICT 시스템에 보안이 적용되어야 하지만 이를 적용하기가 쉽지 않은 상황이다.

이에 산업 현장을 고려하고 OT 보안을 안전하게 지원할 수 있는 솔루션을 도입하기 위해 제조보안 표준이 적용된 솔루션 등을 활용하는 게 필요하다.

4.7 스마트 공장 진단평가 모델(KS X IEC 62443)

스마트 공장 진단평가 모델(KS X 9001)은 스마트 공장 및 스마트 제조 개념의 도입과 함께 각 기업들의 스마트 제조 전개를 위한 개선 및 제고 전략 가이드라인 마련을 위한 표준이다.

스마트 공장 및 스마트 제조 개념의 도입과 함께 각 기업이 스스로 스마트 제조의 중요성을 인식하고 이의 실행을 위한 전략 및 방향성 수립에 필요한 가이드가 부족한 실정이다.

이에 본 표준을 제조기업들의 스마트 제조 단계별 전개를 위한 전략 가이드라인으로 활용하여야 하겠다.

4.8 제품데이터 구조(KS X ISO 10303)

제품데이터 구조(KS X ISO 10303) 표준은 제품, 설비 및 생산에 관한 정보 데이터 모델, 콘텐츠 및 정보 저장 형식을 제공함으로써 스마트 제조에 참여하는 모든 구성원들 간에 원활한 제품 설계 및 제조 정보를 공유할 수 있도록 지원해 준다.

엔지니어링 시스템들 간의 설계 및 최종 제품 데이터 교환 시 서로 다른 소프트웨어와 공유하기 위해서는 값비싼 변환 모듈을 이용해야 한다.

ISO 10303 등 제품 데이터 표준은 제품, 설비 및 생산에 관한 정보 데이터 모델, 콘텐츠 및 정보 저장 형식을 제공하여 스마트 제조에 참여하는 모든 구성원들이 원활한 제품의 설계 및 제조 정보를 공유할 수 있도록 지원한다.

5. 스마트 제조 표준화 추진 방안

스마트 제조에 대한 기술 개발, 도입 및 확산 대응이 증가하고 있으나 국내 표준화 대응 기반이 미비하여 용어조차 서로 다른 의미로 쓰이고 있었다. 국내에서는 스마트 공장 지원사업을 시작으로 스마트 공장 관련 표준화 로드맵, 표준화 프레임워크, KS 표준안, 표준기반 R&D 로드맵 등의 작업들이 활발하게 진행되면서 해당 기술 분야에 대한 개념 정립이 시작되었다.

스마트 제조 국제표준 개발은 ISO/TC 184와 IEC/TC 65가 주력 대응하고 있고 IEC, SMB, SG8에서 스마트 제조 참조 모델에 대한 표준화 연구가 진행 중에 있으며 우리나라의 지속적 참여를 통해 스마트 제조에 대한 국내 이해 및 의견을 반영해야 한다.

지능형 스마트 공장은 가치사슬에 참가하는 모든 요소의 연결성을 통해 관련 정보의 실시간 가용성을 보장하고 개별 고객의 수요에 따라 최적의 가치사슬 생산공정을 제공하는 데 그 목적이 있다. 또한 지능형 스마트 공장은 각 공장 내 수직적 통합과 공간 간의 수평적 통합을 요구한다.

지능형 스마트 공장의 구축에는 많은 요인들이 기여하겠지만, 이러한 통합을 위해서는 합의된 표준이 필수적이다. 4차 산업혁명, 디지털 전환 시대를 맞이하여 제조업 혁신을 위한 이러한 변화에 능동적으로 대응하기 위해 각국의 제조업 혁신 전략을 면밀히 분석하고 우리나라 산업 현황에 맞는 정책을 시기 적절하게 수립할 필요가 있다.

또한 스마트 공장 제품 공급기업의 제조 생태계 선점에 의한 제조업 승자독식이 우려되는 상황에서 우리나라는 변화하는 환경에 맞는 모델 개발과 국제표준화 대응 병행이 필요하다 하겠다.

한편 우리나라 제조기업들이 여전히 표준에 대한 이해도가 낮은 상태이므로 어떤 표준을, 어느 대상에, 어떻게 적용하여 활용할지에 대한 구체적인 실행 방법과 모델 사례 등을 포함한 가이드라인 제시가 필요하다.

이와 같은 제조 시스템의 계층별 요소들을 아우를 수 있는 표준 적용을 통해 생산 시스템의 자동화 및 제조 프로세스의 정보화 · 최적화를 실현하고 나아가 지능형 스마트 공장 추진을 위한 기반이 마련되어야 하겠다.

참고문헌

이인재(2020), “스마트 제조 기술 및 표준화 동향”, 한국전파진흥협회.

조현보 외(2021), “스마트 제조 분야별 표준 적용모델 연구”, 국가기술표준원.

최동학 외(2021), “스마트 제조분야 국가표준코디네이터 성과보고서”, 국가기술표준원.

PART 2

미래 비전과 진화 방향

미래 스마트 팩토리 비전 : 자율공장 1장

손지연(한국전자통신연구원)

* 본 장은 한국전자통신연구원(ETRI)의 기본 사업인 "자율적으로 연결, 제어, 진화하는 초연결 지능화 기술 연구(21ZR1120)"를 통해 작성된 결과물입니다.

〈요약〉

인공지능이 융합된 미래 제조는 우리 일상에서 사용하는 수많은 제품의 생산과 소비 형태, 일자리 유형과 일터의 모습을 변화시킬 것이다. 이러한 미래 사회를 대비하고 국가 산업 경쟁력 제고를 위해서 세계 각국에서는 제조산업에 AI 활용을 위한 다양한 정책과 전략을 실행하고 있다. 제조산업에 적용되는 AI 기술은 사람의 지능을 대상으로 하는 범용 AI와는 달리 정확성과 신뢰성이 담보되어야 하며 설명 가능해야 한다. 본 장에서는 미래 스마트 팩토리 비전으로서 자율공장의 개념을 제시하고 이를 실현하기 위한 단계적 기술발전의 방향과 인공지능을 중심으로 핵심 기술을 소개한다.

1. 서론

제조는 우리 생활의 기반이 되는 모든 유형(有形)의 제품들을 생산하는 활동으로 하나의 제품이 기획되어서 설계, 생산, 유통을 거쳐 소비자에게 전달되는 일련의 과정을 통칭한다.

팩토리는 이러한 제조 과정에서의 생산을 담당하는 곳으로 19세기 이후 2·3차 산업혁명을 거치면서 대량생산과 생산 자동화를 통해 생산성을 극대화하는 방향으로 발전해 왔다. 이는 생산자에 의해 만들어진 규격화된 제품을 소비자가 일방적으로 소비하는 형태, 즉 공급자 주도의 시장을 형성하면서 오늘날까지 이어져 오고 있다.

그러나 15년 후의 미래 생산과 소비 형태는 어떻게 변해 있을까? 미국 코렌 미시건대 교수가 저술한 저서 『글로벌 제조 혁명』에 따르면 제조 패러다임은 대량생산(Mass Production)과 대량맞춤 생산(Mass Customization) 시대를 거쳐 개인화된 제품을 생산(Personalized Production)하는 시대로 변화될 것으로 전망하고 있다. 이러한 변화의 흐름은 이미 가시화되고 있는데, 소비자들의 기호가 다양해지면서 생산주기는 점점 단축되고 있고 신제품 출시 빈도는 증가하는 현상으로 나타나고 있다. 이는 단순히 가전, 자동차와 같은 소비재 분야에만 국한되는 것이 아니라 산업 경쟁력 제고를 위해 고부가가치 제품 생산이 요구되는 반도체, 철강과 같은 B2B 산업군까지 확장되고 있다.

이러한 흐름은 미래의 생산과 소비에 큰 변화를 가져올 것으로 예측되는데 〈그림 2-1-1〉과 같이 기존의 일괄 생산된 제품을 소비자가 일방적으로 소비하는 단방향의 형태가 아닌, 생산과 소비가 서로 연결되어 양방향으로 이루어질 것으로 전망된다. 이 과정에서 소비자는 제품의 콘셉트 설계에서부터 생산 과정에 직접 개입하고, 공장은 이러한 소비자 니즈를 반영하여 개별화된 제품을 효율적으로 생산할 수 있는 체계로 전환될 것이다.

그림 2-1-1 생산과 소비의 변화

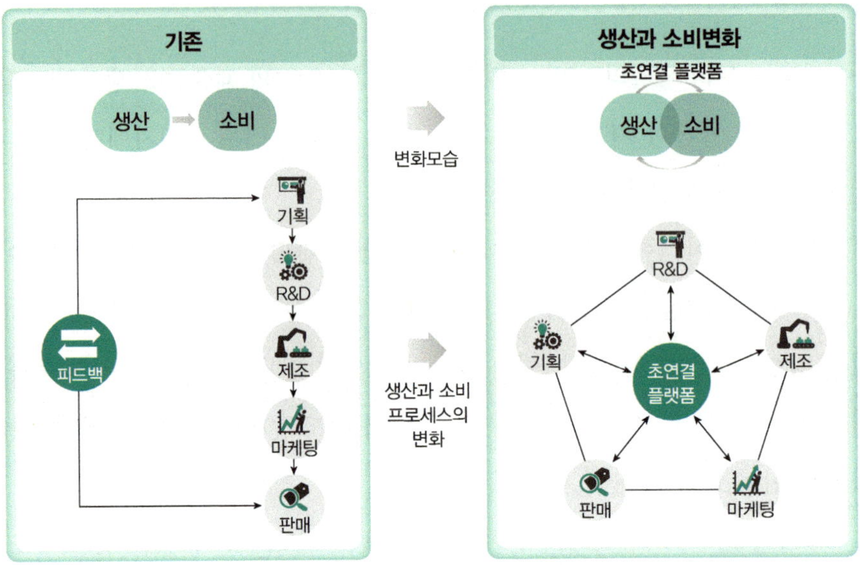

출처 : 4차 산업혁명시대의 생산과 소비(2017) 재구성

물론 우리가 사용하는 모든 제품이 개인화 · 맞춤화가 될 필요는 없겠지만, 이는 미래에 나타날 새로운 생산과 소비 형태가 될 것임을 인식하고 이를 효과적으로 대응할 수 있는 제조 프로세스와 시스템을 갖춘 스마트 팩토리가 비전으로 제시되어야 할 것이다.

본 장에서는 이러한 소비자들의 개인화된 요구와 가치를 반영한 제품을 생산하는 미래 스마트 팩토리 비전으로서 자율공장의 개념을 제시하고 관련 내용을 소개하고자 한다. 특히 자율공장이 실현되는 데 있어서 핵심 기술인 인공지능 기술을 중심으로 변화의 양상과 발전 방향, 관련 연구를 기술한다.

2. 변화의 양상

2.1 시장 전망

글로벌 스마트 팩토리 시장 규모는 2020년 2,147억 달러에서 2025년 3,845억 달러, 2035년 12,385억 달러로 성장(CAGR 12.4%)할 것으로 전망되는 거대 시장이다.

국내 스마트 팩토리 시장 규모는 MARKETS AND MARKETS(2017) 통계 자료를 기반으로 CAGR 12.1%를 근거로 추산하면 2020년 12.4조 원(약 109.4억 달러)로 2025년에는 21.9조 원, 2035년에는 68.6조 원으로 높은 성장률을 보일 것으로 예상된다.

인공지능 기술은 산업용 사물인터넷, 디지털 트윈 등과 함께 스마트 팩토리의 주요 기반 기술에 해당하지만 아직은 기술 성숙도가 낮아 제한된 영역을 중심으로 특정 산업 현장에 특화된 형태로 적용되는 수준이다. 하지만 2025년에

그림 2-1-2 스마트 팩토리 세계 시장 전망

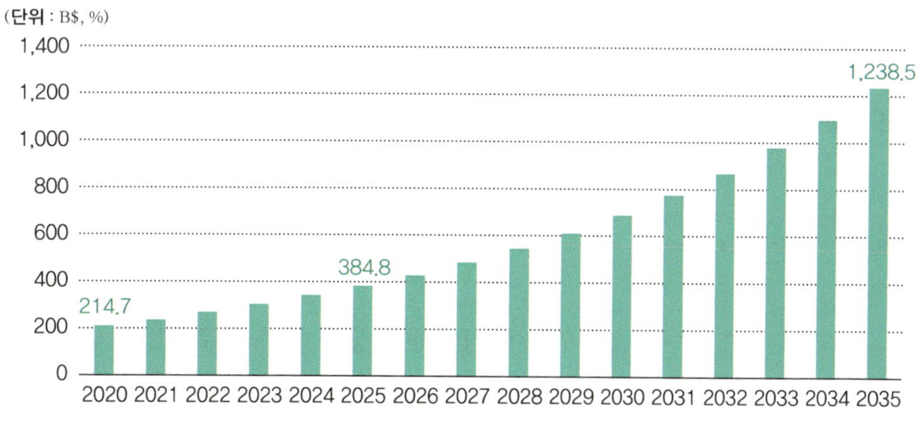

출처 : Smart Manufacturing Market—Global Forecast to 2025(MarketandMarkets, 2020) 통계자료 근거로 추산, 재구성

는 AI 기술이 성숙하면서 본격적으로 제조분야에 AI 도입이 예상되고 그 시장 규모는 2020년 11억 달러에서 2026년 167억 달러 그리고 2035년에는 975억 달러까지 커질 것으로 예측된다(CAGR 57.2%).

스마트 팩토리에 적용되는 AI는 산업용 AI(Industrial AI)로서 사람의 지능을 대상으로 하는 범용 AI와는 달리 산업에서의 풀기 어려운 문제를 대상으로 한다는 점에서 차이가 있다. 현재는 〈그림 2-1-3〉와 같이 설비 예지보전이나 품질 검사, 생산 최적화에 가장 많이 적용되고 있다.

그림 2-1-3 Industrial AI 적용 사례

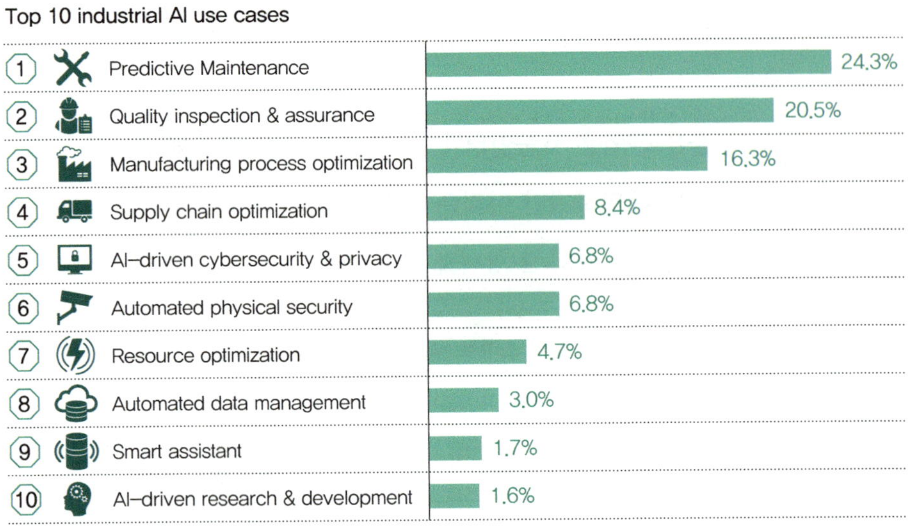

주 : The percentage indicates the share of the global "Industrial AI" market in 2008 as estimated by the Iot Analytics analyst team. The percentages do not add up to 100% because other use cases that cannot be classified into these 10 categories were not included.

출처 : IoT Analytics Research 2019 – Industrial AI Market Report 2019~2025

그러나 앞으로는 제조기업들이 직면하는 상당 부분의 문제들을 해결하는 데 AI 기술이 활용될 수 있을 것이다. 2019년 딜로이트 조사에 따르면 제조기업 CEO들을 대상으로 분석한 결과 자사가 생산·운영 과정에서 겪고 있는 가장 큰 고충은 제품 개발과 생산비용의 상승, 생산 라인 설계에서의 유연성 부족, 품질과 수율의 불안정성 문제 등이다. 이러한 이슈들은 산업별로 어느 정도의 온도 차는 있겠지만 대부분의 제조기업들이 겪고 있는 공통 이슈이기도 하다. 이러한 이슈들은 제조 패러다임의 변화가 진행될수록 더욱 가중될 것으로 전망한다.

그림 2-1-4 제조기업이 직면해 있는 가장 큰 도전적 이슈

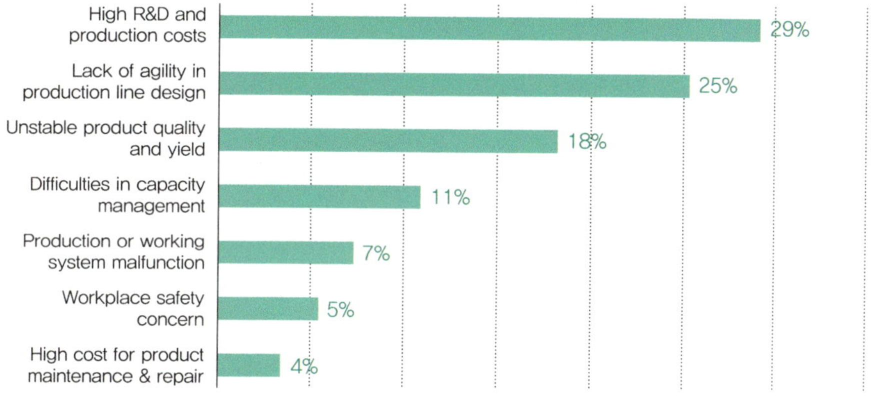

출처 : 2019 Deloitte survey on AI adoption in manufacturing

따라서 미래 스마트 팩토리는 빠르게 변화하는 다양한 소비자 수요에 대응하여 제품 개발과 생산비용을 혁신적으로 절감하고 생산성과 유연성을 높일 수 있는 보다 효율적인 제조 시스템으로 전환될 필요가 있으며, 이러한 시스템의 가장 진화된 모습이 자율공장이라고 할 수 있겠다.

2.2 국내외 이슈

자율공장을 실현하는 데 있어서 중장기적 관점에서 보면 다양한 이슈들을 고려해야 할 필요가 있다. 먼저 사회적인 측면에서 보면 글로벌 팬데믹으로 인해 대면 산업이 침체하고 제조산업이 경제 회복을 견인하는 산업으로 재조명됨에 따라 디지털 생산체계로의 전환이 중요해지고 있다. 이러한 디지털화된 생산체계를 구축하기 위해서는 하나의 제품이 소비자에게 전달되기까지 원자재 업체, 생산업체, 물류업체, 유통업체 등을 거치게 되는데, 이들 간에 유연한 협력적 대응이 필요하며 제품의 기획, 설계, 생산, 사후 서비스에 이르기까지 전 주기에 이르는 디지털 통합이 요구된다. 여기에서 통합은 GVC(Global Value Chain)상에서 발생하는 변화와 불확실성에 유연하게 대응할 수 있어야 할 것이다. 자율공장은 이러한 가치사슬상에서의 유연한 대응뿐 아니라 공장을 구성하는 요소, 즉 공정과 생산 라인, 설비 역시 변화와 불확실성에 맞춰 자율적으로 의사결정하고 실행될 수 있어야 한다.

또 다른 사회적 이슈로 노동인구 감소 및 고령화로 인한 생산성 저하와 안전성 문제를 고려해야 한다. 자율공장의 개념이 무인화된 공장을 의미하기보다는 이렇게 감소하는 노동인구를 대신할 수 있고 고령의 작업자나 초보자들도 안전하고 효율적으로 작업할 수 있도록 지원해야 한다. 이에 따라 인간과 제조설비 · 로봇과의 협업 이슈가 중요해질 것이며 작업자의 신체 능력 향상을 위한 기술 이슈도 제기되고 있다. 현재는 주로 대량생산 체계에서 단순 반복적 작업에 투입되었던 제조로봇이 앞으로는 인간이 작업하기 어려운 고위험 환경의 작업을 대신하거나 복잡도가 높은 고난이도 작업까지도 처리할 수 있도록 요구될 것이다. 그러나 현재 제조 현장에 투입되는 로봇은 안전성 문제로 인해 국제표준화기구인 ISO 10218에 따라 로봇 이동 반경에 펜스를 쳐서 사람이 접근할 수 있게 하고 있다. 따라서 제조로봇이 인간과 한 공간에서 협업할 수 있도록 하기 위해서는 지능 처리 이외에도 안전성과 신뢰성이 보장되어야 하며 산업재해 자체를 제로 수준으로 낮추어야 할 것이다. 이를 통해 제조로봇은 의사결정을 능동적으로 하면서도 스스로 학습할 수 있는 기능이 제공되어야 할 것이다.

또한 최근 세계 각지에서 발생하는 기후 변화와 온실가스 저감 이슈도 고려되어야 한다. 특히 제조산업과 관련하여서는 미국, EU를 비롯한 주요국들이 탄소국경세 도입(EU 2023년, 미국 2025년), 플라스틱세 및 자동차 배출규제 강화

(EU 2021년) 등 탄소배출 저감을 위한 규제 강화에 나서고 있다. 이는 철강이나 자동차 등 국내 주요 수출업종의 경쟁력에 영향을 끼칠 수 있으므로 미래 자율공장은 탄소 제로를 통한 지속 가능성이 생산성에 대한 고려와 함께 필수적으로 동반되어야 할 것이다.

기술적인 측면에서 보면 자율공장은 특정 한 가지 기술의 고도화로 실현되지 않을 것이며 스마트 팩토리를 구성하는 기술 간의 융합 및 동반 기술 고도화가 수반되어야 할 것이다. AI 기술뿐 아니라 통신 기술, 로봇 기술, 디지털 트윈, 실감미디어, 보안 기술 등이 동반 발전되어야 할 것이다.

또한 자율공장이 실현되는 데 있어서 디지털 통합을 위한 데이터 공유와 소유권 문제, 보안 이슈, 자율시스템의 잘못된 판단에 따른 인명 피해 또는 비용 손실이 발생했을 때의 법적책임 문제 등도 중요한 이슈라고 할 수 있다.

3. 자율공장의 개념

소비자의 다양한 요구사항을 수용하고 설비 고장, 주문량 변화, 불량률 증가 등 생산 현장에서 발생할 수 있는 다양한 불확실성을 해결하기 위한 고도화된 유연 생산 기술은 아직 시작 단계라 볼 수 있으며 자율공장은 유연 생산 기술의 궁극적인 형태로 인공지능을 갖춘 제조설비와 로봇들이 협력하여 조립, 운반, 포장, 검사 등 제품 생산과 관련된 작업을 자율적으로 수행하고 필요할 때 인간과 함께 일을 할 수 있는 인공지능 기반의 미래 생산 환경으로 정의할 수 있다.

하나의 제품 생산을 위해서는 부품이나 원자재 가공, 조립, 이송, 포장, 검사 등 여러 공정이 있어야 하고 각 공정에는 여러 설비와 작업자들이 할당되어 있으며 각 설비에는 생산을 위한 설비 셋업, 부품 교체, 작업 교시 등 여러 작업들이 할당되어 있다. 단일 제품 생산 시에는 제품 생산에 필요한 공정들이 이미 고정되어 있고 고정된 공정 계획안에서 설비와 작업자들을 효율적으로 활용하기 위해 현장 관리자들은 본인들이 보유한 현장 경험 및 도메인 지식을 기반으로 최적화를 수행한다.

생산해야 하는 제품 및 옵션이 다양해지고 주문량조차도 가변적일 것으로 예측되는 미래 제조환경에서는 동적으로 작업 계획, 라인 구성, 설비 세팅, 설비 교체, 작업 지시 등을 실시간으로 최적화하여 갱신해 줄 수 있어야 하므로 새로운 지능의 도움이 필요할 수밖에 없다. 따라서 자율공장의 의의는 단순히 사람이 개입하지 않는 자동화 설비 중심의 공장 자동화의 의미보다는 다양한 옵션의 제품들을 생산해야 하는 환경에서 발생할 수 있는 인간이 해결하기 어려운 문제점들을 인공지능이 스스로 해결한다는 데에 있다.

즉, 자율공장은 대량생산을 위한 단순 반복작업이 아닌 생산의 유연성을 극대화할 수 있는 지능형 제조 환경으로서 제조설비들이 제품의 생산 방법을 학습하고 다른 설비 혹은 인간과 협력하며 주문·설계·생산·유통물류의 전 과정에 대한 계획을 스스로 수립, 실행할 수 있는 생산 환경을 의미한다.

4. 발전 방향

미래 자율공장은 현장에 존재하는 다양한 제조설비들이 자신이 해야 할 작업을 인지하고 작업을 어떻게 수행해야 할지를 스스로 계획하며 계획된 작업을 수행하는 지능형 생산 환경으로, 현재의 제조 환경을 혁신적으로 변화시키기 위한 지능형 자율협업 설비, 예측적 자율계획, 분산 협업 실행 및 제어 등 여러 요소 기술들에 관한 연구가 단계적으로 활발히 진행되고 있다.

특히 제조설비 관점에서는 과거 인간의 노동력을 단순 대체했던 설비들이 현재 작업자와 협업 가능한 협동설비 형태로 발전하는 추세이며 미래에는 인공지능을 갖춘 로봇이 생산 현장에 활용될 것으로 예상한다. 즉, 미래 산업설비들은 단순 반복작업을 하는 것이 아니라 비정형화된 작업 환경 안에서 복잡한 작업에 대해 스스로 학습을 통해 작업 처리 방식이나 내용을 바꾸는 능력을 갖추게 됨을 의미한다. 이러한 지능형 산업설비들은 일반 제조 현장에서 인간을 도와 동료의 일원으로 일을 할 뿐만 아니라 인간의 두뇌로 수행하기 어려운 또는 인간이 물리적으로 수행하기 어려운 작업을 중심으로 생산 현장에 활용될 것이며 이를 5년 단위 형상으로 제시하면 다음과 같다.

- **1단계 : AI 협업로봇**(2025년)

생산지시서, 작업 매뉴얼을 이해하고 작업 현장의 상황을 인식하여 작업 계획과 실행을 판단하여 사람 개입 없이 로봇과 로봇이 협력하여 제품을 조립 · 가공하는 기술

- **2단계 : AI 작업공간**(Workspace)(2030년)

인간 작업자의 움직임을 인식하고 작업 의도를 예측하여 지시하지 않아도 스스로 업무를 도와주는 다수의 협동형 로봇이 사람과 자연스럽게 소통하여 운용되며 학습된 모델이 다른 작업 현장에 전이되어도 스스로 최적화해가는 기술

- **3단계 : 자율공장**(2035년)

사람과 소통하며 지시에 따라 제품 디자인, 설계, 시뮬레이션을 수행하고, 디지털 트윈을 기반으로 최적의 공정을 계획하고 수행할 뿐만 아니라 지능형 제조설비들의 협업을 통해 물류 조달-생산-가공-검증 등 생산 전 주기를 포괄하는 최적의 생산 프로세스를 자율적으로 제어하는 기술

5. 핵심 기술

자율공장 실현을 위해서는 무선통신, 사물인터넷, 빅데이터, 인공지능, CPS(Cyber Physical System) 등의 첨단 ICT 기술이 핵심 기술로 요구된다. 본 장에서는 인공지능 관점에서 기술들을 소개한다.

제조 AI는 AI 기술을 제조에 적용하는 것으로써 사람의 지능을 대상으로 하는 범용 AI와는 달리 산업에서 풀기 어려운 문제를 대상으로 하고 있다. 제조 현장에서 AI 활용이 아직 본격화되지 못하는 이유로는 제조 데이터의 직관적 분석이 어렵고, 해결해야 할 산업적 문제 난이도가 지속해서 증가하고 있기 때문이다. 제조에 AI가 적용되기 위해 가장 중요한 기반은 데이터이다. 그런데도 현재 대다수의 제조 현장은 데이터를 수집하는 환경이 구축되지 않았거나 환경이 준비되었더라도 분석을 목적으로 데이터 수집을 수행하지 않아 데이터 확보 및 분석에 많은 시간이 소요되며, 특히 제조 현장은 주문 제품 등에 따라 공정 등이 바뀔 가능성이 매우 커 데이터를 지속해서 모으기도 쉽지 않은 상황이다.

또한 데이터 전처리도 문제인데 제조 현장에서는 다양한 센서에서 대규모 실시간 데이터가 발생하지만, 통신 네트워크의 오류, 외부환경(센서에 영향을 줄 만큼 높거나 낮은 온도 등), 센서 불량 등으로 정확하게 수집되지 않거나 저장되지 않는 문제가 발생하며 이 과정에서 데이터 전처리에 상당한 시간이 소요된다.

게다가 데이터 자체의 불균형 문제가 있다. 대부분 제조에서 AI를 이용해 불량을 알고 싶고 고장을 알고 싶고 이상 상황을 예측하고 싶어 한다. 하지만 이러한 데이터는 수없이 들어오는 데이터 중 극히 일부에 불과하므로 이것을 알아내기 위한 기계 학습에 필요한 데이터는 턱없이 부족할 수밖에 없다. 따라서 적은 데이터로 어떻게 효과적인 학습을 하는지가 제조 AI에서는 매우 중요한 문제가 된다. 미래에는 일정 규모 이상인 적은 데이터에서도 데이터 분석이 가능하여 현장에 빠르게 적용해 볼 수 있는 AI 알고리즘들이 개발될 것이다.

제조 AI에서 중요한 또 다른 이슈는 정확성과 신뢰성 문제이다. 범용 AI와 달리 제조 AI에서 잘못된 판단은 공장을 멈추거나 큰 재난으로 이어질 수 있어서 하나의 모델로 판단하기에는 위험하다. 따라서 많은 알고리즘을 동시에 활용하고, 이 결과를 조합하는 앙상블 방법이 필요하다. 물론 그만큼의 큰 비용과 시간을 요구하게 된다.

제조 AI에서의 또 다른 중요한 이슈 중의 하나는 설명 가능한 AI이다. 제조에서 AI를 적용했을 때 이 AI가 왜 이렇게 인지했고, 판단했는지를 설명할 수 있어야 한다. 문제가 발생했을 때 왜 이런 결과가 나왔는지 이것을 어떻게 고쳐야 하는지도 모르고 AI를 적용하기는 너무 위험이 크기 때문이다. 기계 학습이 블랙박스가 되어서는 실제 제조분야 적용에 한계를 가질 수밖에 없다.

이러한 문제들 대부분이 현재 AI가 가진 문제이며 아직 해결이 어렵고 더 많은 연구와 개발이 필요하다. 특히 자율공장이 실현되기 위해서는 인지, 계획 기술, 실행 및 제어에 이르는 전 과정에서 AI가 적용되어야 한다. 그 영역은 설계, 생산, 물류·유통, 서비스에 이르기까지 매우 방대한 영역을 대상으로 하고 있으며, 또한 산업별, 도메인별로 매우 다양한 기술적 이슈들이 존재한다. 본 장에서는 공장 내 제품 생산 공정을 대상으로 기술적 이슈 및 방향에 대해 살펴본다.

5.1 제조 작업환경 인지 기술

공장에서 제품을 생산할 때 제조환경을 인지하는 것은 매우 중요하다. 현재 스마트 공장은 사물인터넷의 발전으로 제조환경 내 정보를 센서로부터 생산 현장을 실시간으로 감지하여 생산 조건의 변화, 설비 고장, 재고위치 변경 등 생산과 관련된 유의미한 정보를 관리한다. 향후 개인 맞춤 생산체계에서의 자율공장은 이러한 생산 현장의 변화가 매우 빈번하며 정형화된 정보관리 이상을 요구하게 될 것이다.

제조 작업환경 인지 기술은 비전을 포함한 다양한 센서를 이용하여 고정되지 않은 비정형 환경 및 상황을 인지하고, 나아가 함께 작업을 수행하는 작업자의 의도를 인지하고 파악하기 위한 기술을 의미한다.

딥러닝의 발전으로 영상인식 기술이 크게 발전하면서 제조에서도 이를 적극적으로 적용하고 있다. 이미 구글, 아마존 등은 'Google Cloud Robotics Core', 'Amazon Robomaker' 등 자사 플랫폼을 활용하여 로봇의 인지를 위해 요구되는 다양한 인공지능 기술을 제공하고 있다. 미국 카네기 공대 RI 연구소, MIT AI 연구소 등이 로봇의 인지 관련 연구가 활발히 진행 중이고, 독일 프라운호퍼는 작업자의 상태 및 의도 파악을 위한 Robophobia 기술개발을 추진하고 있다. 산업계는 제조에서의 인지 기술 적용을 위한 제품 개발이 활발하게 진행 중이다. 특히 벨기에의 PickIt이나 일본의 MUJIN 등이 3D 비전을 기반으로 빈 피킹을 할 수 있는 플랫폼을 제공하면서 3D 비전에 대한 제조기업들의 기술진입 장벽을 크게 낮추었다.

하지만 제조환경의 인지를 위해 필요한 데이터 수집은 여전히 문제로 남아 있다. 범용 AI 응용과 달리 제조에서는 해당 도메인에 데이터를 확보하기가 어려워서 적은 데이터로 빨리 학습할 수 있는 방안이 매우 중요하다. 메타학습(Meta Learning), 능동학습(Active Learning) 등 적은 데이터로 좀 더 효과적으로 학습할 수 있는 방법이 필요하며 GAN(Generative Adversarial Nets)을 이용하여 부족한 데이터를 생성함으로써 데이터 증강을 통해 부족한 데이터 문제를 해결하는 방안 역시 고려될 필요가 있다. 또한 자율공장에서는 인간과 기계의 협업이 매우 중요하기 때문에 작업자의 의도를 인지하는 기술개발 역시 필요하다.

5.2 협업작업 자율계획 기술

자율공장에서의 작업은 로봇과 같은 제조설비가 스스로 자신이 해야 할 작업을 인지하고 작업을 어떻게 수행해야 할지를 계획한다. 작업 계획은 인공지능 분야의 가장 중요한 기술적 이슈로 자동 계획(Automated Planning) 또는 AI 계획(AI Planning)이라는 이름으로 많은 연구개발이 이루어져 왔다. 제품 생산

공정에서 작업 계획은 주로 공정 계획, 이송·경로 계획, 조립·파지 계획 등에서 중요한 이슈가 된다.

Google은 위치 인식 및 경로 계획을 위한 자율주행 소프트웨어인 Cartographer를 오픈소스로 공개하였고 로봇조립 계획 및 제어 분야에서 연구개발 추진 중이다. OpenAI는 강화학습 알고리즘을 활용하여 로봇 매니퓰레이션을 위한 모션 계획을 공개 소프트웨어로 개발한 바 있다. 미국 MIT는 로봇이 다양한 종류의 사물들을 이동·분류할 수 있는 기술을 개발 후 공개했고, 뮌헨공대·아헨공대 등은 제품 도면을 주면 자동으로 작업을 계획하고 이를 조립할 수 있는 기술개발을 진행 중이다. 산업계에서도 KUKA, ABB, FANUC 등 제조로봇 기업들이 다품종 소량생산에 대응한 작업 계획 및 실행 기술개발을 추진 중이며 Universal Robot, Rethink Robotics 등은 협동 로봇을 대상으로 한 작업 계획 및 실행 기술개발을 추진 중이다.

그림 2-1-5 OpenAI 연구팀, Learning Deterity

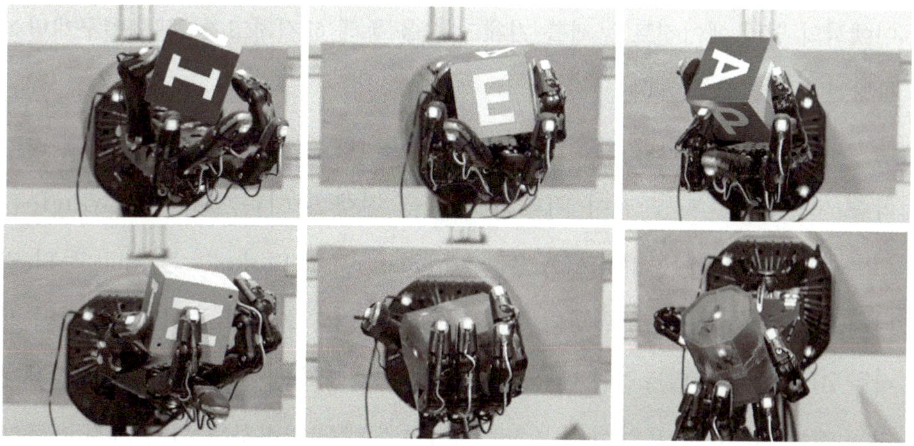

출처 : 구글 웹페이지

일반적으로 작업 계획은 도메인 모델과 초기 상태 및 목표가 주어졌을 때 가능하다. 하지만 자율공장에서 수시로 환경이 변화되고 불확실성이 높은 상황에 대응해서 적응적으로 동적인 계획이 가능해야 한다. 또한 큰 규모의 복잡한 계층적 다중 작업을 다수의 로봇 또는 제조설비가 서로 간 조정과 타협을 통해 최적의 계획을 생성하는 것 역시 매우 중요한 기술적 이슈이다. 자율공장에서는 인간과 기계의 협업이 매우 중요하기 때문에 인지 기술을 기반으로 작업자의 의도나 기대를 반영한 작업 계획(Human-aware planning) 역시 필요하다. 최근 딥러닝의 발전으로 기계 학습과 고전 AI 계획을 함께 고려한 하이브리드 접근(Neurosymbolic AI) 역시 기술개발이 되어야 할 필요가 있다.

5.3 유연생산 분산협업 실행제어 기술

자율공장에서 제품 생산은 서로 다른 로봇 또는 제조설비들이 다른 로봇 또는 제조설비들과 협력하여 조립, 이송, 포장, 검사 등의 여러 가지 복잡한 작업을 자율적으로 수행한다. 이러한 멀티 에이전트 기술은 중요한 인공지능 기술 분야이다. 최근 딥러닝 기술과 딥 강화학습 기술이 발전하면서 제조 실행 및 제어에서의 멀티 에이전트 문제를 기계 학습을 통해 해결하고자 하는 연구개발이 활발하게 진행되고 있다.

미국의 UC Berkeley BAIR 팀과 Google은 시뮬레이션 기반의 병렬 작업 학습 및 실세계 지능 전이 기술의 개발을 진행 중이다. 미국의 Google은 APE-X, DeepMind는 IMPALA, TF-Replicator, UC Berkeley는 Rllib 등의 멀티태스크 멀티 에이전트 환경의 분산 병렬학습 기술을 개발 중이다. 2017년 시작한 AI Robot 스타트업인 Covariant사는 시뮬레이션 기반의 학습 및 실세계 지능 전이 기술을 활용하여 물류창고에서 지속해서 변화하는 여러 가지 제품에 대한 이송작업을 자율적으로 수행하며 서로 다른 로봇 간 지능을 전이 및 협업하는 기술을 개발 중이다.

하지만 게임과 같은 응용이 아닌 제조에서의 AI 적용은 쉽지 않다. 제조의

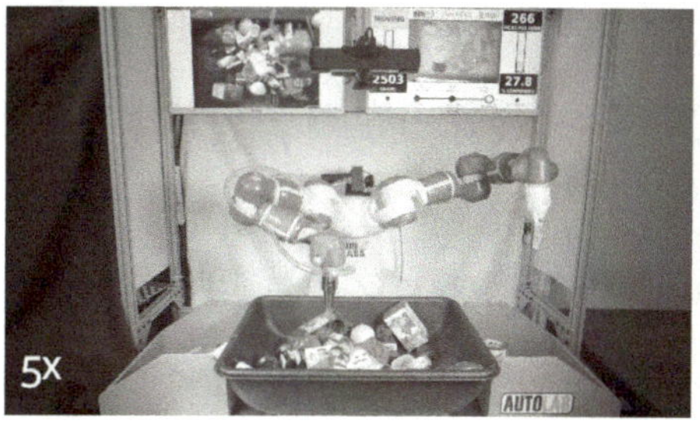

〈UC Berkeley, Dex-Net4.0 병렬 작업학습〉

〈Covariant AI robot picking 〉

출처 : UC Berkeley, Covariant사 웹페이지와 유튜브 자료 인용

실행과 제어에 활용되는 강화학습을 위해 실제 로봇이나 제조설비에서 수많은 시행착오를 반복해 학습시키기는 불가능하므로 시뮬레이션 환경이 필요하다. 하지만 실제 상황을 그대로 모사하는 시뮬레이터를 만들기는 쉽지 않으며, 따라서 시뮬레이션의 학습 결과가 실제 제조 현장에 적용될 때 그 정확도는 부족할 수밖에 없다. 결국 어떻게 하면 Sim2Real을 최대화할 것인지가 관건이 된다. 또한 하나의 작업에서 학습이 다른 작업으로 바뀌면 다시 학습해야 하는 문제를 해결하기 위해 Meta Learning 기법이 강화학습에서도 매우 중요하다. 작업 계획과 마찬가지로 여러 다른 설비 간 대규모 작업의 실행 및 제어 역시 중요한 문제이다. 즉, 대규모 작업이 종단 간(end-to-end) 학습으로 해결되기에 아직 많은 어려움이 있어 멀티 에이전트 학습을 통한 제조 실행 및 제어는 어려운 문제로 남아 있다.

6. 맺음말

본 장에서는 미래 스마트 팩토리 비전으로서 자율공장의 개념을 소개하였다. 자율공장이 실현되는 데 있어서 핵심 기술인 인공지능 기술을 중심으로 변화의 양상과 발전 방향, 관련 연구를 기술하였으며 변화 양상에 있어서는 스마트 팩토리 시장 전망과 함께 자율공장 실현을 위해 고려해야 할 이슈들에 대해 살펴보았다. 4절에서는 자율공장을 실현하는 데 필요한 AI 기술들이 범용 AI와는 어떻게 다른지, 또한 기술 이슈는 무엇이고 이러한 이슈 해결을 위한 연구 동향이 어떤지 살펴보았다.

제조업은 국가 경제의 근간이자 우리 일상의 생산-소비를 담당하는 중요 산업이다. 제조 현장을 방문해보면 대·중·소 기업 간의 스마트화 수준도 격차가 크고 당면한 문제가 산적해 있음을 체감하게 된다. 그럼에도 중장기적인 관점에서 미래 제조산업의 변화 모습을 전망하고 이러한 미래 형상에 핵심적으로 요구될 기술들을 도출하여 선제적으로 대응하는 것은 국가의 산업 경쟁력 제고를 위해서 반드시 필요한 일이라 하겠다.

참고문헌

권요안(2020), "스마트 제조 분야의 최근 D.N.A 동향", ICT SPOT ISSUE 2020-14.

김태완 외 1인(2020), "ETRI AI 실행 전략 6 : 산업 공공 AI 활용기술 연구개발 및 적용", 『한국전자통신동향분석』, 35권 7호.

미래창조과학부 미래준비위원회(2017), "10년 후 대한민국 4차 산업혁명 시대의 생산과 소비 : 미래전략보고서", 한국지식재산연구원.

손지연(2018), "스마트 팩토리 기반 개방형 제조 서비스 현황 및 과제", 『기술과 혁신』, Vol. 415, pp.31~34.

손지연 외 3인(2021), "제조 + AI로 실현되는 미래상 : 자율 공장", 『한국전자통신동향분석』, 36권 1호.

송길태 외 1인(2020), "인공지능 기반의 스마트 팩토리 구현과 전망", 『정보통신기획평가원 주간기술동향 1938호』, pp.13~22.

장수영 외(2019), "심층 강화학습 기술 동향", 『전자통신동향분석』, 34권 제4호.

한국정보통신기술협회(2018), "제조 경쟁력 향상을 위한 ICT 기반 스마트 팩토리 표준화 전략", p.5.

A. Schumacher · S. Erol · W. Sihn(2016), "A Maturity Model for Assessing Industry 4.0 Readiness and Maturity of Manufacturing Enterprises", *Proceeding CIRP*, Vol. 52, pp.161~166, https://new.abb.com/products/robotics/industrial-robots/ irb-14050-single-arm-yumi.

Amazon Robomakers, http://aws.amazon.com/ko/robomaker₩Covariant.ai, https://covariant.ai/'Fraunhofer IWU, https://www.e3-fabrik.de/.

C. Atwell(2018), "New MIT Robotic System Can Pick-and-Place Objects That It's Never Seen Before", https://www.hackster.io/news/new-mit-robotic-system-can-pick-and-place-objects-that-it-s-never-seen-before-a19896a4d50d.

F. Suárez-Ruiz · X. Zhou · Q.C. Pham(2018), "Can robots assemble an IKEA chair?", Science Robotics, Vol. 3, No. 17.

Fraunhofer IWU, "Dynamic safety concept for human-machine interaction", http://www.iwu.fraunhofer.de.

Google Cartographer, https://opensource.google/projects/cartographer.

https://new.abb.com/products/robotics/industrial-robots/ irb-14050-single-arm-yumi.

MUJIN, https://www.mujin.co.jp/en/.

OpenAI, Ingredients for Robotics Research, https://openai.com/blog/ingredients-for-robotics-research/.

Pickit3D, https://www.pickit3d.com/.

siemens, https://new.siemens.com/global/en/company/stories/ research-technologies/artificial-intelligence/prototype-robot-solves-problems-without-programming.html.

Y. Koren(2010), *The Global Manufacturing Revolution*, Wiley.

미래형 공장 RMS(재구성 가능한 생산 시스템) 2장

강학주(울랄라랩)

〈요약〉

스마트 시대로 접어들면서 고객들의 스마트 라이프(Smart Life) 경험이 다양해지고 개인 맞춤 서비스에 대한 요구가 빠르게 늘어나면서 제조산업의 비중(중요성)이 더 높아졌다. 하지만 제조산업은 오래전부터 지속된 노동력 감소, 인건비 상승, 기존 제조설비의 투자 상승, 시장과열에 따른 원가 압박 등의 고질적 문제점을 여전히 가지고 있어 높아진 비중에 비해 경쟁력이 떨어지고 있다.

시장 변화는 고객의 개인맞춤(Personalization, Customization)된 서비스를 대응할 수 있는 생산 환경을 요구하고 있다. 다변동성과 요구는 100년 가까이 이어지던 대량생산 방식의 규모 경제 생산체계를 위협하고 있는 것이다. 이런 배경에서 다양한 제품과 모델을 생산할 수 있고 효율성 높은 생산체계가 필요하게 되었다. 이렇게 등장한 것이 유연생산 시스템(Flexible Manufacturing System ; FMS)이다.

전통적 제조생산 기술(Operational Technology ; OT)에 컴퓨터가 적용되면서 컴퓨터 통합생산 체계(Computer Intergrated Manufacturing ; CIM)로 발전되었다. 2000년대로 넘어오면서 정보통신기술(Information Technology ; IT) 융합이 가속화되어 빅데이터(Big Data)와 인공지능(Artificial Intelligence ; AI) 등의 기술이 제조공장에 적용되면서 지능형 공장(Intelligent Manufacturing ; IM)으로 진화하여 재구성 가능한 생산 시스템(Reconfigurable Manufacturing System ; RMS)이 미래형 공장을 구현하는 생산체계로 떠오르고 있다.

단순히 자동화를 추구하는 것이 아니라 시장 및 고객의 Needs 변화와 수요를 예측하고, 자사의 공정능력을 분석하여 생산환경에 맞게 생산체계를 유연하게 변화시키거나 또는 재구성하여 납품을 효율화하는 지능형 공장(Intelligent Manufacturing)이 바로 RMS이다.

본 장에서는 미래형 스마트 공장으로 평가 받는 RMS(Reconfigurable Manufacturing System : 재구성 가능한 생산 시스템)를 이해하고 그 필요성과 구성을 알아보고자 한다.

1. 서론 : 제조공장의 고민과 변화의 시도

1.1 시장과 고객의 요구(Needs) 변동성

제조공장에서 시장의 변동성을 이해하기 위해서는 인터넷이 일상화된 스마트 시대의 새로운 생활 패러다임 탄생으로 야기된 사회적 변화와 경제적 환경 변화(저성장, 저금리, 저유가 시대의 도래와 산업경쟁 구도의 심화 등)에 대한 이해가 필요하다. 21세기로 넘어오면서 더 빠르게 가속화되고 있는 변화는 농업, 서비스, 정보산업 등 전체 산업뿐만 아니라 제조산업의 혁신을 요구하고 있다.

제품을 선택하면 서비스가 귀속되었던 시장이 고객의 요구에 의해 서비스 중심으로 제품을 선택하는 시장으로 전환되면서 개인별(Personalization) 맞춤화(Customization)된 다양한 제품을 제공할 수 있는 혁신적인 생산체계의 필연성이 높아진 것이다.

그림 2-2-1 스마트 시대를 맞이하면서 개인화 맞춤 서비스 확대

스마트 시대(Smart Age) → 개인화(Personalization), 맞춤화(Customizer)

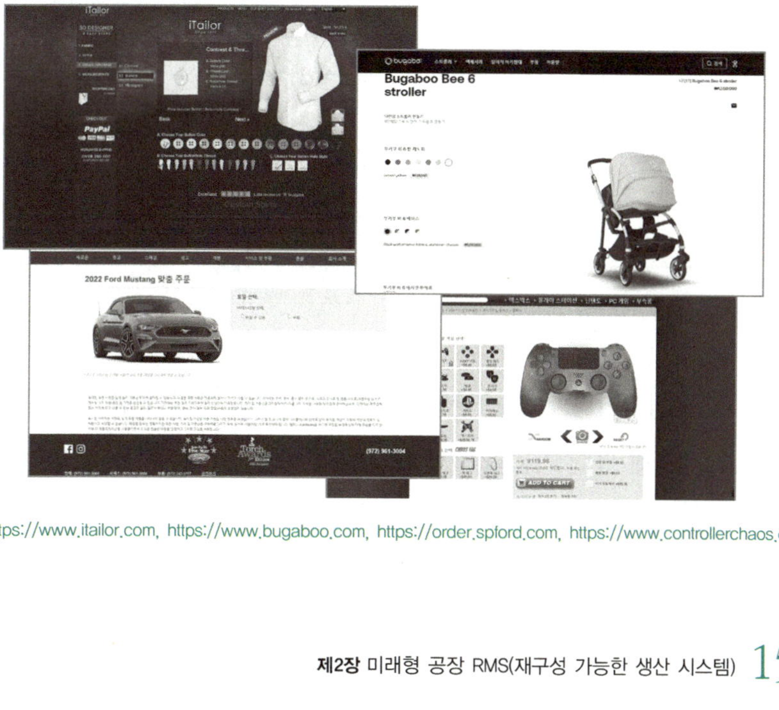

출처 : https://www.itailor.com, https://www.bugaboo.com, https://order.spford.com, https://www.controllerchaos.com

제품의 다양화(모델의 다품종), 서비스와의 융합을 통한 새로운 가치 창출, 제품의 라이프 사이클 단축, 개발-생산-물류 및 유통에 이르는 프로세스 개선 등 제조공장의 혁신 필연성은 생산 공정(공장 현장)에 국한되지 않는다.

스마트 시대 도래는 교육, 의료, 금융, 법률, 유통 등 전체 산업의 모든 분야에서 새로운 비즈니스 모델을 출현시켰고 빅데이터, IoT, Robotics, 3D 프린팅, 인터넷, AI 등 새로운 기술의 융합으로 산업 패러다임(스마트 산업혁명) 전환을 촉진시키고 있다.

그림 2-2-2 시장 및 고객 요구(Needs) 변화와 제조산업 패러다임의 변화

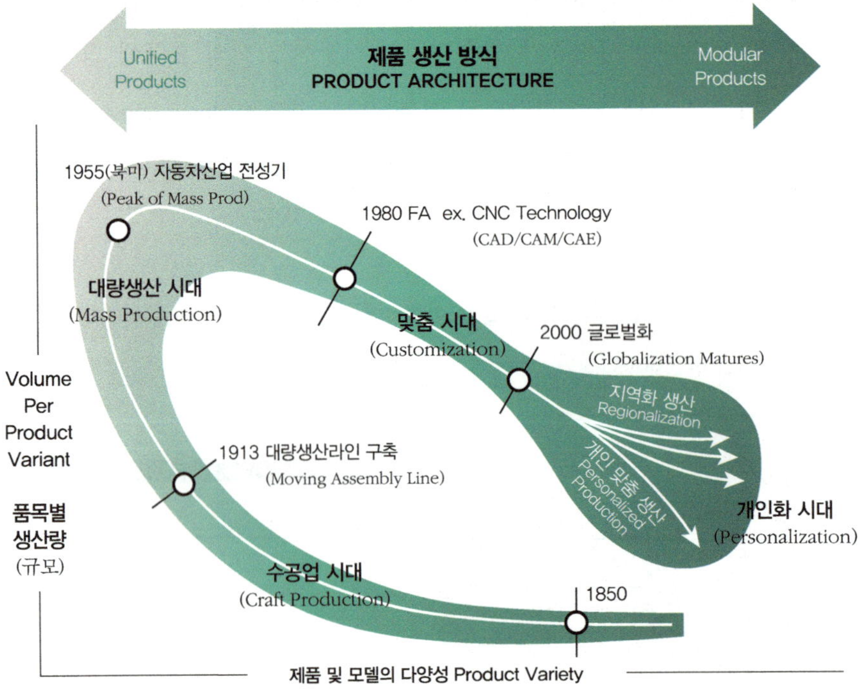

출처 : Yoram Koren(2010), Florian Guldner(2015)

4차 산업혁명이라 일컫는 산업 패러다임의 전환과 달리 양적 투입(대량생산) 중심으로 성장해 왔던 기존의 생산체계는 제조산업의 성장 잠재력과 경쟁력 약화의 원인이 되고 있을 뿐만 아니라 성장 동력의 발목을 잡고 있다.

그림 2-2-3 제조산업의 혁신은 고객의 새로운 요구에 대응할 수 있을 뿐만 아니라 모든 산업에 영향을 준다

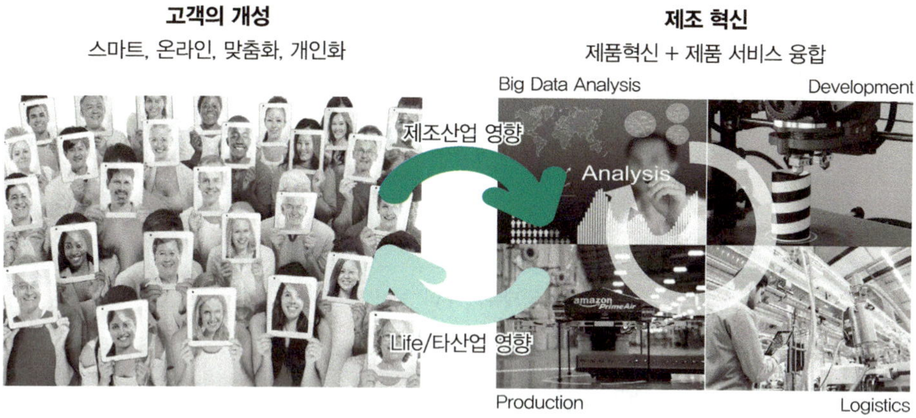

출처 : ttps://www.slideegg.com/market-analysis-powerpoint-template-21, https://sandbox.rencanamu.id/post, https://planetwifi.org, 아마존 유튜브(https://www.youtube.com/watch?v=HLofyzMarLA)

1.2 제조공장의 고민

1) 사회 · 경제 환경적 고민

제조공장의 가장 큰 고민은 기존의 대량 생산체계로는 시장 변동성과 고객 요구에 대응하기 힘들다는 것에서 시작된다. 기존에 내재되어 있던 문제(인력의 고령화와 제조공장 취업 기피 현상에 따른 노동력 감소, 인건비 상승, 설비 노후, 생산성 정체, 빠른 변화에 대응하기 위한 리소스 부족 등)와 더불어 저성장, 변동성 확대, 경제 리스크, 저유가 시대 도래, 산업 간 경쟁 구도 심화(산업 경계 무너짐)로 생겨난 비제조 산업의 위협 등 실타래처럼 얽혀있는 문제와 위기(Risk)를 맞게 되었다.

그림 2-2-4 제조산업을 압박하는 사회경제적 리스크(RISK)

저성장, 변동성 확대

한국 실제성장률 및 잠재성장률 추이

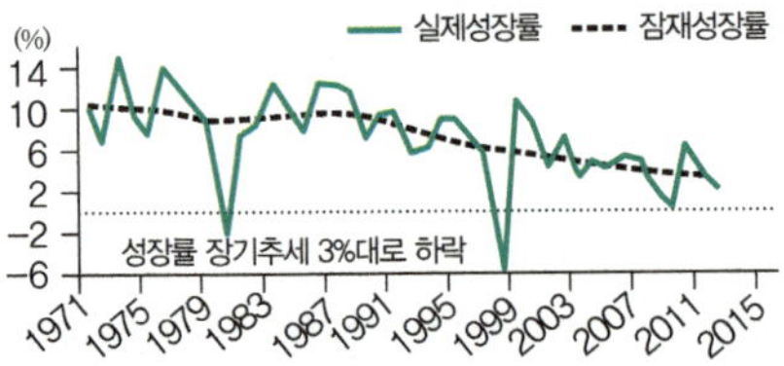

출처 : 한국은행, IBK 경제연구소

전 세계 잠재성장률 전망(OECD)

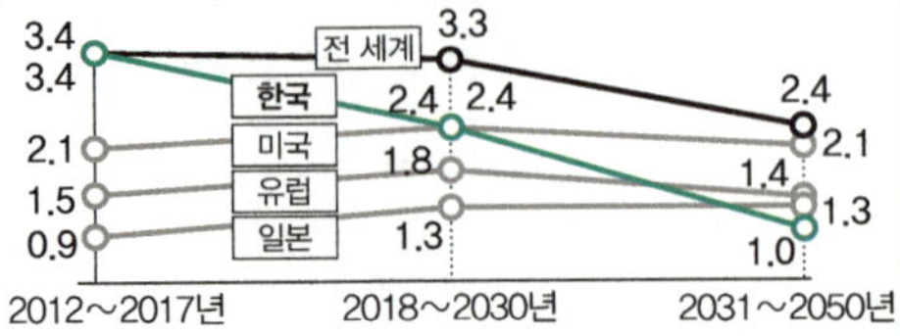

출처 : OECD

저유가 시대

2015년 국제유가 추이 *현지시간 기준

건설 조선 ·	철강	정류 · 화학	항공	자동차	신재생 에너지
중동 산유국과 시추업체들의 발주 물량 취소로 직격탄	실적 부진에 시달리고 있는 조선사들의 단가 인하 압력으로 지속적 가격 하락 예상	재고평가손실 또는 유가 불확실성으로 인한 다양한 변수 예상	항공유 하락으로 수익성 개선	기업 투자 및 가계소비 확대로 자동차 판매 증가 예상	저유가 영향 없음. 세계 주요국 신재생 에너지 투자 계획 발표

출처 : 뉴욕상업거래소, 런던ICE선물시장

산업경쟁 구도 심화

Gartner
Jim Tully(짐 툴리) **부사장**

"앞으로 하드웨어 업체들이 생존하기 위해서는 냉장고를 공짜로 팔아야 하는 시대가 오고 있다"

"냉장고 문을 여닫는 시간, 횟수, 사용자의 식료품 구매 이력 등과 같은 정보 활용이 냉장고 판매보다 최대 5배의 수익을 낼 수 있다"

중국 경제 리스크 확대

중국의 실질 및 잠재 GDP 증가율 추이

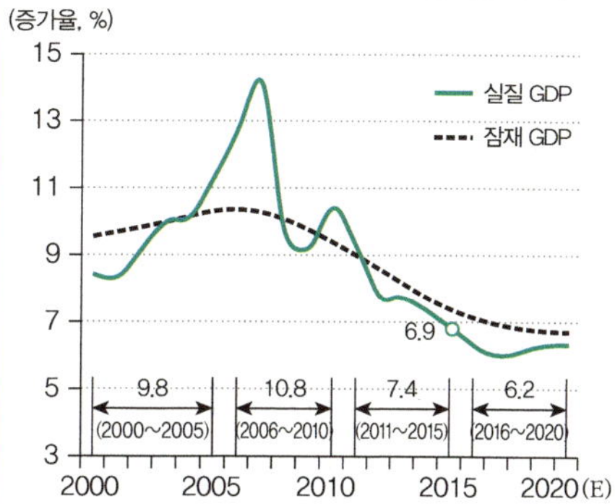

출처 : IMF 자료로 현대경제연구원 계산

주 : 1) 2016~2020년 실질 증가율은 IMF 전망치
2) 잠재성장률은 HP 필터링 적용

중국 경제의 구조적 리스크

구분		하방 리스크
실물 부문	내수	소비, 투자 둔화
	수출	대외경기 회복 지연
	부동산	경기회복 지연
금융 재정 부문	증시	변동성이 낮아짐
	위안화	위안화 변동성 확대
	지방부채	부채해소 지연
	기업부실	디폴트 확산 가능성
	은행부실	부실채권 증가, 순이익 감소
	외환 건전성	대규모 외화이탈 희박

출처 : 현대경제연구원 자체 정리

2) 투자의 고민

19~20세기 초 2차 산업혁명은 새로운 동력원(전기 에너지)을 이용한 생산체계를 구축함으로써 제조산업의 비약적 성장을 이뤄냈다. 1970~1980년대 대량생산체계는 폭발적으로 늘어나는 양적 수요에 충분히 대응할 수 있었다. 반면 인건비, 중국발 제조환경 위협, 높은 설비 투자 비용 부담도 같이 증가시켰다.

그림 2-2-5 제조산업의 문제점과 고민

출처 : 포드 아카이브

제품의 양적 생산에서 질적 생산의 비중과 중요도가 높아지면 제조산업이 오랫동안 유지했던 생산 방식을 개선하여 제품·서비스 성격, 비즈니스 방법까지 효율적 대응을 위한 방법론으로 전환이 필요하지만, 제조산업의 특성상 높은

인프라 투자 비용이 급변하는 변화를 따라가지 못할 뿐 아니라 진행되고 있는 변화의 투자 범위와 효과에 대한 고민이 높아질 수밖에 없다.

3) 대량 생산체계의 생산 비용에 대한 고민

흔히 "규모의 경제"는 제조산업을 이끄는 기본 원칙처럼 이야기되어 왔다. 공급이 늘어나면 제품 생산에 드는 단위비용(생산비용)이 줄어든다. 대량 생산 체계에서 단일 제품이라면 이런 현상(제품 단위 생산비용 절감)은 뚜렷하다. 단위 생산비용이 줄어든다는 것은 제조기업의 생산 이윤이 늘어나는 것을 뜻하기 때문에 다른 리스크를 감내하더라도 생산만 하면 된다는 인식이 있었다.

고객의 요구 변화로 신제품 출시 빈도 증가(빨라진 제품 라이프 사이클), 생산량의 변동, 적정 생산 요구 등으로 질적 수요 전환이 진행되고 있고, 제품의 다양성이 증가되면서 오랫동안 원칙으로 인식해 왔던 규모의 경제가 흔들리고 있다.

다양한 제품(다품종)의 생산은 생산되는 모델의 종류만큼 단위 생산비용이 증가된다. 결국 기존 대량생산 방식과 다른, 시장과 고객의 빠른 변동성을 대응하면서 생산 원가 절감을 통한 이윤 극대화와 경제성과 투자비용을 최소화할 수 있는 방법을 찾아야 한다.

제조공장의 이런 고민을 해결할 수 있는 대안으로 1960년부터 연구되었던 것이 유연생산 시스템(Flexible Manufacturing System ; FMS)이다. FMS은 제조업이 가지고 있는 오랫동안 해결되지 않은 고질적 문제점과 위기의식에서 탄생되었다.

FMS는 대량 생산체계의 설비를 자동화하여 다품종 생산을 대응하고 가동량과 원가 절감을 통해 이윤을 높이기 위해 탄생되었지만, CNC 절삭가공 같은 특정 분야에 특화되었다는 점과 설비 · 공간의 높은 투자 부담이 있고 양적 가동 극대화 방식의 한계점으로 인해 스마트 시대로의 변화를 위해 새로운 대안이 필요하다.

이 때문에 FMS의 장점을 유지하면서 분야가 다른 제조공장에도 적용이 가능한 범용적 정보처리기술(IT)이 융합된 스마트 공장(Smart Factory)이 제시되고 있다. 구체적으로는 미래형 공장으로 RMS(Reconfigurable Manufacturing System)가 주목받고 있다.

그림 2-2-6 제조 생산 시스템 진화

	DML	FMS	CIM	RMS	IMS
산업특성	생산 집약적	설비 집약적	데이터 집약적	통합 데이터 Data LAKE	지식 집약적
생산형태	라인 중심 대량생산	대량생산식 다품종 수용	다품종 소량생산	다품종 변량생산	변동, 변량 생산
주요기술	벨트식 생산라인	NC/CNC, Robot	CAD/CAM, DB, Robot Network, 계층적 구조	IoT, DB, AI, Network, 수평적 구조	
구현방식	공정순서 체계화	기계 자동화	자동화 및 통합	협동 Robot, 유연 통합, 기능화	
정보형태	작업일지	Local 데이터	Data Base	→	Knowledge

출처 : 이동길 외, 제조업생산시스템 변화(2010) 중 그림1. 생산시스템의 발전 동향을 참조하여 저자 편집

2. 중론 : 생산 시스템의 이해와 RMS의 탄생 이유

2.1 DML(Dedicated Manufacturing Line : Work Flow 생산 방식)과 FMS 탄생

제조공장의 생산 인프라는 공장 > 라인 > 공정 및 생산설비 등으로 구성되어 있고 라인과 공정은 작업의 성격에 따라 단계적(순차적)으로 운영된다.

예를 들어 자동차 생산은 주문 → 설계 → 프레스 공정 → 차체 공정 → 도장 공정 → 조립 공정 → 검사 공정 → 납품 등 여러 공정으로 이루어져 있고 공정 순서에 따라 (단계적으로) 생산이 진행된다.

각 공정은 세부 작업과 업무의 성격에 따라 나누어지게 되는데, 하나의 제품(부품 또는 단위 제품)을 제작하기 위한 단계적 업무를 단위공정 또는 셀(Cell)

이라 하고 각 셀들은 작업 지시에 따라 순서대로 작업을 하게 된다. 하나의 완성된 제품을 생산하기 위한 일련의 순서를 생산흐름(Work Flow)이라고 한다.

그림 2-2-7 셀공정, 생산라인 및 Work Flow 설계

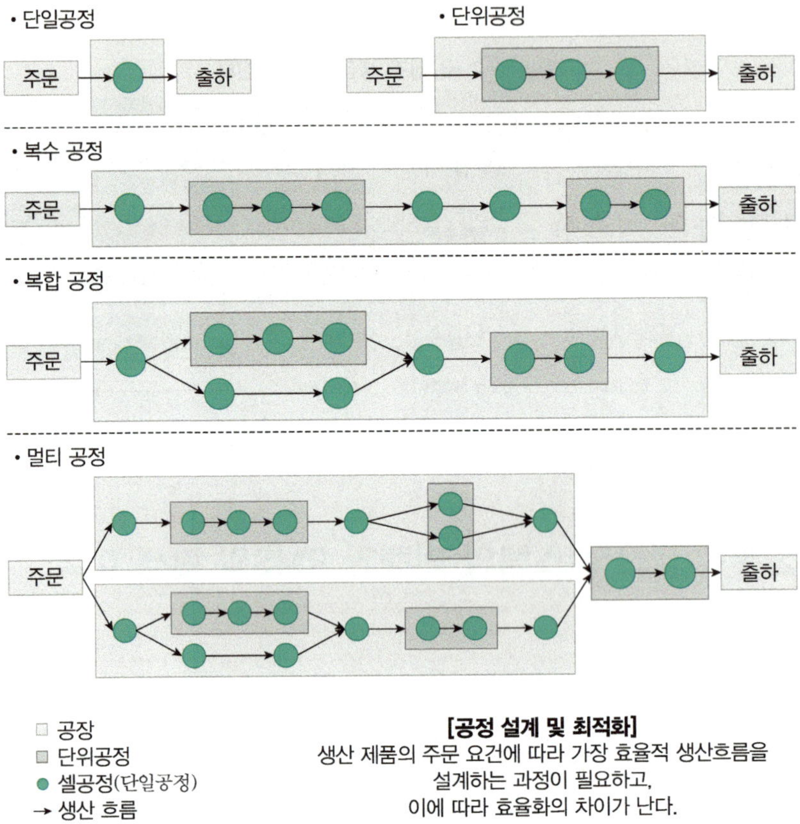

출처 : 남성호 외, 멀티 셀 유연생산환경을 위한 통합운영시스템(2012) 중 그림 3, 그림 4를 참조하여 저자 구성

생산라인은 제품의 종류, 모델, 생산량, 납기일 등의 주문 요건에 따라 최적의 생산흐름을 설계하고 설비들을 생산흐름에 맞춰 배치(배열)하게 되는데 이를 생산라인(Production Lines 또는 Manufacturing Line)이라고 한다. 생산라인은 주문 요건에 맞춰 어떻게 설계(배치 · 배열)하고 최적화하느냐에 따라 생산효율이 결정된다.

그동안 생산라인은 대량생산을 달성하기 위해 정해진 순서로 라인과 공정을 설계한 전용라인생산 시스템(Dedicated Manufacturing Line ; DML)으로 운영되었다. DML은 양적 생산성을 극대화시키기 위한 방법으로 오랫동안 기본적인 생산 시스템으로 사용되었지만, 제품 · 모델 및 생산 전환, 축소 · 확장 변경이 어렵다는 문제점이 있다.

DML에서 제품 또는 모델을 변경하려면 생산라인을 변경하거나 새로운 생산흐름(Work Flow or Manufacturing Process)을 재설계해야 한다. 이런 재설계와 생산라인 변경은 생산비용의 증대로 이어졌고 현대의 시장 변화와 고객 니즈 변동성을 대응하기 어려웠다(아직도 대부분의 공장이 DML 생산 시스템을 유지하고 있다). 이러한 DML의 문제와 한계를 극복하기 위해 FMS가 탄생되었다.

FMS는 DML의 대량생산 능력을 유지하면서 다른 모델을 생산하기 위해 생산라인 확보와 생산흐름의 변경을 유연하게 하여 생산흐름 조정으로 발생되는 비용(단위 생산비용)을 최소화하여 효율성을 높이는 것을 목적으로 한다.

2.2 CNC(Computer Numerical Comtrol)와 FMS

1차 산업혁명이 엔진 기반의 기계화 혁명이었다면 2차 산업혁명은 새로운 동력 에너지인 전기 에너지를 통해 설비 자동화 개념이 체계화되기 시작한 대량생산의 혁명이었다.

생산설비가 전기 에너지로 대체되면서 단위공정 자동화에서 공장 자동화(Factory Automation ; FA)로 진화하였고 생산성과 효율성을 극대화할 수 있는 생산 체계, 즉 생산 시스템에 대한 관심이 빠르게 성장했다.

공정 자동화가 단위설비 중심의 자동화였다면, 공장 자동화는 설계→ 제조 → 출하까지 공장 내 생산활동을 자동화한다는 것이 차이점이다. 공정 자동화의 대표적인 설비가 절삭 가공에 사용하는 NC설비이다. NC(Numerical Control)

는 전자회로로 구성된 제어장치에 수치 데이터를 입력해 기계를 제어하는 자동화 설비이다.

1960년대 영국 몰린스사의 엔지니어인 데이비드 윌리엄스는 NC설비의 자동제어 기능을 통해 24시간 가동할 수 있는 생산체계를 고안했다. 이것은 여러 대의 NC설비로 구성 작업장(Floor)과 여러 절삭 공정에 필요한 다양한 공구를 보유한 공구 매거진으로 여기에 생산효율을 높이기 위한 시스템 개념이 포함되어 처음으로 유연생산 시스템인 FMS가 개념화되었다.

이후 1960년 후반에 이르러 NC설비에 컴퓨터를 적용한 CNC를 중심으로 FMS를 도입하는 제조공장이 늘어나기 시작했다.

그림 2-2-8 NC 절삭 가공 설비와 발전된 CNC Logic

절삭 가공 설비의 NC에 컴퓨터가 융합되면서 설계 → 생산(가공)의 제어가 자동화되었다.

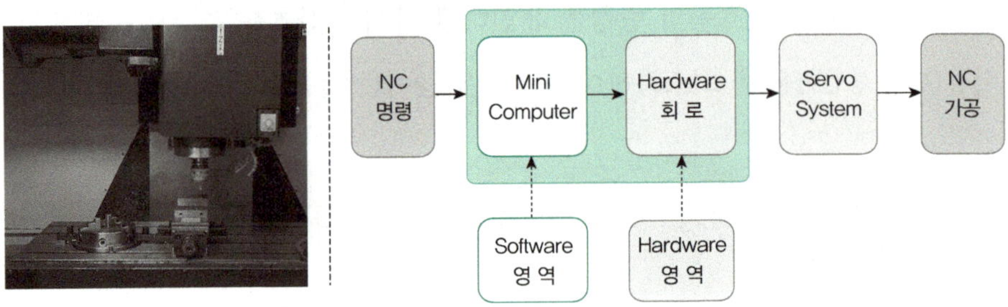

출처 : 서남섭, 기계공작법, 동명사(2004) 중 NC 가공(706 페이지) 그림 인용

생산 시스템에 유연성(Flexibility)을 확보하기 위해서는 첫째, 시스템에서 처리되는 생산 모델 및 부품을 식별하고 구분 가능한 능력, 둘째, 생산 지시에 따른 공정의 신속한 변환 능력, 셋째, 물리적 셋업의 신속한 변환 능력 등이 필요하다. 컴퓨터와 프로그래밍 제어 방식의 CNC는 3가지 능력을 끌어 올리면서 고정된 대형 생산설비 구성으로 다양한 모델 및 부품을 생산 대응할 수 있는 유연생산 셀(Cell) 방식에 관심이 높아졌다.

이후 FMS는 다양한 형태로 연구개발의 성과를 이루면서 다품종 생산이 가능한 생산 시스템으로 발전되었다.

그림 2-2-9 컨베이어 + CNC 유연생산 시스템 구현

CNC 유연생산 시스템

컨베이어에 연결된 CNC는 모델 종류에 따라 해당 CNC로 자동 이송하여 다양한 모델을 생산한다. 모델 설계와 CNC 작업 변경은 CAD, CAM, CAE를 통해 제어하게 된다.

출처 : Excitech사의 CNC 유연생산시스템(https://www.excitechcnc.com/h-pd-38.html)

2.3 FMS의 발전과 한계

FMS는 NC설비를 중심으로 개념이 정립되기 시작했다. 데이비드 윌리엄스가 System 24를 고안한 이후 미국 잉가솔랜드(Ingersoll Rand)사가 최초 도입하였고, 이후 캐터필러(Caterpillar), 디어 앤 컴퍼니(Deere&Company), 제너럴 일렉트릭(General Electric) 등이 개발 · 구축했다.

1969년에는 독일의 하이델베르크(Heidelberger Druckmaschine)사, 1970년에는 일본 후지제록스(Fujifilm) 등이 구축했다. 1985년까지 전 세계 300여 개 공장에 도입될 정도로 발전되었다.

FMS는 설비 가동률 증대, 납품 기간 단축, 직접노동 감소 및 생산성 향상, 다품종 대응을 위한 설비의 유연 구성, 최적화 등의 장점이 있다.

하지만 FMS는 설비 가동률 증대(생산량 증대)를 위한 설비 자동화(공정 자동

화)를 기반으로 탄생한 만큼 설비 집약적이고 컴퓨터 기술은 설비 제어를 목적으로 제한적으로 사용하는 등 컴퓨터에 의한 데이터 공유 등 정보처리기술(IT) 활용이 부족했다.

뿐만 아니라 FMS는 다품종 대량생산에 적합한 생산방식으로 경쟁력을 확보할 수 있는 생산 시스템이지만, 높은 투자비 부담과 특정 분야 외에는 구성이 어렵다는 한계도 존재했다.

스마트 시대의 변동성 높은 고객 요구를 대응하기에는 FMS는 한계가 있다. 투자비를 낮추고 다양한 제조분야에 범용적 적용 가능성과 다품종 변량 생산의 비중을 높이고 영업, 발주, 설계, 기술, 인력, 경영, 관리 등 전체 프로세스를 통합한 새로운 생산 시스템이 필요해졌다.

컴퓨터, 전산망, 데이터베이스 등 전산 자원에 기반한 정보처리기술이 발전하면서 1970년 후반 컴퓨터 통합 시스템(Computer Integrated Manufacturing ; CIM)이 등장하게 되었다.

2.4 생산 시스템 전환 사례와 발전되는 생산 시스템

제조 생산 시스템(Production System or Manufacturing System)의 개념은 초기 생산 경쟁력을 높이기 위한 방법론으로 시작되었으나 주문, 생산, 납품의 3가지 운영 방식을 체계적으로 통합 관리해 비즈니스 경쟁력을 확보하기 위한 방법론(생산 시스템)으로 확대되고 있다.

초기 미국의 포드사가 부품 표준화와 이동식 조립 공정 라인 개념을 처음 도입하여 대량생산 시스템을 만들었다면 일본의 도요타는 다품종 소량을 생산하는 JIT(적시생산 : Just In Time-필요할 때 필요한 만큼 만든다)를 고안하였다. 이 시스템은 재고 낭비를 최소화하고 생산 평준화, 소로트 생산, 설비 배치·배열과 인력 등을 체계적으로 통합 관리하는 방법론(생산 시스템)이다. 도요타는 이

시스템을 이용하여 성공한 대표적인 사례이다.

도요타의 JIT 사례는 생산 시스템을 어떤 관점에서 구축하느냐에 따라 다품종 소량생산 체계로도 대량생산 체계의 생산성을 달성할 수 있다는 가능성과 시장과 고객의 요구를 충족하면서 제조기업의 이윤을 높일 수 있다는 것을 증명하는 생산 시스템 개선 사례가 되었다.

그림 2-2-10 기존 생산 방식과 도요타 JiT 생산 시스템의 차이

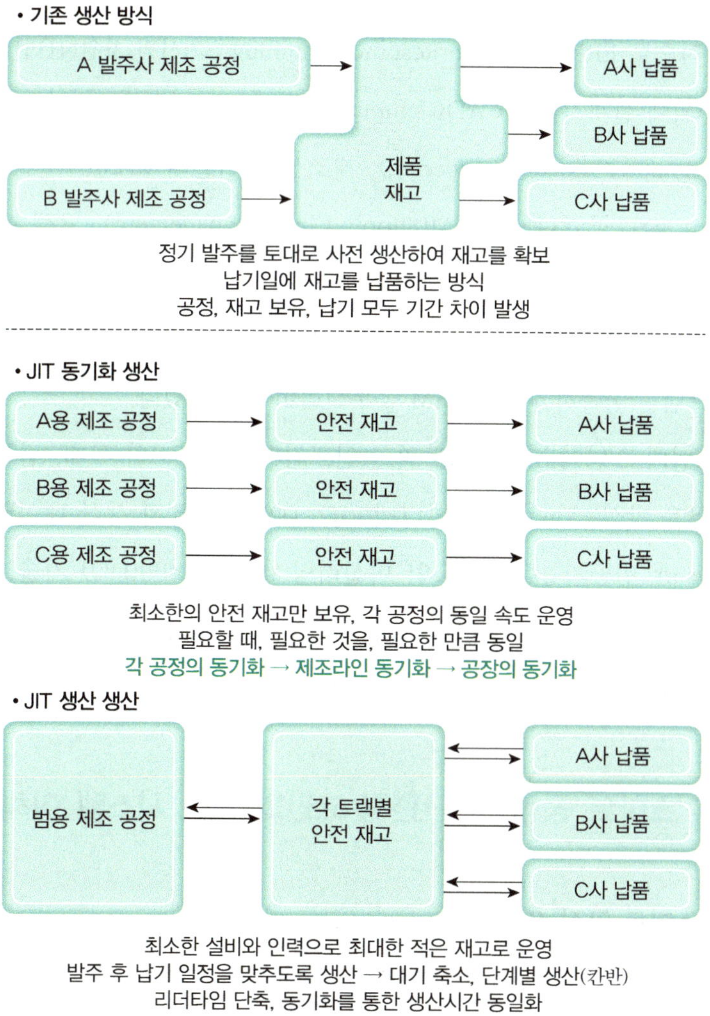

출처 : 스마트제조혁신추진단 스마트공장 사업관리시스템 스마트공장 정의 자료 편집(https://www.smart-factory.kr/smartFactoryIntro)

20세기 중반부터 생산의 전체 공정에 컴퓨터를 적용하는 연구개발이 활발해졌고 1980~2000년대에 이르러 비약적인 발전을 이루게 된다.

제품을 생산하기 위해 필요한 정보와 지식 활용을 위해 정보처리 기술(IT) 적용이 본격화되었다.

수요 분석과 예측, 제품 설계, 생산 통제 및 관리, 인력뿐만 아니라 재료, 자원, 재무 등 제조 비즈니스에 필요한 모든 프로세스 영역을 통합 관리하는 솔루션이 탄생하기 시작했다.

대표적으로 ERP(Enterprise Resource Planning ; 전사적 자원 관리) 솔루션이 있다. 그 외에 설계기술의 CAD(Computer Aided Design), 엔지니어링 검증 기술의 CAE(Compter Aided Engineering), 제조생산 기술의 CAM(Computer Aided Manufacturing), 공급 관리 SCM(Supply Chain Management), 고객 관리 CRM (Customer Relastionship Management), 생산 관리 MES(Manufacturing Execution System), 제품수명주기 관리 PLM(Product lifecycle Management) 등의 효과적인 생산 시스템을 구축하기 위한 CIM 솔루션들이 개발되었다.

2000년대로 넘어오면서 네트워크 인프라(인터넷, 5G)의 확대, 컴퓨터 및 전산자원 공유 방식(Cloud), 사물인터넷(IoT), 데이터 수집과 생산 데이터 관리 기술(Big Data), 인공지능(AI) 기술인 머신러닝(ML 및 딥러닝(DL)) 기술, 생산공정 가상화 시뮬레이션 기술(VML, CPS, Digital Twin) 등을 통해 CIM을 넘어 지능형 공장(Intelligent Manufacturing ; IM)으로 발전하고 있다.

2.5 '스마트 공장'의 단편적 고민과 생산 시스템 이해와 투자

1) '스마트 공장' 의 고민

인터넷이 일상화되면서 이전보다 시장과 고객의 빠른 변화로 모든 산업에 걸쳐 혁신이 일어나고 있다. 제조산업에서도 혁신의 필요성이 대두되면서 공장에 인터넷과 정보처리기술을 필연적으로 도입해야 하는 "스마트 공장(Smart Factory)"에 관심이 모이고 있지만 몇 가지 어려움과 고민은 여전하다.

첫째, 종래의 제조공장 생산방식과 시스템에 대한 의존도가 여전히 높다.

둘째, 새로운 생산 시스템의 이해와 급성장한 많은 기술로 인한 선택과 집중의 우선순위 결정에 어려움이 있다.

셋째, 미래형 공장에 대한 뚜렷한 청사진이 부족하여 스마트 공장에 대한 인지 부족과 오해를 갖고 있다.

4차 산업혁명에 대응하기 위해 스마트 공장 도입 등의 변화와 혁신이 필요하다는 것을 느끼지만 여전히 제조공장들의 고민이 짙어지는 이유는 기 구축된 생산 시스템과 새로운 생산 시스템 간의 차이가 크고 미래형 공장에 대한 이해가 부족한 것이 직접적인 원인이다. 이로 인해 투자의 장기적 효과를 누리지 못할 것이라는 두려움을 안고 지속적인 투자를 어려워하고 있는 것이다.

2) 생산 시스템에 대한 이해

생산 현장에 단위 솔루션과 기술만 적용하기 위한 목적이 아니라 제조 비즈니스 차원의 전사적 혁신을 위해서는 우선 생산 시스템의 이해가 반드시 필요하다.

기존 생산 시스템이 생산량 증대를 위해 공장 현장 중심의 설비 자동화, 단위 컴퓨터 적용 등 계층적이고 단위적인 생산 시스템이었다면 지금은 통합적인 데이터를 연동시키는 비즈니스 중심의 수평적 통합 생산 시스템이다.

수평적 통합 생산 시스템이란 제조 비즈니스의 경쟁력을 높이기 위해 [시장 및 고객 수요 분석 → 주문 → 설계 → 생산 → 공급(물류) → 고객의 피드백(확대 영역)] 전 범위의 모든 활동(프로세스)을 통합적으로 관리할 수 있고, 각 프로세스 영역에서 생성되는 데이터를 수집하고 분석하여 상호 간 의사결정을 지원할 수 있는 수평적 데이터 연계가 되는 시스템을 의미한다.

그림 2-2-11 **스마트 공장 생산 시스템 영역**(시장, 고객 발굴-기획 · 설계-생산 · 품질-물류 · 공급-고객 평가 전체 영역을 포함한다)

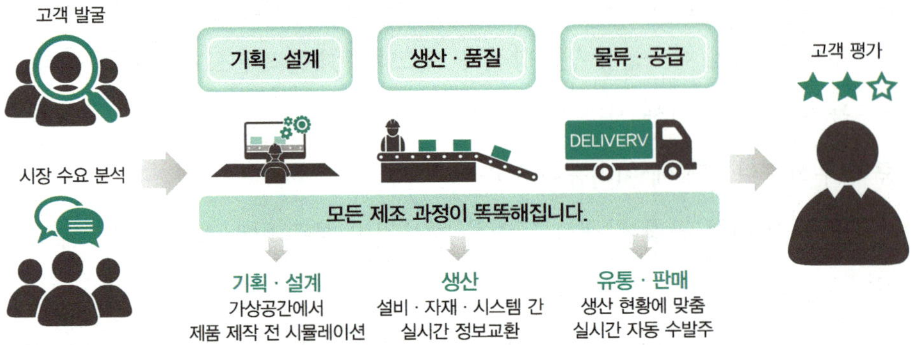

출처 : 스마트제조혁신추진단 스마트 공장 사업관리 시스템 자료 편집

3) 생산 시스템에 대한 투자 의지

정부는 제조기업이 스마트 시대에 대응하고 경쟁력을 확보할 수 있도록 스마트 공장 보급 · 확산을 정책 목표로 지원하고 있지만, 정량적 성과 중심으로 '스마트 공장'이라는 키워드에만 집중하는 것이 아닌가 하는 우려도 있다.

단순히 트렌드를 좇아 단위 솔루션과 기술 도입을 위해 정부지원 정책에 관심을 가지는 것이 아니라 말 그대로 정부지원 정책이 마중물이 되어 제조기업 스스로 스마트 공장 도입 필요성을 느껴 장기적 목표(방향성)를 수립하고 투자를 확대할 수 있어야 한다.

그동안 선도 제조기업들이 새로운 생산 시스템 연구개발에 투자를 아끼지 않았던 이유는 이를 통해 경쟁력을 확보하고 혁신적인 성장을 이룰 수 있었기 때문이다. 제조기업의 생산 시스템에 대한 관심과 투자 의지가 필요한 이유도 여기에 있다.

여기서 한 가지 간과해서는 안 되는 부분이 있다. 현재 시점의 시장, 고객, 사회, 국내외 정치 등의 상호 연결된 변화에 대응하기 위해 스마트 공장을 적용했다 하더라도 "미래 변화의 대응력이 여전히 유효한가?"라는 부분이다.

현재의 변화뿐 아니라 미래에 일어날 수 있는 변화에 대응하기 위해서는 현재 구축된 생산 시스템이 언제든지 변화되고 재구성 가능한 형태가 되어야 한다.

시장과 고객의 요구 변화에 대응하기 위해 다양한 제품 및 모델(다품종을 넘은 이종 제품) 생산과 생산량(대량-소량-변량) 변화에 대한 원가 절감, 그리고 생산 조건과 환경에 따라 유연성을 넘어 생산체계를 재구성하는 것이 가능한 생산 시스템이 바로 미래형 스마트 공장으로 평가 받는 RMS이다.

3. 본론 : RMS 구성과 기술

3.1 RMS의 도입에 필요한 3가지 키워드

RMS의 도입에는 3가지 핵심 키워드가 있다. ① 생산방식을 생산조건과 환경에 따라 유연하고 재구성 가능한 방식이어야 하고 ② 단위적으로 구축된 솔루션과 제조시설들의 데이터들은 수평적으로 통합되어야 하며 ③ 생산 시스템은 빠른 의사결정과 이에 따른 유연한 업무 프로세스를 갖추어야 한다.

1) 생산조건과 환경에 따라 유연하고 재구성 가능한 생산방식

1970년대에 제조공장들은 다품종(이종 제품) 생산을 위해 다중 CNC 설비를 기반으로 한 빠른 전환(설치의 배치 및 공정 단계 전환)이 가능한 유연생산 시스템(FMS)을 도입했다.

기존의 생산방식보다 확장성이 제한적인 형태이고 다른 모델 생산을 위해 초기 FMS보다 대응력은 높아졌지만, 설비 투자 때문에 확장성이 제한적인 형태이고 이종 모델 생산으로 변경할 경우 설비 전환을 위한 노련한 숙련자가 필요하다는 단점이 있었고, 모듈형으로 구현되었다는 장점도 있었다. 비록 설비 중심의 기계적 시스템이지만, 설비 또는 하나의 공정 그룹을 셀 단위로 구성하여

그림 2-2-12 Multi-CNC FMS

제품 또는 모델의 변경에 따라 1, 2, 3 공정 라인에 해당 CNC 설치 배치 방법을 달리하여 이종 제품 모델을 생산할 수 있게 된다.

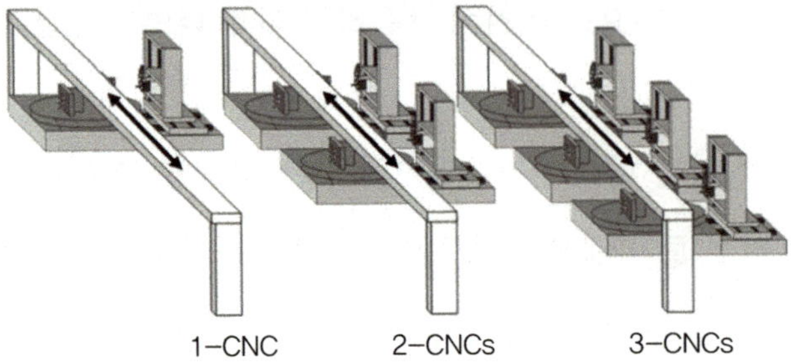

출처 : Multi-CNC FMS 구현(2007, Spicer & Carlo)

유연성을 확보하는 개념을 만들어내는 데 배경이 되었다.

셀 단위공정은 생산흐름을 컨베이어에 한정하지 않고 다양한 제조분야, 공정에도 적용할 수 있는 연구개발의 촉매제가 되어 전체 공장 특성에 따라 셀로 구분하여 운영하는 산업 특성별 생산 시스템으로 발전하였다.

그림 2-2-13 CNC 유연생산 시스템 공정 셀(Cell) 조정

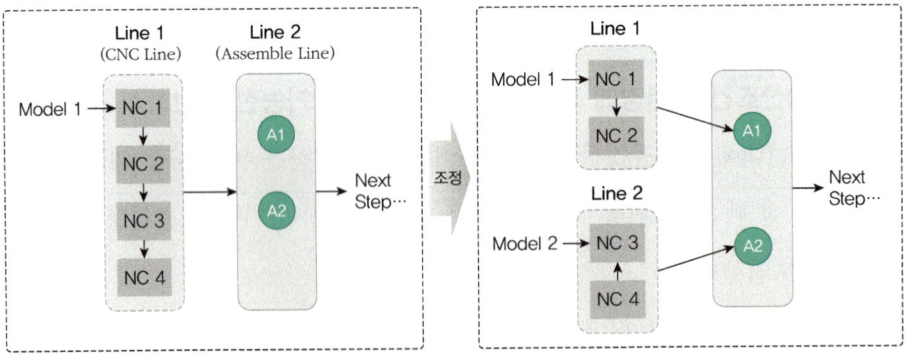

CNC, Line, A1, A2 등을 Cell로 두고 Cell 배치 · 배열과 Line 전체를 조정하지 않아도 모델이 변경에 따라 각 CNC, A Cell 작업을 변경하여 신규 모델을 수용한다.

출처 : 강석호, 유연생산시스템의 제약요소에 기초한 통제에 관한 연구(1994) 중 그림1.1을 참조하여 저자 재구성

셀 단위 유연생산 시스템은 RMS 탄생에 큰 영향을 주었다. RMS는 라인, 공정과 설비 표준화(모듈형), 공정 셀 단위를 기반으로 기능적 측면, 구조적 측면, 계층적 측면으로 시스템을 구성하고 이를 6단계 레벨별(Station Level(단위 제조 리소스 레벨) > Cell Level(셀 단위 제조 리소스 배치) > System Level(셀의 시스템화 배치) > Segment Level(생산, 조립, 검사 제조를 위한 구성) > Factory/Site Level(생산 현장) > Network Level(제조 활동의 정보 연계)) 능력 등 6단계 레벨로 접근할 것을 요구하고 있다. 이런 접근 방식은 생산조건과 환경에 따라 확장성과 이종 제품 및 모델 생산의 조정, 재구성을 제공하게 된다.

그림 2-2-14 유연생산 시스템 구조와 셀 재구성

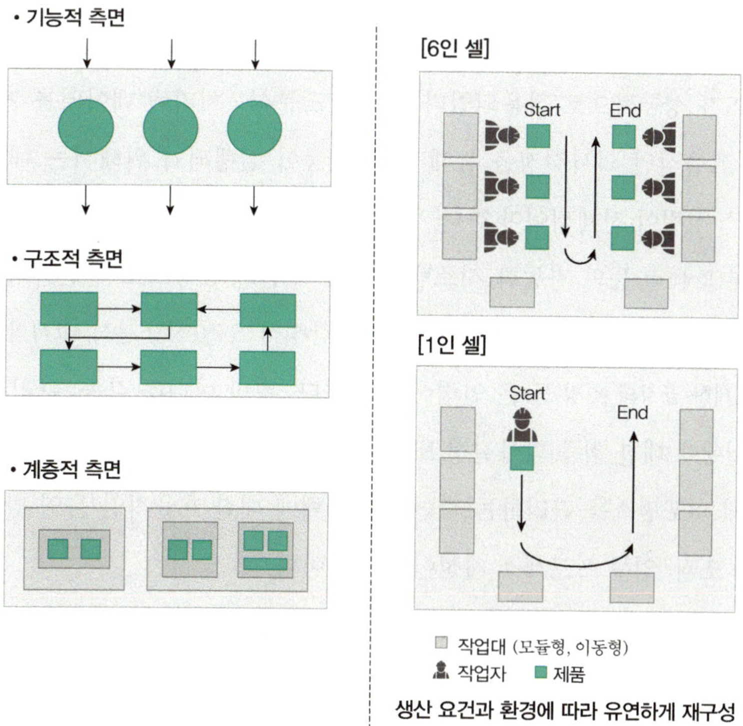

출처 : Seliger et al(1987)

2) 단위적으로 구축된 솔루션과 데이터들의 수평적 통합(데이터 공유)

FMS가 생산성 향상을 위한 CNC 설비 중심의 기계적 유연성이라고 하면 RMS는 생산성 향상과 발주 → 생산 → 납품에 이르는 제조 공정 전체를 환경 변화에 따라 재구성 가능한 유연성이다.

RMS는 ① 빠른 용량 확장, ② 다품종변량 모델의 대응, ③ 모니터링과 분석 솔루션, ④ 솔루션 및 시스템 간의 제조 데이터 연동 및 공유하여 상호 간 의사결정을 지원 가능하도록 구성되어야 한다. 결국 솔루션들도 셀 단위로 모듈화가 되어야 하며 분석, 데이터의 전환, 종합적 진단을 위한 데이터 통합이 필수적이고 이를 위한 데이터뱅크(Data Lake) 시스템이 갖추어져야 한다.

3) 생산 시스템에 필요한 빠른 의사결정과 유연한 조직 · 업무 프로세스

RMS가 성공적으로 적용되었다 하더라도 분석 · 처리된 데이터를 기반으로 빠르고 효율적인 의사결정을 통해 생산 활동이 실행되기 위해서는 내부 업무 프로세스 정립이 전제되어야 한다.

로봇(Robot) 등의 자동화 시스템을 통해 무인화 공장으로 구현하거나 AI를 도입했다 하더라도 각 시스템 간의 조정과 감성적 요건(시장 분석, 고객의 반응, 디자인, 섬세한 공정의 조정 등)은 인력이 필요하다. 뿐만 아니라 감독, 관리, 모니터링 및 실행에 대한 최종 의사결정 또한 인력을 대체하기 힘들다.

전체 퍼포먼스를 관리하는 측면에서 인력에 대한 효율적인 운영 방법과 그에 맞는 조직, 업무 프로세스 개선이 필수적이다.

RMS에서는 인력의 조직 업무 프로세스도 유연하고 재구성 가능한 형태로 편성되어야 한다.

3.2 RMS 구성에 필요한 기술

■ **RMS가 필요한 시스템**

RMS에서 가장 중요한 시스템은 수요 예측과 주문이 발생되면 납품기일에 맞춰 생산을 수용하기 위한 공정별 업무의 계획과 실행, 결과(납품)의 달성 여부의 수행능력(공정능력)을 분석 · 제공하는 시스템이다. 수행능력 분석을 통해 납품을 위한 최적화된 공정으로 재구성하는 의사결정을 내리고 최종 주문을 받아 생산을 시작할 수 있기 때문이다.

이를 위해 공장이 보유하고 있는 인력, 설비, 인프라 등 대부분의 공장 리소스를 분석 범위에 포함해야 하며 발주-생산-납품에 이르는 모든 공정에서 발생되는 데이터를 수집 · 분석할 수 있는 정보처리기술이 필요하다.

■ **RMS를 구성하는 시스템과 기술**

RMS의 구성 시스템은 크게 ① 수요(발주) 분석 예측 시스템, ② 생산능력(공정능력) 분석 시스템, ③ 관리 · 감독 시스템, ④ 설비 및 라인 시뮬레이션 및 프로세스 관리 시스템 등으로 이루어져 있고, IoT, 5G, Big Data, Data Lake(Bank), Cloud, DT(Digital Twin), AI(M/L, D/L), Dashboard, BI 등의 정보처리(IT) 기술들이 적용된다.

1) 수요(발주) 분석 · 예측 시스템

생산 공정을 최적화하기 위해서는 당연히 생산 목표인 "어떤 제품과 모델을(생산품)", "어느 정도(생산수량)" 생산할 것인가가 먼저 결정되어야 한다.

국내와 같이 원자재 수입과 가공 생산을 통해 제품의 수출을 기반으로 하는 제조산업 구조는 그동안 오더사(발주사)에 의해 생산할 제품과 수량이 결정되고, 협력사는 오더사의 발주 정보를 기준으로 생산하는 계층적 제조생산 구조였기 때문에 수요 예측은 오더사의 업무 영역으로 인식되었고, 대부분의 중소 제

그림 2-2-15 RMS 표준 모델

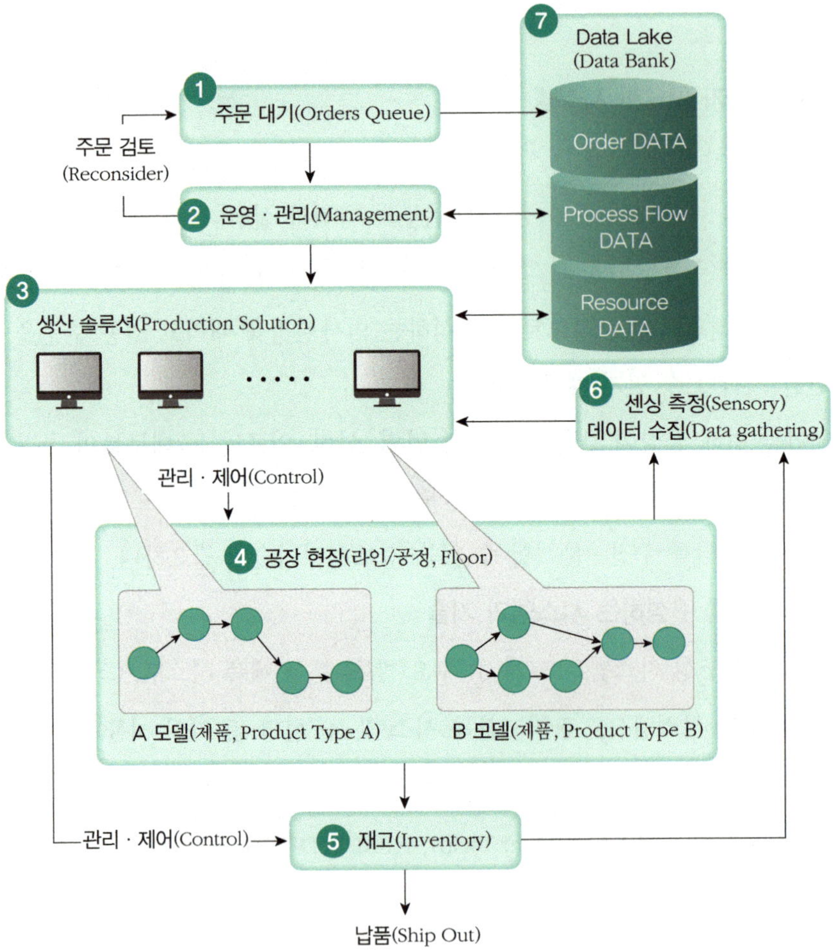

❶ 주문 & 발주 시스템
❷ 관리 · 감독 및 의사결정
❸ 모니터링 및 관리 솔루션
❹ 공장 현장 공정
❺ 제품 재고/물류관리
❻ 센싱(측정) 및 데이터 수집
❼ 통합 데이터 뱅크

출처 : Generic Model for a RMS(Tang & Qiu 2004)

조공장들은 수요 예측 시스템 구축의 필요성을 느끼지 못했다. 하지만 시장의 변동성은 계층적 제조생산 구조에도 영향을 주고 있다.

고객의 요구 변화에 따라 제품과 모델의 종류, 생산량(발주량)을 대응하기 위해서는 직접 고객에게 제품을 공급하는 제조기업(B2C)뿐만 아니라 오더사에 협력 공급 제조기업(B2B)도 수요 예측이 필요하다.

수요 예측은 정성적 기법과 정량적 기법이 있지만 대부분은 영업 담당자나 경영자 판단에 의존하는 경우가 많았고, 예측 기법을 통해 실행한다고 하더라도 둘 다 일장일단이 있었다. 수요 예측 정확도 때문이다. 이 때문에 수요 예측을 회의적으로 평가하는 의견도 있지만, 광범위한 빅데이터 덕분에 회귀분석(Regression analysis), 산출모형(Input output analysis), 선도지표모형(Leading indicator method), 전통적 분석 모형의 정확도가 높아졌고 상관관계 모델, 기계학습 모델, 컴퓨팅 뉴럴 네트워크 모델 등 AI 알고리즘을 활용한 계량적 분석 기법들이 개발되면서 수요 예측 시스템 성능도 향상되었다.

그림 2-2-16 수요 예측 분석 결과 서비스 화면

경기도 시화반월 공단에 위치한 자동차 협력사인 D사는
생산계획 수립 및 생산을 위해 수요예측을 활용하고 있다.

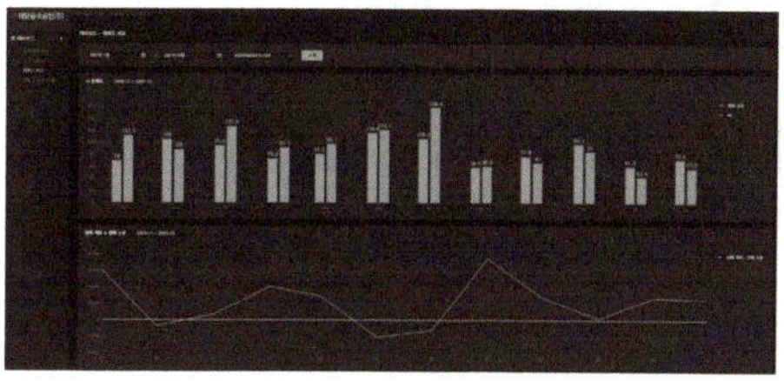

이전 주문 · 발주 데이터의 회귀 분석

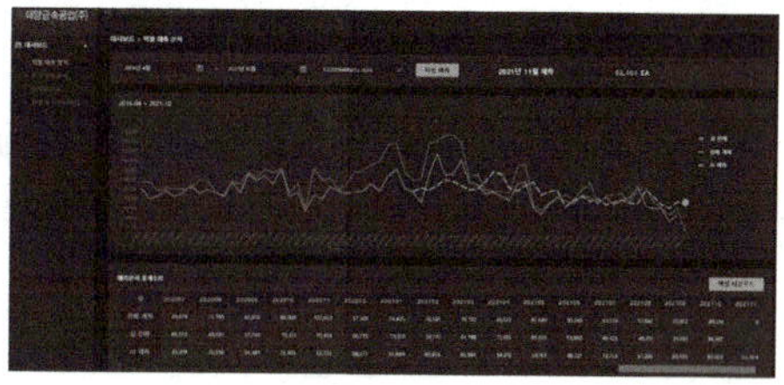

오더사 주문 데이터 기반의 수요 예측 결과

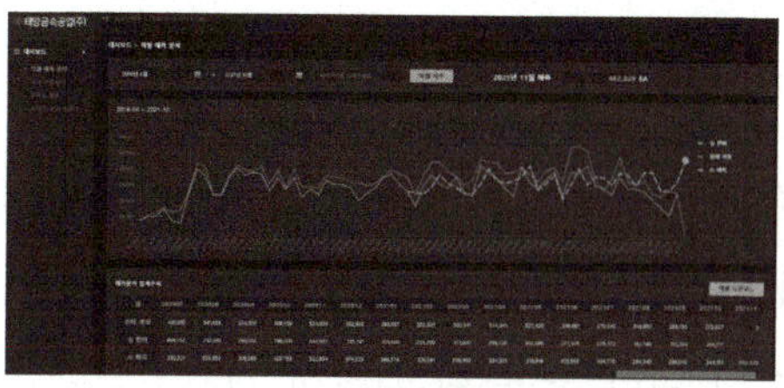

인터넷의 제품 평가에 따른 수요 예측 결과

출처 : 울랄라랩 웹페이지 참조

수요 분석 · 예측 시스템은 단순히 시장의 흐름과 고객의 요구를 파악하는 데 그치는 것이 아니라 생산 재료를 확보하기 위해 협력사를 관리하거나(SCM)

효과적인 공정 운영을 위해 라인 또는 설비의 개비(재구성)하는 등 생산 계획 수립과 전반적인 생산활동 준비를 위한 의사결정 가이드 도출에 필요한 시스템이 되었다.

그림 2-2-17 수요 예측 체계 구축의 성공요건

제품 시장 정의	• 제품을 광의로 정의 • 소비자들의 라이프스타일 변화와 미래 트렌드에 대한 연구
수요 영향 요인 파악	• 수요에 영향을 줄 수 있는 요인들을 탐색 • 영향 요인들과 수요와의 관계를 나타내는 가설을 수립하여 이를 검증 • 애널리스트 보고서, 시장 조사 보고서, 시장 전문가들의 의견에서 언급되는 요인들에 대해 실제 데이터를 토대로 인과관계를 테스트
데이터베이스 구축	• 데이터를 수집하고 업데이트 체계를 구축 • 공신력 있는 데이터 셋을 만드는 것이 중요 • 데이터베이스는 가장 핵심적인 부분이며 가장 많은 투자가 이루어져야 하는 부문
모델의 개선과 운용	• 수요 예측 모델을 실제 데이터에 적용하고 문제점을 개선해 자사 상황에 맞게 고쳐 써야 수요에 영향을 미치는 요인들이 시간이 흐름에 따라 달라짐. 이러한 변화를 포착해서 모델에 반영
전문 인력 확보	• 전문가로서 모델과 예측치에 대해 판단을 내리는 것이 매우 중요 • 역량을 가진 전문인력을 확보하고 예측 방법론을 정교화하며 전문가적 통찰력을 배양할 수 있도록 지원

출처 : LGERI 리포트 : LG Business Insight 2008.9.10

2) 생산능력(공정능력) 분석 시스템

고객사가 제품을 일정량 주문했다고 하자. 주문의 수용 여부는 기간 내 제품을 생산 가능한지 파악한 후에야 결정할 수 있다. 이때 생산능력 분석은 주문 수용 결정에 큰 도움이 된다. 주문된 제품의 생산가능성을 파악하기 위한 수학적 산정은 인력, 공정, 라인, 설비, 자금, 부품 및 재료 보유량, 라인 또는 공정 가동 시간과 가동률, 주문 제품의 생산시간 등 복잡한 변수로 인해 많은 어려움이 따른다.

만약 한 달 동안 생산할 수 있는 생산량보다 적은 수량을 수주 받게 되면 월

지출되는 고정비에 비해 이익이 줄어들게 되고, 반대로 많은 수량을 수주 받게 되면 인력, 가동률, 생산 시간 등이 높아지게 되어 고정비, 설비 준비, 재료 등의 자재비가 늘어나기 때문에 마찬가지로 목표하는 이익을 달성하기가 어렵다. 이미 주문받은 다른 고객들의 제품 생산 때문에 생산의 부하가 생긴다면 이 때문에 이익을 높이는 기회를 버려야 할 수도 있다.

운영비, 고정비 대비 최대의 이익을 창출하면서 생산 수용 가능한 수량을 주문받는 것이 좋고 이를 장기적으로 유지하면 좋을 것이다. “이익의 최대화” 그리고 “수용 가능한 적정 수량” 이것을 판단하기 위해 생산능력 분석이 필요하다.

(예를 들어)_가정 : 우리 공장의 최대 이익을 달성하는 생산능력은 월 10만 개 제품 생산이다.

A 고객으로부터 월 10만 개를 동일 수량으로 1년 동안 주문을 받을 수 있는 기회가 생겼다. 그런데 우리 공장이 벌써 B 고객사로부터 주문받은 제품 5만 개를 생산하고 있다면 의사결정권자는 인력을 늘릴지, 가동 시간(잔업)을 할 것인지, 설비를 보강할 것인지를 결정해야 한다. 게다가 고정비가 제한되어 있거나 영업 담당자가 곧 다른 C 고객에게 새로운 주문을 받기 위해 대기하고 있다면 얼마만큼의 수주를 받을 것인지 등 결정이 어렵고 복잡한데 이때 생산능력 분석 시스템이 제공하는 가이드를 통해 빠르게 도움을 받을 수 있다.

생산능력 분석 시스템은 적정 주문을 받기 위한 가이드 도출뿐만 아니라 공장 운영 검증에도 사용된다.

(마찬가지로)_가정 : 우리 공장에 A, B 2개 라인이 있다.

A, B 라인은 똑같은 설비와 같은 환경, 인력이 투입된다 하더라도 라인별 단위 생산능력이 같다고 할 수는 없다. 생산 가동이 시작되면 설비의 고장 유무, 인력의 능력, 원자재 또는 부품의 불량 등의 많은 변수 등으로 A, B 라인의 동일한 생산량과 가동 시간을 보장하기 어렵다.

즉, 공정능력이 다를 수밖에 없다. 공정능력 차이 때문에 라인, 설비, 인력 등 다양한 변수들의 관계를 분석하고 원인을 파악할 수 있어야 한다. 이를 통해 불균형적 생산능력을 조정하거나 재구성을 위한 의사결정을 할 수 있다.

RMS에서 생산능력 분석 시스템의 데이터는 공정의 재구성을 판단하고 가상적으로 적정성과 최적화를 검증할 수 있어 구성 시스템 중에 가장 중요한 시스템으로 평가 받는다. 다행히 최근에 공급된 MES로도 (간단한) 생산능력 분석이 가능하고 CPK, SPC 등 품질 분석, 설비 또는 인력의 부하 분석 등 성능과 기능이 확대되고 있다.

3) 관리 · 감독 시스템

관리 · 감독 시스템은 공장 운영을 실시간 모니터링하는 기능뿐만 아니라 재구성(조정)하여 생산 운영 중인 공정 상태를 확인하고 세부적인 생산 조정을 위한 정보(데이터)를 확인하는 기능 등 2가지 기능이 필요하다.

기존에는 기반 시설 또는 설비를 중심으로 생산 활동을 모니터링 및 관리하는 시스템으로 스카다(Supervisory Control And Data Acquisition ; SCADA)와 인간-기계 간 인터페이스를 제공하는 HMI(Human-Machine Interface) 등이 주로 사용되었다.

스카다, HMI가 다른 시스템과 연결 없이 단독으로 설비에 도입 · 운영되었다면 최근에는 네트워크 또는 인터넷에 연결되어 스마트폰, 태블릿 같은 스마트 기기를 통해 원격 관리가 지원되도록 구현하거나 근로자(인간)가 쉽고 빠르게 인지할 수 있도록 그래픽 기반(Graphics User Interface ; GUI)의 시각화 시스템인 대시보드(Dashboard)가 도입되고 있다.

관리 · 감독 시스템은 거의 대부분의 조직에서 이용하며 임원, 중간 관리자뿐만 아니라 근로자까지 많은 조직 구성원들이 이용하는 만큼 정확도와 직관성, 실시간성을 갖추어야 한다. 빠르고 정확한 실시간 정보를 위해 공장 현장, 공정, 라인, 설비 등에서 직접 센서나 OPC-UA를 활용하여 데이터를 수집하거나 다른 시스템에서 수집·분석·처리된 데이터를 연동하여 관리·감독 시스템을 구현하기도 한다.

4) 설비 및 라인 시뮬레이션 및 프로세스관리 시스템

RMS의 장점 중 하나는 가상 생산라인(Vitrual Manufacturing Lines ; VML)을 통해서 현장에 생산 라인을 직접 조정하거나 재구성하는 부담(Risk)을 최소화하고 시간과 비용, 공간 소비를 절감할 수 있다는 점이다.

컴퓨터 시스템을 통해 각 공정의 라인, 설비를 셀(Cell) 단위 또는 포괄적 자원(인력을 포함)을 사이버상에서 시뮬레이션하고 가장 효율적인 방법을 찾아낼 수 있는데 여러 가지 방안으로 반복적으로 공정 프로세스를 확인하고 관리할 수 있다.

시뮬레이션을 하기 위해서는 재료(Material), 설비(Machine), 측정(Measurement), 인력(Man), 방법(Methods), 환경(Enviroment) 등 5M1E의 데이터가 필요하다. 그 외에도 CP(Capability of Process), CPK(Capablity of Process Katayori) 등을 분석할 수 있는 통계적 데이터 요건과 에너지, 공정별 가동 시간 등 다양한 데이터가 복합적으로 사용된다.

그동안 공장 내의 복합적 데이터(5M1E+CP 등)를 수집하는 것 자체도 어려웠지만 분석할 수 있는 전문 인력도 부족했다.

이전에는 시뮬레이션을 위해 전문 소프트웨어가 필요했지만, 생산관리 시스템(Manufacturing Execution System ; MES)의 데이터(각 공정.설비별 생산량, 정품 및 불량률 등)를 활용하여 생산능력뿐만 아니라 단계별 효율성을 분석할 수 있는 소프트웨어가 개발되고 있다.

그림 2-2-18 RMS – 시뮬레이션

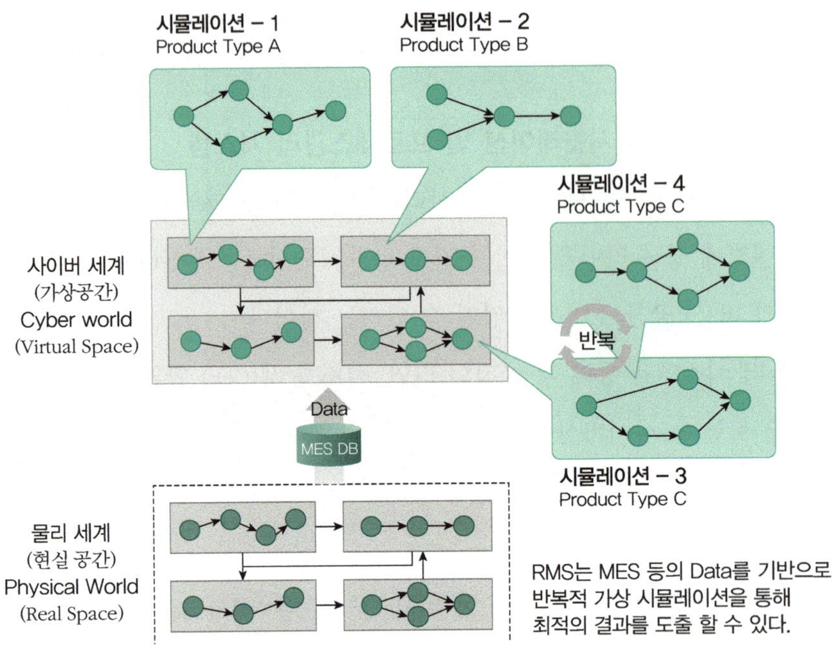

출처 : Du Preez(2011)의 그림 2.5를 참조하여 저자 내용 재구성

그 외에도 제품수명주기관리 시스템(Product Lifecycle Management ; PLM), 제품데이터관리 시스템(Product Data Management ; PDM), 사이버 물리 시스템(Cyber Physical System ; CPS), 디지털 트윈(Digtal Twin ; DT), 시각화 모니터링 솔루션 등이 시뮬레이션 기능이 포함(고도화)되어 출시되고 있다.

■ RMS와 연계된 IT 기술

RMS에 적용되는 IT 기술의 핵심 키워드는 "데이터"이다.

스마트 공장은 감지(Sesnsing), 판단(Decision & Controller), 수행(Actuator) 등의 3가지 구성이 필요한데 각 구성들 연결의 핵심은 데이터이다. 데이터를 수집, 처리, 분석과 실행, 예측 등을 효과적인 운영·관리를 위해 정보처리 기술

(IT)이 필요하다.

그림 2-2-19 생산 시스템 적용 솔루션별 정보처리 기술(IT)

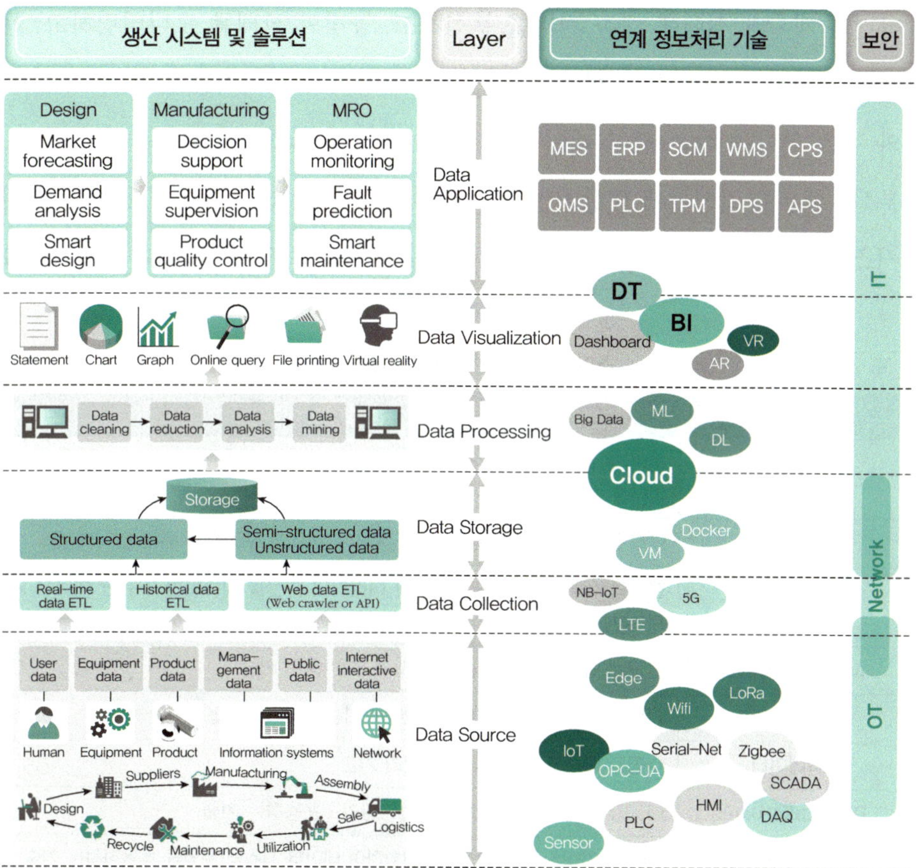

출처 : Data-driven smart manufacturing Report(https://research.engineering.uiowa.edu/kusiak/sites/research.engineering.uiowa.edu.kusiak/files/files/Data-drivenSmartManufacturing.pdf)

스마트 공장은 감지(Sesnsing), 판단(Decision & Controller), 수행(Actuator) 등의 3가지 구성이 필요한데 각 구성들 연결의 핵심은 데이터이다. 데이터를 수집, 처리, 분석과 실행, 예측 등을 효과적인 운영·관리를 위해 정보처리 기술(IT)이 필요하다.

그래서 데이터를 위한 정보처리 기술(IT)과 OT의 융합이 스마트 공장 도입의 골자가 되는 것이다.

생산 프로세스와 관계되어 있는 전반적인 자원들의 관계, 상태, 속성뿐만 아니라 계획과 실행에 대한 결과를 분석하고, 공정의 상태를 모니터링하고, 문제와 개선점을 도출하고, 실행을 위한 의사결정까지 이어지는 흐름에 피(혈액)와 같은 역할을 하는 것이 데이터이다. RMS는 데이터를 어떻게 수집 · 처리 · 분석 · 활용할 것인가에 대한 방법과 기술들을 갖추고 있는 데이터 중심의 생산 시스템으로 스마트 공장의 구성요소를 모두 충족하고 있다. RMS가 OT-IT 융

표 2-2-1 **스마트 공장 정보처리 기술의 설명**

기술	설명
IoT	설비, 환경, 에너지 등 공장 자원의 객체들의 센서 또는 인터페이스를 통해 데이터를 수집하는 장치
OPC-UA	PLC 등 설비에 설치되어 있는 장치의 데이터를 수집하기 위한 인터페이스
Edge	현장의 1차 데이터 처리, 분석과 데이터의 손실을 최소화하기 위한 데이터 중계 장치
Wifi, LoRa, BLE	현장 내 수집된 데이터를 전송하기 위한 통신 기술
5G, LTE	인터넷으로 대용량 데이터를 전송하기 위한 통신 기술
빅데이터	수집된 대규모(대량) 데이터 관리 기술
Data Lake(Bank)	대용량 데이터를 저장하고 통합 · 관리 · 운용하는 기술
Cloud	서버 인프라를 인터넷 내에 가상화하여 데이터 시스템 운영을 효율화하는 기술
DT(Digtal Twin), CPS	수집 분석 처리된 데이터를 기반으로 현실을 사이버상에 그대로 표현 및 시뮬레이션하는 기술
AI(M/L, D/L)	데이터를 분석하기 위해 컴퓨터 스스로 학습하여 필요한 결과를 산출하는 기술
BI	분석 처리된 데이터를 다양한 비즈니스 목적에 따라 결과 또는 보고서를 표현하는 기술
메타버스(Metaverse)	사이버상 가상화된 공장에 접속하여 현실처럼 모니터링을 돕는 기술
증강현실(Augmented Reality ; AR)	현실에 가상의 데이터를 합성하여 표현하는 기술

출처 : KDB산업은행(2018)의 참고1. 스마트공장 적용 가능 기술을 참조하여 저자 내용 재구성

합을 통한 제조기업의 경쟁력 강화라는 방향성에 가장 부합한 미래형 공장이라고 평가 받는 이유가 여기에 있다.

■ **RMS와 조직 프로세스**(Lean 방법론)**의 결정적 성공조건**

RMS는 공장의 전체에 준하는 전반적인 데이터를 수집하고 분석한 결과를 토대로 공장 운영을 최적화하는 도구로 RMS 도입 자체만으로 효과가 나지 않는다.

RMS를 도입하게 되면 각 파트별 업무 조직, 생산 조직, 협력사와의 관계에서 많은 의사결정을 지원하게 되는데, 이때 각종 시스템과 솔루션에서 도출된 결과를 기반으로 신속히 실행을 위해 제조공장 내 RMS와 연계된 조직 및 업무 프로세스 정립과 실행이 필수적이다. 이 관계는 최근 주목받는 린(Lean) 방법론과도 유사하다.

RMS는 시장의 요구, 주문의 수용 여부, 생산방법(공정), 인력 등을 재구성하여 최적화된 생산력 확보가 목적이고, 린 방법론은 낭비 요소 최소화가 목적이지만 원가 감소와 활동 시간을 최적화하여 이익과 업무의 효율화를 통해 경쟁력 강화를 목표로 한다는 것은 동일하다.

그리고 분석, 처리, 실행을 단계적 접근에서 통합적 접근으로 넓혀가는 실행 방식도 비슷하다(린 방법론은 도요타의 JIT에 근간을 두고 TPS(Toyota Production System)를 재정립한 조직 및 경영적 방법론이다. RMS와 린 방법론은 동일한 목표로 유사한 과정을 가지고 있다) 시스템은 말 그대로 시스템이다. 결국 시스템과 프로세스에서 결정하고 실행해야 하는 객체는 인력이다.

RMS의 성공은 잘 만들어진 솔루션이나 장치들이 아니라 내부 업무 조직이 얼마나 유기적으로 움직이느냐에 따라 결정된다.

4. 결론 : 미래형 공장 RMS의 당위성

RMS를 한마디로 정의하면 변동성 높은 시장의 요구(다품종변량생산)에 대응하여 공정 재구성을 통해 생산 수용 가능한 생산체계를 최적화하는 미래형 생산 시스템이라고 할 수 있다.

그림 2-2-20 **4차 산업혁명과 제조혁신의 방향**

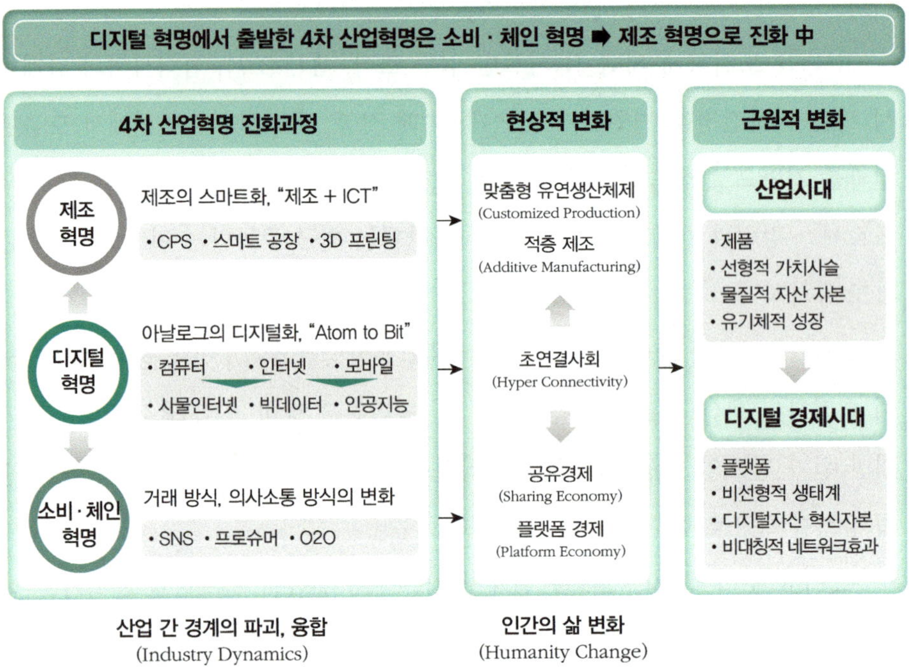

출처 : 산업통산자원 R&D 전략 기획단

독일이 인더스트리 4.0을 발표하면서 미래형 제조공장으로 제시한 청사진의 핵심은 "다품종 생산이 가능한 가볍고 유연한 생산 시스템"이었다. 종래의 중앙제어 집중식의 경직된 일괄 공정 시스템을 현실 물리 세계와 가상 사이버 세계를 연결하고, 분산식 유연한 가변 공정 시스템으로 지능화되는 공장(Intelligent Factory)으로 RMS가 가장 근접된 생산 시스템이다.

RMS가 적용된 미래형 공장(Intelligent Factory) 구현에는 아직 많은 과제가 남아 있다.

우선적으로 해결해야 할 과제의 첫 번째는 공장 현장의 5M1E(Machine, Measurement, Man, Methods, Enviroment)와 도입되는 솔루션 및 소프트웨어 등 각 구성 요소 간 데이터 연동이 쉽지 않다는 것이다. IoT, OPC-UA 등의 기술과 표준이 나오기 시작했지만, 아직 각 객체 간 데이터 연동을 위한 인터페이스, 데이터 포맷, 프로토콜 등이 복잡하게 얽혀 있는 이해관계 때문에 여전히 대부분의 공장에 도입되어 있는 설비, 공정, 장치들의 연동이 어렵다.

두 번째는 인터넷 기반의 네트워크에 연결될 경우 사이버 범죄(해킹 등)에 노출될 수 있는 환경에 놓여지게 된다. IT 장비와 클라우드 등의 보안은 기술 발전이 앞서 있지만, PLC, HMI 등의 단독형으로 도입된 현장 장비는 물론이고 IoT 디바이스까지도 아직 보안에 취약하다. IoT 해킹 사고는 최근 공공기관, 산업장비, 가정집까지 사이버 범죄를 통해 피해를 입는 사례가 증폭되고 있을 정도로 심각하다. 스마트 공장과 RMS는 IoT 등 공장 현장에 설치되는 네트워크에 연결되는 장치가 많기 때문에 OT 보안에 대한 연구개발이 필요하다.

세 번째는 스마트 공장, RMS 도입 이후 공장 내 조직 프로세스를 개선하기 위한 인식 변화와 공감대를 높이기 위한 가이드와 교육이 필요하다. 첨단화된 기술과 시스템을 도입했다고 하더라도 본래의 목적과 취지에 맞게 실행하지 않으면 실효성을 보장할 수 없다.

네 번째로 스마트 공장과 RMS에 대한 도입 공장과 공급사 이해의 차이가 큰 것도 해결되어야 할 문제이다. 물론 스마트 공장, RMS는 온전히 완성된 사례가 없고 현재에도 연구개발 중인 생산 시스템인 데다 '맞다 vs 틀리다' 경계의 모호함 때문에 쉽게 이해하기 힘들다. 심지어 FA(Factory Automation)와 스마트 공장을 동일선상에 두고 이해하는 경우도 있다.

RMS가 급변하는 시장과 고객의 니즈에 대응하고 제조기업의 경쟁력을 높이기 위해 연구·개발되고 있다는 것과 데이터 기반의 복합적 생산 시스템이라는 점에서 미래형 공장으로 평가 받지만, 설비 자동화나 협동로봇 도입이 스마트 공장을 구현하기 위한 하나의 수단이고 과정인 것처럼 RMS도 스마트 공장 구현의 여러 방법론 중 하나이고 인간을 삶의 질을 높이고 행복한 삶을 영위하기 위한 과정이다.

RMS로 인해 일자리에 대한 우려도 있지만, 오히려 RMS 내에서 인력은 중요한 포지션을 가지고 있다. 사람만이 할 수 있는 의사결정 과정에 필요한 정성적 결과를 도출하는 능력, 노하우, 도메인 지식은 인력을 통해서 수행되어야 한다. 결국 일부 일자리에 변동이 생길 수 있지만, 숙련된 인력과 질적 일자리는 늘어날 것이라는 기대도 높다.

전통적인 IT 서비스 기업인 마이크로소프트사가 HW 회사를 인수하고 서비스가 포함된 제품을 내놓고 있고, 애플은 더 이상 컴퓨터 제품 회사가 아닌 콘텐츠와 서비스를 유통하는 회사가 되었다. 신발을 생산하던 나이키는 운동을 관리하는 서비스를 통해 관심을 모으는 등 제조기업과 서비스기업의 역할 경계가 없어지고 있다.

또한 몇몇 사람들은 아디다스의 SpeedFactory, 지역화된 맞춤형 로봇공장 실험 사례를 미래형 공장으로 보고 미래에는 공장이 없어질 수 있다는 전망을 하기도 한다.

산업 간 융합과 제조와 서비스의 경계가 무너지면서 산업 간 진입장벽이 없어지는 현상 때문에 전통적 제조산업 존재의 위기로 거론되기도 한다.

지금 사회, 문화, 정치에 걸친 패러다임의 변화는 제조산업뿐만 아니라 모든 산업에게 위협이 될 수 있고 퇴화와 진화의 갈림길 선택을 요구하고 있다.

분명한 것은 제품만 생산하는 제조공장을 넘어 고객의 요구에 대응할 수 있는 서비스 제조산업으로 혁신을 찾지 못하면 무너질 수 있다는 것이다.

제조산업이 탄생한 이후 고객에게 질 높은 서비스 및 제품을 제공하고 공장 자체의 생산 활동의 효율성을 높여 경쟁력을 확보하기 위한 수많은 연구개발 결과로 많은 생산 시스템이 탄생하고 퇴색했다. 하지만 RMS가 생산 시스템 중에 가장 진보된 방법으로 평가를 받는 것은 공장을 단순히 제품을 생산하는 곳이 아닌 서비스로 성장할 수 있는 가능성과 빠르게 진화되는 사회적 패러다임 변화에 대응력이 높은 시스템이기 때문이다.

스마트 공장, RMS는 이런 변화에서 반드시 혁신을 해야 한다는 당위성을 가지고 있다. 비록 해결되지 못한 고질적인 제조산업의 문제점이 여전히 존재하고 제조기업의 경쟁력이 떨어지고 있지만, 스마트 시대의 고객 요구는 오히려 제조산업의 비중과 중요도를 더 높이고 있다. 스마트 공장을 통해 제조기업은 '위기 속의 새로운 기회'를 얻고 있는지도 모른다.

제조공장이 패러다임의 변화에 발맞춰 진화와 혁신을 이뤄낼 수 있다면 제조공장은 물론 제조산업은 더욱 성장할 것이다. 이런 과정에서 RMS는 반드시, 아니 당연히 검토해야 할 생산 시스템이라고 하겠다.

참고문헌

강석호(1994), 「유연생산시스템의 제약요소에 기초한 통제에 관한 연구」, 『경영정보논총』, 제4권.

김영훈 (2016), "전통 제조업 부활의 Key 스마트 유연생산", 포스코경영연구원 보고서.

남성호 · 신정훈 · 권기억 · 이석우(2012), 「멀티 셀 유연생산환경을 위한 통합운영시스템」, 『한국정밀공학회지』, 제29권 제4호.

박장선(2011), "차세대 지능형 생산시스템(IMS)", 한국과학기술정보연구원, 한국기계산업진흥회.

서남섭(2004), 『기계공작법』, 동명사.

이동길 · 정민관 · 김명호 · 장경천(2010), 「유연생산 시스템의 미래」, 『한국공작기계학회지』, 제19권 제4호.

________________(2010), 「제조업 생산 시스템의 변화」, 『한국공작기계학회지』, 제19권 제4호.

장웅성(2017), "한국형 제조혁신플랫폼 전략", 산업통상자원 R&D 전략기획단.

장진익 · 김원중(2001), 「유연생산 시스템의 최적구성 결정」, 『산업경영시스템학회지』, 제24권 제67집.

정만태(2007), "지능형 유연생산 시스템 분야의 2020 비전과 전략", 정책자료 2007-62, KIET 산업연구원.

정태섭 · 이규봉(2010), 「재구성 생산시스템에서 비용 최소화를 통한 생산용량 결정에 관한 연구」, 『한국정밀공학회 2010년 추계학술대회논문집』.

조용수 (2017), "인공지능의 사회 · 경제 이슈와 과제", LG경제연구원 보고서.

진영훈(2016), "유연생산 라인의 재구성을 위한 의사결정 기술", KISTI 한국과학기술정보연구원.

한국산업기술진흥원(2015), "지능형제조시스템(IMS)과 향후비전", GT2015-US07.

A. Rajhans · S.W. Cheng · B. Schmerl · B.H. Krogh · C. Aghi · A. Bhave(2009),

An Architectural Approach to the Design and Analysis of Cyber-Physical Systems, Third International Workshop on Multi-Paradigm Modeling, Denver, CO.

B. Graham · G. Baliga · P.R. Kumar(2009), "Abstractions, Architecture, Mechanism, and Middleware for Networked Control", IEEE Transactions on Automatic Control, Vol. 54, No. 7.

Du Preez, J.(2011), *A study of reconfigurable manufacturing systems with computer simulation*(Doctoral dissertation, Stellenbosch: Stellenbosch University).

Helen Gill(2008), *Cyber-Physical Systems*, National Science Foundation-Co-Chair, NITRD High Confidence Software and Systems Coordinating Group, CMU Electrical Power 2008, NITRD Available at https://labs.ece.uw.edu/nsl/aar-cps/Gill_HCSS_Transportation_Cyber-Physical_Systems_2008.pdf.

KDB산업은행(2018), "스마트공장 구축 사례 및 시사점", 『산업보고서』, 제747호.

Laine Mears(2013), *A Cyber-Physical Systems architecture for Industry 4.0-based manufacturing system*, Available at www.elsevier.com/locate/mfglet.

Networking and Information Technology Research and Development Program. High-Confidence Medical Devices(2009. 02), *Cyber-Physical Systems for 21st Century Health Care*, Available at http://www.nitrd.gov/About/MedDevice-FINAL1-web.pdf.

President's Council of Advisors on Science and Technology. Leadership Under Challenge(2007.08), *Information Technology R&D in a Competitive World*, Available at http://www.nitrd.gov/Pcast/reports/ PCAST-NIT-FINAL.pdf.

3장

스마트 팩토리 미래 서비스 전개와 활성화*

박종현(한국전자통신연구원) · **정선민**(한국과학기술기획평가원)

* 본 장은 KISTEP과 ETRI의 "미래 스마트 팩토리 유망 서비스" 협업 보고서(2021. 12)를 바탕으로 재구성하여 작성하였습니다.

〈요약〉

제4차 산업혁명이라는 새로운 변화의 물결은 제조를 비롯한 다양한 산업에서의 디지털 전환을 빠르게 촉진하고 있다. 특히 제조산업에서의 디지털 전환은 인공지능, 5G, 빅데이터, XR 등 기술과 기존 제조 시스템과의 결합을 통해 스마트 팩토리로의 발전을 가속하고 있다. 제조산업에서 스마트 팩토리는 이제 선택이 아닌 필수로 여겨지고 있고 스마트 팩토리 구현을 위한 다양한 기술과 서비스들이 일부 적용되고 있으며, 보다 스마트한 서비스 개발을 위한 연구개발이 국내외 주요 기업들에서 활발히 진행되고 있다.

이에 본 장에서는 스마트 제조혁신의 최전방에 있는 스마트 팩토리의 미래 유망 서비스 발굴을 위해 산 · 학 · 연 전문가 워크샵 및 브레인스토밍 등 다양한 방법을 통해 미래 스마트 팩토리 13대 유망 서비스를 선정하고 서비스 활성화를 위한 기술, 정책 · 제도, 비즈니스 생태계 측면에서 전략적 방향을 제시하고자 한다.

1. 스마트 팩토리 서비스 도출 과정

제4차 산업혁명이라는 새로운 변화의 물결은 제조를 비롯한 다양한 산업에서의 디지털 전환을 빠르게 촉진하고 있다. 특히 제조산업에서의 디지털 전환은 인공지능, 5G, 빅데이터, XR 등 기술과 기존 제조 시스템과의 결합을 통해 스마트 팩토리로의 발전을 가속하고 있다.

제조산업에서 스마트 팩토리는 이제 선택이 아닌 필수로 여겨지고 있으며, 이미 스마트 팩토리 구현을 위한 다양한 기술과 서비스들이 일부 적용되고 있다. 또한 고도화된 스마트 팩토리 서비스 개발을 위한 연구개발이 국내외 주요 기업들에서 활발히 진행되고 있다.

본 장은 전 세계적으로 스마트 팩토리 서비스에 대한 개발 경쟁이 치열하게 전개되는 상황에서 과연 어떤 서비스가 미래 스마트 팩토리의 유망 서비스가 되어 제조산업의 혁신을 촉진할 것인가에 대한 지적 호기심에서 출발하였다. 이에 미래 스마트 팩토리 유망 서비스를 발굴함으로써 제조산업의 서비스 제공 방향성 및 활성화 전략 방향을 제시하였다.

미래 스마트 팩토리 유망 서비스 발굴을 위해 산 · 학 · 연 전문가 워크샵 및 브레인스토밍 등 다양한 방법을 통해 미래 스마트 팩토리 13대 유망 서비스를 선정했다. 구체적인 추진 방법은 다음과 같다.

스마트 팩토리 유망 서비스 도출을 위한 추진 방법은 2단계 과정을 거쳐 진행되었다. 우선, 국내 스마트 팩토리 관련 기술 및 인문 · 사회과학 등 다양한 분야의 산 · 학 · 연 전문가를 대상으로 1, 2차에 걸친 워크숍을 진행했다. 전문가 워크숍을 통해 인공지능, 빅데이터, XR, 5G 등 스마트 팩토리 관련 기술의 진화 전망과 스마트 팩토리의 적용 방향, 스마트 팩토리 미래 모습 등을 논의하고 이를 토대로 스마트 팩토리 서비스의 후보군을 도출하였다. 다음으로 전문가 워크숍에서 도출된 스마트 팩토리 서비스 후보군을 대상으로 과학기술 분야 전문가 검토와 브레인스토밍을 통해 통합 및 조정 등을 거쳐 미래 스마트 팩토리 유망 서비스 13개를 최종 선정하였다.

2. 스마트 팩토리 유망 세부 서비스

2.1. 자율지능 기반 맞춤형 디자인 · 주문 · 생산 시스템 (All-for-One Person Manufacturing)

자율지능 기반 맞춤형 디자인 · 주문 · 생산 시스템은 제조 과정에서 개인의 취향 · 건강 · 특성, 트렌드, 사회적 지위 등의 데이터를 기반으로 인공지능 알고리즘이 이를 분석 · 예측하여 스스로 알아서 고객이 선호하는 모양 · 용도 · 크기 등을 반영하여 제품 · 서비스를 디자인 · 주문 · 생산하는 시스템을 의미한다.

기존 주문 · 생산 시스템은 빠르게 변화하는 고객의 다양한 특성을 종합적으로 적기에 반영하지 못하며, 실시간 주문 · 생산에도 많은 제약이 있다. 앞으로는 인공지능, 빅데이터, 디지털 트윈, 메타버스 등 첨단 ICT 기술을 활용함으로써 고객 관련 다양한 정보를 스스로 알아서 분석 · 예측하여 고객에게 최적화된 제품을 디자인 · 주문 · 생산하는 것이 가능해진다.

이러한 자율지능 기반 맞춤형 디자인 · 주문 · 생산 시스템은 공장에서 불필요한 생산 프로세스를 줄이고 최적화된 효율적인 생산을 극대화할 뿐만 아니라 빠르게 변화하는 소비자의 다양한 니즈를 적시에 반영하여 제조 과정에서의 적기생산 및 소비자 만족도를 높이는 데 기여할 것으로 기대된다.

이러한 주문 · 생산 시스템은 공장에서 불필요한 생산 과정을 줄이고 최적화된 효율적인 생산을 극대화할 뿐만 아니라 소비자의 변화무쌍한 니즈 변화를 적시에 반영하여 소비자 만족도를 높이는 데 기여할 것으로 기대된다.

2.2. 인간과 협업하는 지능형 자율공장
(Autonomous Interactive Manufacturing)

인간과 협업하는 지능형 자율공장은 자율지능을 가진 로봇이 생산 과정에서 로봇 간 또는 작업자와 상호 자율적으로 소통·협업하며 다양한 제품 제조가 가능한 유연 생산을 토대로 최적의 공정을 계획·수행하는 지능화된 공장을 의미한다(손지연 외, 2021).

현재 대다수 생산 현장에서는 사람과 로봇, 로봇과 로봇 상호 간의 의사소통을 위한 충분한 기술 역량을 갖추고 있지 못하며, 다양한 유연 생산이 가능한 제조 공정 운영역량 또한 취약하다. 앞으로는 인공지능, 차세대 이동통신, 지능형 사물인터넷·센서 등 기술을 활용하여 로봇 간, 작업자와 로봇 상호 간의 실시간 자율적 의사소통과 협력을 통해 디지털 트윈 기반의 최적화된 생산 공정을 계획·수행하는 지능화된 제조 환경이 제공될 것이다. .

인간과 협업하는 지능형 자율공장을 통해 작업자와 로봇 간 혼선과 충돌이 없는 안전한 업무 수행뿐만 아니라 다양한 제품에 대한 대응력이 높은 지능형 유연 생산이 가능해지고 공장 내 기계설비의 효율적 이용과 생산능력 향상에 기여할 것으로 기대된다.

2.3. 자율지능 제조 모듈 가변형 생산 시스템
(Intelligent Flexible Manufacturing System)

자율지능 제조 모듈 가변형 생산 시스템은 모듈화된 제조 공정에서 다양한 제품 생산 유형별 스스로 알아서 조립이 가능한 제조 환경을 제공하는 가변형 제조 모듈 시스템을 의미한다.

다양하고 빠르게 변화하는 수요를 반영한 제품 공정 작업에 맞춰 공장 내 생산 모듈 시스템을 적기에 대응하기 어려운 것이 현실이다. 다가올 미래에는 공장에서 생산하는 제품의 특성에 맞춰 기존 모듈 시스템이 스스로 알아서 조정됨에 따라 효율적인 생산 시스템 구현이 가능해질 것이다.

이러한 자율지능 제조 모듈 가변형 생산 시스템은 제조 공정 프로세스의 유연화를 촉진하고 생산라인 변경이 발생하더라도 추가적인 인프라 투자비용을 절감하는 데 기여할 것으로 전망된다.

2.4. 소비자 콜라보 메타버스 가상 설계 · 제조 공장 (Collaboration Metaverse Factory)

소비자 콜라보 메타버스 가상 설계 · 제조 공장은 메타버스라는 가상의 공간에서 소비자가 직접 참여하여 신제품의 디자인 · 설계 · 제조 · 시험검증 등을 통해 새로운 제품 개발 · 시연 및 가치를 창출하는 가상 설계 · 제조 공장을 의미한다.

기존에는 신제품 개발과정에서 제한적인 소비자 수요 조사를 반영하는 데 그치고 있으나, 앞으로는 메타버스와 능동적 소비자 참여의 콜라보레이션을 통해 가상공간에서 사전 신제품 전주기 과정을 직접 시연 가능한 가상의 설계 · 제조 공장 구현이 가능해질 것이다.

이러한 소비자 콜라보 메타버스 가상 설계 · 제조 공장을 통해 소비자가 직접 참여함으로써 혁신적인 신제품 개발 및 가치 창출, 제품 개발 비용 절감 등 효율적 제조 공정 운영에 기여할 것으로 기대된다.

2.5. 숙련 경험 모사형 제조 공정 고도화 기술 (AI Expert Manufacturing)

숙련 경험 모사형 제조 공정 고도화 기술은 생산 현장에서 고숙련 근로자의 작업 노하우와 다년간 축적된 경험을 학습하여 이러한 제조 현장의 경험기술을 디지털화함으로써 제조 공정의 생산성과 효율성을 고도화시키는 기술을 의미한다.

기존에는 고숙련자 개인의 노하우 및 경험에 의존함으로써 고숙련자의 업무 수행 여부에 의해 성과가 좌우되는 작업자 기반 생산 공정 시스템으로 운영됐다. 이러한 취약점을 개선하기 위해 고숙련 작업자의 노하우와 경험을 인공지능, 빅데이터, 디지털 트윈 등의 첨단 ICT 기술을 통해 학습 · 분석 · 예측하여 디지털화함으로써 제조 공정의 효율성과 생산성을 높이는 것이 가능해질 것이다.

이러한 숙련 경험 모사형 제조 공정 고도화 기술이 도입되면, 공장 내 디지털화된 작업 노하우의 제조 공정 도입 · 확대와 일정한 고품질 수준의 생산 공정 안착 및 생산성 향상에 기여할 것으로 전망된다.

2.6. 고숙련 직무 교육 및 공정 가이드 (High-Potential Manufacturing Guide)

고숙련 직무 교육 및 공정 가이드는 인공지능과 증강현실 기기를 활용하여 제조 전 과정에서 시뮬레이션을 통해 작업자의 업무 시연과 공정상의 작업자 업무를 세부적으로 안내해주는 서비스를 의미한다.

기존에는 복잡한 공정 작업을 필요로 하는 작업의 경우 비숙련자는 작업 참여가 제한되거나 일부 업무만을 축소해서 담당하는 상황에 마주하게 되며, 고숙련자에 대한 의존도가 높은 생산 공정 시스템으로 운영됐다. 그러나 앞으로는 고도화된 인공지능과 증강현실 기술을 활용하여 생산 현장의 제조 공정을 모니터링하고 수작업 매뉴얼을 보고 익히는 불편함 없이 근로자가 작업을 수월하게 할 수 있도록 증강현실을 통해 제조 공정 업무 안내 · 가이드를 활용하는 것이 확대될 것이다.

이러한 고숙련 직무 교육 및 공정 가이드를 통해 비숙련자의 작업 참여도를 높일 뿐만 아니라 제조 공정 현장에서 업무 효율성과 생산성 제고에 기여할 것으로 기대된다.

2.7. 공장 내 자율주행 물류 시스템 (Autonomous Mobility System)

공장 내 자율주행 물류 시스템은 원재료 · 부품 저장 창고, 공정, 물류 등으로 이어지는 전주기 제조 과정에서 원재료 · 부품과 제품을 알아서 자율적으로 공장 내에서 이동하는 것을 지원하는 시스템을 의미한다.

일반적으로 공장에서 부품과 제품 등을 이동시킬 때 작업자의 업무 지시에 의해 수행되는 과정에서 혼선 및 혼잡 등의 문제가 발생하여 작업 지연을 초래하는 경우가 빈번히 발생하고 있다. 그러나 앞으로는 인공지능, 고정밀 위치정보 기술, 자율주행 기술 등을 활용하여 공장 내 원재료 · 부품 · 제품을 혼선 · 혼잡 없이 스스로 알아서 각 생산 단계에 맞게 자율적인 이동이 가능한 물류 시스템으로 발전할 것이다. 특히, 이러한 물류 이동과정에서 지능화된 로봇을 활용한 자율적 물류이동 시스템이 보편화될 것으로 예상된다. 공장뿐만 아니라 물류센터 등에서의 활용이 더욱 확대될 것으로 보이며, 특히 제조 공정에 필요한 원재료의 입고부터 모듈 출하까지 전 공정의 자동화와 맞물려 원재료 · 부품의 이동 및 추적 시스템을 갖춘 공장이 지속적으로 증가할 것이다.

향후 이러한 공장 내 자율주행 물류 시스템이 도입될 경우, 미래 물류 시스템은 최적 경로의 공장 내 원재료 · 부품 · 제품 등을 이동시킴으로써 혼잡으로 인한 시간 낭비를 줄이고 적기에 작업할 수 있는 여건을 제공해줌으로써 효율적인 생산을 높이는 데 기여할 것으로 기대된다.

2.8. 작업자 특성 맞춤형 웨어러블 증강 슈트 (Wearable Augmented Suit)

작업자 특성 맞춤형 웨어러블 증강 슈트는 공장에서 작업을 수행하는 근로자의 신체 조건을 반영한 맞춤형의 근력 강화용 웨어러블 슈트를 의미한다.

현재 산업 현장에서 일부 활용되고 있는 웨어러블 슈트는 근로자의 근조직 등 세밀한 신체 특성 및 작업 유형을 충분히 반영하지 못한 범용의 웨어러블 슈트를 착용함으로써 작업자의 생산성을 극대화하는 데 제약이 따른다. 그러나 앞으로는 근로자의 근력, 체형, 유연성 등의 다양한 신체 정보 데이터와 작업 형태를 반영한 맞춤형 근력증강 웨어러블 슈트 활용이 가능한 제조 공정 환경이 제공될 것이다.

작업자 특성 맞춤형 웨어러블 슈트를 통해 작업자의 신체를 보호하고 업무 강도를 완화할 뿐만 아니라 생산 현장에서 장시간 작업으로 인한 근골격계 질환을 방지하고 작업 효율과 생산성 향상에 기여할 것으로 기대된다.

2.9. 지능형 위해 예측 및 안전 강화 기술 (Predictive Safety Manufacturing)

지능형 위해 예측 및 안전 강화 기술은 공장 내에서 발생하는 각종 안전사고의 유형에 대한 인공지능 알고리즘 학습을 통해 작업자에 대한 정보(위치, 자세 등), 작업 환경(가스 누출, 위험물 적재 등) 등을 분석 · 예측하여 실시간 작업자에게 위험을 알려주는 기술을 의미한다.

기존 생산 현장의 작업자에 대한 휴먼센싱이 부족하고 실시간으로 작업자에게 전달하는 위험 안내 및 대응력이 매우 취약한 실정이다. 이에 앞으로는 공장에서 작업자가 어떤 장소에서 작업을 수행하고 있더라도 작업자에 대한 정밀화된 휴먼센싱 정보와 고도의 인공지능 카메라 기술 기반 공장 내 모니터링 데이터 기반 위험 발생 유형 학습을 통해 작업자 상황에 맞는 지능형 안전관리 인프라 환경이 가능해질 것이다. 산업재해 발생이 높은 업종인 제조업, 건설업 등이 최우선 적용 대상이 되며 제조업 내에서도 기계기구 · 금속 · 비금속광물제품 제조업과 화학 및 고무제품 제조업 등에서 산업재해 등에 대응한 지능형 작업자 안전 강화 기술의 조기 도입 · 활용이 요구된다(안전보건공단, 2021). 산업재해로 인한 우리나라의 경제적 손실추정액은 2015년 20.4조 원에서 2020년 27.6조 원으로 증가세를 보이고 있어 생산 현장에서 작업자의 안전을 강화하는 것이 중요한 이슈로, 이에 대한 체계적인 대응 방안 마련이 필요하다(고용노동부, 2020).

지능형 위해 예측 및 안전 강화 기술이 도입되면 작업자에 대한 산업재해 발생 예방 및 보다 안전한 작업 환경 마련에 기여할 것으로 기대된다.

2.10. 위험 환경 대응 원격 공정 로봇 (Remote Processing Robot)

위험 환경 대응 원격 공정 로봇은 안전상의 문제로 작업자가 접근하지 못하거나 고난도의 작업을 필요로 하는 특수한 생산 현장에 로봇이 투입되어 작업자가 실시간으로 원격 작업을 하게 하는 특수환경 맞춤형 로봇을 의미한다.

작업자는 고위험의 생산 현장에서 부득이한 작업으로 인해 상시 위험에 노출되고, 이로 인한 산업재해가 반복적으로 일어나는 위험한 상황에 직면해 있다. 그러나 위험 환경 대응 원격 공정 로봇이 도입될 경우 위험에 노출된 생산 현장에 로봇을 투입하여 원격으로 작업을 지시 · 수행 함으로써 산업재해 예방과 업무 효율성 향상이 가능할 것이다.

위험 환경 대응 원격 공정 로봇을 고위험 생산 현장에 투입함으로써 작업자의 안전을 보장함과 동시에 업무 성과를 높일 수 있을 것으로 기대된다.

2.11. 탄소 인터넷 기반 온실가스 저감 시스템 (Zero Emission Factory)

탄소 인터넷 기반 온실가스 저감 시스템은 공장 내 다양한 기기와 설비로부터 발생하는 탄소 데이터를 수집 · 저장 · 전송하는 과정에서 인공지능, 빅데이터, 센서, 디지털 트윈 등 첨단기술을 접목하여 탄소배출을 실시간 자율적 모니터링, 시뮬레이션을 하는 인터넷 시스템을 의미한다.

지구 환경 보호에 대한 인식이 높아지면서 제조 현장에서 발생하는 탄소배출을 어떻게 관리할 것인가에 대한 이슈가 부각되고 있다. 제조 현장에서 작동하는 각종 기기와 설비로부터 발생하는 탄소에 대한 정보를 얻을 수는 있지만 탄소 발생에 대한 시뮬레이션과 이를 통한 대응에는 소극적이거나 제약이 많은 상황이다. 하지만 앞으로는 공장 내 탄소 발생을 실시간 모니터링하고 이를 통해 습득한 정보를 인공지능으로 학습하여 자율적으로 탄소 발생 예측을 시뮬레이션함으로써 공장 내 탄소중립 환경을 촉진하는 데 일조할 것이다.

산업의 발전은 필연적으로 지구 환경을 저해할 수밖에 없는 불가분의 상황을 지속해서 유지해 왔으나 점차 인류를 위협한다는 인식이 팽배해짐에 따라 대다수의 제조 현장에서 탄소 발생 저감을 위한 노력은 가속화될 것이다. EU는 2026년부터 탄소 국경세 도입을 선언하였으며 범세계적으로 탄소배출 감축을 위한 기업의 탄소세 등과 같은 새로운 제도에 직면하지 않을 수 없는 상황에 놓이게 되었다. 또한 친환경, 사회적 책임, 지배구조 개선을 강조하는 ESG(Environment, Social, Govrernance) 경영이 새로운 화두로 부각됨에 따라 탄소배출 감소는 이제 선택이 아닌 기업의 필수로 자리매김할 것으로 전망되는 상황이다. 이에 탄소 인터넷 기반 온실가스 저감 시스템의 조기 도입을 통한 기업 차원의 대응이 무엇보다도 중요한 시점에 마주하고 있다.

탄소 인터넷 기반 온실가스 저감 시스템을 통해 기업의 탄소배출 제어 역량을 높이고 중요한 이슈로 부각되는 ESG 경영을 통한 친환경 공장 구현에 기여할 것으로 전망된다.

2.12. 블록체인 기반 고도화된 스마트 제조 보안 시스템 (Blockchain-Factory)

블록체인 기반 고도화된 스마트 제조 보안 시스템은 원재료 · 부품 조달, 공정, 제품 이동 등의 제조 전주기 과정에서 외부로부터의 해킹, 위변조 방지 및 보안 신뢰성을 높이기 위해 블록체인 기술을 활용한 제조 보안 시스템을 의미한다.

공장 내 네트워크 인프라로 사물인터넷 사용은 보안 측면에서 취약성에 노출되어 있다. 또한 사물인터넷을 활용한 기기 인증, 부품 · 제품 추적 등 과정에서 발생 가능한 데이터의 위변조 및 해킹 등에 대한 대응력이 미흡한 수준이다. 이에 다가올 미래에서의 제조 보안 방향은 기존 통신 네트워크 대비 보안에 최적화된 블록체인 기술을 적용하여 제조 현장에서 발생한 데이터에 대한 부당한 유출, 위변조를 사전에 방지해줌으로써 신뢰성 높은 제조 데이터 운영이 가능해질 것이다.

제4차 산업혁명 이후 데이터를 기반으로 하는 새로운 비즈니스 모델 창출의 중요성이 높아짐과 동시에 유용한 양질의 데이터를 기업이 안전하게 활용할 수 있는 보안 시스템 구축에 대한 요구가 증가하고 있으며 그 기저에 블록체인 기술이 있다. 이에 블록체인 기반 고도화된 스마트 제조 보안 시스템은 외부로부터 자사의 산업 데이터 해킹, 위변조 방지 및 보안 신뢰성을 강화함으로써 기업의 지속적인 성장을 견인하는 핵심 동력원으로서의 가치가 지속해서 커질 것으로 기대된다.

2.13. 글로벌 능동형 공급체인 예측 및 대응 시스템 (Global Active SCM)

글로벌 능동형 공급체인 예측 및 대응 시스템은 글로벌 공급망 가치사슬(GVC) 문제 발생 시 대체 가능한 공급기업의 실시간 자율적 예측 · 선정 및 연결을 지원하는 플랫폼 시스템을 의미한다.

현재의 공급체인 시스템은 기업 내부 및 외부 환경 요인으로 인해 예기치 못한 공급망 문제가 발생할 경우 수요기업의 생산 차질이 불가피한 상황이다. 이로 인해 기업은 예기치 못한 막대한 손실에 직면할 수 있다. 그러나 글로벌 능동형 공급체인 예측 및 대응 시스템이 도입된다면 단순한 수요와 공급의 연결을 넘어 가상환경에서 시뮬레이션을 통해 기술적 · 경제적 검증 후 공급망과의 연결을 지원하는 것이 가능해질 것이다.

이러한 글로벌 능동형 공급체인 예측 및 대응 시스템을 통해 기업은 안정적인 생산라인을 유지하고 중단 없는 공급망 관리 및 유연하고 신속한 공급망 가치사슬을 재편하는 데 기여할 것으로 기대된다.

3. 스마트 팩토리 활성화 방안

스마트 팩토리에 대한 산 · 학 · 연 전문가 워크샵 및 브레인스토밍 등을 종합적으로 반영하여 도출된 미래 스마트 팩토리 13대 유망 서비스가 확산 내지 활성화되기 위한 전략적 방향을 기술, 정책 · 제도, 비즈니스 생태계 측면에서 제시하면 다음과 같다.

우선 기술 측면에서는 기업 내외부 제조와 시장환경, 기술혁신에 능동적 대응을 위해 첨단 디지털 기술을 중심으로 기술 역량을 강화하고 제조 현장에서의 생산성 향상을 위한 다양한 공정 개선 솔루션 개발 등이 중요하다. 미래 스마트 팩토리의 대표적인 핵심기술로 자율지능이 부각되고 있다. 고도화된 인공지능 기반 예측제어 기술과 디지털 트윈의 시뮬레이션 기술을 접목 · 적용한 솔루션 개발이 필요하며 이를 실현하기 위해서는 인공지능 학습 알고리즘을 통해 주문 · 생산 · 물류, 로봇, 공정 시스템 등 분야에서 스스로 알아서 작업 수행이 가능한 고도화된 자율지능 기술 역량 확보가 필요하다. 제조 현장에서 발생한 대용량의 실감 데이터 전송이 가능한 5G와 같은 고도화된 통신네트워크 기술을 도입 · 활용하는 것이 요구되며, 5G 기반 다양한 스마트 공정 및 솔루션 개발 또한 간과해서는 안 될 것이다. 또한 공장 내 작업자와 자율지능 로봇과의 커뮤니케이션 기술 역량 화보를 통한 업무 생산성 증대가 필요하다. 한편 데이터의 해킹, 위변조 방지를 위해 블록체인 기술을 활용한 보안 시스템 성능개선이 필요하며, 작업자의 안전 보장과 업무 생산성 향상을 위한 안전 시스템 강화 및 신체 특성 반영 착용형 웨어러블 슈트 개발 역량을 확보하는 것이 필요하다.

둘째, 정책 · 제도 측면에서는 스마트 팩토리 확산을 위한 데이터 표준화, 테스트베드 및 스마트 팩토리 도입 촉진을 위한 정책지원 마련이 중요하다. 제조 현장에서 발생하는 다양하고 방대한 제조 데이터의 수집 · 저장 · 분석과 효율적인 활용을 위한 산업 데이터에 대한 체계적인 표준화가 시급히 요청된다.

미래 스마트 팩토리 유망 서비스 개발 및 이들 서비스의 산업적 특성을 반영한 스마트 팩토리 검증을 위한 테스트베드의 확대 정책이 요구된다. 예를 들어 디지털 트윈 솔루션을 활용해 중소기업의 신규 생산라인 및 제품의 사전 검증을 위한 테스트베드를 구축하여 운영하는 것이 중요하다(관계부처합동, 2021). 또한 스마트 팩토리 공급기업 및 수요기업의 스마트 팩토리 솔루션 개발 및 도입 촉진을 견인하기 위한 정책지원을 마련하고 법·제도·규제 측면에서 불합리한 요인에 대한 개선 방안을 마련하는 것이 필요하다. 한편 중소기업의 스마트 팩토리 도입 및 고도화를 위해서는 산업 인공지능 및 데이터 활용을 강화하기 위해 초연결성과 지능화를 위한 정부의 지원 정책을 마련하는 것이 필요하다(이록·김상영, 220).

마지막으로 비즈니스 생태계 측면에서 국내 스마트 팩토리 경쟁력을 강화하기 위한 공급솔루션-SI 등 산업 생태계 조성 및 미래에 변화하는 제조 환경을 선도할 유망 서비스 선제적 확산이 중요하다. 스마트 팩토리에 대한 기업 내부 인식 전환을 위한 교육 확대가 필요하며, 인공지능 등 첨단기술에 대한 이해력과 산업 현장에서 발생한 다량의 산업 데이터를 이용해 스마트 팩토리 개발 전략 및 운영 관련 역량을 갖춘 전문인력의 양성이 요구된다. 기업의 생산성 및 효율성 등 성과개선이 탁월한 신규 서비스 및 비즈니스 모델 개발과 이를 사업화에 적용해 성공사례 내지 레퍼런스를 확보해야 할 것이다. 예를 들어 5G 기반 스마트 팩토리 생태계를 구축하기 위해서는 5G 기반 제조 데이터를 활용한 스마트 팩토리 성공 경험을 제시하는 것이 무엇보다 중요하다. 그리고 제조 현장의 산업 데이터를 활용한 새로운 가치 창출 기회 확대, 비즈니스 모델 개발 및 미래 유망 서비스 발굴·확산을 강화하는 것이 필요하다.

참고문헌

관계부처합동(2021), “디지털 트윈 활성화 전략”.

고용노동부(2020), “2019 산업재해 발생현황”.

손지연 · 김현 · 이은서 · 박준희(2021), “제조+AI로 실현되는 미래상 : 자율공장”, 『전자통신동향분석』,한국전자통신연구원, 제36권 제1호, 64-70.

안전보건공단(2021), “통계로 보는 2020 산업재해”.

이록 · 김상영(2020), “중소 제조업의 스마트 팩토리 운영과 전략”.

4장

메타버스 관점에서 본 스마트 팩토리의 미래

신동형(알서포트)

〈요약〉

2021년은 메타버스의 해라고 해도 과언이 아니다. 본 장에서는 최근 높은 재관심을 받고 있는 메타버스를 스마트 팩토리에 적용해 향후 새로운 제조 환경, 즉 스마트 팩토리의 미래에 대해서 살펴보도록 하겠다. 이를 위해서 메타버스가 무엇인지 알아야 한다. 메타버스는 2006년 4가지 시나리오로 정의된 바 있지만 변화와 현실이 반영된 2020년대 용어로 아바타(디지털 미) UX가 적용된 공간, XR(디지털 현실) 기술이 적용된 공간, 디지털 트윈이 적용된 공간으로 재정의할 수 있다. 이를 메타버스 2.0 또는 디지털 X라 말할 수 있다. 메타버스 2.0을 적용하면 첫째, 스마트 팩토리는 디지털 트윈을 통해서 시뮬레이션을 통한 최적화 및 공정 또는 공장 자동화·자율화를 지향한다. 둘째, 스마트 팩토리는 XR을 통해서 원격지에서도 실제 공장 현장에 있는 것처럼 모니터링하고 제어할 수 있는 원격 공장화 및 쾌적한 공간에서 일을 할 수 있기 때문에 작업자의 만족도와 생산성 향상을 추구한다. 셋째, 스마트 팩토리는 기계 장치 아바타와 일상에서 다른 사람들과 소통할 수 있다면 작업자의 숙련도를 빠르게 올릴 수 있다. 이들 메타버스 2.0은 모두 연결성을 기반으로 한다. 연결성이 공정을 넘어서 팩토리, 공급망과 가치사슬 전반으로 확대되어 관리될 수 있다면 시장 환경 변화에 수평적, 수직적 팩토리 네트워크적 대응이 가능할 것으로 보인다.

2021년은 메타버스의 해라고 해도 과언이 아닐 것이다. 나이와 성별 상관없이 사람들 모두 메타버스에 대해 이야기하는 모습을 쉽게 발견할 수 있다. 메타버스에 대해서 어떤 이들은 제페토나 로블록스(ROBLOX)라는 서비스를 이야기하고 또 다른 이들은 "레디 플레이어 원"과 같은 영화를 예로 들면서 현실과 같은 가상세계라고 이야기한다. 제페토, 로블록스, "레디 플레이어 원" 등으로 언급되는 메타버스가 스마트 팩토리와 어떤 연관성을 가질까? 가상 또는 디지털이 연결된다면 어쨌든 현실 그리고 실제 제품을 생산하는 제조 현장인 팩토리가 새로운 제조 환경으로 거듭나는 데 시사점을 얻을 수 있을 것이다. 여기에서는 메타버스를 통해 스마트 팩토리의 미래를 예상해 보도록 하겠다.

1. 생뚱맞은 메타버스와 스마트 팩토리라는 조합

1.1 메타버스 재관심 배경 2가지 : 인간의 욕망, 기술적 뒷받침

메타버스는 2000년대 초반 관심을 받고 잊혀졌다가 최근 새롭게 재관심을 받고 있다. 메타버스가 왜 관심받고 있는지를 알아야 그 속에 녹여진 본질을 더 잘 이해할 수 있다. 그 배경을 2가지로 정리할 수 있다.

첫째, 사람들의 욕망이다. 현실 공간은 코로나19 바이러스가 언제 공격할지 모르는 위험한 공간이자 마스크 없이 생활할 수 없는 답답한 공간이다. 하지만 온라인 디지털로만 이뤄진 메타버스에서는 코로나19 바이러스에 대한 걱정을 잊고 마스크 없이 편안하게 활동할 수 있다. 그 안전한 공간에 대한 욕망이 메타버스로 반영된 것 같다.

둘째, 기술적 관점에서 5G가 구축 중이라 2006년 정의된 메타버스 시나리오 중 가상현실(VR)과 증강현실(AR)이 언제 어디서나 구현 가능한 기반이 만들어지고 있다. SA[1]와 네트워크 슬라이싱[2]이 보편화될 때 구현될 5G의 기술적 특징으로는 eMBB(초고속), mMTC(초연결), URLLC(초저지연)이 있다. eMBB의 속성이 모바일 환경에서 가상현실과 증강현실 구현을 통신 관점에서 가능하게 해줄 수 있다.

그림 2-4-1 메타버스 재관심 배경

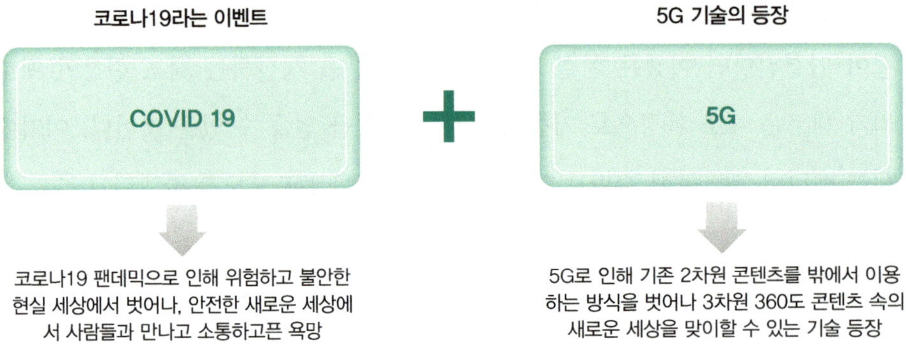

출처 : 저자 작성

1.2 메타버스와 스마트 팩토리

메타버스가 재관심 받는 배경은 이상하리만큼 지금 스마트 팩토리에 대해 더 관심을 가져야 할 이유와 상통한다.

첫째, 인간의 욕망 관점에서 제조 현장은 어떤 곳일까? 반도체 또는 디스플레이와 같은 고정밀 생산 공정은 무균 및 실제 그 어떤 현실보다 깨끗한 공정일

1. SA(Stand Alone) : NSA(Non-Stand Alone)이 주파수와 기지국은 5G이고 코어망은 4G임에 반해, SA는 주파수, 기지국, 코어망 모두 5G로 구성된 5G 구성 형태(TYPE) 중 하나이다. 우선 5G SA가 되어야 네트워크 슬라이싱 기술 적용이 가능하다.
2. 네트워크 슬라이싱(NETWORK SLICING) : 네트워크 가상화 기술이다. 4G까지는 대용량 멀티미디어에 최적화된 이동통신망 중심이었고, 소량의 데이터 송수신을 위해서는 별도의 사물인터넷 전용망(Low Power Wide Area Network ; LPWAN)가 필요했었다. 하지만 5G에는 네트워크 슬라이싱 기술이 적용되어 5G망을 가상화하여 대용량 멀티미디어용과 소량의 사물인터넷용 망을 하나의 이동통신망으로 구축 가능하게 되었다.

수 있다. 그 외 일반적인 다른 제조라인은 3정(정품, 정량, 정위치) 5S(정리, 정돈, 청소, 청결, 습관화) 활동을 하더라도 덥거나 춥고 또 지저분한 공간일 수 있다. 물론 깨끗함 여부와 상관없이 화학물 또는 무거운 기계 장치들이 함께 있어 위험할 수 있는 공간이 바로 제조 현장이다. 만약 원격으로도 현장에서 바로 모니터링 및 제어하는 수준으로 일을 할 수 있다면 직접 현장에 갈 필요가 없어 위험을 회피할 수 있는 데다 생산 공정 품질을 유지 또는 높일 수 있다. 메타버스가 그 방안이 될 수 있다.

둘째, 기술적 관점에서도 5G로 인해 로봇 등 기계 장치들과 연결성이 증대되어 제조 현장이 한층 더 고도화될 수 있다. 그 이유를 들면 다음과 같다. 첫째, eMBB(초고속)를 통해 현장감 있게 원격 모니터링과 제어가 가능하다. 둘째, URLLC(초저지연)를 통해 실제 현장에서 제어하는 것과 같아 품질 사고를 방지할 수 있다. 셋째, mMTC(초연결)를 통해 더 많은 기계 장치를 연결할 수 있어 제조 현장의 원격화 · 자동화를 확대할 수 있다.

2. 메타버스 재정의

메타버스에 대한 이야기를 할 때 빠지지 않고 이야기되는 것이 메타버스의 유래이다. 여기서도 잠깐 다루고자 한다. 메타버스는 닐 스티븐슨이라는 작가가 자신의 SF 소설인 『스노우 크래시』에 언급하면서 등장한 용어이다. 소설에서는 아바타가 활동하는 공간으로 묘사되어 있다. 당시는 큰 인기를 끌지 못했다가 2000년대 초반 3차원(3D) 아바타 중심의 세컨드 라이프가 인기를 끌면서 메타버스라는 용어가 인기를 끌었다. 그때 메타버스에 대한 많은 연구가 진행되었다. 그 후 명맥이 끊어졌다가 최근 다시 관심을 받고 있다.

2.1 2006년 메타버스 정의

우선 메타버스를 이야기할 때 가장 보편적으로 사용되는 시나리오는 2006년에 정의된 라이프로깅(LIFELOGGING), 가상현실(VR), 거울 세상(MIRROR WORLD), 증강현실(AR) 4가지가 있다. 이러한 분류는 기술과 사람과의 상호경험(USER EXPERIENCE ; UX) 관점에서 이루어진 것이다. 〈그림 2-4-2〉를 보면 세로(기술)축은 현실과 디지털의 접목인 증강(AUGMENTATION), 완전 디지털인 가상(VIRTUALIZATION)으로 구분 가능하다. 가로(UX)축은 사람과의 상호작용 관점에서 적극적인 개입인지, 관찰자 입장인지에 따라서 나눌 수 있다.

첫째, 라이프로깅은 사람 또는 사물이 경험하는 일상 정보를 디지털화, 데이터화 하여 수집 · 저장 · 묘사하는 공간이라고 한다. 쉽게 생각하면 우리의 일상을 디지털로 기록하는 페이스북, 인스타그램 등의 소셜 미디어가 그 대표적 예이자 전부라 말할 수 있을 것 같다.

둘째, 가상현실은 실제처럼 컴퓨터로 시뮬레이션한 온라인 디지털 세상으로 개인 또는 사물의 자아와 행위에 초점이 맞춰진 공간이라고 한다. 쉽게 설명하면 스티븐 스필버그 감독이 만든 영화 "레디 플레이어 원"에 나온 오아시스(OASIS) 공간이라고 생각하면 될 것 같다.

셋째, 거울 세상은 현실 세상을 디지털 세상으로 복제 또는 투영시킨 것이다. 구글 어스, 네이버맵, 카카오맵 등 실제 지형을 디지털 지도로 옮긴 것이 그 예가 될 것이다.

넷째, 증강현실은 현실 세계에 있는 아날로그적 · 물리적 대상에 디지털 데이터를 겹쳐 보여주는 기술이 적용된 공간이다. 구체적으로는 마블의 영화 "아이언맨"에서 적을 구별하고 미사일을 쏠 때 현실에 디지털 정보가 겹쳐지는 모습을 증강현실이 구현된 예로 들 수 있다.

그림 2-4-2 2000년대 정의된 메타버스의 4가지 시나리오

증강(Augmentation)

사용자 밖 세상을 관찰 (External)	**증강현실**(AUGMENTED REALITY) • 현실 세계에 있는 아날로그적 · 물리적 대상에 디지털 데이터를 겹쳐 보여주는 기술 • 실제 현실 세계에 투영함으로써 실체감이 높고 몰입도 유도 가능	**라이프로깅**(LIFELOGGING) • 사람 또는 사물이 경험하는 일상 정보를 데이터화하여 수집하고 저장 · 묘사함. • 예시로 인스타그램, 페이스북 등 소셜 미디어가 있음.	사용자가 적극적 개입 (Intimate)
	거울 세상(MIRROR WORLD) • 현실 세계를 디지털 세상으로 투영시킴. • 지리적 또는 정보적으로 정확한 방식으로 매핑하려고 함. • 예시로 구글 어스(Google Earth)가 있음.	**가상현실**(VIRTUAL REALITY) • 실제처럼 느낄 수 있도록 컴퓨터로 시뮬레이션한 온라인 디지털 가상 세상 • 개인 또는 사물의 자아와 행위에 초점이 맞춰져 있음. • 예로 게임, 페이스북 호라이즌 등이 있음.	

가상(Virtualization)

출처 : JohnSmart, JamaisCascio, JerryPaffendorf(2006)

2.2 2020년대 용어로 메타버스 재정의(메타버스 2.0)

여기서 라이프로깅과 거울 세상은 2006년 이후 꽤 오래 시간이 흘렀음에도 불구하고 지금 잘 활용되고 있지 않은 용어이기도 하고 여전히 어색하다. 그리고 라이프로깅의 경우 소셜 미디어로 대표된다. 소셜 미디어도 그 모습이 변화되고 있기는 하다. 거울 세상도 의미가 친숙해서 지금은 좀 더 발전한 무엇인가가 있을 것 같기도 하다. 이러한 변화의 모습을 반영한 지금 2020년대의 용어로 메타버스를 재해석하면 어떻게 될까?

첫째, 라이프로깅을 대표하는 소셜 미디어는 프로필에서 대신 활동하는 아바타(AVATAR) 중심으로 변화하고 있다. 이 변화는 2가지 관점에서 설명할 수 있다. 첫 번째, 디지털 공간 속에서 보내는 시간이 실제 공간에서 사람들과 만나고 소통하고 일하는 시간을 넘어서고 있다. 즉, 과거 현실의 '나'가 디지털 공간의 주인임을 증명하는 프로필이 소셜 미디어의 중심이었다면, 디지털 중심 세상에서는 실제 '나'를 증명할 필요 없이 스스로 적극적 기록 활동이 가능한 '아바타'가 자리잡아가고 있다. 두 번째, MZ 세대 중심으로 활용되는 제페토, 로블록스(ROBLOX) 등에서는 아바타가 사용자를 대신해 활동하고 있다. 새로운 세대들이 아바타를 이용하는 이유는 아바타가 타고난 육체적 한계를 벗어나 무엇이든 될 수 있고 할 수 있는 존재이기 때문이다. 또 디지털 속에서 활동 시간이 더 많은 새로운 세대들에게 아바타는 이미 익숙한 존재이다. 그래서 라이프로깅은 더 적극적으로 일상을 기록하고 또 마음대로 원하는 바를 구현할 수 있는 '아바타'가 활동하는 공간으로 거듭나고 있다.

둘째, 가상현실(VR)과 증강현실(AR)은 최근 들어 혼합현실(MR)과 함께 확장현실로 포괄적으로 활용되고 있다. 과거에는 게임 콘솔 및 스마트폰에 종속된 탓에 기능이 특화되어 VR, AR 등으로 별도 구분되었다. 하지만 확장현실이라는 개념이 나오면서 이들을 포괄해서 정의하고 있다. 그 이유는 C-P-N-D (Contents(콘텐츠와 서비스)-Platform(플랫폼)-Network(네트워크)-Device(기기) 등 실제 사용자들이 활용하는 콘텐츠와 서비스가 제대로 구현되기 위해서 필요한 활동들의 모음) 가치사슬 관점에서 봐도 VR, AR이 포괄적으로 통합되고 있음을 알 수 있

그림 2-4-3 메타버스 환경 변화

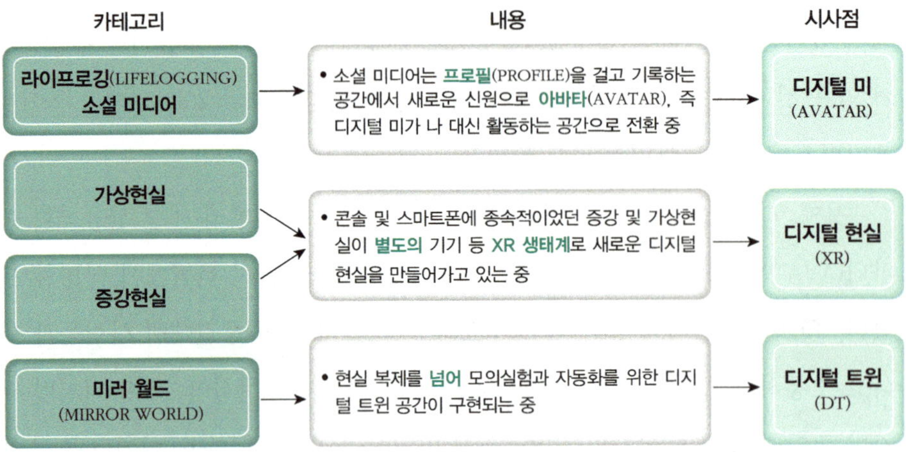

출처 : 저자 작성

기 때문이다. 기기는 VR은 HMD, AR은 안경(GLASS) 공식을 벗어나 사용성이 높은 안경(GLASS)으로 통합되고 있다. 플랫폼은 클라우드에서 VR, AR, MR 모두 구현되는 방향으로 그리고 콘텐츠와 서비스는 유니티 또는 언리얼 엔진 등을 통해 포괄적으로 개발되는 기반이 이미 만들어져 있다. 그러므로 가상현실과 증강현실은 XR(확장현실) 기술이 적용되는 공간으로 재정의될 수 있다.

셋째, 거울 세상은 현실 복제를 넘어 모의실험(Simulation, 시뮬레이션)과 자동화를 위한 디지털 트윈이 구현된 공간으로 거듭나고 있다. 거울 세상이 네이버 맵 · 카카오 맵이라면 디지털 트윈은 최적의 운행 구간을 계산해 내는 디지털 지도 위 내비게이션이라고 보면 될 것 같다. 거울 세상이 회계 전표를 데이터화하여 엑셀 등으로 저장한 것이라면 디지털 트윈은 자동 분류하고 회계 시스템에 입력 및 총계정원장에 분기까지 한 것이라 볼 수 있다. 또 디지털 트윈은 이미 산업계에서 제품을 개발할 때 실물을 만드는 대신 그 결과를 예측할 수 있는 시뮬레이션으로 시간, 재료 비용을 줄이는 데 사용되고 있다. 뿐만 아니라 자동화를 통해서 비용 절감 및 사람들의 안전을 지키는 작업장을 만들어가고 있다. 지금은 산업계에서 주로 활용되지만 향후 사람들의 일상 생활에도 적용될 것이다. 사람들의 건강 상태를 디지털 공간에 저장해서 분석한다면 향후 예방 등 선제적 건강 관리를 하는 데 활용될 수 있을 것이다.

그런 관점에서 2020년대 용어로 재정의한 메타버스 2.0은 ① 아바타 UX로 구현된 공간, ② XR 기술로 구현된 공간, ③ 디지털 트윈이 구현된 공간 등 3가지 시나리오로 정리할 수 있다. 그리고 이 모두를 통합한다는 관점에서 메타버스 2.0은 디지털 미(아바타), 디지털 현실(XR), 디지털 트윈 등 디지털 X라고도 부를 수 있다.

그림 2-4-4 2020년대 정의된 메타버스의 3가지 시나리오

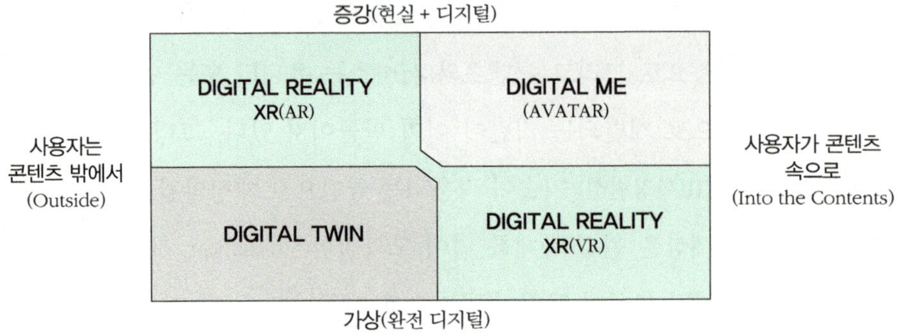

출처 : 저자 작성

3. 메타버스 2.0(디지털 X) 관점의 스마트 팩토리 핵심은 디지털 트윈

지금까지 메타버스 2.0을 알아봤다. 이 메타버스 2.0의 아바타(디지털 미), XR(디지털 현실), 디지털 트윈을 적용해 제조 환경의 향후 변화된 모습을 유추해 볼 수 있다. 우선 스마트 팩토리 영역에 가장 적극적으로 적용되고 있는 디지털 트윈에 대해서 먼저 알아보겠다.

3.1 디지털 트윈과 스마트 팩토리

2006년 메타버스의 모습으로 정의된 현실 세상의 디지털화(MIRROR WORLD)는 현재 디지털 트윈의 개념으로 설명될 수 있다. 디지털 트윈은 미국 GE가 주창한 개념으로 그들은 컴퓨터에 현실 속 사물의 쌍둥이를 만들고 현실에서 발생할 수 있는 상황을 컴퓨터로 모의실험 하여 그 결과를 미리 예측하는 기술로 정의하고 있다. 그 밖에 다양한 기관들에서 디지털 트윈을 '현실 세계에 존재하는 대상이나 시스템의 디지털 버전', '물리적 기계 혹은 프로세스의 소프

트웨어 모델', '물리적 자산에 대한 살아있는 디지털 시뮬레이션 모델', '프로세스 또는 실제 제품의 최신 디지털 프로파일', '물리적 시스템의 구조, 문맥, 동작을 나타내는 데이터와 정보의 조합' 등으로 정의하고 있다.

이들 다양한 정의를 조합해 본다면 디지털 트윈은 현실 세상 속 물리적 자산 · 자원이 디지털 공간에 그대로 구현되어 현실에서 발생 가능한 상황을 모의실험하여 그 결과를 미리 예측하고 대응 방안을 찾는 메타버스 유형이라 설명할 수 있다.

그림 2-4-5 디지털 트윈

개념도

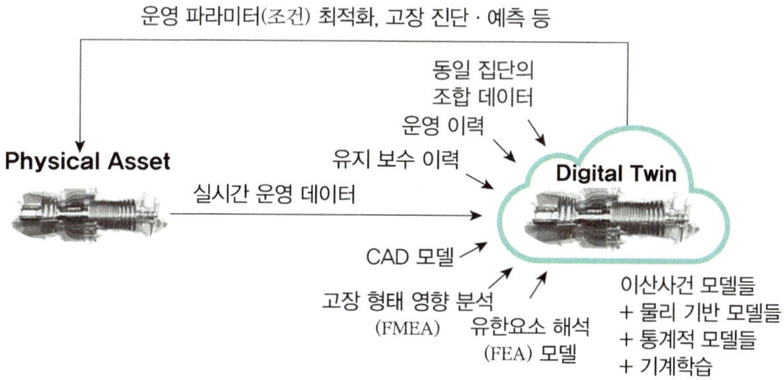

방향성

- 미국 GE가 주창한 개념으로 컴퓨터에 현실 속 사물의 쌍둥이를 만들고 현실에서 발생할 수 있는 상황을 컴퓨터로 시뮬레이션함으로써 결과를 미리 예측하는 기술을 의미

디지털 트윈의 지향점

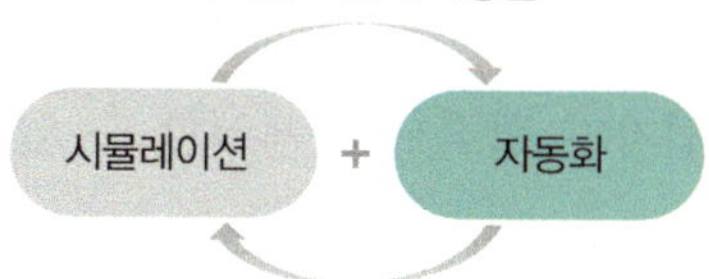

출처 : 4차 산업혁명위원회(2019)

그리고 공정 · 공장 자동화가 스마트 팩토리의 지향점 중 하나이다. 디지털 트윈의 지향점 역시 자동 · 자율화라 스마트 팩토리는 디지털 트윈을 기반으로 접근, 고도화되고 있다.

3.2 디지털 트윈의 단계적 진화

완전 자동 · 자율화를 꿈꾸는 디지털 트윈은 그 수준에 따라서 4단계로 구분 가능하고 단계별로 접근해야 한다. 여기서 자동 · 자율화의 수준은 물리적 자산 · 자원의 디지털화 수준에 달려 있다고 해도 과언이 아니다. 복제 수준으로 모든 정보를 담을수록 자동 · 자율화의 수준은 높아지기 때문이다. 우선 기본적으로 클라우드와 통신망을 통해 다른 기기들을 연결시켜 데이터를 송수신하는 연결성은 보장되어야 한다. 그리고 원격으로 현실 세상의 물리적 자산 · 자원을 디지털화와 모의실험 알고리즘의 수준에 따라 모니터링, 제어, 일부 자동화, 완전 자동화하면서 단계를 높여갈 수 있다.

1단계인 원격 모니터링 트윈은 연결된 원격 상황에서 가상세계에 만들어진 트윈을 관찰 및 인지하는 상태이다. 즉, 디지털 트윈의 가장 기본적인 단계이며 이를 위해서는 디지털화 및 연결화가 기반이 되어야 한다.

2단계인 원격 제어 트윈은 모니터링한 결과를 기반으로 원격으로 제어하는 상태이다. 원격 모니터링 단계는 혹시나 발생할 수 있는 사고 상황에서 기계 장치를 제어하기 위해서 항상 현장 주변에 대기하고 있어야 한다. 하지만 원격 제어 트윈 상황에서는 작업자가 원격으로 제어할 수 있기 때문에 현장과 떨어진 원격지에서 근무하는 것도 가능하다. 국내 원격 1위 사업자인 알서포트에서 밝힌 바에 따르면 리모트뷰(RemoteView) 서비스를 제조라인의 기계 장치에 설치한 공장에서는 근무자가 여름에 덥고 겨울에 추운 공장라인에 대기하기보다는 사무실에서 근무하며 이상 유무를 체크하는 수준으로 근무해 만족도가 높다.

3단계인 원격 최적화 트윈은 가상공간에 저장한 조건 알고리즘에 따라 특정 조건 또는 단순 · 반복적 업무를 자동화한 상태이다. 여기서부터는 앞서 설명한 1단계의 디지털화, 연결화뿐만 아니라 데이터화가 기반이 되어야 한다. 모니터링과 제어는 전체 화면을 미러링해서 보내줄 수도 있다. 이 경우 사람이 계속 관찰해야 한다. 하지만 컴퓨터로 분석 가능하게 하려면 화면 속 내용 및 아이템 하나하나가 데이터화되어야 하므로 제조 현장의 환경과 공정 중인 기계 장치의 활동도 모두 데이터화되어야 한다. 이러한 데이터화를 기반으로 일부 조건을 자동화할 수 있다.

4단계인 완전 자동화 트윈은 가상공간 속 트윈이 실제 현장 상황에 대한 완벽한 인지를 바탕으로 상황에 맞게 작업자의 개입 없이 기계 장치가 판단하여 동작하는 상태이다. 일반적으로 사람들이 보고 있다고 생각하는 것도 100% 현실을 반영하지 않는다. 디즈니가 "인사이드 아웃"이라는 영화를 준비하면서 연

그림 2-4-6 디지털 트윈 분류 및 단계

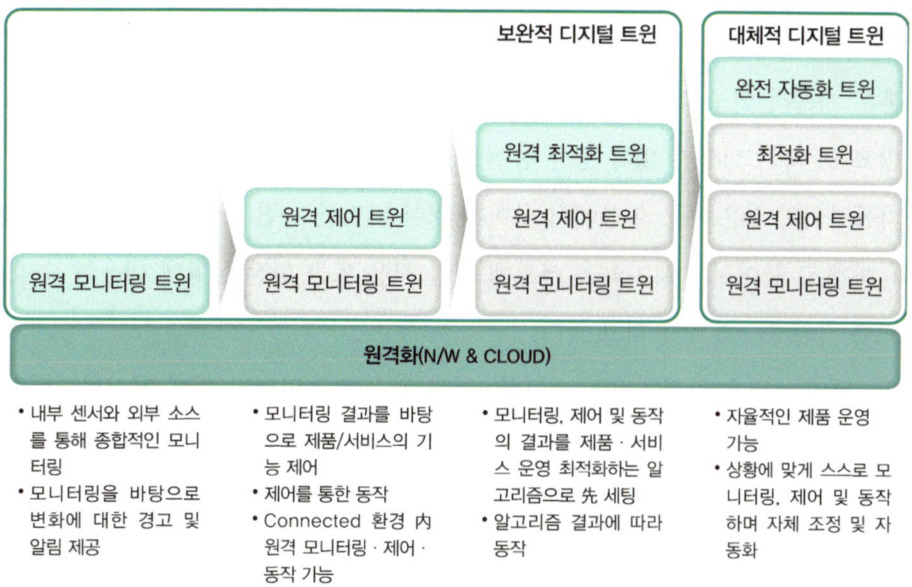

출처 : Porter & Heppelmann(2014)

구한 자료에 따르면 내가 보고 있다고 생각하는 정보의 60%는 과거의 경험과 기억에 기반한다. 기계 장치는 사람 작업자보다 주변 환경 인지능력이 뛰어나기 때문에 더 빠르고 정확하게 상황 대응이 가능하다. 또 상황 분석과 판단을 바탕으로 자율적이고 적극적인 대응이 가능한 완전 자동화 무인 제조 공정, 완전 무인 스마트 팩토리라고 할 수 있다.

4. XR과 아바타 관점의 스마트 팩토리

디지털 트윈 외에도 메타버스는 XR(디지털 현실), 아바타(디지털 미)가 있다. 이 두 가지 역시 스마트 팩토리의 미래를 예상하는 데 중요한 기반이 될 수 있다.

4.1 디지털 현실 속 스마트 팩토리 : 원격 팩토리

XR은 이미 제조 현장에 적용되고 있다. 크게 3가지이다. 첫째는 인력 수급이 어려운 경우이다. 이와 같은 이유로 일본에서 많이 활용하고 있다. 현재 일본은 지속적 인구 감소로 제조업 구인이 어려운 상황이다. 게다가 초보자들이 많고 또 빠른 퇴사가 많아 생산 품질을 유지하기 위해서 XR을 사용하고 있다. 자동화되지 않은 제조 현장에서 나이가 많아 퇴직한 숙련 직원들이 1 대 1 또는 1 대 多로 붙어서 초보자들을 빠르게 현장 적응 또는 현장 상황에 대응할 수 있도록 지원하는 데 활용되고 있다.

둘째는 교육에 활용되는 예이다. 미리 현장에 투입되기 전에 가상환경에서 시뮬레이션을 통해서 미리 교육을 받을 수 있다. 체계적이고 또 실제 현장에서 일을 하는 과정처럼 교육을 받을 수 있고 다양한 상황에 대한 대처 방안을 미리 체험할 수 있어 교육 기간 단축 및 효과를 증진시킨다.

셋째는 초보공도 원격으로 전문가의 지원을 받아 숙련공처럼 기계 장치 작동 및 수리를 하도록 지원해 대응 속도를 높일 수 있다. 현장에서는 시간이 곧 돈이다. 예전에는 문제가 발생하면 그 상황에 대처해 본 숙련공을 찾아 연락한 후 그가 현장에 올 때까지 아무런 조치도 못 한 채 기다릴 수밖에 없었다. XR 환경이라면 숙련공이 언제 어디서나 접속하여 현장에서 직접 하는 것과 같은 지원을 할 수 있다.

현실과 같은 수준의 가상공간 구현이 가능하다면 그리고 현장에 있는 것과 같은 즉각적인 대응이 가능하다면 XR을 통해 원격 스마트 팩토리 구현이 가능해진다. 완전 자동화된 무인 팩토리도 될 수 있지만 이는 디지털 트윈 영역이다. 그래서 XR을 통해서 작업자들이 원격으로 근무하는 무인 팩토리가 가능할 것이다.

그렇게 된다면 다양한 이점이 생긴다. 이 이점을 3가지 정도로 정리하면 첫째, 품질 관리를 위해 기계 장치 중심으로 설정되어 있는 온도 및 습도에 영향을 받지 않고 추울 때 따뜻하게, 더울 때 시원하게 일할 수 있는 최적의 공간에서 작업자들이 근무할 수 있게 된다.

둘째, 현장에 있지 않기 때문에 작업자가 동시에 여러 대의 기계 장치를 모니터링하고 제어할 수 있어 생산성을 높일 수 있다. 이와 관련해 캐터필라가 CES 2021을 통해 발표한 내용에서 스마트 팩토리 적용 방안을 알 수 있다. 캐터필라는 건설 중장비를 개발 · 제조하는 기업으로 건설 현장에 대한 무인화를 지속적으로 추진해 왔다고 한다. 캐터필라는 건설 현장의 요구에 따라 원격으로 건설 중장비를 제어하는 방안을 고민해 왔다. 그들은 쾌적한 제어 공간에 처음에는 1대를 원격으로 관리하고 그 다음에 2대, 4대 등 제어하는 장비의 대수를 늘려가며 작업자를 적응시키며 생산성을 증대시켰다고 밝혔다.

셋째, 현장에 있지 않기 때문에 위험한 상황을 피할 수 있다. 무거운 부품과 제품, 날카롭거나 위험한 화학물을 다루는 현장은 자칫 조금만 방심해도 사고가 발생하기 쉽지만, 현장이 아닌 원격으로 모니터링하고 제어한다면 혹시나 발생할 수 있는 사고에도 작업자는 안전할 수 있다.

넷째, 더 정확한 작업을 통해 품질을 높일 수 있다. 예로 비행기 제조사인 에어버스(AIRBUS)는 비행기 기체 내부 조립 시 작업자들에게 스마트 안경을 착용시키는데 그 결과 전보다 정밀한 작업이 가능해졌다.

4.2 디지털 미 속 스마트 팩토리 : 연결 공간에서의 아바타

작업자의 숙련도는 상황에 대한 대응력과 기계 장치 사용법 등 2가지 관점에서 다룰 수 있을 것이다. 첫째, 환경 요인에 따라 발생 가능한 어떤 상황에서도 상황을 통제하고 품질 수준을 유지하는 상황 대응력은 가장 높은 수준의 숙련도일 것이다. 둘째, 기계 장치 사용법은 작업자로서 가장 기본적으로 갖춰야 할 숙련도이다. 상황에 내가 편한 대로 대응할 수 있다면 쉽게 통제력을 갖고 대응 가능할 것이다. 그리고 내가 편한 방식으로 기계를 동작할 수 있다면 배우지 않고도 바로 현장에 투입될 수 있다. 하지만 현실에서는 매뉴얼을 외우고 현장에서 경험을 쌓아야 한다. 또 경험이 쌓여도 새로운 기계를 다루는 방법은 계속 배워야 하기 때문에 매뉴얼 학습 시간이 걸리고 다양한 기계 장치를 다루다 보면 헷갈리기 마련이다. 사용법이 기계 장치마다 다르지 않고 사용법을 익히

그림 2-4-7 작업 숙련도 향상

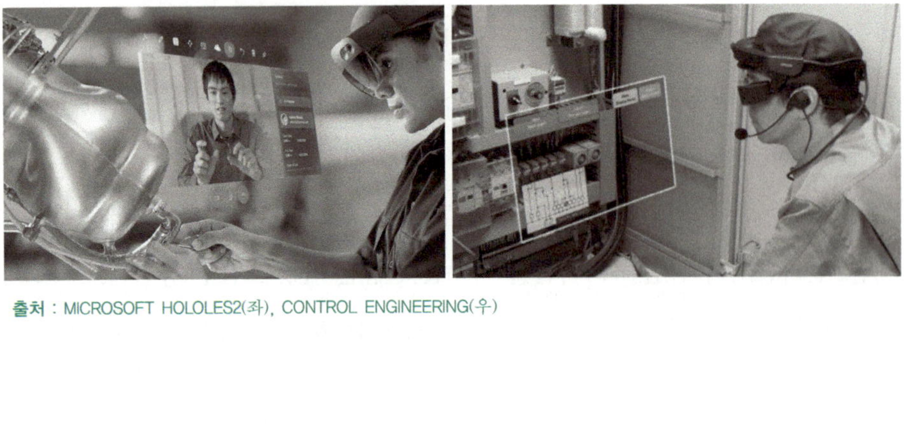

출처 : MICROSOFT HOLOLES2(좌), CONTROL ENGINEERING(우)

지 않아도 되는, 내가 편한 대로 제어하는 방안을 메타버스에서 찾을 수 있을 것 같다. 아바타가 그 대안이 될 수 있을 것이다. 가상공간에서 기계 장치들이 모두 아바타로 사람들과 함께 소통하는 것처럼 대화 또는 몸짓 언어를 한다면 굳이 사용법을 익히지 않아도 될 것이다. 기계 장치들이 "시작 버튼"을 누르는 대신 아바타에게 "이제 일을 시작할까?", 조절하기 위해서 조작용 지레를 돌리기보다는 "작업 강도를 지금보다 2 정도 더 높일까?"라는 말을 거는 일상생활 속 소통 방식을 사용한다면 작업하기가 더욱 쉬워질 것이다.

5. 스마트 팩토리의 미래

지금까지 메타버스의 '디지털 트윈', '디지털 현실', '디지털 미'를 바탕으로 한 스마트 팩토리, 제조 공정의 미래에 대해서 살펴보았다. 그 대상이 부품 조달에서 생산 및 상품 물류 등 더 넓은 범위에서의 연결성으로 접근한다면 공정에 머무르는 것이 아니라 팩토리 및 공급망 전체로 확대하고 또 소비자까지 전체 가치사슬에 걸쳐서 적용된다면 어떤 변화가 나타날까? 연결성에 대해서 살펴보기 위해서 우선 5G의 특징부터 살펴보고 그 연결성이 확대되었을 때 모습을 살펴보도록 하겠다.

5.1 5G로 인한 연결성 확대

5G가 이전 이동통신기술과 가장 큰 차이점은 사물인터넷 서비스가 별도의 전용망 없이 셀룰러 이동통신망으로 제공 가능하다는 점이다. 사물인터넷의 범위에는 공정 내에서 직접 제조에 투입되는 기계 장치뿐만 아니라 기계 장치가 안정적으로 작동되게 하는 다양한 지원 기기 및 설비들도 포함될 것이다. 그리고 셀룰러 이동통신망의 특성상 전국망 또는 글로벌 로밍을 통해서 전 세계 망

과 연동될 수 있다는 점도 눈여겨봐야 할 것이다.

사실 자동화가 많이 진행된 팩토리에서는 이미 외부와는 단절된 유선망으로 기계 장치 및 설비들을 연결시켜 활용하고 있다. 그럼에도 불구하고 5G가 적용되어야 하는 이유로 3가지를 들 수 있다. 첫째, 생산 방식의 유연화를 가능하게 한다. 유선은 기계 장치 설비들을 고정시킨 상태에서 동작하게 하여 시장 수요에 맞춰 생산라인을 재배치하거나 조정하는 유연 생산 방식을 적용하는 데는 한계가 있다. 둘째, 셀룰러 망이기 때문에 사람 또는 사물이 이동하여 기지국이 바뀔 때 새로 접속함 없이 계속 연결을 유지할 수 있어 관리의 범위를 원하는 만큼 확대할 수 있다. 예로 유선과 연결된 와이파이 망에서는 관리에서 벗어날 때 새로 ID와 PW를 넣고 접속해야 하지만, 셀룰러 망에서는 그럴 필요가 없다. 셋째, 표준화되고 국제 공용인 셀룰러 망을 쓴다면 망 장비와 이를 구성하는 부품들의 표준화 및 대량생산을 통해 생산 단가를 인하할 수 있어 더 다양한 영역에서 활용할 수 있다.

지금껏 설명한 셀룰러 망과 달리 5G는 사물인터넷 서비스가 가능한 만큼 보안 등 특수성이 중요한 산업 등에 특화해 제공하는 5G 특화망(Private 5G)이 있다. 5G 특화망은 5G 기술뿐만 아니라 여타의 통신기술 및 시스템이 통합되어 특정 구역 내 최적화된 서비스 및 안전한 통신을 보장하는 5G 기술 기반의 LAN(Local Area Network) 기술의 일종이다. 이는 배타적 목적의 사설 망으로 대학, 기업 및 공단 등 특정 주체는 이를 이용하기 위해 5G 망을 직접 구축하거나 MNO(Mobile Network Operator)의 설비를 이용하여 자신들만 사용할 수 있게 한다. MNO는 전 국민을 대상으로 서비스하여 누구나 사용 가능한 5G(Public 5G)와는 상반된 개념이다.

5G 특화망은 운용사의 구축 수준에 따라 4가지로 나눌 수 있다. 첫째, 독립적인 5G 기지국과 5G 핵심 설비 등을 자체 구축하는 독립형 전개 모델이 있다. 이 모델은 연결하는 범위를 넓히기 위해 구축된 특정 지역을 벗어나 공공 5G망

과 연동시킬 경우 MNO와 로밍 협정이 필요하다. 둘째, 무선 액세스 공유 모델이 있다. 이 모델은 RAN(Radio Access Network)이라는 코어망을 MNO의 자원을 활용하고 나머지는 모두 5G 특화망 운용사가 투자하고 구축하고 운영한다. 셋째, 무선 액세서 및 제어부 공유 모델은 기지국까지 MNO의 자원을 이용하는 모델이다. 마지막 이동통신사 호스팅 방식은 설비 등은 모두 이동통신사업자의 자원을 활용하는 방식이다.

그림 2-4-8 5G 특화망 운용사의 전개 모델 4가지

독립형 전개 모델 (Deployment as isolated network)	• PUBLIC 네트워크와는 독립적인 5G 기지국과 5G 핵심설비(게이트웨이, 이용자DB 등)를 자체 구축하는 형태 • 5G 특화망이 커버하는 지리적 범위 내 모든 5G 네트워크 기능을 PUBLIC과 분리하여 자체 제공함. • PUBLIC 네트워크와 연동하기 위해서는 MNO와 로밍 협정 필요함.
무선 액세스 공유 모델 (Deployment with shared RAN)	• 5G 특화망의 RAN 장비를 PUBLIC 네트워크를 운용하는 MNO와 공유하는 방식임. 이 때 공유하는 RAN 장비는 MNO가 구축한 장비를 사용하는 경우가 대부분임. RAN 장비를 제외한 네트워크 요소는 5G 특화망 운영자가 자체 구축하여 운영 • PRIVATE 네트워크와 연동을 위한 로밍 협정은 일반적으로 RAN 장비를 공유하는 MNO와 체결함.
무선 액세스 및 제어부 공유 모델 (Deployment shared RAN & control plane)	• RAN뿐만 아니라 네트워크 제어부(Control Plane)도 MNO와 공유하여 5G 특화망을 제어하는 방식 • 5G 특화망 운영사는 특정 구역 내 게이트웨이와 서비스 플랫폼만 자체 구축 • 가입자 DB가 PUBLIC 네트워크를 운영하는 MNO DB와 함께 저장되어 가입자를 식별하므로 가입자를 공유하는 MNO와 협정이 필수적임.
이동통신사 호스팅 방식 (NPN deployed by public network)	• 5G 특화망 운용 구역 내에서 발생하는 모든 5G 트래픽을 외부의 PUBLIC 네트워크 사업자에게 전송한 후 5G 특화망 트래픽은 해당 운용사에게 보내는 방식 • MNO를 통해 5G 서비스를 이용하는 것과 차이가 없음.

출처 : ETRI(2020)

어떤 방식을 사용할지는 산업 또는 제조 방식의 특성이 다르므로 보안의 중요성과 투자 여력을 감안하여 각자 검토해야 할 것이다.

5.2 기계 장치 및 공정을 넘어 팩토리 및 공급망 전반에 걸친 연결

향후 글로벌 사업을 하며 제품 보안이 중요한 경우 전 세계에 걸치는 Private 5G를 구축할 수도 있다. 물론 특정 공장 및 공단에서만 Private 5G 활용이 우선되겠지만, 글로벌 MNO와 로밍 계약을 통해서 전 세계 공급망(Supply Chain) 전반에 걸쳐 연결도 가능하다.

향후 시장 수요 등 고객 요구 사항이 수집되고 공유되면서 관련 부품 수급과 물류 등이 통합적으로 연계되어 공장 가동 중단 없이 재고가 쌓여서 상각 없이 고객에게 전달될 것이다. 이처럼 팩토리 네트워크를 가치사슬 또는 공급망 관점에서 수직적 관점에서 접근할 수도 있다. 하지만 수평적으로 접근한다면 오픈 팩토리 관점에서 같은 생산 설비를 가진 기업들이 제휴 · 연합해서 갑작스레 물량이 증가하면 추가 투자 없이 시장 수요에 대응할 수 있는 방안들도 향후 검토 가능할 것으로 보이다.

5.3 메타버스로 접근한 스마트 팩토리의 미래

이처럼 연결성을 바탕으로 메타버스 2.0(디지털X) 관점에서 살펴본 스마트 팩토리의 미래는 3가지로 정리할 수 있다.

첫째, 자동 · 자율화이다. 팩토리의 기계 장치와 지원 설비 등이 디지털에 복제된 디지털 트윈을 통해 시뮬레이션하고 최적의 결과치로 자동 · 자율화하여 품질, 생산성을 극대화시킬 것이다. 둘째, 예측 및 유연 생산이다. 공정 내뿐만 아니라 팩토리 및 공급망, 가치사슬 전반에 걸쳐 연계되어 시장 수요를 예측하거나 즉각적인 제조가 가능해져 불필요한 시간 및 자원 낭비를 줄일 수 있다. 셋째, 원격 공장화이다. XR을 바탕으로 원격에서도 현장에서 모니터링, 제어하는 것과 같은 원격 공장 구현이 가능해진다.

즉, 사람은 XR을 통해서 원격으로 기계 장치를 동작시키고, 기계 장치들은 연결되고 더 자동화될 것이다. 또 고도화된 연결성으로 팩토리 네트워크의 수직적 · 수평적 글로벌 확대 전개가 가능해질 것이다.

뿐만 아니라 향후 자율 주행 트럭, 드론 등 물류 유통의 무인화와 연계되어 스마트 팩토리의 무인화, 자동 · 자율화는 확대될 것이다.

표 2-4-1 **스마트 팩토리의 미래**

자동 · 자율화	예측 및 유연 생산	원격 공장화
• 기기장치들의 무선 연결, 모니터링 및 제어 가능 • 적용 센서 확대, 초저지연성 강화로 적용 기기 장치 확대 • 디지털 트윈을 바탕으로 자동 · 자율화	• 공장 밖의 전체 공급망 內 모든 공장과 공정들이 연계 • 시장 수요를 예측하거나 상황에 맞게 유연하게 생산 가능	• 초고속, 초저지연성을 활용해 XR로 원격으로 제어 가능한 등 원격 공장 구현 가능함.

출처 : 저자 작성

참고문헌

민대홍 외(2020), "해외 주요국의 Private 5G 도입 동향", 『전자통신동향분석』, 35권 5호.

4차 산업혁명위원회(2019), "디지털 트윈 기술 발전방향".

애드캣멀(2014), 『창의성을 지휘하라』, 와이즈베리.

CBINSIGHTS(2019), "Future Factory : How Technology is Transforming Manufacturing".

Deloitte University Press(2017), "The Smart Factory_Responsive, adaptive, connected manufacturing".

JohnSmart 외(2006), "Metaverse Roadmap(pathway to the 3D web)", http://www.metaverseroadmap.org/MetaverseRoadmapOverview.pdf.

Porter, M. E., & Heppelmann, J. E.(2014), "How smart, connected products are transforming competition", Harvard business review, 92(11), 64-88, https://hbr.org/2014/11/how-smart-connected-products-are-transforming-competition.

5장

에너지 관점에서 본 스마트 팩토리의 미래 모습과 발전 방향

오재영(SK 텔레콤) · **조충호**(고려대학교)

〈요약〉

에너지 관점에서 스마트 팩토리는 경영적으로는 에너지 구입 비용, 탄소배출 비용, 환경오염물질 배출 등 에너지 투입과 관련된 총비용을 최소화하기 위해 목표 관리와 의사결정을 지원하는 FEMS로 발전할 것이다. 의사결정 지원이란 에너지 시스템의 성능 개선 방안, 설비교체 방안, 운전 방법 개선 방안 정보를 제공하는 것을 말한다. 기술적으로는 AI, Big Data, IoT, Cloud, Mobile의 4차 산업혁명 기술과 에너지 시스템 공학이 융합되어 에너지 비용 절감 성능이 우수한 FEMS로 발전할 것이다. FEMS는 구축비용 절감을 위해 HMI/MES/ERP 연동과 가상 센서 활용이 증가할 것이며 에너지 절감 성능 향상을 위해 모델 기반 진단과 처방 기능이 강화될 것이고 가시성의 향상을 위해 BIM과 Digital Twin 기술이 적용될 것이다. 에너지 모델은 부하예측, 설비 성능, 탄소배출, 오염물질 배출 같은 서브 모델을 포함할 것이며 서브 모델의 성능 향상을 위해 AI, Big Data 분석 기술이 활용될 것이다.

1. 서론

1.1 스마트 FEMS의 의미

FEMS(공장 에너지 관리 시스템)란 생산 및 유틸리티(Utility) 공정에 센서 · 계측기를 설치하고, 공정 운영과 에너지 소비에 관한 데이터를 수집하고, 인공지능, 빅데이터 분석을 활용하여 지식화하고, 2D · 3D 도구를 활용하여 가시화하여 시스템의 에너지 성능 개선, 저효율 설비 교체, 운전 방법 개선 등 지속적이고 체계적인 에너지 관리활동을 수행할 수 있도록 지원하는 의사결정 시스템을 말한다.

근래 들어 스마트시티, 스마트그리드, 스마트 팩토리, 스마트 워크플레이스, 스마트오피스, 스마트 빌딩, 스마트빌리지, 스마트스토어, 스마트팜, 스마트 자동차, 스마트십, 스마트 센서, 스마트케어, 스마트미디어 등 스마트라는 단어가 사용되지 않는 영역을 찾아보기 어렵다. 스마트폰이 보급되면서 대상물 상품 서비스 어디든지 스마트라는 단어를 붙여서 솔루션 명칭으로 부르는 경향이 두드러지고 있다. 어떤 장소나 대상물이라도 인공지능, 빅데이터, IoT, 클라우드, 모바일 같은 4차 산업혁명 기술이 적용되면 스마트해진다는 착각에 빠져들고 있는 것 같다. FEMS 또한 유사한 경향을 보이고 있다.

에너지 관리란 에너지 사용량 모니터링과 분석에 그치지 않고 에너지 시스템 개선, 설비 교체, 에너지 절감 운전과 같이 인력과 자본을 투입하여 에너지 시스템에 물리적인 변화를 가하는 구체적 활동이다. 따라서 빅데이터 분석 기술과 인공지능 기술을 도입하여 에너지 소요량을 예측하고 설비의 고장을 진단하고 잔존 수명을 예측할 수 있다 하더라도 에너지 절감 방안 제안 기능이 없다면 FEMS라고 부르기 어렵다.

표 2-5-1 FEMS의 기능

기능	내용
설비상태 모니터링	– 설비 운전상태 모니터링 : 가동/정지, 개도, 온도, 유량, 압력 등 – 설비 설정값 모니터링 : 냉수 온도, 냉각수 온도, 공기압, 개도 등 – 계측기/통신장치 상태 모니터링
에너지 사용량 검침	– 에너지원별, 용도별, 계통별, 설비별 에너지 소비량 검침 – 공간별 에너지 소비량 검침
데이터 수집 분석 저장	– 에너지원 단위, 시계열 패턴, 에너지 맵, 소비요인 분석 등 – 냉동기 COP, 보일러 효율 등 설비 성능 분석 – 에너지 소비량 예측
목표 관리	– 목표 설정 – Baseline 산정 및 성과 분석
최적운전점 도출	– Big Data 분석 Machine Learning을 통해 설비 최적 운전점 도출 보일러 공기–연료비 제어, 운전압력 제어 등
에너지 시스템 개선점 도출	– 시스템의 에너지 성능 개선 방안 도출 – 저효율 설비 교체 방안 도출
관련 시스템 연동	– 유틸리티 · 공정설비 자동제어기능과 연동 – MES, ERP 같은 기존 시스템과 연동

출처 : 저자 작성

FEMS의 궁극적인 목표는 공장 에너지 비용을 절감하는 것인데 절감량 대비 투자비가 커서 경제성이 낮으면 스마트하게 에너지 관리를 했다고 말하기 어렵다. FEMS가 스마트하려면 단순한 스마트 기술의 적용보다는 FEMS를 통한 에너지 절감 활동이 충분히 높은 경제성을 가질 수 있도록 FEMS의 에너지 절감 성능이 높아야 한다.

공장 에너지 이용 효율화를 위한 핵심 기술을 [표 2-5-2]와 같이 3가지로 분류할 수 있다. 필드 디바이스와 에너지 관리 플랫폼은 에너지 절감의 기회를 포착하고 구현하는 기술인 동시에 비용 항목인 데 반해, 에너지 절감 솔루션은 직접적으로 에너지 절감을 창출하는 기술인 동시에 수익항목이다. 따라서 스마트 FEMS의 구현은 필드 디바이스와 에너지 관리 플랫폼 구축 비용의 최소화와 에너지 절감 기회 발굴의 최대화에 달려 있다고 볼 수 있다.

표 2-5-2 공장 에너지 이용 효율화를 위한 핵심 기술

요소기술	내용	4차 산업혁명기술
필드 디바이스	센서 · 계측기, 통신 장치, 제어장치, 에너지 절감 장치, 구동 장치 등	스마트 센서, ICT, 모바일
에너지 관리 플랫폼	데이터 수집 · 저장 · 분석 · 가시화 등	인공지능, 빅데이터, IoT, 클라우드, 모바일, 디지털 트윈
에너지 절감 솔루션	시스템 개선, 저효율 설비 교체, 운전 방법 개선 등	인공지능, 공정모델링

출처 : 저자 작성

1.2 에너지 측면에서 스마트 팩토리의 의미

스마트 팩토리는 제품의 기획 · 설계 · 제조 · 유통 · 판매에 이르는 생산의 전 과정에 4차 산업혁명 기술을 적용한 공장을 말한다. 에너지 측면의 스마트 팩토리는 전 생산 과정에서 에너지 투입과 관련한 모든 이슈에 4차 산업혁명 기술을 적용한 공장으로 이해할 수 있다. FEMS가 공장 에너지 이용의 효율화

그림 2-5-1 공장 에너지 관리 개요

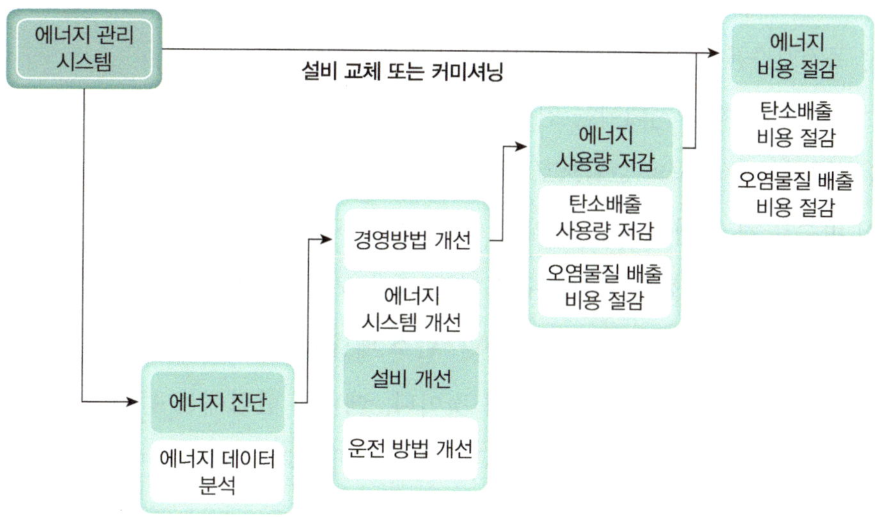

출처 : 저자 작성

구현에 초점을 두고 있다면 에너지 측면 스마트 팩토리는 에너지의 사용으로 야기되는 탄소 대기오염물질, 수질오염물질의 배출에 따른 이슈까지도 포함하여야 할 것이다.

1.3 4차 산업혁명기술과 에너지 관리기술의 결합

산업혁명을 에너지 관점에서 재해석하면 다음과 같다. 1차 산업혁명은 동력이 최초로 생산 공정에 투입되어 생산성이 혁명적으로 증대된 사건이다. 2차 산업혁명은 컨베이어 시스템, 동작연구, 시간연구 등을 통해 제조에 동력을 투입하는 방식을 개선함으로써 생산성을 획기적으로 증대한 사건으로 이해할 수 있다.

3차 산업혁명은 생산 공정에 자동제어가 도입되어 공장 자동화를 통해 생산성을 획기적으로 증대한 사건으로 이해할 수 있다. 자동제어를 구현하기 위해서는 미분방정식으로 표현된 제어 모델을 만들어야 하는데 제어변수가 많으면 모델을 만들기 어려워진다. 기존 공장 자동화에서는 제어 변수가 한두 개로 제한되었고 품질 외에 에너지 사용량이나 탄소배출량, 환경오염물질 배출량 같은 목적함수를 반영한 제어는 거의 구현되지 않았다.

4차 산업혁명 시대에는 인공지능, 빅데이터, IoT, 클라우드, 모바일 같은 4차 산업혁명 기술의 도입으로 풍량, 풍압, 온도, 습도, 배기순환 등 다양한 제어 변수로 하고 기존의 품질 외에 에너지 사용량이나 탄소배출량, 환경오염물질 배출량의 최적화를 목적함수로 하는 제어 모델의 수립이 가능해졌다. 동일한 품질을 유지하면서 에너지 사용량, 탄소 배출량, 환경오염물질 배출량을 최소화하는 운전점 도출이 가능해진 것이다. 에너지 관점에서 4차 산업혁명은 에너지의 제어에 에너지 비용이 목적함수에 반영되고 제어 변수가 다양해진 것으로 이해할 수 있다.

표 2-5-3 산업혁명에 대한 에너지 관점의 이해

차수	핵심 기술	기술의 활용방식	에너지 관점의 이해
1차	증기기관	제조와 물류에 동력 도입 – 방직기 – 증기기관차	동력 투입을 통한 생산성 향상
2차	전력 컨베이어	컨베이어 시스템 도입을 통한 대량생산	동력 사용 방식 개선을 통한 생산성 향상
3차	컴퓨터센서, 네트워크, 구동장치	컴퓨터 자동제어를 통한 생산 공정상태 품질의 측정 제어 변수의 조작 생산 과정의 고속화	자동제어 도입을 통한 생산성 향상 – Rule 기반 제어 – 품질 중심 제어 – 제어 변수 최소화
4차	IoT, 빅데이터, 인공지능	제조업과 ICT의 결합 지능형 생산 시스템 생산 시설의 네트워크화 생산성 30% 향상 목표	목적함수 다양화 – 품질 – 에너지 사용량 – 탄소/오염물질 배출량 제어 변수 다양화 – 풍량 제어 → 풍량, 온도, 습도, 노내압, 배기순환 제어

출처 : 저자 작성

2. 본론 : 스마트 에너지 팩토리의 미래 모습과 발전 방향

2.1 에너지 경영 도구로서의 FEMS

향후 스마트 에너지 팩토리는 ISO50001이 규정하는 에너지 경영 도구로 발전되고 정착될 것이다. 현재 FEMS의 가장 큰 문제 중 하나는 FEMS가 경영 도구로 자리매김하지 못하고 있다는 점이다. FEMS의 궁극적인 목적은 에너지 비용 절감이므로 에너지 비용 절감에 직접적으로 기여하지 못하는 FEMS는 가치를 갖지 못한다. 현재 보급되고 있는 FEMS의 대부분은 간단한 목표 관리 기능, 설비 상태 모니터링, 설비 성능 모니터링, 에너지 사용량 모니터링 정도의 기능만을 제공하고 있다. 에너지 경영의 부재는 에너지 절감 방안(Energy Conservation

Method ; ECM)의 부재와 더불어 FEMS 성과 부재의 중요한 요인이 되고 있다.

ISO50001은 에너지 경영의 프로세스를 Plan - Do - Check - Act의 순환 사이클로 규정하고 있다. Plan 단계에서는 경영책임 및 방침, 에너지 계획을 수립한다. 최고경영자와 경영대리인의 역할을 규정하고 법규 및 기타 요구사항을 정리하며 에너지 현황과 베이스라인을 규정하며 EnPIs와 에너지 목표, 에너지 경영 실행 계획을 수립한다. Do 단계에서는 계획의 실행과 운영을 한다. 교육 훈련, 의사소통, 문서화, 운전관리, 설계, 에너지 서비스, 제품, 장비 및 에너지의 구매 등을 포함한다. CHECK 단계에서는 성과를 점검한다. 모니터링 측정 및 분석, 준수평가, 내부심사, 부적합 시정 및 예방, 기록 관리를 포함한다. ACT 단계에서는 지속적인 에너지 성과 창출과 에너지 경영 시스템 운영을 위한 개선활동을 수행한다.

그림 2-5-2 FEMS와 에너지 경영의 관계

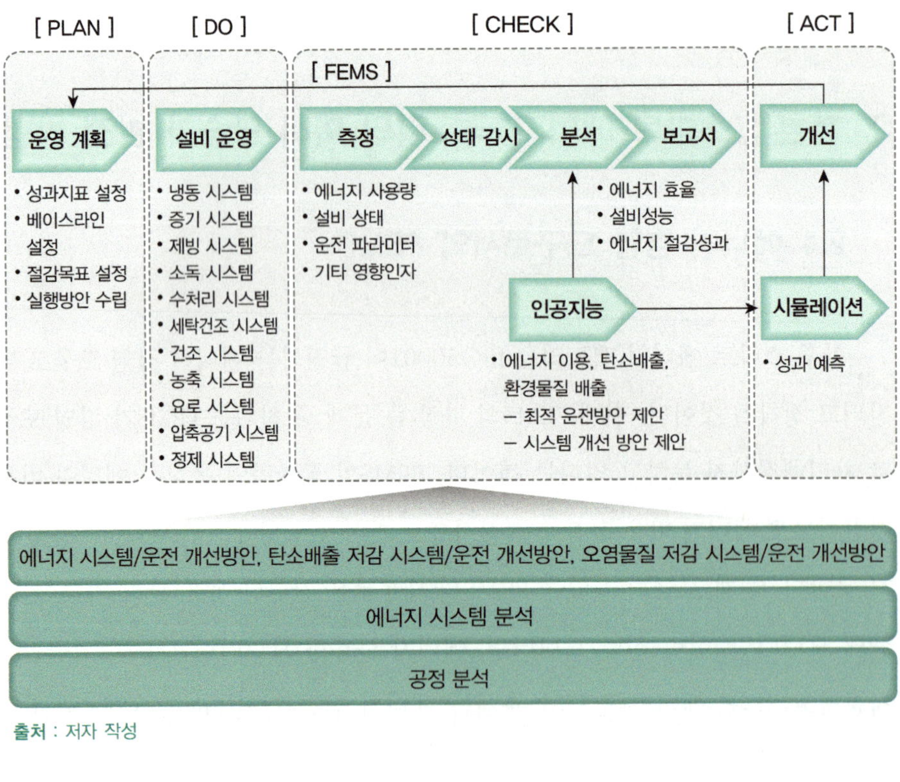

출처 : 저자 작성

스마트 에너지 팩토리는 Plan - Do - Check - Act 사이클에 따라 최고경영층과 중간관리자 담당자의 에너지 경영 활동을 가이드하고 수행하고 평가하는 도구로 발전하게 될 것이다.

2.2 에너지 관리 도구로서의 FEMS

에너지 관리는 에너지 현황의 측정으로부터 시작된다. 에너지 사용량과 에너지 사용량에 영향을 미치는 인자를 측정한다. 에너지 소비량 영향인자에는 생산량 온도 습도 같은 부하 영향인자와 냉동기 냉수 온도, 보일러 증기압, 건조기 노내압, 공기압축기 공기압 등과 같은 운전 파라미터가 있다.

측정 데이터를 기반으로 에너지 경영수준, 건물 에너지 성능, 공정 에너지 성능, 설비 성능, 에너지 시스템 운전수준 5가지 차원에서 에너지 진단이 이루어진다. 건물 에너지 성능이란 건물이 사무실, 공장, 식당 등 고유의 기능을 유지하기 위해 소비하는 에너지의 양 또는 원 단위를 말한다. 건물의 에너지원 단위는 건물 면적당 에너지 소비량으로 표현한다. 공정에너지 성능이란 유틸리티를 포함하여 생산라인에서 소비한 에너지의 양 또는 공정 단위를 말한다. 공정 단위는 증기 1ton당 가스 소비량, 압축공기 $1m^3$당 전력 소비량, 농축 1ton당 증기 소비량과 같이 단위공정당 에너지 소비량으로 표현한다. 설비 성능은 설비의 에너지 효율로 냉동기의 COP, 냉각탑의 COP, 펌프의 WTF, 팬의 ATF, 보일러 효율 같은 것이 이에 속한다. 에너지 시스템 운전 수준이란 냉동 · 가열 · 농축 · 건조 등의 설비를 운전할 때 주어진 부하를 처리함에 있어 전체 에너지 시스템 관점에서 최적의 에너지 절감 운전 방법을 채택하여 운전하는 수준을 말한다.

부하예측 모델, 설비성능 모델, 설비운전 모델과 같은 서브 모델을 기초로 시스템 에너지 모델을 작성하고 시뮬레이션을 통해 에너지 절감방법 처방을 내린다. 모델의 해석을 통해 에너지 절감 잠재량을 도출하고 경제성 평가 결과와 결합하여 에너지 목표를 부여한다.

그림 2-5-3 공장 에너지 관리 프로세스와 4차 산업혁명 기술의 적용

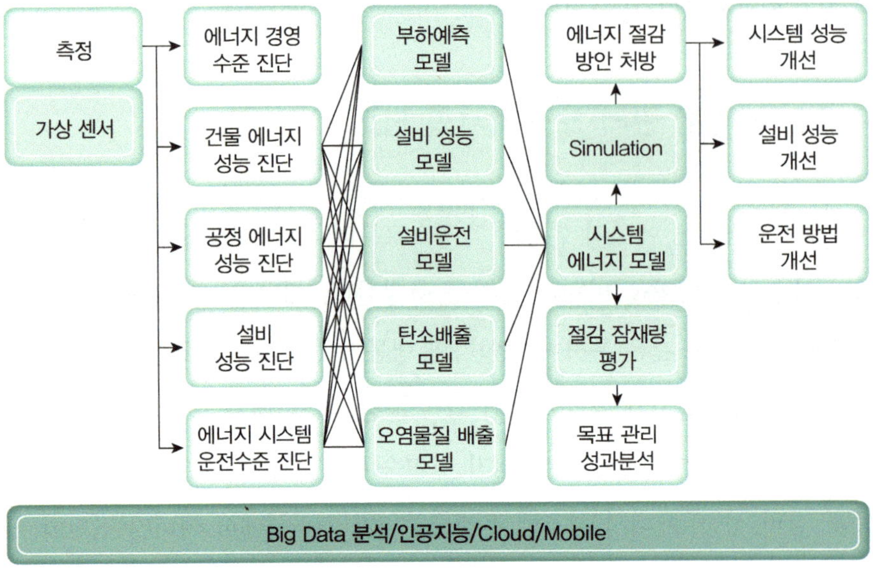

출처 : 저자 작성

1) 가상 센서의 활용 증대

가상 센서는 측정하기 어려운 부분을 실제 센서를 설치하지 않고 기 측정되는 데이터를 이용하여 새로운 물리량을 산출하는 방법을 말한다.

향후는 에너지 측정에서 가상 센서의 비중이 더욱더 커질 것이다. 에너지 관리의 출발은 에너지 진단으로부터 시작된다. 에너지 진단이란 설비의 에너지 사용량과 에너지 사용량 영향인자를 측정하고 분석하여 에너지 절감 방안을 찾아내는 활동이다. 전력량, 가스 사용량과 같이 비교적 측정이 손쉬운 경우도 있으나 증기 사용량, 풍량, 냉수 유량과 같이 측정이 어렵거나 비용이 많이 소요되는 경우도 있다.

[표 2-5-4]와 같이 냉동기 압축기 성능 가상 센서, 히트펌프 고장 가상 센서, 펌프 유량 가상 센서 등 많은 가상 센서가 연구되고 있다. 특히 2개의 압력

센서와 7개의 온도 센서와 1개의 전략량계 데이터를 이용하여 COP, SEI, 압축기 효율, 냉매 사이클 효율, 응축기 효율, 증발기 효율 등을 추정하는 냉동기 성능 가상 센서는 이미 상용 서비스로 제공되고 있다.

표 2-5-4 **가상 센서 연구개발 사례**

가상 센서	연구개발 사례
냉동기 압축기 성능 가상 센서	압축기의 입구와 출구 상태 측정에서 결정된 가상 폴리트로픽 효율을 사용하여 성능 추정. 증발기 및 응축기의 열전달 전도 계수는 열 교환기의 전반적인 성능 모니터링에 사용(Wang and Cui 2006 ; Mclntosh et al. 2000 ; Reddy 2007a, 2007b).
히트 펌프 고장 가상 센서	히트 펌프의 Reversing valve 누출, 체크 벨브 누출과 같은 고장 식별(Li and Braun, 2009c).
펌프 유량 가상 센서	펌프 헤드, 펌프 속도, 경험적 계수를 사용한 펌프 유량 가상 측정기를 제안. 펌프 효율, 냉방 에너지 소비량 및 냉동기 효율 추정 시 사용(Li and Braun, 2007a).
CO2 농도 가상 센서	실내 재실자 수와 공급풍량을 이용하여 실내 이산화탄소 농도 예측(신경주, 2015).
팬 풍량 가상 센서	팬 성능 커브, 풍속, 팬 전압을 이용하여 공조기 급기팬 환기팬 풍량 추정(G.Liu and M.Liu, 2012).
재실자 불만족 가상 센서	실내 온도를 이용하여 덥거나 추운 불만의 빈도와 불만이 발생하는 온도의 임계값을 추정(Federspiel, 2000).
혼합공기온도 가상 센서	댐퍼 제어 신호와 외기 온도-리턴에어 온도차에 있어서 bias 오류의 상관관계를 기반으로 자가 교정을 거쳐 혼합 공기 온도를 추론(Wichman and Braun, 2009)
냉동기 고장 가상 센서	응축온도, liquid-line 온도, 증발 온도, 흡입라인 온도를 이용하여 11개의 고장 검출 진단(Li and Braun, 2007a, 2007b, 2009a, 2009b)
압축기 유량 가상 센서	압축기 회전 속도를 이용하여 압축기 유량 추정(정재우 외, 2013).
냉동기 성능 가상 센서	압력 센서 2개, 온도 센서 7개, 전략량계 데이터를 이용하여 COP, SEI, 압축기 효율, 냉매 사이클 효율, 응축기 효율, 증발기 효율 등을 추정(영남대학교 산학협력단 (2020).

출처 : 저자 작성

현재의 FEMS에서 에너지 사용량을 측정하는 센서 · 계측기는 많이 개발되어 상용화되어 있으나 에너지 사용량에 영향을 미치는 영향인자에 대한 연구나 영향인자를 측정하는 상용화된 센서 계측기는 많지 않다. 현재의 FEMS에서는 영향인자에 대한 계측 및 분석은 외기 온도, 외기 습도와 냉난방 에너지 소비량의 관계 분석 정도가 일반적으로 실행되고 있고 냉난방 생산설비의 운전 파라미터의 변경에 따른 에너지 소비량의 변화와 이에 따른 최적 운전점의 도출 같은 부분은 거의 구현되고 있지 않다. 향후 냉·난방 시스템이나 공업로 요로 건조로 농축기 같은 생산 시스템에서 설비 성능에 대한 영향도가 크면서도 중단기적으로 제어 가능한 요인에 대해 측정할 수 있는 가상 센서가 더욱 많이 개발되고 상용화 될 것이다.

2) 모델 기반 에너지 진단의 활용 증대

모델 기반 에너지 진단이란 생산공정 모델을 만들고 해석을 통해 시스템의 에너지 성능을 진단하고 에너지 절감 방안을 도출하는 것을 말한다. 에너지 절감 방안은 시스템의 에너지 성능개선, 저효율 설비 교체, 운전 방법 개선 3가지로 볼 수 있다. 저효율 설비 교체란 냉동기, 보일러, 건조기, 농축기 등 에너지 설비가 효율이 낮다고 판단될 경우 고효율 설비로 교체하는 것으로 설비에 투입된 에너지 소비량과 설비가 수행한 일을 측정함으로써 비교적 간단하게 효율을 평가하고 교체 여부를 의사결정 할 수 있다.

그러나 시스템과 운전 방법의 에너지 성능의 평가는 측정만으로는 매우 어렵다. 이때 모델을 만들어 시뮬레이션을 통해 시스템의 변경이나 운전 방법의 변경에 따른 에너지 사용량을 해석하여 에너지 성능을 평가하고 최적의 개선 방안을 도출한다. 모델링 및 시뮬레이션 도구로 [표 2-5-5]의 소프트웨어가 많이 사용된다.

향후는 에너지 관리 활동에서 모델 기반 에너지 진단의 비중이 점점 더 커질 것이다. 현재의 에너지 진단은 측정 기반 진단 위주로 이루어지고 있으며 모델 기반 진단은 화학공정과 같이 제한된 범위에서만 이루어지고 있다. 측정 기반 진단이 주류를 차지함에 따라 제안되는 에너지 절감 방안은 저효율 냉동기

표 2-5-5 많이 사용되는 모델링 도구

모델링 도구	내용
Aspen Plus, HYSYS Simsci Pro II	화학공정 모델링
Aspen EDR	열교환기 설계 및 검토
ENERGY ANALYZER	Pinch 분석을 통한 열교환망 최적화
THERMOFLEX	발전 보일러 등 Utility 설비 계통의 Process Flow Simulator
STEAM PRO MASTER	랭킨 사이클 모델링 및 증기 터빈 설계
Utility Planner	MILP를 이용한 유틸리티 사용 최적화
ECO2	건축물 에너지효율등급 인증평가
Simergy	건축물 및 냉난방 공조 시스템 에너지 시뮬레이션
Energy Plus	에너지 · 용수 사용량, 냉난방 공조 조명 부하 시뮬레이션
Design Builder, Revit, Sketch-up	건축물 3D 모델링 소프트웨어로 Energy Plus로 연동하여 건축물의 에너지 성능 시뮬레이션 가능
Modelica	기계 전기 전자 수리학 열역학 분야 객체지양 방정식 기반의 모델링 및 시뮬레이션 언어

출처 : 저자 작성

교체, 저효율 전동기 교체, 저효율 조명 교체, 저효율 펌프 교체 같은 설비 교체 방안이 거의 대부분을 차지하고 있다. 운전 개선 방안이 제안되는 경우도 있으나 보일러 공기 - 연료비 제어같이 간단한 측정만으로 쉽게 도출할 수 있는 운전 개선 방안에 그치고 있다.

향후로는 모든 공정에서 측정 기반 에너지 진단과 모델 기반 에너지 진단이 동시에 이루어지게 될 것이다. 앞서 설명한 3가지 에너지 절감 방안 중 투자 규모는 적고 절감 금액이 커 투자 회수 기간이 짧은 방안이 운전 방법 개선인데, 운전 성능을 평가할 수 있는 에너지 진단 방법은 정립되지 못하고 있다. 설비 운전 방법을 개선하기 위해서는 운전점을 반영하여 모델을 수립하고 시뮬레이션을 통해 운전점 변경에 따른 에너지 소비량을 예측할 수 있어야 한다.

그런데 기존의 많은 모델링 도구에서는 운전점을 반영한 모델링이 어렵다.

일부 도구들은 설비성능표를 반영하여 부하율에 따라 달라진 설비 효율을 적용하는 경우도 있으나 대부분의 도구들은 운전점을 반영하기 위해 운전점에 따른 설비성능 값을 변경하여 시뮬레이션을 반복하는 방법을 사용한다. 따라서 많은 운전점을 제어 변수로 선정하기 어렵다.

기존의 모델링 도구들은 해석을 통해 부하를 계산하고 여기에 일정한 설비 효율을 적용하여 에너지 소비량을 산정한다. 최적 운전점을 도출하기 위해서는 부하예측 모델과 운전 모델을 구분하여 수립하고 운전점 변경에 따른 에너지소비량 변화 시뮬레이션을 진행하여야 한다.

냉각공정을 예로 들면 냉각 부하는 피냉각물의 양과 온도에 의해 결정되고 에너지 소비량은 냉동기, 냉수 펌프, 냉각탑, 냉각수 펌프 등 해당 냉각 시스템의 운전점에 따라 달라질 수 있다. 냉동기의 성능에 크게 영향을 미치는 요인들로는 부하율, 냉수출구 온도, 냉각수 온도, 응축기 대수온도차, 증발기 대수온도차 등이 있다. 냉각수 온도는 냉각팬, 냉각수 유량, 양정, 냉각탑 분위기의 습구온도 · 기류에 크게 영향받는다. 따라서 동일한 부하라 하더라도 운전점에 따라 에너지 사용량은 크게 달라질 수 있다.

설비 효율을 결정하는 요소는 다양하며 현재 기술 수준에서 이 요소들을 일일이 반영하여 모델을 작성하는 것이 매우 어렵다. 이런 이유로 이미 널리 알려진 몇 가지 운전 개선 방안을 제외하고는 운전 방법 개선은 에너지 절감 방안으로 제안되지 않고 있다.

향후 모델링 도구는 시스템과 설비뿐만 아니라 에너지 절감 운전 방법까지도 모델링할 수 있도록 발전할 것이다. 에너지 절감 운전 방법 라이브러리가 개발되어 운전 방법의 선택과 운전점 선정이 용이하도록 가이드하고 운전점의 변경에 따라 변화하는 에너지 소비량을 해석할 수 있도록 하며 복수의 운전 방법이 선택된 경우 상호 간섭 효과를 제거하여 최적의 운전 방안을 도출하고 정확한 절감 효과를 예측할 수 있도록 발전할 것이다. 에너지 소비량을 계산함에 있어 부하율뿐만 아니라 냉수입출구 온도, 냉수 유량, 냉각수 온도, 냉각 수유량 등 각종 운전점과 운전점의 변화에 따른 효율 곡선도 입력하여 주어진 부하의 처리에 필요한 에너지 소비량을 분석할 수 있도록 발전할 것이다. Big Data 분석을 통해 얻어내야 하는데 R이나 파이썬 같은 데이터 분석 도구를 통해 각종 운전점 - 성능 커브 또한 프로그램 연동을 통해 쉽게 도출할 수 있도록 발전할 것이다.

3) 에너지 관리와 에너지 시스템 공학의 컨버전스

에너지 관리와 에너지 시스템 공학이 융합된다는 명제는 참으로 아이러니한 명제이다. 에너지 관리는 당연히 에너지 공학적이지 않을까 하는 의문이 들기 때문이다. 현실의 에너지 관리는 그다지 에너지 공학에 기초하고 있지 않다. 기존의 에너지 공학은 주로 에너지의 생산과 분배에 초점을 두고 있다. 기존 에너지 공학은 주로 석탄, 석유, 천연가스, 원자력, 신재생 에너지, 수소 에너지, 히트펌프, 열병합 발전, 폐기물 자원화 등에 초점을 두고 있다. 에너지 이용 효율에 대해서는 연소 기술, 산소부화 기술, 폐열회수 기술, 단열, 증기재 압축 기술 등을 다루고 있으나 주로 에너지 절감형 설비를 제조하는 데 초점을 두고 있고 에너지 절감 운전 방법에 대해서는 깊이 있는 연구가 진행되고 있지 않다.

2019년 에너지 진단 종합결과 보고서에 따르면 당해 연도 의무진단 대상 총 708개 사업의 에너지 사용량은 1,224만 toe(tonage of oil equibalance의 약자로 에너지량의 단위) 국가 총 에너지 사용량 2억 2,374만 toe의 5.3%에 해당하며 진단 결과 연간 5.1%인 62.6만 toe를 절감할 수 있는 것으로 보고되었다. 총 4,501건의 에너지 절감 방안이 제안되었고 이중 운전 관리 합리화 부분은 25%인 1,123건이 제안되어 전체 절감량 중 23%를 차지하는 것으로 밝혀졌다. 운전 관리 합리화 부분의 내용을 들여다보면 열매체 전환, 응축수 펌프 교체 탈기기 설치와 같은 설비적 요소를 상당수 포함하고 있어 에너지 절감 운전 - 운전 파라미터의 변경을 통한 에너지 절감은 23%에 훨씬 못 미칠 것으로 판단된다.

표 2-5-6 2019년 에너지 의무진단 개선요인별 진단 결과

구분	개선안 건수		예상					
			에너지 절감량		절감 금액 (백만 원/년)	투자비 (백만 원)	ROI (년)	온실가스 감축량 (tCO_2/년)
	(건)	(%)	(toe/년)	(%)				
설비 대체	1,365	30.3	233,726	37.4	131,331	324,330	2.5	613,794
운전 관리 합리화	1,123	25.0	145,723	23.3	66,843	123,086	1.8	373,867
설비 보완	763	17.0	44,469	7.1	22,409	42,172	1.9	92,194
조명 개선	358	8.0	19,932	3.2	11,473	37,007	3.2	39,963
폐열 회수	343	7.6	130,852	20.9	69,438	138,169	2.0	290,362
보온 강화	204	4.5	15,402	2.5	8,246	11,341	1.4	30,855
조업 및 공정 개선	97	2.2	6,405	1.0	5,524	12,851	2.3	11,829
건물 부문	29	0.6	11,821	1.9	7,332	12,855	1.8	26,433
연료 대체	19	0.4	1,326	0.2	847	3,099	3.7	2,851
기타	200	4.4	15,990	2.6	11,760	60,865	5.2	32,988
계	4,501	100.0	625,647	100.0	335,203	765,775	2.3	1,515,135

출처 : 한국에너지공단(2020)

에너지 시스템 공학에 기초한 에너지 관리는 2가지 측면에서 살펴볼 수 있다. 첫째는 에너지의 손실을 발견하고 계량하는 것으로부터 에너지 관리를 시작한다는 의미이고, 둘째는 손실을 단위설비 기준이 아니라 에너지 시스템 기준으로 평가한다는 뜻이다.

에너지 손실을 크게 셋으로 구분하면 시스템 저효율 손실, 설비 저효율 손실, 운전 저효율 손실로 나누어 볼 수 있다. 시스템 저효율 손실은 공정 간에 에너지가 중복 투입되거나 고비용 에너지원을 사용하거나 설비 간 부조화로 일어나는 손실을 말한다. 시스템 저효율 손실은 발견하기 어렵고 손실의 양을 정확하게 계량하기 어려우나 에너지 손실 규모가 매우 큰 경우가 많으므로 모든 에너지 시스템 공학 지식을 동원하여 탐색할 필요가 있다.

설비 저효율 손실은 저항 손실, 변환 손실, 누설 손실과 같이 설비 노후화로 발생하는 에너지 손실로 에너지 진단을 통해 발견하기 쉽고 계량도 용이하여 에너지 진단 시 개선 방안으로 제안이 집중되고 있는 부분이기도 하다. EU 통합 오염 예방 및 제어(IPPC) BAT 지침서에 따르면 공기압축기의 경우 생산된 압축공기의 20~80%가 누설되고 있다고 한다.

운전 저효율 손실은 단위설비가 정격 부하보다 크거나 작게 운전되어 발생하는 손실을 말한다. 대부분 설비들은 정격 부하에서 최대의 효율을 나타내고 정격보다 커지거나 작아질수록 효율이 낮아지며 일정 부하 이하로 내려가면 효율이 급격하게 떨어지는 경향이 있다. 냉동기 보일러의 경우 안전율을 고려하여 과대설계 하는 경향이 있는 데다 계절 효과가 겹쳐 매우 낮은 부하율로 운전

표 2-5-7 **에너지 손실의 유형**

대분류	소분류	간단한 설명
시스템 저효율 손실	공정 간 에너지 중복	냉각공정과 가열공정의 중복 고온 배출공정과 저온 공급공정의 중복
	고비용 에너지원	바이오매스 등 저비용 연료가 가능한 상황에서 고비용 에너지원 채용 외부 저가 증기 매입이 가능한 상황에서 고비용 증기 자체 생산
	설비 간 부조화	공압기 고온공기 흡입, 보일러 저온공기 흡입, 해쇄 미흡으로 인한 건조효율 저하, 탈수 부족으로 인한 폐수처리 부하 증가 등
설비 저효율 손실	저항 손실	에너지, 동력 전달과정에서의 손실, 압축공기 배관 저항 손실, 전력 도선 저항 손실, 펌프 배관 저항 손실 등
	변환 손실	전압, 증기압, 공기압 등 변환 과정의 손실 증기 생산 과정의 손실
	누설 손실	공업로 건조기의 방산 열량 손실, 공기압축기의 누설 손실, 침기로 인한 열 손실
운전 저효율 손실	무부하 운전 손실	부하가 걸리지 않거나 불필요하게 운전되는 경우 공사무실의 조명 점등 및 공조, 공기압축기 언로딩 운전 등
	과소부하 손실	보일러, 냉동기, 공기압축기 등 설비용량 과대로 인한 단속운전이 자주 발생하는 경우
	과부하 운전 손실	보일러, 냉동기, 공기압축기 등 설비 용량 과소로 과부하 상태로 운전되는 경우

출처 : 저자 작성

되는 경우가 많다. 이런 이유로 설비가 실제 운전되는 평균 성능은 정격 효율보다 매우 낮은 것이 일반적인 현상이다.

공장 에너지 효율화를 달성하는 원리는 바로 에너지 손실을 발견하고 제거해 나가는 것이다. 공장 에너지 효율화의 원리를 도표로 그리면 〈그림 2-5-4〉와 같다.

그림 2-5-4 공장 에너지 이용 효율화의 원리

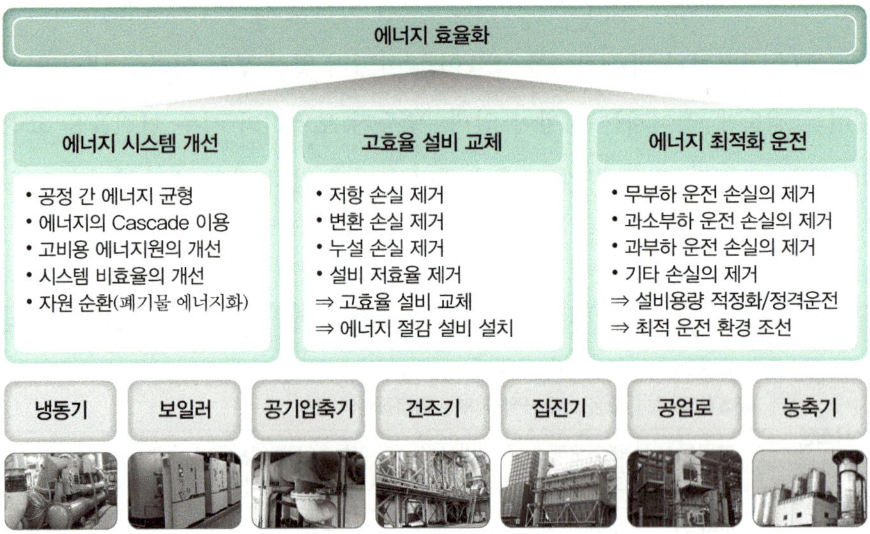

출처 : 저자 작성

한국에너지공단에서는 산업공정의 에너지 시스템을 증기 시스템, 냉동 시스템, 공기압축 시스템, 가열 시스템, 펌핑 시스템, 건조 시스템, 조명 시스템, 공조 시스템, 클린룸 시스템, 건물 시스템, 수변전 시스템, 열교환 시스템, 열이송 시스템, 열저장 시스템, 환경설비 시스템, 태양광 발전 시스템, 친환경 자동차 시스템, 풍력, ESS로 분류하고 각 시스템 주요설비의 절감 방법에 대해 연구·조사하여 자료를 공개하고 있다.

그림 2-5-5 EG-TIP 에너지온실가스 종합정보 플랫폼

출처 : http://tips.energy.or.kr/commonsystem/commonsystem_menu.do, 한국에너지공단 홈페이지, 2021년 8월 28일 검색

향후 FEMS는 에너지 시스템 공학과 융합되어 에너지 절감 성능이 더욱 높아지는 방향으로 진화할 것이다. FEMS가 에너지 시스템 공학과 융합된다는 건 FEMS가 에너지 절감운전 가이드 기능을 탑재한다는 것을 의미한다. 복수의 공기압축기를 보유하고 있는 공장을 가정해 보자. 통상 각각의 공기압축기가 리시버탱크 압력 신호를 받아 압력이 하한 압력보다 낮아지면 동시에 로딩 운전을 개시하고 상한 압력보다 높아지면 동시에 언로딩 운전으로 전환한다. 이때 부하율에 따라 효율이 높은 공기압축기부터 순차적으로 투입하게 되면 많은 에너지를 절감할 수 있다. 이런 운전 방법을 대수제어라고 한다. FEMS에 대수제어를 도입한다는 것은 공기압축기의 부하별 성능 모델을 작성하고 탱크압력 신호를 수집하여 시뮬레이션을 통해 부하율에 따른 최적의 대수전환점을 관리자에게 제안해 주는 기능을 도입한다는 뜻이다. 한국에너지공단은 시스템 성능

개선, 설비 교체, 운전 방법 개선을 포괄하는 많은 에너지 절감 방안을 제안하고 있는데 이 중 에너지 절감 운전 방안만을 정리하면 [표 2-5-8]과 같다.

표 2-5-8 설비별 에너지 절감 운전방안

설비	에너지 절감 운전방안
가열로	연소로 공기비 제어, 연소로 불완전 연소 방지, 연소로 내압 제어, 저부하 시 잔탕 조업, 승온 패턴 제어, 연소로 벽 단열 강화
건조로	열풍 온도 제어, 열풍 습도 제어, 열풍 배기온도 제어, 열풍 배기습도 제어, 건조로 단열 강화, 건조로 누기 방지
공기압축기	대수 제어, VSD – 부하추종 제어, 운전 우선순위 변경, 흡착식 드라이어 노점 제어, 압력 적정화, 흡입온도 저하, 압력손실 방지, 압축공기 누기 관리, 배관 손실 저감
공조설비	공조기 운전시간 합리화, 공조기 풍량 제어, 공조 설정 완화, 외기 유입량 제어, 워밍업 시 외기 도입 정지, 공조환기 운전시간 단축, 야간 냉기 유입(Night Purge), 외기냉방, 냉·난방 혼합 손실 방지, 냉·온수 혼합손실 방지. 환기운전 회수 적정화, 주차장 환기설비 스케쥴 제어, 공조Zone 제어, 코일필터 열교환기 청소, 공조기팬 회전수 제어, 공조지역 세분화, 공조기 스케쥴 제어, 공조기 CO2 제어
냉동기	냉수 출구온도 제어, 냉수 입구온도 제어, 구동열원 입구 제어, 증기 드레인 제어, 버너 연소량 제어, 희용액 By-Pass 제어, 공기비 조정
냉각탑	냉각수 온도제어, 냉각수 유량제어, 외기냉수 냉방, 냉각탑 병렬 운전, 냉각팬 회전수 제어, 냉각팬 피치 제어, 냉각팬 대수 제어, 충진재 스케일 관리
수변전 설비	대수 제어, 적정부하율 운전, 통폐합 운전, 최대수요 관리, 역률 관리, 불필요한 변압기 차단, 불필요 시간대 변압기 차단, 콘덴서 투입 차단 세분화 역률 개선
보일러 증기 시스템	대수 제어, 단속운전 개선, 증기 압력 적정화, 공기비 조정, 증기압력 하한 조정, 탈기기 운전압력 제어, 블로우다운 제어, 응축기 작동압력 제어
열이송 시스템	유량제어 시스템 개선, 증기공급관리 강화,생산 라인 단열 강화, 증기 응축수 시스템 합리화, 응축수 회수 배관 개선,무부하 운전 시 냉수 차단, 응축수 탱크 단열 강화, 냉수탱크 단열 강화, 노후 보온재 교체

출처 : 저자 작성

4) 에너지 관리와 ICT 인공지능과 컨버젼스

현재의 에너지 진단은 설비 교체 부분에서는 진단이 잘 이루어져 많은 에너지 절감 방안을 제안하고 있으나 시스템 개선과 운전 방법 개선 부분에 대해서는 거의 진단이 이루어지지 않고 있다. 이는 에너지 진단기관의 역량 부족이라기보다는 우리나라의 에너지 진단제도의 구조적 한계에 기인한다. 연간 2,000toe 이상 에너지를 소비하는 사업장은 5년마다 에너지 진단을 받아야 하며 진단결과 보고서와 이행보고서 제출이 의무이다. 시스템 개선과 같이 의사결정이 어려운 부분이나 운전 방법의 개선과 같이 정확한 이행을 담보하기 어려운 부분은 진단결과 보고서의 절감 방안 제안에 담을 수 없게 된다. 따라서 에너지 진단기관에서는 시스템 개선 부분과 운전 방법 개선 부분은 진단 대상에서 제외하게 되는 것이다. 에너지 진단기관이 운전 방법 개선 부분을 진단 대상에 포함시키기 위해

그림 2-5-6 공장 에너지 관리 시스템 구성도

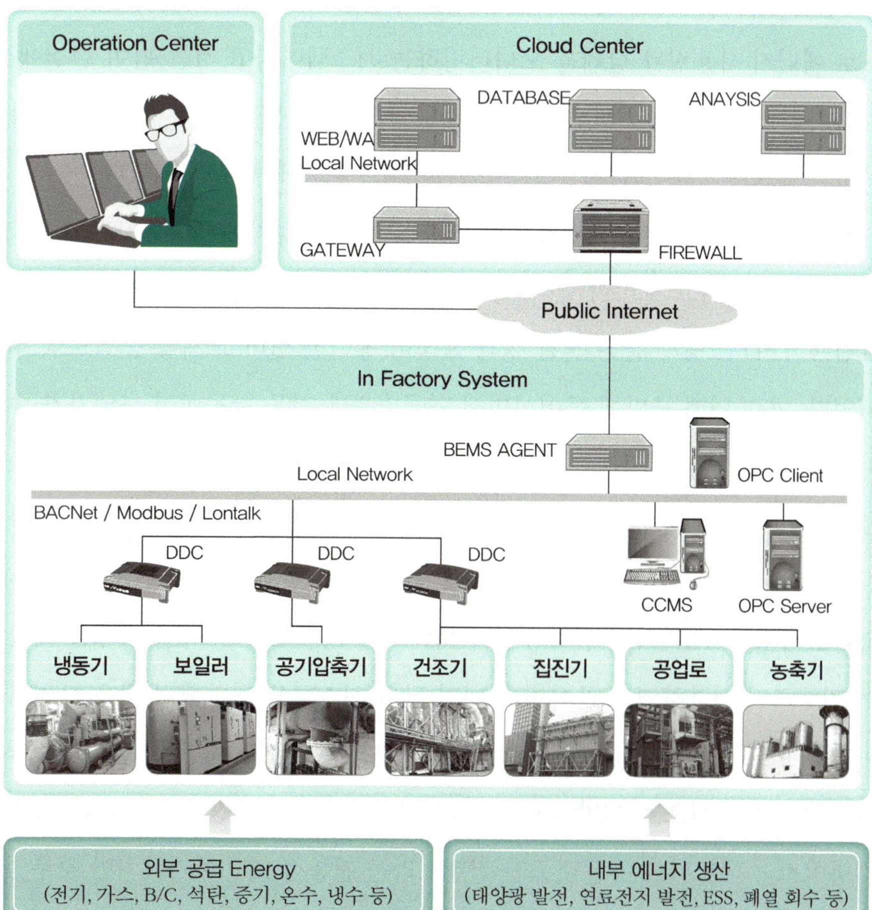

출처 : 저자 작성

서는 제안하고자 하는 에너지 절감 운전 방안이 공장 에너지 관리 시스템을 통해 구현 가능하며 그 절감 성과 또한 정확하게 측정 가능하여야 한다.

이론적으로 말하자면 공장 에너지 관리와 ICT의 융합으로 나타난 것이 공장 에너지 관리 시스템이라고 할 수 있다. FEMS는 공장의 냉동기, 보일러, 공기 압축기, 건조기, 집진기, 공업로 농축기 등 생산설비에 센서 계측기를 설치하여 에너지 소비량과 운전 정보를 수집하여 설비의 상태를 모니터링하며 설비 성능과 에너지 사용량을 분석하고 가시화하여 공장 에너지 관리와 관련된 의사결정을 지원해주는 시스템이라고 할 수 있다.

엄밀하게 말하자면 현재의 공장 에너지 관리 시스템은 에너지 설비를 대상으로 에너지 사용량과 상태를 모니터링하는 시스템이라고 하는 편이 현실에 가깝다. 에너지의 투입과 관련된 자원 배분에 대해 직접적인 가이드를 제공하지 못하기 때문에 공장 에너지 관리 시스템이라 부르기에는 무리가 있다.

우리나라에서 에너지 관리가 비즈니스 모델로 정착된 것은 2004년 ESCO 제도의 도입이라고 보아야 할 것이다. 초창기 ESCO 사업은 냉동기, 보일러, 히트펌프, LED 조명과 같은 절감 성과 측정이 용이한 설비 교체를 중심으로 추진되었다. 2000년대 중반에 들어서면서 연구기관과 건물 자동제어 사업자가 중심이 되어 건물 에너지 관리 시스템 과제가 개발되기 시작하였고 제주도 Smart Grid 실증사업에 참여했던 대기업들이 2010년대 초반부터 건물 에너지 관리 시스템 사업에 뛰어들기 시작했다. 2010년대 중반에 들어서면서 연구기관, ESCO 사업자, ICT 사업자가 중심이 되어 ICT 기반 ESCO 사업 과제를 개발하여 진행하기 시작하였고 곧이어 에너지 관리 시스템을 개발했던 많은 사업자들이 공장으로 사업 영역을 확장해 나갔다. 이와 같이 공장 에너지 관리 시스템이 ICT 사업자 중심으로 개발되고 재원의 대부분이 정부지원금에 의존하다 보니 디바이스 – 네트워크 – 플랫폼 – 컨텐츠라는 전통적 ICT 아키텍처만 갖추었을 뿐 핵심 기능인 에너지 절감 기능은 거의 구현하지 못했다.

그림 2-5-7 FEMS의 미래 모습

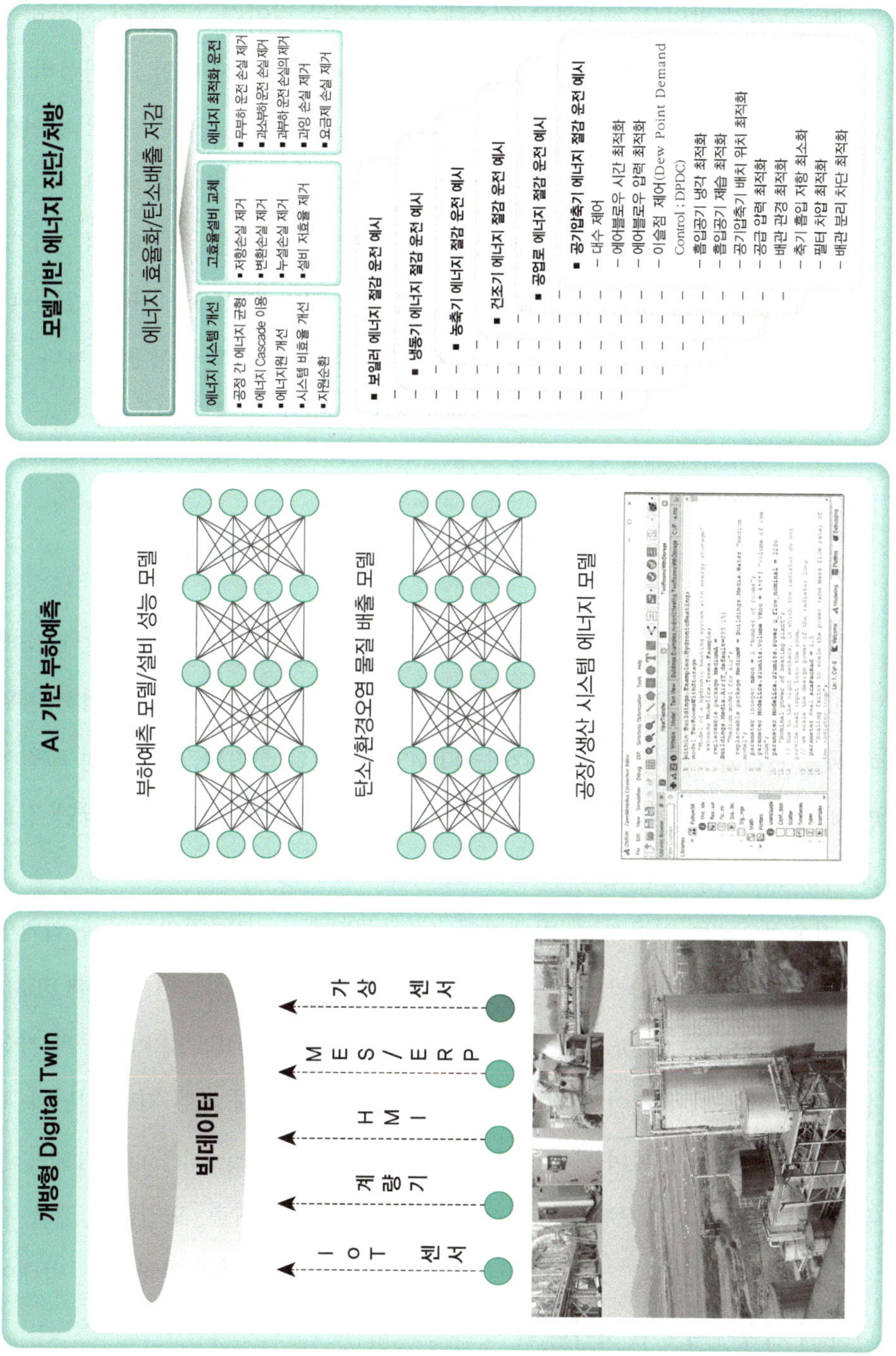

출처 : 저자 작성

향후 FEMS는 모델 기반으로 건축물과 생산 공정의 에너지 성능을 진단하고 에너지 절감 방안을 처방하는 시스템으로 발전할 것이다. FEMS가 제안하는 에너지 절감 방안의 내용은 생산 시스템의 에너지 성능 개선 방안, 단위설비 교체방안, 설비의 에너지 최적화 운전 방안이며 제안의 시간 단위는 절감 방안의 성격에 따라 시간 단위, 일 단위, 계절 단위, 년 단위가 될 것이다. 생산 시스템의 에너지 모델은 부하예측 모델과 설비 성능 모델을 포함할 것이며 각각의 모델은 IoT 센서 측정 데이터, 계량기 측정 데이터, 설비 HMI/MES/ERP 연동 데이터와 이들의 연산을 통해 구한 가상 센서 데이터를 통해 만들어질 것이다. 부하예측 모델과 설비 성능 모델 작성에서는 AI의 활용이 증대될 것이다.

3. 맺음말

에너지 관점에서 스마트 팩토리는 경영적으로는 에너지 구입 비용, 탄소배출 비용, 환경오염 물질 배출 등 에너지 투입과 관련된 총비용을 최소화하기 위해 목표 관리와 의사결정을 지원하는 FEMS로 발전할 것이다. 의사결정 지원이란 에너지 시스템의 성능 개선 방안, 설비 교체 방안, 운전 방법 개선 방안 정보를 제공하는 것을 말한다.

기술적으로는 인공지능, 빅데이터, IoT, 클라우드, 모바일의 4차 산업혁명 기술과 에너지 시스템 공학이 융합되어 에너지 비용 절감 성능이 우수한 FEMS로 발전할 것이다. FEMS는 구축 비용 절감을 위해 HMI/MES/ERP 연동과 가상 센서 활용이 증가할 것이고 에너지 절감 성능 향상을 위해 모델 기반 진단과 처방 기능이 강화될 것이며 가시성의 향상을 위해 BIM과 Digital Twin 기술이 적용될 것이다. 에너지 모델은 부하예측, 설비 성능, 탄소배출, 오염물질 배출 같은 서브 모델을 포함할 것이며 서브 모델의 성능 향상을 위해 인공지능, 빅데이터 분석 기술이 활용될 것이다.

참고문헌

국립환경과학원(2009), "EU통합오염예방 및 제어(IPPC)BAT지침서 에너지효율화기술".

문현준(2013), "건물에너지 절감을 위한 BIM과 Smart BEMS 기술", 건설기술쌍용 2013년 Winter, pp.4~9.

신영기(2013), "실시간 모델기반 건물 에너지 진단 연구", 『설비저널 제42권 2013년 5월호』, pp.28~38.

전재완 외(2017), "4차 산업혁명기술을 활용한 제조업 에너지 이용 효율성 제공방안", KIET산업연구원 연구보고서, 2017-846.

조영흠 외(2016), "건물에너지 성능 모니터링 및 최적제어를 위한 가상 센서 개발".

하백현 외(2016). "최신 에너지공학 개론".

한국에너지공단(2020), "2019년도 에너지 진단 종합보고서".

PART 3

기술과 인프라

1장

디지털 원유 빅데이터와 스마트 팩토리

정재윤(경희대학교)

〈요약〉

빅데이터는 21세기의 원유라고 흔히 말한다. 빅데이터는 가공하면 무한한 가치를 창출할 수 있는 잠재력 있는 자원이다. 하지만 원유를 정제해야 하듯이 데이터도 체계적인 절차로 가공이 필요하다. 공장에서는 빅데이터가 어디에 있는가? 어떻게 가공해서 어디에 활용해야 하는가? 이번 장에서는 이러한 질문에 대한 해답을 함께 찾아가고자 한다.

제조업에서 빅데이터는 중요한 전략적 활용 도구이다. 데이터 기반의 품질 개선, 비용 절감, 생산시간 단축을 달성하여 시장 경쟁에서 승리할 수 있게 한다. 생산계획, 공정분석, 품질관리, 물류관리, 설비보전 등 가치사슬 프로세스에서 생산성을 개선시키고, 나아가 시장에서 고객의 니즈를 파악하여 신제품 개발과 서비스 향상을 위한 혁신 도구로 활용할 수 있다.

1. 머리말

소위 4차 산업혁명의 시대이다. 사물인터넷, 클라우드, 빅데이터, 인공지능, 5G, 블록체인, 메타버스 등 혁신적 정보통신기술(Information & Communication Technology ; ICT)이 모든 산업의 패러다임을 바꾸고 있다. 20세기 초 포드(Ford)사를 시작으로 대량생산 시대를 열었던 자동차 산업은 내연 기관차에서 전기 자동차를 거쳐 자율 주행차를 향해 진화하고 있다. 화석연료를 연소시켜 구동하던 내연기관은 이제 배터리와 전기모터를 이용한 전기구동 장치로 교체되고 있으며 자연스럽게 컴퓨터 비전과 레이더, 라이다를 장착한 인공지능 기반의 자율주행 엔진으로 변화를 예견하고 있다. 한편 자본주의의 꽃이라고 할 수 있는 금융 산업도 핀테크(FinTech)와 네오뱅크(NeoBank)의 등장으로 전통은행들이 변화로 내몰리고 있다. 디지털 금융사업자들은 은행 지점 없이 비대면 디지털 채널만으로 낮은 수수료를 제공하고, 간편결제 서비스로 손쉬운 온・오프라인 결제를 제공하고 있으니 전통 은행들이 안주할 수 있는 재간이 없어졌다.

이러한 최근의 산업 변화에는 공통점이 있다. 디지털 혁명이다. 모바일, 소셜네트워크, 센서 등 다양한 데이터 원천으로부터 손쉽게 디지털 정보를 수집하고 저렴해진 컴퓨팅 기기와 저장장치, 통신망을 통하여 방대한 양의 데이터가 저장・공유・처리되고 있다. 아날로그 시대의 종이는 오간 데 없고, 0와 1로 기록되는 디지털 데이터가 클라우드, 소셜미디어, 스마트폰을 통하여 실시간으로 전세계에 공유되고 있다. 바로 21세기의 원유가 생산되는 것이다.

제조기업은 어떤가? ERP(Enterprise Resource Planning ; 전사적자원 계획) 시스템은 웬만한 규모의 제조기업들이 모두 사용하고 있다. 2000년대 SAP사, Oracle사가 주름잡던 패키지형 ERP 시스템이 아니라 클라우드 기반의 구독형 ERP가 확산되면서 중소제조 기업의 업무도 전산화 및 정보화되고 있다. 공장 운영관리는 정부의 스마트 공장 보급・확산 사업으로 많은 중견・중소기업들이

MES(Manufacturing Execution System ; 제조실행 시스템)를 설치하여 작업 지시, 품질관리, 설비제어, 물류관리를 전산화하고 있으며 ERP와 연동하여 주문 및 납품 계획과 연계하고 있다. 설비에서 발생하는 실시간 데이터를 PLC와 SCADA로 수집하여 생산라인을 모니터링 및 제어할 수 있다. 제조기업에도 디지털 원유, 빅데이터가 쏟아지고 있다.

구슬이 서 말이라도 꿰어야 보배인데 빅데이터를 보고만 있을 것인가? 기업은 수익 확대 및 경쟁력 향상을 위하여 빅데이터를 적극 활용해야 한다. 전통적 제조기업들은 기계 및 자동화 장치에는 비교적 익숙한 편이지만, 아쉽게도 디지털로 이루어진 정보기술의 도입에는 아직 소극적이다. 이제 4차 산업혁명 시대의 승리를 위하여 빅데이터로 무장할 시점이다.

2. 빅데이터와 스마트 팩토리

2.1 빅데이터의 등장

가트너(Gartner)에 따르면 빅데이터는 일반적으로 데이터의 양이 많고(Volume, 양) 요구되는 분석 속도가 빠르며(Velocity, 속도) 다양한 형태의 데이터(Variety, 다양성)가 포함되어 있다는 특징을 가지는데, 이러한 세 가지 3V 특징 중에서 두 가지 이상을 만족하면 빅데이터라고 말한다. IBM은 그 외에도 데이터의 진실성(Veracity)을 추가하여 신뢰할 만한 데이터의 중요성에 대하여 강조하였다.

제조환경을 살펴보자. 공장에는 방대한 양의 공정 데이터가 쏟아지고 있다. 부품, 장비, 작업자, 운송장치 등 디지털화 가능한 많은 양(Volume)의 데이터가 존재한다. 쉴 새 없이 진행되는 생산라인에는 즉각적인 불량품 검출과 생산설비 이상 감지가 필요하여 신속한 데이터 분석(Velocity)이 요구된다. 또한 생산

계획과 재고량과 같은 데이터베이스의 구조적 데이터뿐만 아니라 제품 형상을 인식하는 이미지 데이터, 생산설비의 진동과 소음과 같은 시계열 데이터, 작업 지침과 같은 텍스트 데이터까지 다양한 데이터(Variety)가 산재해 있다. 이러한 데이터는 MES 같은 정보 시스템을 통하여 정확하게 기록되어(Veracity) 추적 가능해야 한다. 그러므로 제조 환경은 빅데이터에 관한 여러 요건들을 충족하고 있으며 생산성 향상을 위한 가치(Value) 있는 데이터 분석이 필수적이다.

그러면 우리는 어떻게 빅데이터 시대로 접어들게 되었을까? 포브스(Forbes)지의 발행인 리치 칼가드(Rich Karlgard)의 '치프 혁명(Cheap Revolution)'은 네 가지 영역의 정보기술 가격 절감으로 이러한 빅데이터 시대의 등장을 잘 설명하였다.

먼저 하드웨어의 가격이 지속적으로 하락하고 있다. 이는 집적회로(IC)의 트랜지스터 수가 2년에 2배씩 증가한다는 인텔(Intel) 공동창립자 고든 무어(Gordon Moore)의 '무어의 법칙', 반도체 메모리의 용량이 1년에 2배씩 증가한다는 삼성전자 황창규 사장의 '황(Hwang)의 법칙', 그래픽처리장치(GPU)의 성능이 2년에 2배 이상 증가한다는 엔비디아(NVidia)의 CEO 젠슨 황의 '황(Huang)의 법칙' 등으로 이해할 수 있다. 시간이 지날수록 하드웨어 성능이 기하급수적으로 발전하고 있고, 이에 따라 동일한 성능의 하드웨어 가격이 빠른 속도로 감소하고 있다. 예를 들어 소형기기에 데이터를 저장하는 마이크로SD 카드의 신제품 성능을 비교해보면 2005년에 128MB, 2014년에 128GB가 판매되었으며, 2021년 현재 1TB 용량이 판매되고 있다. 시간이 갈수록 저렴하면서도 고속으로 빅데이터를 저장하고 처리할 수 있게 된 것이다.

소프트웨어 분야에서는 오픈소스 소프트웨어들이 여러 분야에서 확대되고 있다. 운영체제의 Linux, 모바일 운영체제의 Android, 웹 브라우저의 Chrome, 데이터베이스의 MySQL/MariDB, Python 및 R의 데이터 분석 패키지, Tensorflow와 Torch와 같은 인공지능 라이브러리까지 데이터를 저장 · 운영 · 공유 ·

분석하는 다양한 소프트웨어가 소스 코드까지 공개되면서 전 세계의 우수한 엔지니어들이 머리를 맞대고 고성능 무료 소프트웨어를 제공하고 있다.

네트워크 기술 또한 빠른 속도로 발전하면서 가정의 유선통신망은 1Gbps 급에서 10Gbps 급으로 고속화하는 추세이고 야외에서도 버스 안, 지하철역, 공공기관이나 식당 등 사람들이 모이는 곳이면 어디든 와이파이 통신망이 무료로 구축되며 속도 또한 과거에 비할 바 없이 빠르다. 블루투스, ZigBee, LoRa 등 근거리 무선통신이나 LTE, 5G와 같은 이동통신망은 시간이 갈수록 고속화되면서 동일 성능의 통신 비용은 점차 저렴해지고 있다. 이처럼 빠르고 저렴해진 무선통신을 타고 이미지와 동영상, 음성과 센서 데이터들이 온라인으로 전송되고 공유되고 있다.

마찬가지로 이러한 기반 기술 중에 고성능의 무료 인터넷 서비스들도 한몫을 차지한다. 구글이나 네이버 검색 서비스와 웹메일, 구글맵이나 다음지도, 페이스북과 트위터, 인스타그램 등의 소셜네트워크 서비스, GitHub나 Google Colab과 같은 클라우드 기반 프로그래밍 환경은 유료로 제공해도 무방할 정도의 우수한 성능으로 무료 서비스를 제공하고 있다. 이러한 인터넷 서비스들은 사용자들이 쉽게 방문하여 자사의 유용한 서비스를 이용하게 하고 사용자와 사

표 3-1-1 **치프 혁명**(Cheap Revolution) **동인과 예시**

정보기술	가격 요인	예시
하드웨어	지속적인 하드웨어 가격의 하락	'무어의 법칙' (IC칩), '황(Hwang)의 법칙' (메모리), '황(Huang)의 법칙' (GPU) 등
소프트웨어	오픈소스 소프트웨어의 확대	Linux, Android, Chrome, MySQL, Python, R, Tensorflow, Torch 등
네트워크	유무선 고속 통신가격의 하락	와이파이, 블루투스, NFC, ZigBee, LoRa, 5G 등
인터넷 서비스	고성능 무료 인터넷 서비스의 확산	구글 검색엔진, 네이버 지도, 페이스북, 트위터, GitHub, Google Colab 등

출처 : 저자 작성

용자를 연결시켜줌으로써 21세기의 원유인 빅데이터의 생성과 공유, 검색하는 서비스 기반 빅데이터를 제공하고 있다.

2.2 과학적 관리를 위한 빅데이터

빅데이터는 산업 현장에 어떠한 영향을 미치는가? 데이터에 축적된 사실 기반의 객관적인 의사결정을 지원함으로써 체계적인 관리 활동을 가능하게 한다. '관리(Management)'란 조직이 수립한 목표의 성공적인 달성을 위하여 업무를 계획 · 관찰 · 감독하는 과정 또는 활동을 의미한다. 약 100년 전에도 체계적인 관리 활동을 수행하기 위한 혁신이 있었는데 프레드릭 테일러(Frederick Taylor)가 정립한 '과학적 관리(Scientific Management)'가 그것이다. 관리에 관한 체계적인 방법론이 부족했던 당시에 과학적 기법들을 동원하여 측정하고 분석하여 개선하는 일련의 활동을 제시하고 실천하여 산업계와 학계에 큰 영향을 주었고 '현대적 경영 관리'의 초석을 쌓았다고 볼 수 있다.

테일러는 자신의 저서 『과학적 관리의 원칙(The Principles of Scientific Management)'(1911)』에서 과학적 관리의 네 가지 원칙을 제시하였다.

그림 3-1-1 테일러의 저서 「과학적 관리의 원칙」(1911)

원칙 1 경험적 방법을 대체할 '과학적 작업 방법' 개발

원칙 2 '적합한 작업자'를 선정하고 효율적 작업 지도

원칙 3 과학적 작업 수행을 위해 작업자와 협력

원칙 4 노사 간의 '작업과 책임'의 동등한 부담

경험적 방법으로 수행되던 업무 체계를 계량적이고 분석적인 과학적 방식으로 대체하고(원칙 1) 작업자들이 자신에 적합한 업무에 투입되어 효율적으로 업무를 수행할 수 있도록 교육 및 지도하며(원칙 2) 업무에 투입된 작업자들이 효율적으로 업무를 수행할 수 있도록 관리자와 협력하면서(원칙 3) 업무와 책임, 성과에 대하여 작업자와 관리자가 공정하게 부담해야 한다(원칙 4)는 내용이다. 당시 비효율적인 업무가 수행되던 산업 현장을 측정 가능하고 분석적 활동으로 개선시킴으로써 조직의 생산성을 향상시키고 이익을 배분함으로써 체계적 관리 활동을 실현시켰다.

위의 원칙들은 빅데이터 관점에서 재해석해 볼 수 있다. 사실 기반의 데이터 분석을 통하여 경험적 작업 방법을 체계화시킬 수 있다(원칙 1). 과거에는 수작업 위주였지만 현재에는 소위 4M이라고 부르는 사람(Man), 기계(Machine), 재료(Material), 방법(Method)에 의한 더욱 복잡한 업무 체계를 가지고 있으므로적합한 사람과 기계, 재료를 사용하여 최선의 작업 방법(레시피)으로 업무를 수행하고 있는지를 장기간 빅데이터를 통하여 분석하여 지식을 추출하고 작업자들에게 전달할 수 있다(원칙 2). 과거에는 전산화되지 못했기 때문에 테일러는 스톱워치를 들고 철도, 철강, 군수 회사의 작업을 측정하였다. 하지만 현재는 정보 시스템과 사물인터넷을 통한 세부적인 작업과 물류까지 추적이 가능하여 작업자와 관리자가 마음만 터놓는다면 사실적 기록을 바탕으로 업무 개선을 위한 협력이 가능하다(원칙 3). 마지막으로 과학적 관리는 생산성 향상을 통한 작업자들의 임금 향상 및 사기 진작에까지 연결되어 있으며 빅데이터를 통한 스마트 팩토리 혁신 또한 작업자라고 하는 공장 구성원들의 이익으로 환원되어야 한다는 당위성을 제시하고 있

그림 3-1-2 데밍의 PDCA 사이클

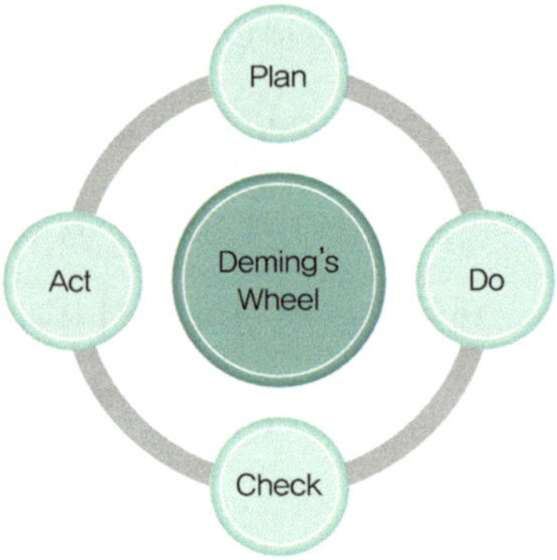

출처 : 저자 작성

다(원칙 4).

프레드릭 테일러의 과학적 관리는 이후 많은 경영혁신 기법에도 영향을 주었는데 빅데이터와도 밀접한 관계를 가진다. 경영학의 아버지라고 불리는 피터 드러커(Peter Drucker)는 "측정할 수 없으면, 관리할 수 없다(If you can not measure, you can not manage)"라는 유명한 말을 남겼다. 앞서 설명한 과학적 관리와 같이 체계적 관리를 위해서는 먼저 측정해야 하고, 이것이 경영 관리의 시작이라는 말이다. 빅데이터는 과학적 관리를 위하여 측정될 수 있는 모든 디지털 기록이며 빅데이터 기반의 측정이 관리와 혁신의 시작이라는 것이다.

빅데이터의 수집·공유·분석·개선 과정은 품질관리 사이클인 PDCA 사이클(P-D-C-A Cycle)에 대입해 볼 수 있다. PDCA 사이클은 미국의 품질공학자인 에드워드 데밍(Edwards Deming)이 제시한 개념으로 데밍휠(Deming's Wheel)이라고도 불리며 Plan(계획) - Do(실행) - Check(평가) - Act(개선)라는 네 단계 과정을 반복하면서 지속적인 품질 개선 및 생산 활동을 수행하는 방식이다. 과거 이러한 품질 관리나 6시그마 활동은 측정 및 개선을 위하여 실험 설계를 통한 사후적 데이터 수집이 흔히 이루어졌으나 빅데이터 시대에는 풍부한 데이터를 바탕으로 데이터 수집 및 측정에 대한 부담이 크게 줄어들었고, 또한 개선에 위한 체계적인 빅데이터 분석 기법들이 많이 발전하였다. 즉, 예전부터 추구하던 순환적 개선활동이 빅데이터 분석을 통하여 훨씬 더 빠르고 용이하고 정확하게 실현될 수 있는 기반이 마련된 것이다.

2.3 스마트공장의 빅데이터

제조기업에는 수많은 형태의 데이터가 곳곳에 존재하지만 제조기업의 빅데이터는 크게 제품 데이터, 운영 데이터, 실시간 데이터, 성능 데이터로 구분하여 설명할 수 있다.

먼저 제품 데이터는 디지털로 표현된 제품 설계로 볼 수 있다. 제조기업에서는 제품 모델별 조립품의 구성을 트리 구조로 표현한 BOM(Bill of Materials, ; 자재명세서)을 관리하고 있으며 각 제품 및 부품은 CAD(Computer-Aided Design ; 컴퓨터지원설계)로 설계된 디지털 도면으로 확보하고 있다. 이처럼 상세 규격과 재질 등 사양 정보를 포함한 제품 데이터는 제조업 산출물의 기준이 되며 PDM(Product Data Management, 제품데이터 관리), PLM(Product Lifecycle Management, 제품수명주기 관리)과 같은 정보 시스템을 통하여 관리된다. 최근에는 전기 자동차, 스마트가전 등 소프트웨어가 결합된 제품이 확산되면서 ALM(Application Lifecycle Management ; 애플리케이션 수명관리)과 결합하여 제품 데이터를 관리하는 추세이다. 이러한 정보 시스템의 제품 데이터는 제품의 생산계획, 물류 및 재고, 품질관리 등을 분석할 때 기초 데이터로 활용된다.

운영 데이터는 제품의 생산제조 과정을 생산 · 제조 · 운송 · 저장하는 단계에서 수집되는 데이터로 MES, ERP, SCM(Supply Chain Management ; 공급망 관리), WMS(Warehouse Management System ; 창고관리 시스템) 등 정보 시스템에서 쉽게 확보가 가능하다. 생산 · 구매 · 운송 · 저장 등의 가치사슬 운영의 진행 상황과 변경 사항을 반영한다. 이 데이터들은 일반적으로 관계형 데이터에 저장되어 있어 상대적으로 조작하기 쉽지만, 생산운영 분석에서 제품 데이터와 함께 실시간 데이터과 성능 데이터와 결합되어 분석의 중추 역할을 하기 때문에 필수적이다. 예를 들어 운영 데이터에는 제품 모델, 생산 로트, 생산라인 및 설비 정보, 생산 시간 및 제조 환경 등의 제품과 생산 및 물류의 기준 데이터가 포함된다.

실시간 데이터는 생산공정 분석과 신속한 의사결정을 위해 필요한 세부정보를 제공할 수 있다. GPS, RFID 등 위치 및 식별자 정보, 제품 및 설비의 영상 데이터, 온 · 습도, 진동 및 소음 센서를 포함하는 사물인터넷 데이터 등 생산 · 제조 및 물류 프로세스의 전 단계에서 부품 및 제품의 식별 정보, 타임스탬프 및 위치와 이를 둘러싼 다양한 주변 데이터를 수집한다. 실시간 데이터는 빅데이터로 가장 많이 언급되지만, 일반적으로 제품 데이터와 운영 데이터와 결합하여 연계되어야만 효과적으로 활용될 수 있다.

마지막으로 성과 데이터는 생산량, 품질, 사이클타임 등 핵심성과지표(Key Performance Indicators ; KPI)와 같은 비즈니스 및 운영 성과에 관한 측정 데이터가 포함된다. KPI는 일반적으로 비즈니스 성공을 위해 팀별로 관리하며 각 팀의 이기적인 추구를 극복하고 조직 전체의 지속적인 개선을 추구하기 위해서는 업무 및 운영 실적 데이터를 올바르게 공유하고 관리해야 한다. 스마트 팩토리의 궁극적인 목표가 비용 절감, 품질 개선, 속도 향상 등 생산성 향상에 있으므로 이러한 KPI는 제조 빅데이터 분석을 통한 비즈니스 목표 수립에 중요한 기준으로 사용될 수 있다.

3. 빅데이터 기반의 팩토리 운영

제조업에는 수많은 제품과 공정이 존재하는 만큼 그보다 더 다양한 목적의 빅데이터 분석 주제가 존재한다. 그럼에도 불구하고 제조 빅데이터 분석의 핵심은 생산성 향상에 있으며 이는 생산성 향상의 세 가지 기본 본질인 비용(cost) 절감, 품질(quality) 향상, 속도(speed) 개선으로 집약할 수 있다.

본 절에서는 스마트 팩토리에서 빅데이터 분석을 어떻게 활용될 수 있는지를 주요한 가치사슬(value chain) 활동을 중심으로 살펴본다. 제조업의 가치사슬은 수요 예측을 통하여 장단기 시장수요를 예상하고, 생산계획을 통하여 장 · 단기적인 계획을 수립하고 일정 계획 및 작업 지시를 생성하고, 공정분석을 통해 계획 대비 공정 진척이 잘 진행될 수 있도록 감시하고 조정한다. 또한 품질관리 활동을 통하여 공정별로 생산된 부품과 재공품의 품질 검사 및 불량 검출을 실행하고, 설비의 유지 보수 및 예지보전 활동을 통하여 생산설비의 최적 상태를 유지한다. 이러한 전체적인 생산운영 활동 내에서 빅데이터의 생성, 분석, 활용에 대하여 단계적으로 살펴보자.

3.1 수요 예측

공장 운영의 시작은 생산계획이며 생산계획의 입력은 수요 예측이다. 일반적인 제조기업에서는 수십에서 수백 가지의 제품을 생산하고 있는데 그 제품의 수요는 시장 상황이나 고객의 구매 계획에 직접적으로 영향을 받는다. 인구통계 및 사회경제학적인 거시적 변화뿐만 아니라 기술발전 동향(예 : 전기차, 자율주행차, 폴더블 디스플레이 등)에도 영향을 받으며 코로나 확산이나 금융위기와 같은 경제적 위험요인도 존재하기 때문에 정확한 수요 예측은 원천적으로 불가능하다. 결국 계량적 기법을 동원하여 수요 예측의 정확도를 최대한 높이고 수요 변화를 빠르게 감지하여 확률적 위험요소를 최소한 완화시킬 수 밖에 없다.

빅데이터 분석 기법들을 효과적으로 적용하면 수요 예측의 정확도를 높이는 데 기여할 수 있고, 시나리오 분석(what-if)과 결합하여 예측 기반 위기대응이 가능할 수 있으며 기업의 생산전략(예 : 공격적 시장확대, 안정적 시장유지) 하에서 최적의 의사결정을 수립하는 데 활용할 수 있다.

수요 예측은 전통적인 데이터 분석 문제이다. 계량경제학에서는 수요의 추세, 주기성(계절성), 자기상관관계 등을 반영하기 위하여 MA, EWMA, ARIMA, ETS 등 전통적인 시계열분석 기법을 적용해 왔고 최근에는 더 복잡한 요인들을 반영하기 위하여 다변량 시계열 데이터 특성을 변수로 반영한 머신러닝 기법들이 적용되고 있으며 나아가 시계열적 요소와 변동 요인들을 스스로 학습하여 수요 예측 모형에 반영할 수 있도록 RNN(예 : LSTM 및 GRU) 및 1차원 CNN 등 Deep Learning 기법들이 개발되고 있다. 특히 DeepAR과 같이 시계열을 반영할 수 있는 딥러닝 기법들이 수요 예측 기법으로 활용되고 있다.

수요 예측 분야에 가장 최신 기법을 확인하기 위해서는 2020년 Kaggle에서

열린 M5 경진대회를 확인할 수 있다. M-경진대회(M-Competition)는 International Journal of Forecasting 저널 초대 편집장인 INSEAD 경영대학 Makridakis 명예교수가 1982년 개최한 이후로 2020년 5회까지 열리고 있는 수요 예측 분야의 가장 유서 깊은 대회이다. M5 대회에서는 미국 월마트(WalMart) 10개 매장에서 3년간 제품들의 일별 판매량을 제공하고 향후 1개월간 10개 매장의 제품별 판매량을 예측하는 문제가 제시되었으며 전 세계 5,558개의 참여팀들 중에서 자랑스럽게도 한국 연구진들이 1위, 3위를 차지하였다. 필자가 소속한 경희대 산업경영공학과 인연준 학부생이 1위를 차지하였는데 다양한 시계열 특성을 반영하여 최신 앙상블 기법인 LightGBM 모델을 활용하였고, 3위를 차지한 국내 스타트업 MOFL 팀은 DeepAR 기반의 딥러닝 기법을 적용하였다. M5 수상작들의 논문이 International Journal of Forecasting의 2022년호 특집호에 게재될 예정이므로 수요 예측의 최신 기법을 참조할 수 있을 것이다. 2019년에 열린 M4 대회와 비교하여 M5 대회에서는 상위권 수상자들 중에서 전통적인 시계열 통계기법의 사용이 많이 줄어든 반면, 머신러닝 및 딥러닝 기법들을 적용한 연구가 대폭 증가하였다는 점에서 빅데이터 분석 기법들이 수요 예측 분야에도 확대되고 있음을 가늠할 수 있다.

〈그림 3-1-3〉은 향후 28일간의 판매량을 예측하는 등의 다단계 수요 예측(multi-step forecasting) 문제를 해결하는 방법으로 크게 직접 예측(direct forecasting)과 재귀적 예측(recursive forecasting)의 두 가지 방식이 있다. 직접 예측 방식은 예를 들어 향후 28일간의 판매 예측을 위하여 과거 데이터를 입력으로만 하는 서로 다른 예측 모형 28개를 만들지만, 재귀적 예측 방식은 하나의 예측 모형을 사용하여 직전까지의 확정된 정보 또는 예측된 정보를 입력으로 재사용하면서 다단계 미래를 예측한다. 재귀적 예측 방식이 짧은 미래 구간에 대해서는 효과적이지만, 기간이 길어질수록 오차가 누적되어 예측력이 저하되는 한계가 있다. M5 1위를 수상한 방식은 이 두 가지 방식의 평균 모형을 사용하

그림 3-1-3 다단계 수요 예측을 위한 두 가지 방식

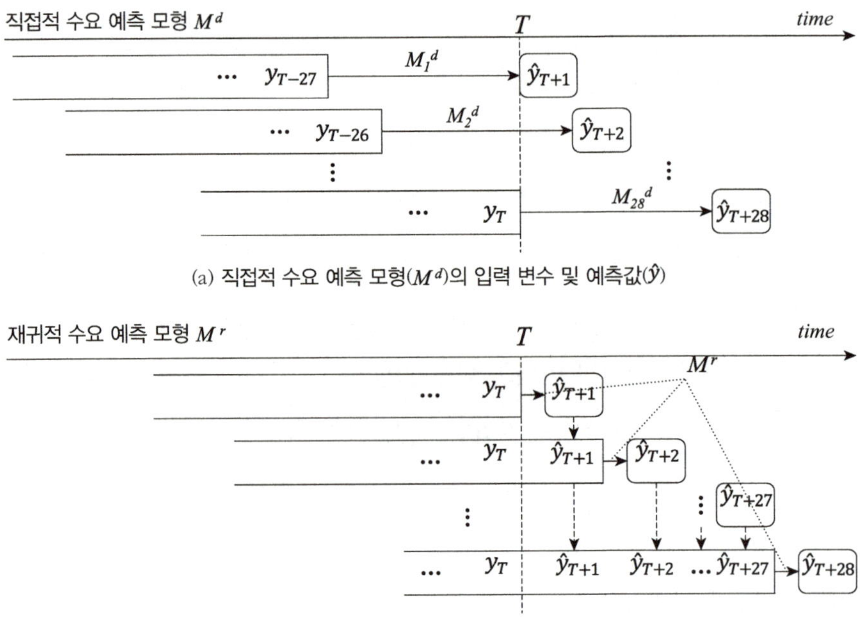

출처 : In & Jung(2022)

여 향후 28일간의 균형 잡힌 예측 결과를 제시하였다. 또한 계층적 데이터로부터 부분적 데이터 풀링(partial pooling)이라고 하는 다각적 예측 모형을 개발하여 평균 모형에 반영하였는데 상세한 내용은 논문을 참고하기 바란다.

3.2 생산계획

공장 운영의 목표는 최저 비용으로 품질 좋은 제품을 다량생산하는 것이며 생산계획의 목표는 예측된 시장수요량을 고려하여 기간별로 생산할 적절한 생산량을 결정하는 것이다. 생산계획의 결과물은 공급기업으로부터의 조달 일정, 내부의 생산 일정, 고객사로의 공급 일정으로 표출되며 이들은 공급망계획(Supply Chain Plan)과 일치시켜야 한다. 특히 내부의 생산 일정은 스케줄링이라고 부르는 세부적인 일정 계획으로 구체화하는 과정을 거쳐서 작업지시로 변환된다. 〈그림 3-1-4〉는 상위의 공급망계획으로부터 대일정 계획, 생산계획, 스케줄링에 이르는 계층적 생산계획의 구성을 보여주고 있다. 또한 이는 공급사와의 구매 및 자재소요 계획과 연계되고 고객사와의 수요 계획 및 수요충족 계획과 연계되며 분배계획 및 수송계획으로 연결된다.

그림 3-1-4 공급망계획의 구조

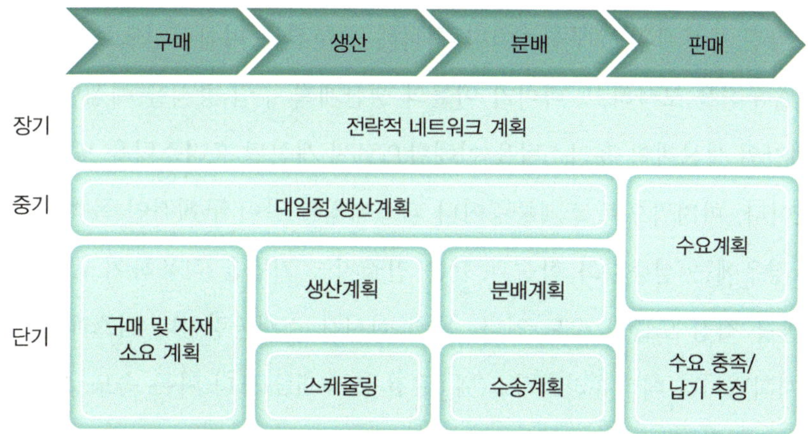

출처 : Stadtler et al.(2015)

기한 내에 차질 없이 고객사로 제품을 공급하기 위해서는 공장 및 라인별 생산용량, 인력 등의 자원을 고려하여 생산계획을 수립하여야 한다. 또한 외부 공급기업의 생산용량과 운송을 고려하여 분배계획을 수립해야 한다. 즉, 내부와 외부 자원의 생산용량, 공급 및 운송 능력을 충분히 고려하지 않으면 고객사로의 납기를 준수하는데 실패하여 막대한 비용을 지불할 수 있다. 특히 현실에서는 고장 및 인력 공백 등 예기치 못한 상황으로 인하여 계획에 차질이 발생하는데 이러한 상황을 다양하게 고려하기 위하여 시나리오 분석을 하는데 빅데이터를 사용할 수 있다.

생산계획을 수립하기 위하여 빅데이터를 이용하는 방식은 여러 가지가 가능하다. 최적 생산계획을 수립하기 위해서는 수리계획 모델을 이용한 최적화를 종종 사용하는데 간접적인 빅데이터 적용 방법은 수리계획 모형에 포함되는 인자를 빅데이터로 검증하는 방식이다. 예를 들어 라인별 생산용량의 경우 이론적 수치와 현실적 수치가 상이한 경우가 많은데 빅데이터 분석을 통하여 주기적으로 인자를 보다 현실적 수치로 개선함으로써 최적화 솔루션을 개선하는 것이다. 반면 직접적인 방법은 수리계획 모형을 머신러닝 모형으로 대체하는 것이다. 예측 모형을 확장하여 목적함수로 근사 최적해를 도출할 수 있으며 기존의 수립된 생산계획 솔루션들이나 최적해 솔루션을 머신러닝으로 학습시켜서 기존 솔루션을 모사하고, 나아가 이들의 생산계획 수립 방식을 해석할 수 있다. 즉, 인간의 생산계획 휴리스틱을 이해함으로써 개선된 휴리스틱을 도출할 수 있는 것이다. 마지막으로 스케줄링이나 디스패칭과 같이 구체적인 목적식이 제시되는 경우에는 심층강화 학습과 같은 인공지능 기법을 적용하여 근사 최적화 스케줄을 직접 도출할 수도 있다. 특히 실시간 스케줄링이나 디스패칭의 경우 수리계획법이나 메타휴리스틱스(예 : 유전자알고리즘)보다 빠른 속도로 실행시키기 위하여 지도학습이나 강화학습 기법을 활용할 수 있다.

3.3 공정분석

협의의 생산관리는 생산계획 및 통제(Production Planning and Control ; PPC)로 볼 수 있다. 즉, 최적의 생산계획을 수립한 이후에 계획대로 생산이 진행될 수 있도록 감시하고 조정한다. 공정분석은 생산 시스템의 진행을 관찰하고 이를 개선하는 활동이다.

생산 시스템은 투입으로부터 제품 또는 서비스 산출로 변환하는 체계이다. 생산 시스템의 투입 요소는 인력, 설비, 재료, 자본 등이 있으며 산출 결과는 제품 및 서비스의 생산량, 납기, 품질 등이 있다. 이러한 투입과 산출에 관한 모든 요소들이 빅데이터 수집 대상이 될 수 있으며 변환 과정에 적용된 생산 방법 및 통제 기법이 모두 생산 시스템을 최적화하기 위한 빅데이터 분석 주제이다.

공정관리는 생산 시스템의 형태와 밀접한 관계가 있다. 즉, 투입을 산출로 변환하는 방식이 크게 달라지기 때문이다. 생산 시스템의 형태는 제조업의 제품 종류만큼이나 다양하지만, 고객의 주문 형태에 따라서 계획생산, 주문조립, 주문생산, 주문설계로 구분할 수 있고 제품의 품종과 다양성에 따라 소품종 대량생산, 다품종 소량생산, 단일품종 소량생산으로 구분할 수 있으며 공정의 흐름에 따라서 연속생산, 반복생산, 단속생산, 개별생산으로 분류할 수 있다. 스마트 공장으로 진화함에 따라서 맞춤형 소량생산을 지원하기 위한 유연생산 시스템의 개발이 더욱 중요해지고 있으며 미래 개인화된 생산에 최적화된 자동화 시스템과 결합된 진보된 형태가 등장할 것으로 예상된다.

그림 3-1-5 생산 시스템의 유형

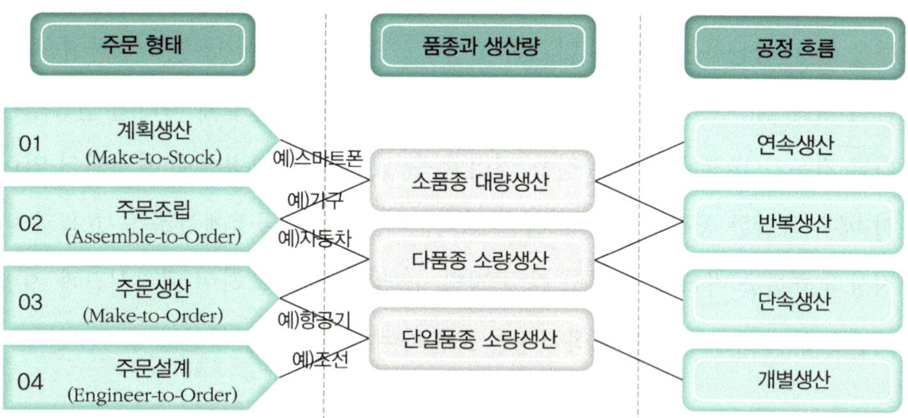

출처 : 저자 작성

공정분석을 위한 효과적인 빅데이터 분석 도구로는 프로세스 마이닝 기법을 활용할 수 있다. 프로세스 마이닝은 정보 시스템의 이력들을 수집하여 프로세스 맵을 도식화하고 공정 흐름을 비교 분석하거나 흐름시간이나 병목공정을 탐색할 수 있게 하는 도구이다. 〈그림 3-1-6〉은 프로세스 마이닝(Process Min-

그림 3-1-6 **프로세스 마이닝을 이용한 공정분석**

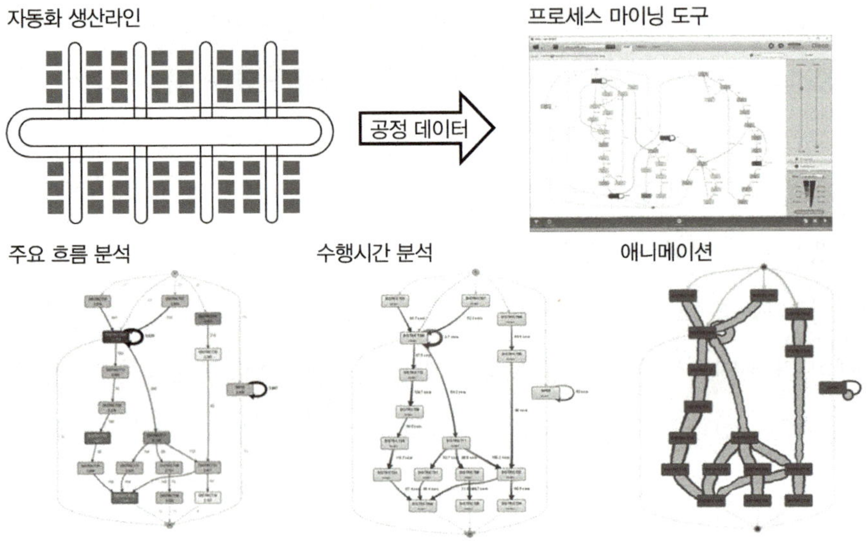

출처 : 저자 작성

ing)을 이용한 여러 가지 분석 방법을 보여주고 있다. 생산라인에는 여러 모델들을 공용 생산하는 경우가 많으며 잡샵(Job Shop)과 같이 공정이나 물류의 흐름이 다른 경우도 많이 있다. 예를 들면 반도체 공정은 모델에 따라 생산공정이 다른 경우가 많고 동일한 공정을 처리할 수 있는 장비도 병렬로 배치되어 있어서 매우 복잡한 공정과 물류 흐름을 보여준다. 이러한 공정에서 주요 흐름과 비정상적 흐름을 비교할 수 있고 각 공정별 수행시간을 비교하여 대기시간과 지연시간을 분석할 수 있으며 병목공정을 도출하여 생산공정을 개선할 수 있다.

3.4 품질관리

품질이란 고객이 느끼는 제품이나 서비스의 가치를 의미한다. 전략적 측면에서 볼 때 높은 품질은 경쟁 기업에 비하여 제품 및 서비스의 가치를 높일 수 있는 수단으로 프리미엄 가격을 책정할 수 있고, 동일 수준의 가격에서 고객 구매의사를 높여 판매량을 높일 수 있는 수단이 된다. 또한 제조기업에서 데이터 기반의 품질관리는 시장 경쟁력을 향상시킬 뿐만 아니라 중소 공급기업의 경우 고객사에 납품된 부품의 이력 관리 및 추적을 통하여 리콜에 대한 비용을 줄일 수도 있다.

품질을 좌우하는 요인은 매우 다양한데, 빅데이터 분석을 활용하여 제품이 고객의 니즈를 만족시키는지, 경쟁 제품과의 평가가 어떻게 다른지, 제품 불량에 미치는 요인이 무엇인지, 최상의 품질을 획득할 수 있는 최적의 가공 조건(레시피)이 무엇인지 분석할 수 있다.

많은 생산 시스템의 경우 대량생산을 위하여 배치(batch) 방식으로 생산되는 경우가 많다. 즉, 생산 로트(Lot) 단위로 한 번에 다수를 가공하기 때문에 단품 단위의 품질관리가 실질적으로 힘든 경우가 대부분이다. 이러한 경우에는 배치 단위의 품질 검수 데이터를 기준으로 최적의 가공 조건을 도출해야 한다.

〈그림 3-1-7〉과 같이 배치 단위 생산공정에서 주어진 공정 조건에서의 불

그림 3-1-7 배치 단위의 공정 조건과 불량 요인 분석

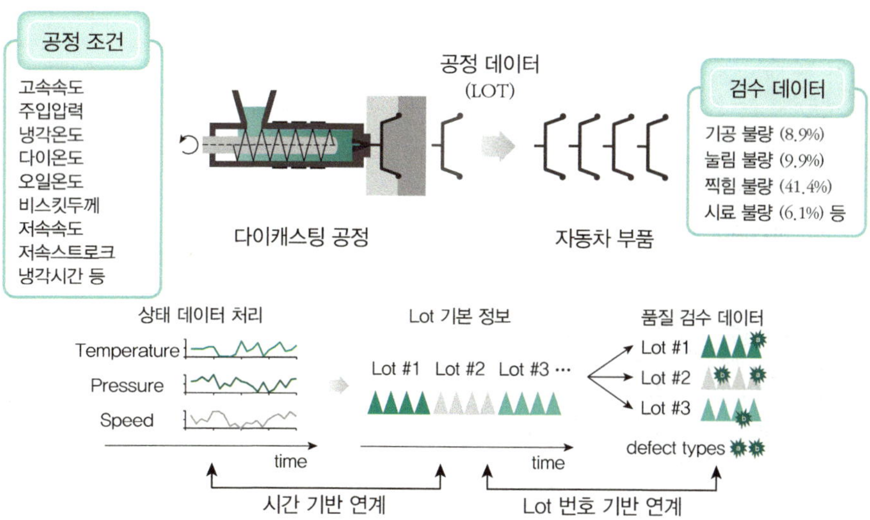

출처 : Kim et al.(2018)

량률을 예측하거나 또는 불량률을 최소로 하기 위한 공정 조건을 탐색하는 연구를 수행할 수 있다.

인공지능을 이용한 머신비전 기술에 불량 검사가 많이 적용되고 있으며 최근에는 3D 스캔 데이터를 이용한 3차원 불량 진단 기술도 도입되고 있다. 일반적인 머신비전은 2차원 이미지를 대상으로 불량 여부를 검사하지만, 정밀한 제품이나 부품의 경우 2차원 데이터만으로 정교한 불량 검출을 하는 데 무리가 있기 때문이다. 그래서 세 가지 색상에 깊이(depth) 정보가 추가된 RGB-D 형식의 이미지 데이터를 이용하거나 레이저 기반의 3차원 좌표 데이터를 수집하는 3D 스캔 기술을 이용하여 불량 검사를 하는 방식도 도입되고 있다.

〈그림 3-1-8〉은 3D 스캔 데이터를 이용하여 3D CAD로 설계된 차량 도면과 가공된 실물 형상을 비교한 후 실물의 불량 여부를 검출하는 기술을 보여준다. 기존에 차량 부품의 정합성을 확인하기 위하여 게이지를 이용한 수작업 계측 방식을 사용하였다면 최근에는 컴퓨터 비전이나 레이저 3D 스캔 방식으

그림 3-1-8 3D 스캔을 이용한 차량 부품의 형상 검사 및 가상 조립 기술

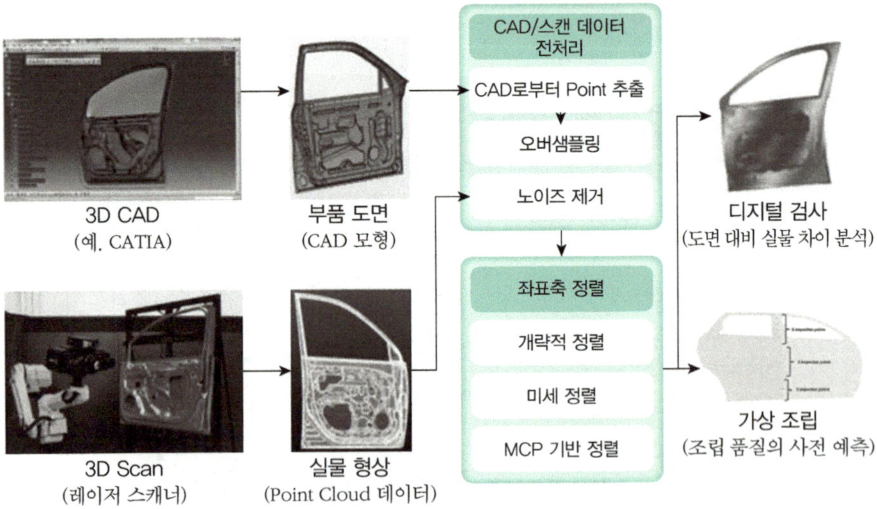

출처 : 정재윤 등(2021)

로 진화하고 있으며 이 방식은 담당자에 관계없이 일관성 있고 전체 영역에 대하여 빠르게 측정할 수 있다는 장점이 있다. 다만 아직 고가의 정밀한 레이저 스캐너가 필요하고 금속 재질이나 굴곡면에 따른 노이즈 제거 등의 기술적 한계를 극복해야 하는 문제가 있다. 이처럼 실물 형상의 디지털화를 입수하면 디지털 도면과 비교할 수도 있고 가상 조립을 통하여 실물의 조립 품질을 사전에 예상할 수 있는 등의 장점이 있다.

3.5 설비 관리

자동차, 반도체 및 디스플레이 등 많은 제조산업에서는 고가의 설비를 사용하여 제품을 생산한다. 예기치 못한 설비의 고장은 라인 전체의 생산성을 저하시킬 수 있고 설비의 성능 저하는 불량품을 발생시킬 수 있다. 예를 들어 반도체 웨이퍼를 처리하는 여러 공정 중에서 단 하나의 설비 고장으로도 고가의 웨이퍼를 다량 처분하는 막대한 비용을 초래할 수도 있다.

공장에는 제품의 종류만큼이나 다양한 설비가 존재하고 있으며 서로 다른 고장 유형이 존재한다. 그 중에서도 대부분의 설비는 모터에 의한 동작을 포함하고 있으며 고속 가공이나 과중량으로 인하여 고장이 자주 발생한다. 다양한 고장 원인이 존재하지만 많은 경우에 진동이나 소음 센서를 부착하고 미세한 변동을 감지하여 여러 가지 비정상 상태를 사전에 예측할 수 있는 경우가 많이 있다. 또한 센서 부착을 하지 않더라도 설비에 공급되는 전류를 모니터링하여 설비의 이상 상태를 감지할 수 있는 경우도 많이 있다.

하지만 실제로 운영되는 공장에서는 설비의 고장이 흔하지 않고 고장이 발생하기 전에 미리 설비를 중지시키거나 부품을 교체하는 경우가 많기 때문에 많은 고장 데이터를 수집하기는 쉽지 않다. 즉, 정상적인 상태의 설비 데이터는 많이 수집할 수 있지만, 고장이나 성능저하와 같은 비정상 상태의 설비 데이터는 양이 적거나 거의 없는 경우가 흔하다.

이처럼 비정상 상태의 데이터의 개수가 정상 상태의 데이터에 비하여 많이 적은 경우에는 머신러닝의 일반적인 분류 기법을 활용하기보다는 불균형 분류 기법(imbalanced classification)을 적용하는 것이 효과적이다. 일반적인 머신러닝 분류 기법으로 의사결정나무(Decision Tree), k - 최근접이웃(k - NN), 지지벡터 머신(SVM), 앙상블(Ensemble), 인공신경망 등의 기법이 있지만, 이들은 개수가 적은 이상 상황에 대해서는 불량 예측 능력이 떨어지기 때문이다. 그러므로 개수가 상대적으로 적은 고장 또는 비정상 데이터를 대상으로 과대추출(oversampling), SMOTE, ADASYN 등의 기법을 적용하여 데이터 개수를 인위적으로 증가시킨 후에 머신러닝 분류 기법을 적용할 수 있다. 또는 데이터 불균형 상태를 고려할 수 있는 분류 알고리즘들을 직접 사용할 수도 있는데, Cost-sensitive SVM, Cost-sensitive Random Forest 등의 불균형 비용을 고려하는 알고리즘

그림 3-1-9 머신러닝 기반의 설비 이상진단 모델링

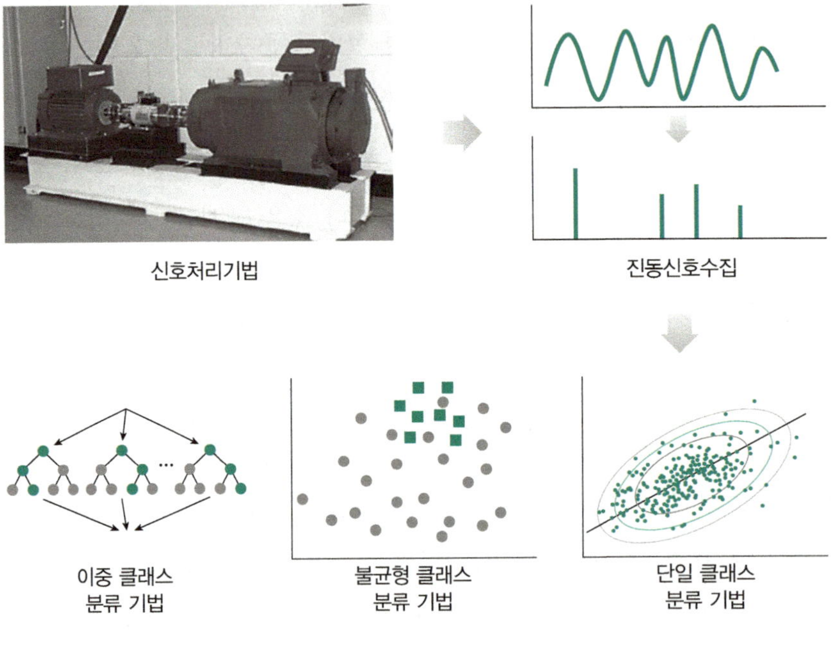

출처 : 저자 작성

이나 SMOTEBoost, RUSBoost, AdaC2 등이 불균형 처리를 내포하고 있는 알고리즘을 사용하는 것이 고장 진단 모형을 개발하는 데 유용하다.

더 극단적으로는 비정상 데이터나 고장 데이터가 거의 없거나 존재하지 않는 경우에는 정상 데이터만으로 모델을 생성하여 비정상적인 상태를 감지하는 단일 클래스 분류(one-class classification) 기법들을 적용할 수도 있다. 이러한 기법으로는 커널 밀도 추정(KDE)이나 마할라노비스 거리(Mahalanobis distance) 기반 분류와 같이 거리 기반의 이상치 측정 기법이나 지지벡터 데이터묘사(SVDD), 격리 포레스트(Isolation Forest)와 같은 단일 클래스 분류 기법들을 사용할 수 있다.

이러한 머신러닝 기법은 데이터 분포에 대한 분류를 학습할 수 있는 정교한 기법을 제공하지만, 원본 데이터로부터 특징을 추출하는 기법을 자체적으로 제공하지 않는다. 이 때문에 진동이나 소음, 전류와 같은 데이터의 신호 처리를 위해서는 시계열 통계치 추출이나 주파수 분석(푸리에 변환, 웨이블릿 등)의 여러 가지 신호 처리 기법을 수동으로 사용해야 한다. 그러나 최근에 확산되고 있는 딥러닝 모형의 경우 신호 데이터로부터 유의미한 특징을 자체적으로 학습할 수 있는 모형들이 많이 개발되었기 때문에 특징 추출에 대한 수작업이나 특징 추출의 지속적인 업데이트에 대한 부담을 줄일 수 있다. 예를 들어 LSTM이나 GRU와 같은 순차적 데이터 처리가 가능한 딥러닝 모형을 도입하거나 1차원 CNN과 같이 컨볼루션 커널을 이용하여 시계열 패턴을 학습하는 딥러닝 모형을 적용할 수 있다.

〈그림 3-1-10〉은 로봇 팔의 고장 감지를 위하여 LSTM 딥러닝 기반의 고장 감지 모형을 학습시킨 후 아두이노에 고장 감지 모형을 업로드하고 로봇 팔에 부착하고 네트워크를 통하여 PC에서 로봇 팔의 고장 상태를 감지할 수 있는 시스템을 개발한 예시를 보여주고 있다. 정상 상태와 비정상 상태에서 로봇 팔에 진동신호를 서버에 전송하여 LSTM으로 학습시킨 다음, 학습 모형을 라즈베

리 파이에 로딩한 후에 로봇 팔의 진동을 기반으로 고장 여부를 감지하여 감시용 PC에 실시간으로 전송하는 엣지 컴퓨팅 시스템이다.

그림 3-1-10 LSTM 딥러닝을 이용한 고장 감지 시스템 개발

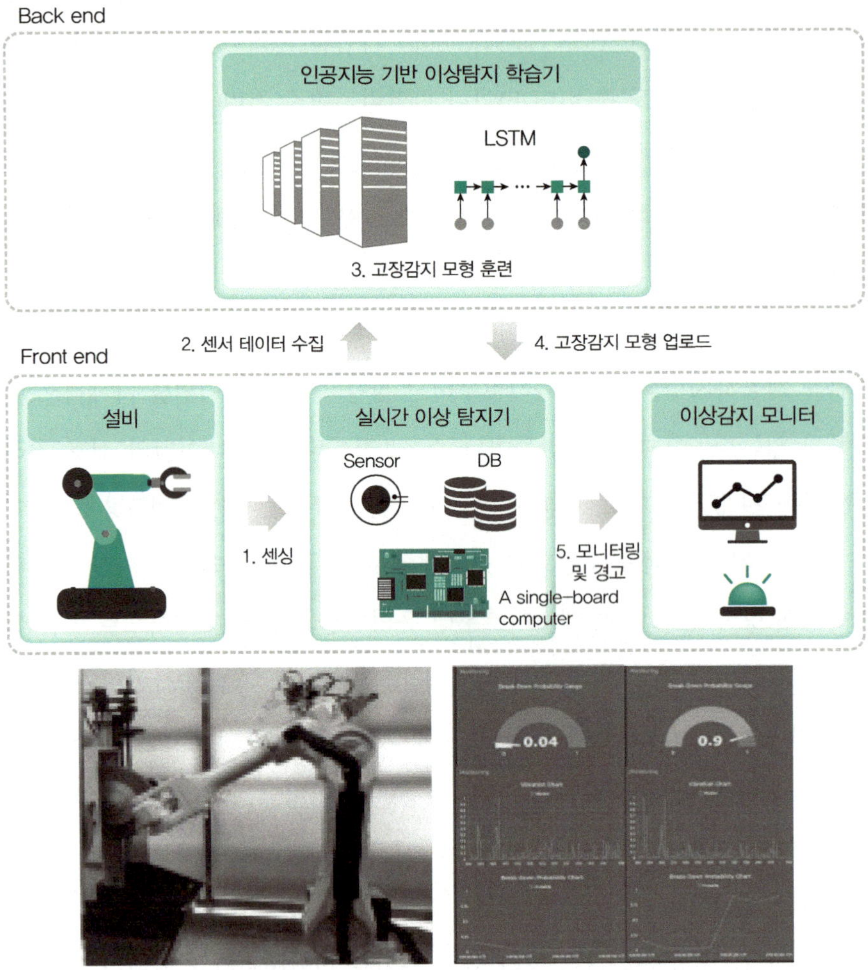

출처 : Park et al. (2018)

4. 빅데이터 기반 미래 공장

빅데이터, 인공지능, 클라우드, 사물인터넷, 가상현실을 비롯한 새로운 ICT 기술들은 미래의 제조 환경을 혁신적으로 변화시킬 것이다. 약 100년 전에 대량생산 시스템을 도입하여 생산 시스템 혁신을 이뤄낸 포드사의 생산 시스템은 현재 테슬라 사의 전기 자동차 생산 시스템으로 변화하였다. 부품 수를 최소화하고 자동화를 가속화시키면서 인간의 개입을 최소로 하면서도 품질 향상을 위한 최신 생산 기법들을 도입하고 있다. 앞으로 미래 100년의 생산 시스템은 또 어떻게 변화할 것인가? 인간을 위한 이기를 창출하는 생산 프로세스도 실로 흥미롭게 변화할 것이 분명하다.

4.1 사물인터넷과 미래 공장

사물인터넷은 빅데이터 수집의 가장 중요한 원천이다. 사람의 감각기관처럼 공장 곳곳의 실시간 상황을 디지털화하여 공유하고 처리할 수 있게 한다. 공장 운영을 위한 기본적인 계획 및 진척 정보는 ERP, MES와 같은 정보 시스템을 통해서 파악이 가능하지만, 공장 내의 물리적 객체에 대한 실시간 정보 수집은 사물인터넷이 담당한다. 준비된 재료의 수량과 상태는 어떠한지, 작업자와 협동로봇, 이동형 로봇의 위치가 어디이고 어떤 작업을 수행하고 있는지, 가공설비의 작업 상황과 부품 상태가 정상인지, 제품 및 반제품의 지점별 수량과 품질 수준이 어떠한지, 고객이 주문한 제품과 부품의 어디까지 진행되고 있는지 등 모든 사물의 식별자, 위치, 상태, 수량 등 정보를 네트워크로 통신하고 클라우드로 공유할 수 있다. 이 모든 사물의 실시간 정보가 디지털화되어 저장되어 유용한 디지털 원유가 된다.

사물인터넷으로 수집된 정보는 현장에서 엣지 컴퓨팅(edge computing)으로 처리할 수 있고, 생산라인 단위나 공장 단위에서 공유되는 포그 컴퓨팅(fog computing) 또는 중앙 서버에 저장 및 공유하는 클라우드 컴퓨팅(cloud computing)에서 처리할 수 있다. 생산설비의 고장 감지나 부품의 불량, 물류 시스템의 이동제어와 같이 실시간 검출 및 즉각적 제어가 필요하거나 실시간 데이터 용량이 방대한 경우에는 엣지 컴퓨팅으로 처리하는 것이 시간 및 비용 측면에서 더 효율적이며, 생산라인이나 공장 수준에서 데이터 연계를 통하여 통합적 의사결정이 필요한 경우에는 포그 컴퓨팅으로 데이터 공유 및 결합 · 분석이 필요하다. 반면에 장기적 생산계획의 수립이나 공정 레시피의 최적 생성, 제품 불량의 요인 분석과 같이 실시간 분석이 불필요한 경우에는 클라우드 서버에 공유된 데이터를 배치 방식으로 분석하여 프로세스 개선 및 전략 수립에 활용할 수 있다.

5G 통신 기술은 사물인터넷으로부터 수집된 실시간 데이터의 초고속 대용량 전송을 가능하게 하는데, 영상이나 비전과 같은 대용량 데이터 전송이 필요한 경우나 반도체 반송 시스템이나 대규모 물류창고와 실시간 최적화가 필요한 경우에 사물인터넷 정보와 결합하여 활용될 수 있다. 미래 공장에서는 마치 사람이나 동물과 같은 유기체와 같이 사물인터넷이 실시간에 즉각적으로 반응하여 생각하고 처리할 수 있는 감각기관으로서 실시간 미래 공장을 실현하는 중추적인 역할을 수행할 것으로 기대된다.

4.2 기계와 협력하는 미래 공장

빅데이터 및 인공지능으로 대변되는 지능형 미래 공장은 인간의 역할을 크게 변화시킬 것이다. 인간 주도로 계획하고 가공하고 검사하고 운반하는 작업은 대부분 기계 주도로 역할이 이동할 것이 자명하다. 인간은 기계보다 물리적 능력이 부족하고 잘 설계된 기계보다 정밀하게 가공하기 힘들며 하루 24시간 장시간 작업하기 어렵고 장시간 작업에서 잦은 인적 오류가 발생할 수 있지만,

프로그래밍된 기계는 항상 일관성 있고 정확한 작업을 장시간 수행할 수 있기 때문이다. 나아가 빅데이터를 학습한 지능형 기계는 작업을 반복할수록 성능이 개선될 수 있다. 물론 인간을 대체하는 지능형 기계가 도입되기까지는 많은 시간이 소요될 것이고 인간의 메타인지를 도입하기에는 아직 강인공지능(Artificial General Intelligence)이라는 일반적 문제해결을 위한 인공지능 기술개발이 필요하지만, 향후 20년 안에는 인간과 기계가 긴밀하게 협력하는 공장의 모습이 눈에 띄게 될 것이다.

그럼 인간과 기계가 협력하는 공장은 어떤 모습일까? 첫 번째 형태는 인간 주도적, 기계 지원형 공장이다. 현재의 인간과 협업로봇(Cobot)의 관계를 예로 들 수 있다. 인간이 필요한 업무를 지정하여 교시(teaching)하면 협업로봇과 같은 기계가 지시를 이해하고 반복적이고 정밀한 업무를 대신 처리해준다. 생산계획, 품질관리, 설비진단 등과 같은 운영관리에서도 데이터 기반으로 자율적으로 학습하고 강화하여 최적의 결정을 수립한다. 예를 들어 인간이 생산계획의 목적함수를 지정하면 빅데이터로부터 근사 최적 생산계획을 수립하는 생산자동화 라인이나 인간이 불량 판정 기준을 지정하면 빅데이터로부터 불량요인을 학습하여 최적 가공 레시피를 생성하는 생산기술이 이미 등장하고 있다.

두 번째 형태로는 기계 주도적, 인간 감독형 공장이다. 첫 번째 형태보다 기계의 역할이 증가하여 자율적으로 작업을 설계하여 실행하고 인간은 기계가 정상적으로 작업을 수행하고 있는지 감독하며 기계가 결정하기 힘든 상황이나 기계의 비정상적인 실행 과정을 조정하고 지원한다. 항공기와 같은 복잡한 시스템에서 이미 인간의 역할보다 기계의 비중이 커진 것처럼 인간이 지휘자나 감독관처럼 여러 기계의 작동을 이해하고 조율하는 것이 더 중요할 것이다. 첫 번째 형태의 협업로봇이나 최적 생산계획 자동화라인, 최적 레시피 생산기술 등에서 인간의 개입이 최소화되고 대신 빅데이터 기반의 폐쇄적 순환구조(Closed-Loop) 시스템이 설계되어 반복적 피드백을 통한 시스템 최적화 기능이 내장될 것이다.

4.3 로봇이 운영하는 자율형 무인공장

스마트 팩토리의 궁극적 미래는 자율형 무인공장이다. 물리적 재화를 생산하는 제조 현장에는 유해물질, 중량물, 대형기계 등 다양한 위험요인이 상존하고 있어서 생산 현장에 반드시 인간이 체류할 필요는 없을 것이다. 이미 반도체 팹이나 원자력 발전소와 같은 정밀 공정이나 위험한 시스템에는 인간의 참여를 극도로 제한한 자동화 시스템들이 운영되고 있다.

자율형 무인공장에서 인간은 VR/MR 기반의 메타버스 공간에서 게임을 즐기듯 원격에서 공장을 계획 및 통제하고 있을 것이다. 물리적 공간에서 벗어나서 몰입감과 현장감 있게 공장을 운영하려면 5G나 6G와 같은 빠르고 안정적인 통신 기술이 뒷받침될 것이다. 원격의 공간에서 쏟아지는 데이터들은 측정하고 분석하여 개선하는 데이터 분석 사이클을 통하여 더욱 지능화될 것이며 이러한 자율형 무인공장을 작동시키는 데에는 빅데이터와 AI 기술이 주도할 것이다. 인간이 없는 자율형 무인공장에도 인간처럼 보고, 듣고, 느끼는 센서 기능이 필요할 것이고 생물학적 신경계통과 같이 생산과 물류, 재고와 배송 간의 정보와 데이터를 연결하는 네트워킹이 지원되어야 하며 공장의 가치사슬을 총괄적으로 계획하고 운영하고 통제하기 위한 AI 기반의 공장형 두뇌가 개발될 것이다.

자율형 무인공장의 미래는 자율주행 자동차의 발전 단계와 비교하여 생각할 수 있다. 국제자동차기술자협회(SAE: Society of Autonomous Engineers)는 [표 3-1-2]와 같이 자율주행 자동차의 기술을 6단계로 구분하였다. 수동운전(레벨 0), 운전자 지원(레벨 1), 부분 자동화(레벨 2), 조건부 자율주행(레벨 3), 고도 자율주행(레벨 4), 완전 자율주행(레벨 5)이다.

표 3-1-2 **자율주행 자동차와 자율운영 공장의 6단계 비교**

수준	운전의 자율화 단계		공장의 자율화 단계	
	자율주행차	설명	자율공장	설명
레벨 0	수동 운전	비자동화	수동 운영	자동화 설비 없이 인간이 작업하는 공장
레벨 1	운전자 지원	차선 이탈 경보 등 운전 보조	설비 자동화 지원	수동으로 제어하는 자동화 설비 사용
레벨 2	부분 자동화	차선 유지 등 일부 시스템 운전	부분 자율운영	설비에 자율적 운영 기능 일부 탑재
레벨 3	조건부 자율주행	시스템 운전 중 필요 시 운전자 운전	조건부 자율공장	많은 공정에서 설비가 자율로 가동 운영됨
레벨 4	고도 자율주행	특정 상황 외 시스템 운전	고도 자율공장	특정 상황 외에는 인간이 개입하지 않고 자율로 공장이 운영됨
레벨 5	완전 자율주행	항상 시스템 운전	자율형 무인공장	무인공장에 완성되어 인간의 도움 없이 자율로 운영됨

출처 : 저자 작성

공장의 자율화도 마찬가지로 구분될 수 있다. 아직 자동화 설비가 도입되지 않아 수동 운영되는 공장(레벨 0)부터 시작해 자동화 설비가 일부 도입되었지만 여전히 수동적인 제어가 필요한 설비 자동화 지원 공장(레벨 1)으로 발전한다. 빅데이터와 AI가 설비에 탑재되면 시스템의 자율적 기능이 부여될 수 있고 현재 자율주행차에 다양한 보조기능이 탑재된 것처럼 자동화 설비에 자율적 제어 기능이 부분적으로 탑재되고 있다(레벨 2). 그러나 자율공장이라고 부를 수 있는 것은 자율적 운영 기능이 탑재된 많은 설비들이 여러 공정에 도입되고 이 자율 설비들이 서로 통신하면서 협력적 운영을 시작하는 레벨 3부터일 것이다. 예외적인 상황 외에는 인간이 개입하지 않고 주행되는 레벨 4 수준의 자율 주행차처럼 레벨 4의 고도 자율공장은 모든 공정들에 자율로 작동하는 자동화 설비들이 도입이 되고 마치 한 명의 장인처럼 공장을 운영할 것이다. 그렇지만 여전히 인간의 감시와 예외적 의사결정이 필요한 공장이다. 최종적인 레벨 5의 자율형 무인공장은 공장 내부의 모든 공정에 완벽한 자율적 운영이 가능하여 계획 · 통제 · 분석 및 개선에 이르는 공장운영의 전체 사이클이 물리적 기계장치와 결합하여 인간의 개입 없이 완벽하게 자율로 운영되는 미래형 공장을 의미한다.

5. 맺음말

빅데이터는 우리가 살아온 사실을 기록하고 있다. 기업의 생산계획, 공정운영, 품질 및 설비관리 이력들이 고스란히 포함되어 있다. 기업은 경쟁력 향상을 위하여 끊임없이 개선하고 혁신해야하므로 빅데이터는 중요한 자산임에 틀림없다. 본 장에서는 빅데이터의 개념과 스마트 팩토리에서의 데이터 활용에 관하여 소개하고 가치사슬 프로세스별로 현재 진행되고 있는 빅데이터 분석 주제와 향후 방향에 대하여 살펴보았다.

인간은 매우 지능적인 동물이다. 그럼에도 불구하고 여전히 기억력에 한계가 있고 분석 및 추론 능력의 보완이 필요하다. 기업의 경영에 과학적 관리가 도입된 이후로 체계적이고 분석적인 기업의 운영관리가 정착되었지만, ICT 혁신으로 촉발된 빅데이터 시대는 또 한 번의 과학적 데이터 경영의 필요성을 야기시켰다. 데이터는 거짓말을 하지 않는다. 다만 기록이 누락되고 잘못 해석될 뿐이다. 본 글을 쓰는 시점에서 국내외 수많은 공장에서 데이터가 기록되며 디지털 원유가 생산되고 있을 것이다. 빅데이터라는 사실 기반의 객관적인 의사결정 체계를 어떻게 구축하고 유용하고 활용할 것인가는 이제부터 우리들의 몫이다.

참고문헌

안드레아스 와이겐드(2018), "포스트 프라이버시 경제".

정재윤 · 박훈석 · 신천세 (2021), "3D 스캔을 활용한 제조공정 디지털 검사 및 가상 조립 기술", 『IE매거진』, 28(1), 17-22.

Capgemini, "Scaling AI in Manufacturing Operations : A Practitioners' Perspective," White paper, Capgemini Research Institute, 2019.

Cioffi, R. · Travaglioni, M. · Piscitelli, G. · Petrillo, Al · Felice, F.D.(2020), "Artificial intelligence and machine learning applications in smart production : Progress, trends, and directions", Sustainability, 12(2), 492.

In, Y., & Jung, J.-Y.(2021), "Simple averaging of direct and recursive forecasts via partial pooling using machine learning", *International Journal of Forecasting*, 38.

Kim, A. · Oh, K · Jung, J.-Y. · Kim B.(2018), "Imbalanced Classification of Manufacturing Quality Conditions Using Cost-Sensitive Decision Tree Ensembles", *International Journal of Computer Integrated Manufacturing*, 31(8), 701-717.

Kim, S,-K. · Park, D. · Jung, J.-Y.(2021), "Evaluation of One-Class Classifiers for Fault Detection : Mahalanobis Classifiers and the Mahalanobis-Taguchi System", *Processes*, 9(8), 1450.

Lam, T. · Li, F. · Han, Z. · Chung, R.(2019), "Global artificial intelligence industry", White paper, Deloitte China.

Stadtler, H. · Stadtler, H. · Kilger, C. · Kilger, C. · Meyr, H. · Meyr, H.(2015), "Supply chain management and advanced planning : concepts, models, software, and case studies", Springer.

2장

스마트 팩토리에서의 인공지능 기술과 발전 방향

김재현(트윔)

〈요약〉

스마트 팩토리는 센서와 빅데이터 기술을 이용하여 생산 요소들을 수집, 분석, 예측하여 최적화된 운영을 추구하며 ICT 기술과 인공지능 기술을 이용하여 제품의 기획부터 판매에 이르기까지 전 과정에서의 상황을 인지하고 분석하고 판단하여 효율적이고 유연한 제조 환경으로 발전하고 있다. 스마트 팩토리에서의 머신비전은 제조 공정에서 카메라, 광학계, 이미지를 처리하고 분석하는 소프트웨어 등으로 구성된 시스템을 통하여 사람이 눈으로 보고 판단하는 작업을 빠르고 정밀하게 대신해주는 솔루션이다. 즉, 머신비전은 컴퓨터가 마치 사람이 사물을 인지하고 판단하는 것처럼 도와주는 기술로서 최근에는 기존 머신비전에 발전된 광학 시스템, 인공지능 및 빅데이터 등의 첨단 기술이 융합되면서 더 정확한 품질 검사가 가능해졌고 제조 효율성을 높일 수 있게 되었다. 인공지능을 이용한 머신비전 기술은 제조 공정에 융합되어 제조 과정에서의 문제점 추적, 제품 불량 검사 및 공정 관리를 통하여 품질과 수율을 획기적으로 향상시킴으로써 스마트 팩토리의 성장을 주도하고 있다. 이처럼 스마트 팩토리의 발전에 핵심적 역할을 하는 인공지능 기술은 컴퓨팅 환경과 GPU를 포함한 하드웨어 가속기 및 빅데이터 분야의 발전으로 더욱 발전하고 있다. 본 장에서는 스마트 제조의 핵심인 머신비전에서 혁신적인 기술 발전이 필요한 인공지능 주요 기술과 이러한 기술을 사용하는 미래 스마트 제조의 시나리오에 대해 살펴봤다.

1. 서론

한국 경제는 제조업의 비중이 약 30% 정도로 상당히 큰 수준이며 경쟁력이 높은 국내 제조산업의 지속적인 성장을 위해서도 제조산업의 경쟁력을 높이는 것이 매우 중요하다. 4차 산업혁명의 중심인 스마트 팩토리 시장은 ICT 기술의 발전과 빅데이터, 인공지능, 클라우드 컴퓨팅 분야의 발전으로 더욱 확대되고 있으며 미국, 독일, 일본 등 제조 선진국뿐만 아니라 중국 등 후발 주자들도 제조업의 혁신을 위해 여러 방면으로 노력하고 있다.

스마트 팩토리는 제품의 기획, 설계, 생산, 유통 및 판매 등 모든 과정에 인공지능, 빅데이터, IoT, 인공지능 로보틱스, 3D 프린팅, 사이버 보안, 사이버 물리 시스템(Cyber Physical System) 등 최첨단 기술을 적용하여 제조 과정을 자동화, 지능화, 정보화하여 전체 공정이 연동되고 설계 및 제작 시간을 단축하고 맞춤형 제품을 유연하게 생산하고 있다. 스마트 팩토리는 제조분야별로 그 특성과 운영 방법이 다르기 때문에 기업은 기업의 고유 가치를 잘 반영할 수 있는 방향으로 스마트 팩토리 구축 방안을 단계별로 수립하고 도입하여야 한다. 스마트 팩토리를 구축하는 데 필요한 여러 분야 중에서 제조 공정의 자동화는 아직도 해결해야 할 일이 많다. 제조 공정 및 물류 부문 등에서 기존 컴퓨터와 로봇을 이용해 무인화 및 자동화를 추구하기에는 정형화하기 어려운 부분이 여전히 남아있어 사람이 처리하고 있다. 이러한 부분을 자동화할 수 있는 비정형 자동화 기술의 발전이 이루어져야 궁극적인 스마트 팩토리의 완성에 다가갈 수 있다. 방대한 정보를 실시간에 분석하고 처리하는 빅데이터 기술과 인공지능 모델의 학습, 분석, 추론 능력이 빠른 속도로 발전하고 있다.

이처럼 스마트 팩토리는 빅데이터 기술을 이용하여 생산 요소들을 수집, 분석, 예측하여 최적화된 운영을 추구하며 인공지능 기술을 이용하여 제품의 기획부터 판매에 이르기까지 전 과정에서의 상황을 인지하고 분석하고 판단하여 효율적이고 유연한 제조 환경으로 발전하고 있다. 스마트 팩토리에서의 머신비전은 제조 공정에서 카메라, 광학계, 이미지를 처리하고 분석하는 소프트웨어 등으로 구성된 시스템을 통하여 사람이 눈으로 보고 판단하는 작업을 빠르고 정밀하게 대신해주는 솔루션이다. 즉, 머신비전은 컴퓨터가 마치 사람이 사물을 인지하고 판단하는 것처럼 도와주는 기술로서 최근에는 기존 머신비전에 발전된 광학 시스템, 인공지능 및 빅데이터 등의 첨단 기술이 융합되면서 더 정확한 품질 검사가 가능해졌고 제조 효율성을 높일 수 있게 되었다. 인공지능을 이용한 머신비전 기술은 제조 공정에 융합되어 제조 과정에서의 문제점 추척, 제품 불량 검사 및 공정 관리를 통하여 품질과 수율을 향상시킴으로써 스마트 팩토리의 성장을 주도하고 있다. 이처럼 스마트 팩토리의 발전에 핵심적 역할을 하는 인공지능 기술은 컴퓨팅 환경과 GPU를 포함한 하드웨어 가속기 및 빅데이터 분야의 발전으로 더욱 발전하고 있다.

본 장에서는 스마트 제조의 핵심인 머신비전에서의 인공지능 주요 기술과 발전 방향에 대해 살펴보고자 한다.

2. 스마트 팩토리 발전 현황

2.1 국내외 시장 동향

한국의 스마트 제조 시장 규모는 2018년 기준 약 80.6억 달러에 달하며 2024년경에는 1.9배 규모인 약 152.8억 달러를 돌파하며 전 세계 시장에 비해 빠른 속도로 성장할 것으로 전망된다. 한국의 스마트 팩토리 시장 연평균 성장률은 11.4%로 세계 시장의 연평균 성장률 9.8%에 비해 빠른 속도로 성장할 것으로 예측된다(Markets and Markets, 2019).

한편 스마트 제조 분야 AI 솔루션 시장은 매년 57.2% 높은 비율로 고성장하는 분야로 예측되며 2021년 시장 규모 17억 3,000만 달러에서 2026년 167억 달러 규모로 예상한다. 한국의 AI 솔루션 시장 규모도 2021년에 9,000만 달러에서 2026년에는 8억 7,000만 달러로 가파르게 커질 전망이다(Markets and Markets, 2019).

공급 기업들은 AI 솔루션을 전기 · 전자 · 반도체 · 디스플레이 분야(26.8%)에 가장 많이 공급하고, 에너지 · 플랜트 19.5%, 자동차 12.2%, 유통 · 물류 9.8%, 바이오 · 의료 7.3% 순으로 보급하고 있다. 공급 기업들은 향후 기업 경쟁력을 높일 기술 분야로 70.9%가 AI · 딥러닝 기술을 꼽았고, 빅데이터 분석 51.2%, 클라우드 24.4%, IoT 17.1%, 알고리즘 등 S/W 기술 14.6%, 5G 12.2% 등으로 조사됐다. 제조분야 공정마다 데이터가 다르고 특징과 문제 해결 방법도 다르기 때문에 AI 솔루션 기업도 관련 산업 분야별 지식 확보와 기술개발이 필수적이다.

2.2 스마트 팩토리에서의 머신비전

머신비전은 산업용 자동화 시스템에서 핵심적인 요소로서 스마트 팩토리에서도 중심 역할을 담당한다. 머신비전은 생산 라인에 장착된 카메라와 광학 시스템을 통해 제품의 이미지를 획득한 후 분석하고 검증하는 솔루션으로서 공장에 부착된 다양한 센서와는 다르게 제조 현장에서의 이미지 정보를 생성하고 분석을 통하여 제품을 평가하고 결함을 발견하는 역할뿐만 아니라 로봇과 제조 장비의 생산성 향상을 위한 작업 지시와 데이터 수집에도 많은 정보를 제공한다. 양질의 데이터 수집과 올바른 분석이 스마트 팩토리의 성패를 좌우할 정도로 중요한 가치를 갖고 있기에 머신비전에서의 빅데이터와 인공지능 기술 또한 중요한 역할을 담당한다. 스마트 팩토리 구축에 집중하는 제조기업들이 많이 늘면서 머신비전 시장도 함께 성장하고 있다. 전 세계 머신비전 시장은 2020년 기준 96억 달러에서 연평균 6.1%로 성장해 2025년 130억 달러에 이를 것으로 추산된다. 제조업이 강한 독일, 미국, 중국, 일본, 한국, 인도, 대만 등에서 머신비전 분야가 다른 지역보다 빠른 발전을 보이고 있으며 시장 주요 공급 플레이어들은 Cognex, Basler, Omron, Keyence, National Instruments 등이 있다. 머신비전은 룰 기반의 검사 방식에서 인공지능 기반의 분석과 검사로 진화하면서 스마트 팩토리에 확대 적용되고 있다(Markets and Markets, 2020).

한편 보편화된 2D 머신비전 시장에서의 한계점을 극복하기 위하여 최근에는 3D 기반의 머신비전에 대한 수요와 시장이 급속하게 확대되고 있다. 글로벌 3D 머신비전 시장은 로봇 컨트롤러가 있는 3D 비전 시스템에 대한 광범위한 수요 등에 기인하여 2025년까지 28억 9천만 달러로 성장할 것으로 나타났으며 가장 선도적인 업체는 Cognex, Omron, Keyence이다.

3. 스마트 제조 분야의 인공지능 기술 발전

우리나라 대기업을 제외한 대부분 중소기업들의 스마트 팩토리 수준은 아직 초보 단계에 머물고 있다. 정밀 부품부터 반도체 및 이차 전지 등 혁신 제조 산업 현장에서는 대량으로 생산되는 제품의 불량을 신속하고 정확하게 걸러내야 하며 나중에 전체 시스템에 큰 영향을 주거나 사람의 안전과도 관련되므로 조그마한 하나의 불량도 반드시 검출해야 한다. 이러한 비전 검사에서의 핵심인 인공지능 딥러닝 기술은 학습 데이터를 이용하는 지도학습 방법 외에 학습 데이터 없이 스스로 학습하는 비지도 학습 방법도 진화하고 있다. 또한 검출하는 성능 향상과 검사 시간 단축을 위한 딥러닝 알고리즘 분야도 지속적으로 발전하고 있다.

제조업 분야에서 디지털 트윈은 현실 세계의 제조자원 4M&1E(Machine, Man, Material, Method, Environment)를 가상공간에 모사하고 실시간 연결해 가상공간에서 제품의 설계, 생산, 유지 보수, 서비스를 위해 요구되는 다양한 시뮬레이션을 수행하고 의사결정을 가능하게 한다. 현재 스마트 팩토리에서는 대부분 개별 모델링 및 시뮬레이션이 단편적으로 활용되고 있으며 제조 현장 데이터에 대한 모니터링 수준이다. 따라서 디지털 트윈화를 위해서 단순히 보기만 하는 영상이 아닌 AI 기술을 접목하여 사람보다 똑똑한 영상분석 결과가 요구되며 이미지와 동영상에서의 영상분류, 행동 인식 및 이해, 영상 관계 인식을 위한 딥러닝 기술의 발전이 필요해졌다.

한편 우리나라는 세계에서 산업용 로봇을 가장 많이 사용하는 제조업 강국이면서 초고령화 사회로 접어들어 로봇 등으로 고용 대체가 불가피한 실정이다. 힘들고 반복적인 일을 대신하는 산업용 로봇에서 정교하고 다양한 형태의 작업 프로세서가 요구되고 작업자와 함께 안전하게 협업할 수 있는 지능형 협동 로봇의 기술이 스마트 팩토리에서 더욱 필요해질 것으로 예상된다. 스마트 팩토리에서 머신비전 분야를 중심으로 혁신적인 인공지능 기술 발전이 필요한 주요 항목을 소개하면 다음과 같다.

3.1 이상탐지(Anomaly Detection)

ICT 기술의 발전은 제조설비 분야의 기술력을 향상시켰고 제조 현장에서 나오는 불량품의 수를 획기적으로 줄어들게 하였다. 인공지능 딥러닝 기반의 제품 불량 검사를 위하여 보통은 충분한 양의 불량 이미지를 가지고 학습한 후에 검사 모델을 생성하여 제품 불량을 판단한다. 하지만 불량이 거의 발생하지 않는 반도체 등의 제조산업 분야에서는 이러한 지도학습 기반의 인공지능 비전 검사를 사용할 수 없기에 양품 정보를 이용하여 불량 제품을 검출할 수 있는 이상 탐지 연구가 활발히 진행되고 있다.

이상 탐지 분야는 예측을 위해 필요한 비정상 데이터가 부족하여 데이터 불균형 문제가 빈번하게 발생하는 제조산업, 금융, 의학 등 다양한 분야에 적용되어 정상 범위 데이터를 주로 사용해서 이상치를 탐지한다. 이상 탐지의 분류 기준 중에서 학습 데이터셋에 비정상적인 샘플이 포함되는지, 각 샘플의 레이블이 존재하는지에 따라 크게 아래와 같이 두 가지 방법으로 구분한다.

1) **Semi-supervised**(One-Class) **Anomaly Detection**

지도학습(Supervised Learning) 방식은 불량 데이터셋을 상대적으로 확보하기 쉬운 경우에 사용하며 검출 성능 또한 다른 학습 방법에 비해 높다. 하지만 불량 데이터셋을 확보하는 데 오랜 시간이 걸리거나 불량 데이터 자체가 거의 발생하지 않는 경우에 정상 샘플만을 사용하는 이상탐지 방법을 사용하게 된다. 이 방식을 One-class 분류 또는 Semi-supervised 학습이라고 한다. 이 방법론의 핵심 아이디어는 정상 샘플들을 둘러싸는 discriminative boundary를 설정하고 이 영역을 최대한 좁혀 경계 밖에 있는 샘플들을 모두 비정상으로 간주하는 방법이다. 아래 〈그림 3-2-1〉은 딥러닝을 기반으로 이 방법론을 이용한 Deep SVDD(Support Vector Data Description) 개념도이다.

그림 3-2-1 Deep SVDD 개념도

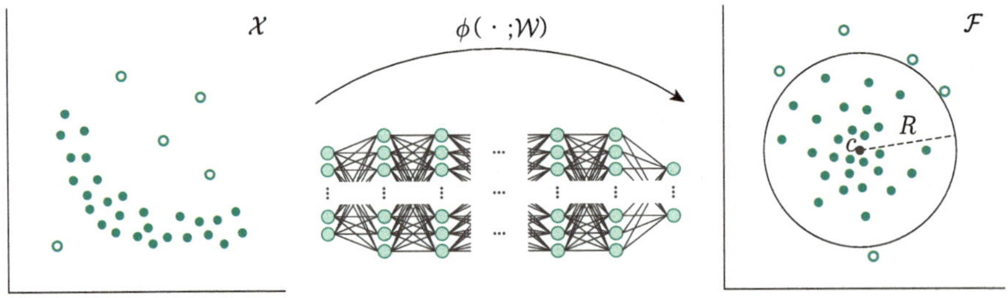

출처 : http://data.bit.uni-bonn.de/publications/ICML2018.pdf

2) Unsupervised Anomaly Detection

수많은 데이터 중에 어떤 것이 정상 샘플인지 알기 위해서는 반드시 정상 샘플에 대한 레이블을 확보하는 과정이 필요하다. 따라서 대부분 데이터가 정상 샘플이라는 가정 하에 레이블 취득 없이 학습을 진행하는 Unsupervised Anomaly Detection 방법론도 활발하게 연구가 진행되고 있다. 주어진 데이터에 대해 주성분 분석(Principal Component Analysis)을 이용하여 차원을 축소하고 복원하는 과정을 통해 비정상 샘플을 검출하는 방법이 초기의 이상탐지 방법론이다.

신경망을 기반으로 하는 대표적인 방법인 Autoencdoer의 경우 입력을 latent variable로 압축하는 부호화 과정과 이를 다시 원본에 가깝게 복원하는 복호화 과정을 진행하여 레이블링하지 않아도 데이터의 주성분이 되는 정상 영역의 특징들을 배울 수 있게 된다. 학습된 Autoencoder에 정상 샘플을 입력하게 되면 잘 복원되어 입력과 출력의 차이가 거의 발생하지 않지만, 비정상적인 샘플을 입력하게 되면 Autoencoder는 정상 샘플처럼 복원하기 때문에 입력과 출력의 차이를 비교·분석하는 과정에서 비정상 샘플로 판단할 수 있다. 아래의 〈그림 3-2-2〉에서 SSIM(Structural Similarity Index Measure)은 두 이미지 간의 구조적 유사성을 측정하는 데 사용되며 입력된 이미지가 기존에 학습된 정상 이미지와 유사한 이미지의 경우 SSIM 손실 함수가 더 작아지고 비정상적인 이미

그림 3-2-2 SSIM(Structural Similarity Index Measure) 기반 Autoencoder 개념도

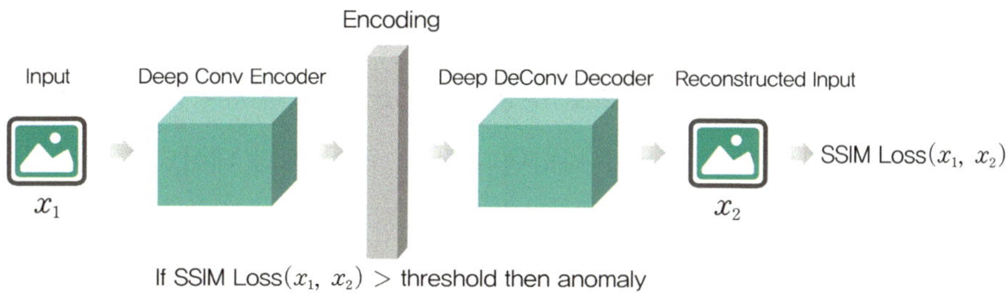

출처 : https://ichi.pro/ko/oto-inkodeoleul-sayonghan-imiji-isang-tamji-191948472177361

지의 경우 SSIM 손실 함수가 더 커진다.

최근 적용되고 있는 이상 탐지 방법들은 복원(Reconstruction) 방법과 Embedding Similarity 방법으로 발전해 왔으며 복원 방법은 원본 이미지와 복원된 이미지의 차이를 통해 이상치를 탐지하는 가장 직관적인 방법이다. Autoencoder, VAE, AnoGAN, GANomaly, Skip-GANomaly 등과 같은 방법이 대표적이다. Embedding Similarity 방법은 정상 데이터의 대표 특징 추출을 통해 이상치를 탐지하는 방법으로 SPADE, PaDiM 등과 같은 방법이 대표적이다. 이러한 Embedding Similarity 방법들은 ImageNet과 같은 오픈 데이터 세트로 학습된 ResNet101, EfficientNet 등 분류 네트워크에서 특징을 추출하여 사용한다. 실제 제조산업 현장에 적용하기 위하여 Unsupervised 이상탐지 방법론에서 정상 샘플들만 학습하여 사용하는 방법과 소량의 불량 샘플도 사용하여 성능을 최대한으로 높이는 연구가 활발히 진행되고 있다.

표 3-2-1 학습 시 비정상 샘플 사용 여부 및 레이블 유무에 따른 분류

방식	정상 샘플	비정상 샘플
Semi-supervised(One-class) Anomaly Detection	학습에 사용 O	학습에 사용 ×
Unsupervised Anomaly Detection	모름(Label 없음) 대부분의 데이터가 정상 샘플로 가정	

출처 : 저자 작성

3.2 메타학습(Meta Learning)

메타는 접두어로서 일반적으로 추상화 수준을 한 단계 높이는 것을 의미하며 종종 다른 것에 대한 정보를 나타낸다. 예를 들어 메타 데이터는 데이터에 대한 데이터를 의미한다. 메타학습은 학습에 대한 학습, 즉 배우는 법을 배운다는 뜻으로 볼 수 있다. 머신러닝이 많은 데이터를 사용하여 예측하는 방법을 학습하는 경우이며 메타학습은 머신러닝 알고리즘의 예측을 사용하여 예측하는 방법을 학습하는 방법론이다. 메타러닝은 주어진 데이터와 환경만으로 스스로 학습하는 인공지능 시스템으로서 기존에 학습했던 정보와 알고리즘을 이용하여 새로운 문제를 해결하는 학습방식이다.

딥러닝은 대규모의 데이터를 학습에 사용하여 성능을 높이는 방식으로 발전해 왔으며 학습이 부족하게 되면 오류 발생률이 높아지고 검증 모델이 적용된 환경이나 목적이 달라지면 다시 재학습 과정이 필요하다. 또한 A라는 Task를 수행할 수 있도록 알고리즘을 학습시켰다면 비슷하지만 다른 Task인 B를 수행할 수는 없고 오로지 A만을 수행할 수 있다. 이러한 제약 사항이 메타러닝이 탄생하게 된 이유이기도 하다. 메타러닝은 학습한 알고리즘을 스스로 분석해 다른 분야나 환경에서도 적용할 수 있는 원사이클 러닝이 특징이다.

메타러닝은 적은 데이터로 모델을 훈련하면 비슷하고 관련된 Task를 모두 수행할 수 있다. 즉, 기존에 Task A만 훈련시키면 Task B는 추가적인 많은 학습 없이도 바로 구분해 낼 수 있는 모델을 생성하는 것이다. 적은 데이터로 훈련을 하는 것을 퓨 샷 러닝(few-shot learning) 혹은 n-way k-shot learning이라고 부른다. 이때 n은 클래스의 개수고, k는 각 클래스당 필요한 데이터를 의

그림 3-2-3 Few-shot image classification을 위한 convolutional neural network

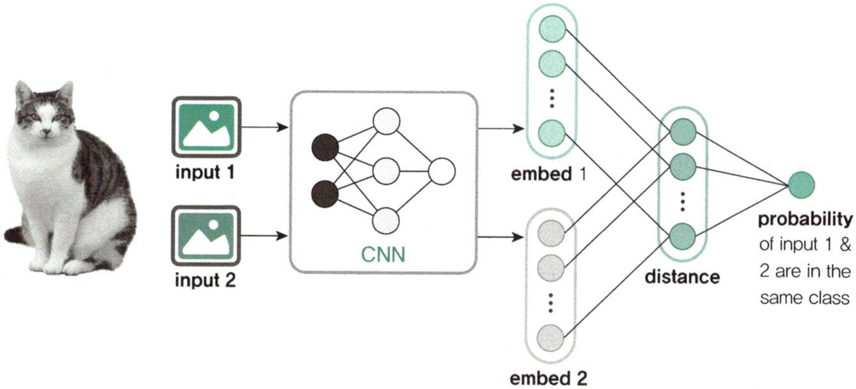

출처 : https://lilianweng.github.io/lil-log/2018/11/30/meta-learning.html

미한다. 예를 들어 강아지와 고양이를 구분하는 모델을 만들고자 하는데 강아지와 고양이 사진이 각각 1장씩 있으면 2-way 1-shot learning이 되는 것이고 각각 4장씩 있다면 2-way 4-shot learning이 된다.

"Learning To Learn"이라고 알려져 있는 Meta-learning은 몇몇 training 예제를 통해서 모델로 하여금 새로운 기술을 배우거나 새로운 환경에 빠르게 적응할 수 있도록 설계하는 것을 나타낸다. 보통 아래의 3가지 접근 방식이 있다.

1) Learning the metric space

두 이미지의 특징을 한 공간에 나타내고 거리를 통해 similarity를 계산하는 방식이다. 같은 이미지면 거리가 가깝게, 다른 이미지면 거리를 멀게 하는 방식으로 이미지를 classification한다.

2) Learning the initializations

최적의 초기 파라미터 값을 설정하는 것을 배우는 방법이다. 모델을 학습하기 위해서는 모델을 구축하고 weight를 초기화한 다음에 loss를 계산하고 gradient descent를 통해 loss를 최소화한다. 이 과정에서 weight를 초기화할 때 보통 랜덤하게 값을 넣어 초기화해주지만 랜덤 값을 사용하지 않고 최적화된 initial weight를 찾아서 이 값을 weight의 초깃값으로 세팅해 준다면 더 빠르게 학습하고 더 좋은 학습 결과를 얻을 수 있을 것이다.

3) Learning optimizer

Optimizer를 학습하도록 만든다. 보통 인공 신경망을 많은 데이터셋으로 훈련시키고 gradient descent로 loss를 최소화하는 방향으로 모델을 최적화한다. 그러나 퓨 샷 러닝은 적은 데이터셋을 사용하기 때문에 이러한 방법이 효과적으로 작동하지 못한다. 따라서 optimizer가 스스로 학습할 수 있도록 해야 한다.

표 3-2-2 Shot에 따른 퓨샷 러닝 종류

종류	Zero-shot 러닝	One-shot 러닝	Few-shot 러닝
정의	한 번도 관측되지 않은 클래스에 대한 분류를 학습	클래스별 하나의 샘플이 주어진 상황에서 분류를 학습	클래스별 소수의 샘플이 주어진 상황에서 분류를 학습
예시	호랑이 이미지 학습 – 사자 이미지 학습 – 호랑이와 사자의 특징을 합친 것이 라이거라고 학습 – 라이거 이미지를 입력하면 라이거를 맞춤	한 개의 호랑이 이미지를 학습 – 두 번째 이미지부터는 호랑이를 맞춤	작은 수의 호랑이 이미지를 학습(보통 5 또는 10-shot) – 그 다음부터는 호랑이를 맞춤

출처 : NIA(2021), NeurIPS 2020을 통해 본 인공지능 기술 트렌드

메타학습은 산업분야에 적용된 사례가 적지만 학습하는 방법을 학습하는 메타학습의 방식은 자동화된 머신러닝 시스템에 많이 적용되고 있다. IBM의 AutoAI, 마이크로소프트의 AzureML, 구글의 AutoML, 아마존의 SageMaker 등은 현재 다양한 데이터 분석 업무에 활용되고 있다.

메타학습은 제조산업에 매우 유용한 학습 방법으로서 제조업의 경우 새로운 데이터가 막 생성되었거나 기존의 데이터가 매우 부족하여 제대로 된 학습이 이루어질 수 없는 경우가 많아 이에 대한 좋은 대응 방안이 될 수 있다.

3.3 설명 가능한 AI

인공지능 기술은 빅데이터 및 복잡한 알고리즘 등을 기반으로 사용자에게 의사결정, 추천, 예측 등의 정보를 제공하지만 머신러닝 기술(딥러닝 등)은 그 특성 및 알고리즘의 복잡성으로 인해 '블랙박스'라 불리며 도출한 최종 결과의 근거, 도출 과정의 타당성 등을 제공하지 못하는 이슈가 존재한다. 최근에는 딥러닝의 여러 문제점 중에서 가장 화두가 되고 있는 학습 과정의 블랙박스 모델 한계점을 개선하기 위해 설명 가능한 인공지능에 대한 연구가 활발히 이루어지고 있다.

인공지능 시스템의 결과에 대한 사용자의 신뢰가 우려되면서 설명 가능한 AI(eXplainable AI, XAI)에 대한 관심이 높아졌으며 특히 국방, 금융, 보험, 의료 및 제조 등의 분야에서 신뢰성과 정확성을 보장하기 위해 인공지능 시스템으로부터 출력된 결과의 도출 근거와 도출 과정의 타당성에 대하여 확인하려는 요구가 증가하였다.

그림 3-2-4 새로운 학습을 통해 설명 가능한 모델 구현(DARPA)

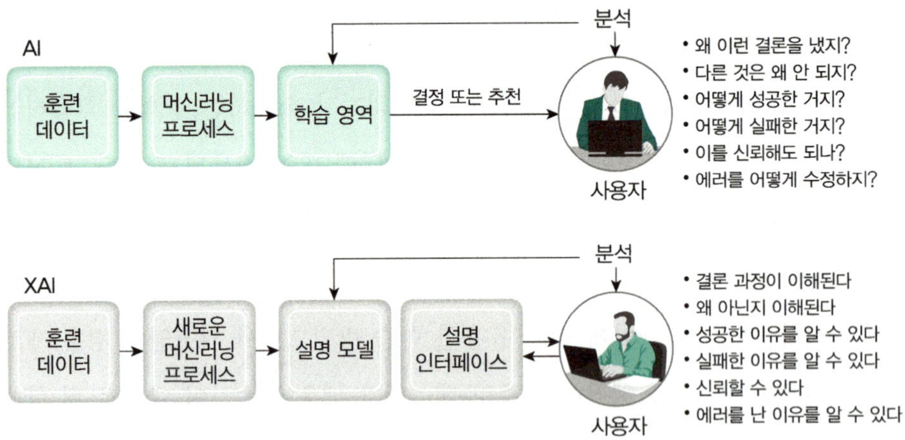

출처 : DARPA

XAI는 사용자가 인공지능 시스템의 동작과 최종 결과를 이해하고 올바르게 해석하여 결과물이 생성되는 과정을 설명 가능하도록 해주는 기술을 의미한다. 예를 들어 인공지능 시스템이 고양이 이미지를 분류할 경우 기존 시스템은 입력된 이미지의 고양이 여부만을 판단하면 되지만 XAI는 고양이 여부를 판단하는 근거(털, 수염 등)까지 제공한다.

설명 가능한 AI를 사용함으로써 기업은 이해 당사자가 인공지능 시스템의 작동을 이해할 수 있도록 도와주면서 다른 한편으로는 문제점도 해결하고 모델 성능을 개선할 수 있다. 설명 가능한 AI를 위한 기술적 접근 방법으로 기존 학습 모델 변형, 새로운 학습 모델 개발, 학습 모델 간 비교 방법이 있다.

1) 기존 학습 모델 변형

기존 학습 모델 변형 방식은 기존 학습 모델에 역산 과정을 추가하거나 학습 모델을 수정하는 방법이다. 예를 들어 합성곱 신경망의 학습 과정을 역산하는 신경망을 구성함으로써 최종 결과에 영향을 미치는 요소들을 추론 및 시각화한다.

합성곱 신경망은 여러 개의 레이어로 이루어져 있으며 각 층은 이전 층에서 생성된 특징정보맵(feature maps)을 이용하여 새로운 특징정보맵을 생성하는 층과 이를 축소시키는 층 등으로 구성된다. 역합성곱 신경망은 이러한 과정을 역으로 계산하면서 각 층에서 특징정보맵 생성 시 영향을 미치는 요소를 추론하고 이를 시각화하고 실제 이미지와 매칭함으로써 이미지 부류 근거를 확인한다.

2) 새로운 학습 모델 개발

새로운 학습 모델은 원인 - 결과와 같은 도출 과정이 표현 가능한 학습 모델을 만드는 것을 의미한다. 입력(이미지, 텍스트 등) 데이터의 특징(경곗값, 텍스처, 색 등)을 AND-OR 관계 그래프로 생성하여 분류 결과에 연결된 노드로부터 분류 근거를 확인하는 방법이다.

3) 학습 모델 간 비교

학습 모델 간 비교 방법은 설명하려는 학습 모델에 대한 세부 지식 없이 설명 가능한 타 모델과의 상호 대조 및 추론 등의 비교로 타깃 분류 모델(설명이 필요한 모델)의 최종 결과를 설명하는 것을 의미한다.

XAI를 활용함으로써 학습 모델의 편향 등 시스템의 성능 저하 요인을 파악하고 동일한 목적과 결과를 갖는 학습 모델 간 비교로 적합한 학습 모델을 도출함으로써 성능 향상이 가능하다. 그리고 학습 과정 중 빅데이터로부터 다양한 패턴을 추출 및 분석하여 드러나지 않았던 법칙과 전략을 도출할 수 있다. 또한 인공지능 시스템의 잘못된 결과로 분쟁 발생 시 원인 파악이 가능하고 약속된 규정 준수 여부 검증이 가능하다.

XAI는 제조분야에서도 뚜렷한 성과를 기대할 수 있다. 기존 제조분야에서는 공장 내 부품 고장 여부 예측 등 단순한 영역에서 인공지능을 활용했으며 이 경우 부품 교체나 공장 시스템 중단과 같은 최종 판단은 사용자가 결정했다. 하지만 XAI를 활용한다면 선제적인 예측 수행과 더불어 예측에 대한 설명을 바탕으로 보다 확신을 갖고 판단할 수 있게 된다.

표 3-2-3 XAI의 구현 기술

기술	상세설명	사례
기존 학습 모델 변경	기존 학습 모델에 역산 과정을 추가하거나 모델을 수정	CNN에 역합성곱 신경망 추가
새로운 학습 모델 개발	원인-결과와 같은 도출 과정이 표현 가능한 학습 모델을 새롭게 개발	확률적 AND - OR 그래프 기반의 분류 학습 모델
학습모델 간 비교	타 모델과의 비교를 통해 최종 결과 설명	상호 대조 및 추론

출처 : 저자 작성

3.4 모델 경량화

딥러닝 모델은 학습과 추론 과정에서 고비용의 전산 자원과 함께 많은 연산량과 데이터가 필요하다. 최근에는 머신비전용 스마트 카메라, 드론 및 로봇을 포함한 다양한 임베디드 시스템 환경의 제한된 컴퓨팅 리소스와 전력 하에서 정확한 판단을 위한 딥러닝 모델 추론이 요구된다. 이를 위해 딥러닝 알고리즘을 경량화하여 적은 메모리를 차지하면서도 고속으로 추론할 수 있는 기술이 필요하다.

모델 경량화 기술은 기존 모델 대비 모델의 정확도 손실을 최소화하면서 모델 크기와 연산량을 크게 줄임으로써 메모리와 에너지 측면에서 학습과 추론 효율성을 높이는 기술이다. 모델 경량화 기술은 알고리즘 자체를 적은 연산과 효율적인 구조로 설계하여 기존 모델 대비 효율을 극대화시키는 경량 알고리즘 방식과 만들어진 모델의 파라미터들을 줄이는 모델 압축과 같은 알고리즘 경량화 기법으로 크게 나눌 수 있다. 알고리즘 경량화 기법을 중심의 주요 기술은 다음과 같다.

1) 가지치기 기법(Pruning)

가지치기 기법은 추론에 있어 큰 영향을 미치지 못하는 뉴런과 이들의 연결을 제거하는 방식으로 모델의 파라미터를 줄이는 방법이다. 특정 임계점을 설정하고 이보다 낮은 값을 가지는 뉴런과 이들의 연결들을 계층 단위로 제거한 후 재학습을 수행하는 과정을 반복하는 방식으로 전체 파라미터 개수를 줘하는 방식과 이미 학습된 CNN 모델에서 덜 중요한 필터를 이와 연결된 피처맵들과 함께 가지치기 하는 방법으로 계산량을 줄이는 방법이 있다.

그림 3-2-5 가지치기 기법 개요

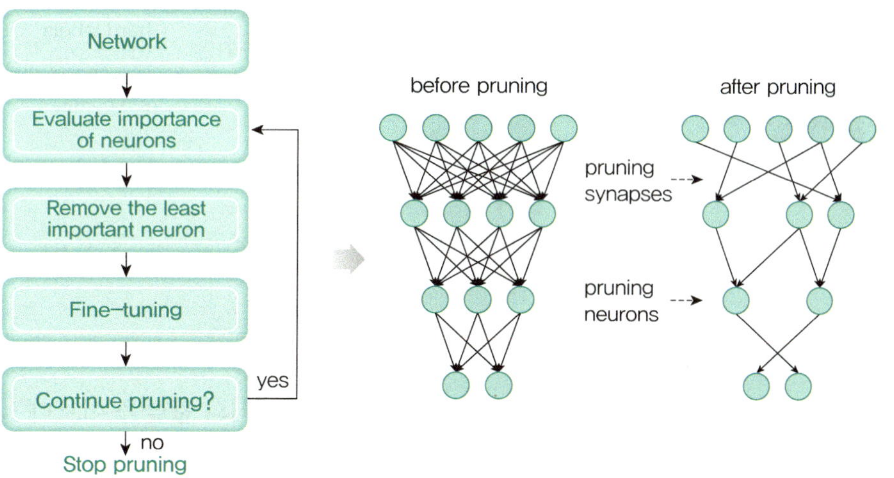

출처 : https://computistics.tistory.com/22

2) 지식증류 기법(Knowledge Distillation)

지식증류 기법은 이미 학습된 여러 teacher 모델들을 앙상블하여 이를 하나의 student 모델로 학습시키기 위해 고안된 기법으로 teacher - student 모델로도 불린다. 기 학습된 모델을 추론 시간 단축 및 모델이 활용될 임베디드 기기에서의 자원 제한을 고려하여 보다 축소된 학습 파라미터들을 갖는 student 모델을 구함으로써 모델이 저장될 저장 공간 및 실행 메모리 사용량을 줄일 수 있다.

그림 3-2-6 지식증류 개념도[12]

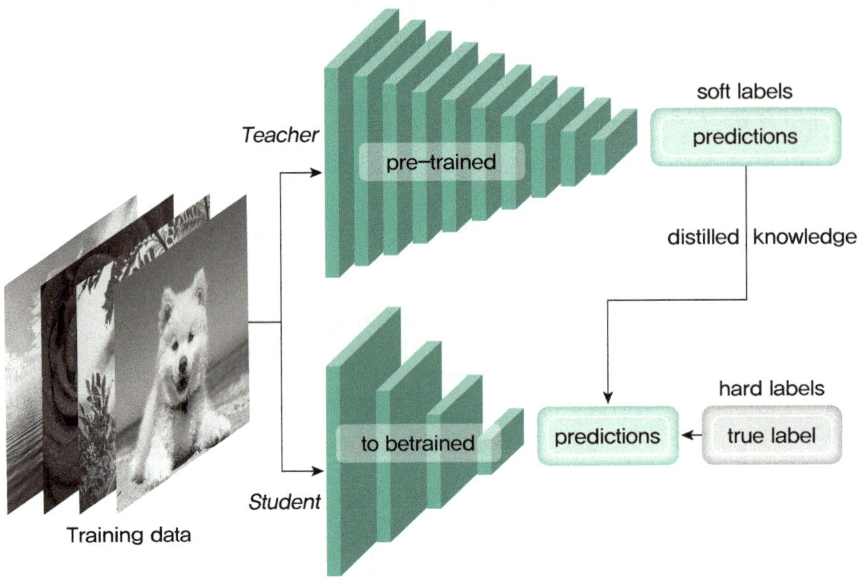

출처 : https://towardsdatascience.com/knowledge-distillation-simplified-dd4973dbc764

3) 양자화 기법(Quantization)

양자화 기법은 완전정밀도 타입 기반의 학습 파라미터의 값들을 이보다 낮은 비트 정밀도를 갖는 비트 크기로 표현하는 데 사용된다. 통상의 경우 딥러닝 모델들은 FP32 타입을 주로 사용하는데 이보다 낮은 K 비트 정밀도로 표현함으로써 가지치기 기법과 같이 파라미터들 일부를 날리지 않더라도 모델의 크기를 32/K배만큼 줄일 수 있다. 양자화를 수행하는 데 대상이 되는 값은 가중치(weight)뿐만 아니라 활성화 출력(activation) 그리고 기울기(gradient) 모두가 해당될 수 있다. 양자화를 하는 방법은 대표적으로 이진화(Binary)가 있다. 이진화하게 되면 이론상으로 파라미터 단위당 1/32배 경량화가 가능하다.

그림 3-2-7 입력된 값을 [-1, 1]로 이진화

1.12	3.42	−1.5	−12
32	−1	−5	15
24	0.55	−54	0.24
−0.1	0.1	−0.2	2

→

1	1	−1	−1
1	−1	−1	1
1	1	−1	1
−1	1	−1	1

출처 : 저자 작성

4) 하드웨어 가속 및 경량 네트워크 설계

인공지능 모델을 처리하기 위해선 모델의 구조 특성상 CPU 구조와 달리 많은 코어들로 구성되어 벡터나 행렬 연산을 병렬 처리하는 데 유리한 전용 하드웨어(GPU, TPU, VPU, Neural Processor 등) 기반의 가속기 연구개발이 글로벌 IT 기업에 의해 주도되고 있다. 한편 인공지능 모델의 경량화를 위하여 뉴럴 네트워크 구조 자체를 변경함으로써 모델의 크기나 연산량을 줄이는 방법이 있다.

딥러닝 알고리즘은 지속적으로 성능 향상을 위하여 그 모델의 크기와 연산량이 커짐에 따라 학습과 추론 과정에서 요구되는 컴퓨팅 자원과 비용이 급격히 증가하고 있다. 또한 최근에는 IOT 기술의 발전과 다양한 응용 분야의 등장으로 모바일 기기 등 임베디드 환경에서 제한된 자원으로 딥러닝 모델을 활용하는 요구가 늘어나고 있다. 이러한 배경으로 인하여 모델 경량화 기술은 지속적으로 발전하고 확대 적용되고 있다. 한편 개발되고 있는 기술들은 객관적이고 정확한 비교 평가를 위하여 H/W 환경이 고려된 표준화된 평가 척도가 마련되어야 한다.

4. 스마트 제조 분야에서의 인공지능 활용

4.1 인공지능 머신비전

기존에 공장 자동화를 위하여 도입하여 지금까지 널리 사용하고 있는 2D 머신비전은 다양한 제품 생산에 대한 품질 검사 및 제어에 적용되어 생산 자동화에 커다란 변화를 가져왔다. 컴퓨터 비전의 소프트웨어와 하드웨어의 기술 발전으로 발전해 온 2D 머신비전은 최근에 딥러닝 기반의 인공지능 머신비전으로 기존에 해결하지 못하던 비정형 불량 검사까지 가능해졌다. 이러한 2D 머신비 전에 '깊이' 및 '체적'이라는 3차원 요소를 추가하여 인공지능 2D 머신비전에서도 한계가 있었던 분야까지도 3D 머신비전의 발전으로 해결하게 되면서 스마트 팩토리를 더욱 고도화할 수 있게 되었다.

3D 센서 기술과 인공지능 기반의 3D 비전 기술의 발전으로 제조 공정 내의 컨베이어나 선반에서 기존에 자동화가 어려웠던 공정에서도 다양한 크기와 모양의 원재료와 부품을 가공, 조립, 용접, 검사, 포장, 도장 및 물류까지 가능한 3D 비전 가이드 로봇이 도입되었고 작업자와 협업할 수 있는 내용은 더욱 많아지고 신속성과 안전성은 더욱 향상되고 있다. 이처럼 스마트 제조 분야에서의 협동 로봇과 3D 비전 시스템 및 인공지능의 혁신으로 3D 머신비전 분야는 더욱 활성화될 것이다.

4.2 인공지능 예지보전

스마트 제조 공정 전 과정을 통해 다양한 센서에서 나오는 연속적인 데이터들과 머신비전 시스템에서 출력되는 데이터들의 실시간 축적과 분석 및 모니터링을 통하여 제조 장비나 공구의 고장 예측 및 수명이 얼마나 남았는지, 제품의 불량 발생의 원인이 무엇인지, 생산량의 변동은 어떻게 될지 등 다양한 문제를 예측하고 문제가 발생하기 전에 문제를 해결할 수 있도록 알려주는 예지보전(predictive maintenance) 분야도 점차 확대 적용되고 있다.

센서 데이터들과 머신비전 시스템의 데이터들을 효율적으로 활용하기 위한 인공지능 모델은 머지않아 스스로 문제를 진단하고 예방할 뿐만 아니라 제조 공정의 효율을 향상시킬 수 있는 방법을 제공해주는 역할을 하게 될 것이다. 한편 디지털 트윈(Digital Twin)을 사용해 제조 공정 설계를 더 효율적이고 정확하게 설계하거나 제조 과정에서의 결함이 발생했을 때의 과정을 보여주어 미리 불량을 예방할 수 있으므로 제조 공정 설계와 설비의 유지 보수에 인공지능 기반의 디지털 트윈 적용이 더욱 중요해지게 될 것이다.

4.3 인공지능 장인

3D 비전과 다양한 센서 기술 및 인공지능의 혁신으로 단순 반복되는 작업을 수행하는 현재 산업용 로봇은 미래의 자율 제조 시스템의 주인공이 될 것이다. 사람과 비슷한 비전과 스마트 기능을 갖춘 미래의 장인 로봇은 직접 제조나 작업의 전 과정을 조정하고 필요한 장비나 도구를 선택하고 불량품을 선별해내고 원자재나 재료를 주문하게 될 것이다. 이처럼 인공지능 장인 로봇은 오랫동안 숙련된 전문가의 행동 분석과 학습을 통하여 다양한 분야에서 전문가 역할을 대신하게 될 것이다.

예를 들어 숙련된 용접공이나 대장장이의 기술을 로봇에 적용하여 인공지능 장인 로봇으로 발전시키거나 생선이나 고기의 단면 이미지를 보고 질감, 신선도, 지방 등을 분석하여 장인들의 평가와 동등한 감별 능력을 보이는 장인 로봇으로 발전시킬 수 있다. 이처럼 인공지능 장인 로봇은 오랜 숙련공이나 장인의 작업도 동영상 촬영과 센서를 사용하고 기존 이미지 학습과 인식이 아닌 행동 분석과 인식을 통하여 해당 분야에서의 장인의 작업을 점차 대신할 수 있게 될 것이다.

5. 결론

사물인터넷(IoT) 시대와 함께 모든 산업 기기에 AI가 탑재되어 학습하고 성장하는 AIoT(AI of Things) 시대가 오고 있다. 2020년 McKinsey 조사에 따르면 절반 이상의 글로벌 기업이 인공지능을 채택하였으며 그렇지 않은 기업들과의 성과 차이는 점차 심화될 것으로 예측했다. 스마트 팩토리 분야에서도 초기에는 인공지능 도입에 저항이 있었다. 많은 제조업체들은 인공지능 도입에 필요한 전문인력과 높은 비용 그리고 변화에 대한 저항 등으로 스마트 팩토리 도입에 적극적이지 않았다. 하지만 인공지능이 적용된 스마트 팩토리에서의 성공사례들이 많아지면서 제조 설계, 공정 향상, 제조 효율 향상 및 에너지 소비 최적화 등에서 인공지능이 스마트 팩토리에 필수적으로 적용되고 있다.

미래의 스마트 팩토리는 숙련된 기술자와 인공지능 기반의 제조 장비와 산업용 로봇이 함께 협업하는 지능형 자율 제조 플랫폼을 통한 유연한 생산 시스템의 구현으로 볼 수 있다. 이러한 자율 제조 플랫폼에서 스마트 로봇이나 자동화 시스템들은 근로자가 위험하거나 힘든 작업 외에 소모적이고 지루한 작업에서 벗어나 더 가치 있는 업무에 집중할 수 있도록 만들어 준다.

참고문헌

한국과학기술정보연구원(2020. 8.), "딥러닝 모델의 경량화 기술 동향".

"A Unifying Review of Deep and Shallow Anomaly Detection", arXiv' 20.

"Anomalous Instance Detection in Deep Learning : A Survey", arXiv' 20.

Biran, Cotton(2017), "Explanation and Justification in Machine Learning : A Survey", IJCAI.

"Deep Learning for Anomaly Detection : A Review", arXiv' 20.

FA저널(2021. 1. 4.), "2021 스마트 팩토리 시장 전망 AI 기반 스마트 제조".

Ganesh, Prakhar(2019. 08. 13), "Knowledge Distillation : Simplified".

Han, Song, et al., "Learning both weights and connections for efficient neural network", Advances in neural information processing systems, 2015.

HelloT뉴스(2021. 5. 20.), "디지털 트윈을 향한 디딤돌, 인공지능 영상 기술".

ICN뉴스(2020. 1. 22.), "글로벌 3D 머신비전 시장, 2025년에 29억 달러 전망".

Lilian Weng(2018. 11), "Meta-Learning : Learning to learn Fast", OpenAI Blog.

NIA, "NeurIPS 2020을 통해 본 인공지능 기술 트렌드".

3장

5G가 만들어가는 스마트 팩토리의 변화

강인식(SK 텔레콤)

〈요약〉

기존의 통신 기술이 사람 간의 통신과 사람을 위한 데이터 전송을 목표로 발전하였다면 5G는 사물과 사람, 사물과 사물을 연결하는 것을 목적으로 기술 발전을 이루고 있다. 5G의 이 같은 특징은 초연결, 초광대역, 초저지연의 세 영역에서 기존 4G 대비 10배 이상의 성능을 보여주고 있다. 이러한 5G를 이용해 스마트 팩토리 영역에서는 다양한 변화와 서비스가 만들어지게 되었다.

초연결은 서비스별로 별도로 관리하는 Network Slicing 기술을 통해 공장 내 다양한 설비들과 센서, 사용자가 모두 연결되는 중앙 집중 관리를 가능하게 함으로써 이러한 데이터를 통해 작업 환경 모니터링과 예지보전, 유연 생산이 가능해지고 있다.

5G의 넓은 주파수 대역폭을 통해 제공하는 초광대역은 대용량 데이터를 무선을 기반으로 하여 안정적으로 전송할 수 있게 됨으로써 산업용 AR, 지능형 영상보안, 산업 안전 관리, Machine Vision 등의 서비스가 가능해지고 있다.

마지막으로 컨트롤 채널을 별도로 분리하는 SA(Stand Alone)와 기지국이나 통신국사에 클라우드 기술을 적용하는 MEC(Moblile Edge Computing) 등의 기술을 이용해 초저지연을 제공함으로써 산업용 AR과 실시간 설비 제어, 원격 조정 등이 가능해지고 있다.

이러한 5G의 발전으로 인해 변화하고 있는 스마트 팩토리는 제조 강국이자 통신 강국인 우리나라를 스마트 팩토리 강국으로 거듭나게 할 것이다.

1. 머리말

오늘날 현대인들에게 스마트폰은 필수품이 되었다. 우리는 아침에 스마트폰이 울리는 알람을 통해 일어나고 스마트폰으로 하루의 날씨를 확인한다. 스케줄러를 통해 오늘 할 일을 확인하고, 밤새 온 새로운 메일을 읽고, 네비게이션 앱을 통해 회사까지 걸리는 시간도 확인한다. 인터넷 서핑과 동영상 시청, 게임 등 취미뿐 아니라 전자상거래, 개인정보 확인, 지갑까지 다양한 프로그램들을 통해 다양한 일들을 한다. 이러한 스마트폰의 핵심은 언제 어디서든 네트워크를 통해 접속할 수 있도록 만들어주는 이동통신 기술이며 이러한 이동통신의 발달을 통해 사람들의 생활이 바뀌었다고 해도 과언이 아니다. 이제 이러한 이동통신은 단순히 사람들의 생활을 바꾸는 것을 넘어서 스마트 팩토리에서도 새로운 변화를 만들어가고 있다. 이 장에서는 이동통신 기술의 변화가 어떻게 제조 영역에서 사용되고 스마트 팩토리를 변화시켜 가는지 알아보도록 하겠다.

기존의 통신은 사람과 사람 간의 커뮤니케이션을 위한 서비스였다. 처음 무선통신 단말기가 등장했을 때 사람들은 드디어 집 전화가 아닌 무선 전화기를 통해 언제 어디서든 전화를 걸고 받을 수 있게 되었다. 이때까지만 해도 통신 기술은 사람의 목소리를 실시간으로 전달해주는 정도의 용량만 제공할 수 있었다. 그 이후 약 10여 년의 시간이 흘러 2G 통신을 통해 다양한 메세지를 전송할 수 있게 되었다. 이때부터 본격적으로 이동통신은 단순 보이스가 아닌 다양한 데이터를 주고받는 데 사용된다. 컬러풀한 문자 메세지를 주고받으며 간단하게나마 이모티콘을 통해 감정을 표현하기도 했다. 아주 작은 스크린이지만 통신사에서 제공하는 서비스를 통해 사진이나 화보집 같은 것을 다운받을 수 있었으며 키패드로 동작하는 간단한 야구 게임 같은 것도 인기를 끌었다. 2000년대 초반 WCDMA라 불리는 3세대 통신이 나온 뒤부터는 인터넷을 통한 접속이 가능해졌다. 처음으로 컴퓨터가 아닌 핸드폰을 통해 인터넷에 접속이 가능해졌으며 문자 메세지가 아닌 실시간 메신저 기능도 나오게 되었다. 이때 등장한 아이폰은 이동통신 시장의 판도를 바꾸었다. LTE로 널리 알려진 4G 이동통신은 사용자들에게 이동하면서 동영상을 시청할 수 있을 정도의 성능을 보여주었다. 이를 통해 넷플릭스나 유튜브와 같은 플랫폼들이 성장하고, 이제 영상 통화를 하는 것이 어색하지 않은 시대가 되었다.

그림 3-3-1 이동통신의 진화모습

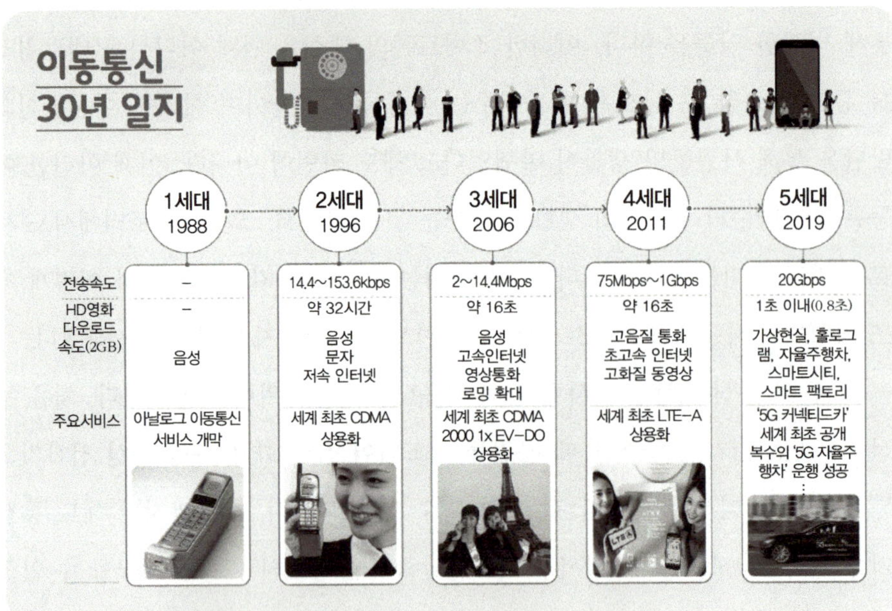

출처 : SK텔레콤 홈페이지

5G(5th Generation)의 등장은 여태까지 이동통신의 변화와는 조금 다른 양상을 보였다. 손바닥보다 큰 스마트폰에서 영화를 보고, 영상통화를 하는 데 필요한 네트워크 성능은 이미 4G만으로도 충분했다. 사용자들은 이미 통신망을 통해 충분히 원하는 서비스를 제공받을 수 있었다. 통신 관련 협회들은 이제 사용자가 아닌 다른 곳에 초점을 맞추기 시작했다.

5G는 여러 상세한 기술들의 변화와 신기술들이 적용되었다. 특히 초고속, 초저지연, 초연결이라는 세 가지 큰 성능의 차이를 중심으로 진화하였다. 아래 표는 5G와 기존 4G 와의 성능 차이를 보여준다.

표 3-3-1 **5G 성능 비교**

핵심 성능		4G	5G	4G 대비
초고속	최대 전송속도	1Gbps	20Gbps	20배
초저지연	전송지연	100분의 1초	1,000분의 1초	1/10
초연결	최대 기기 연결 수	십만 개/km^2	백만 개/km^2	10배

출처 : '혁신성장 실현을 위한 5G+전략' 정부부처합동, 2019

여기서 주목해야 할 점은 위의 핵심 성능 대부분은 일반 사용자 관점에서는 크게 차이를 느낄 수 없는 점이라는 것이다. 이미 1Gbps의 속도에서도 대부분의 동영상을 고화질로 실시간 스트리밍이 가능하다. 또한 사람은 1/100초를 눈이나 감각으로 미세하게나마 인지할 수 있을지는 몰라도 1/1000초는 전혀 구분할 수 없는 수치이다. 초연결은 어떠한가? 1km^2 안에 10만 명이 모이기도 어려우며 100만 명은 불가능한 수치이다. 그러면 무엇을 위해 5G는 이러한 기술을 개발한 것일까? 그것은 바로 사물을 위한 통신기술이다.

5G는 사람과의 음성 · 데이터 통신을 넘어서 모든 사물을 연결하여 다양한 영역에서 혁신적 융합 서비스를 가능하게 하는 인프라를 만들어 준다. 아래 [그림 3-2-2]에서 보다시피 5G를 통해 다양한 영역에서 혁명이 일어나고 있는 것이다.

5G가 만들어가는 이러한 여러 서비스 혁신 중에서 특히 스마트 공장 영역에서 이루어지고 있는 변화에 대해 알아보자.

2. 초연결이 만드는 Smart Factory

2.1 초연결 현황

초연결(massive Machine Type Communications ; mMTC)은 사람이 휴대하는 단말기뿐 아니라 생활하는 곳인 집안, 회사, 건물, 빌딩, 공장 내에 위치하는 모든 단말 기기들을 네트워크에 연결하여 정보를 생성하고 공유하는 네트워크 상태를 말한다. 이는 단순히 연결되어 있다 내지는 단방향으로 통신이 된다라는 단순한 정의가 아니라 다양한 정보들을 수집하여 상호 간에 커뮤니케이션을 하는 것을 의미한다.

기존에는 사물들이 연결되어 있는 인터넷과 같은 것이라 해서 IoT(Internet of Things ; 사물인터넷) 혹은 사물과 사물 간의 통신이라는 M2M(Machine to Machine)이라는 용어를 사용했었다.

이러한 IoT를 위한 네트워크 기술은 예전부터 많이 있어 왔다. 무선 이동통신 기술인 4G LTE를 이용하는 것과 별도로 저전력 IoT 전용망인 Lo-Ra 등도 있었다. IoT를 위한 다양한 통신기술은 아래 표를 참고하기 바란다.

표 3-3-2 다양한 IoT Connectivity 기술

구분		주파수대역	전송속도	활용영역
초/근접 통신	RFID	LF/HF/UHF (비면허대역)	~ 640kbps	하이패스/물류태크
	NFC	13.56MHz (비면허대역)	~ 424kbs	스마트(신용)카드결제

근거리 통신	BLE	2.4GHz (비면허대역)	~ 1Mbps	스마트 웨어러블기기 무선센서 제어기기
	Zigbee	915M/2.4Ghz (비면허대역)	~ 250kbps	
	WiFi	2.4G/5GHz (비면허대역)	~ 600Mbps	모바일/라우터
저전력 장거리 통신	Sigfox	Sub 1GHz (비면허대역)	~ 300bps	원격검침/측정/ 경보/관제
	LoRa	900MHz 등 (비면허대역)	~ 50kbps	
저전력 이동통신	NB-IoT (LTE Cat. NB)	LTE (면허대역)	~ 250kbps	
	eMTC (LTE Cat. M1)	LTE (면허대역)	~ 1Mbps	텔레매틱스 위치추적/모니터링/제어
	LTE-MTC (LTE Cat. 1~4)	LTE (면허대역)	~ 10Mbps	

출처 : 5G 초연결 사회 구현을 위한 Masssive IoT 서비스 현황 및 전망 NIPA, 2019

전통적으로 IoT는 많은 수의 연결을 가진다. 셀룰러 M2M 기술이 가장 안전하고 고품질을 제공할 수 있었으나, 가격이 비싸다. 때문에 저렴하고 효율적인 대안이 필요해서 수많은 통신 규격이 만들어졌으며, 이로 인해 하이패스나 신용카드 결제와 같은 특정 영역을 제외하고는 표준화된 규격으로 통신을 구성하는 것은 쉽지 않았다.

또한 대부분의 서비스가 비면허 대역으로 사업자들이 편하게 사용할 수 있는 부분이다 보니 품질에 대한 보증이나 운영 안정성이 부족하여 관리가 안 되던 것이 현실이다.

하지만 5G에서는 각각의 서비스별로 Network Slicing이라는 기술을 통해 이러한 다양한 특징들을 모두 수용할 수 있게 되었다.

그림 3-3-2 5G Network Slicing 기술

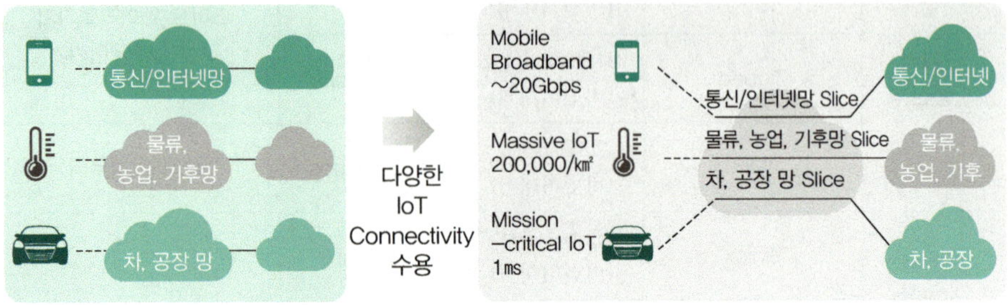

출처 : 5G 초연결 사회 구현을 위한 Masssive IoT 서비스 현황 및 전망 NIPA, 2019

2.2 초연결과 스마트 팩토리

스마트 팩토리에 있어서 핵심은 데이터를 얼마나 많이 수집하는 것인가이다. 이렇게 모인 데이터를 AI를 활용해 다양한 분석과 Modeling을 만들고 이를 다시 제조 공정에 반영시켜 생산성이나 효율성, 품질을 실시간으로 향상 시키는 것이 4차 산업혁명인 것이다.

그렇기 때문에 보다 많은 데이터 확보는 필수 불가결한 부분이다.

현재 제조 영역은 반도체와 같은 높은 하이테크 영역을 제외하고는 아직 데이터 수집이 많지 않다. 대부분의 데이터는 MES(Manufacturing Execution System)이나 ERP(Enterprise Resource Planning) 데이터 정도를 수집·저장하는 정도이며 이마저도 작업자가 엑셀이나 작업 지침서에 수기로 표기하는 경우가 대부분이다.

하지만 5G 기반으로 다양한 제조 장비, 보조 설비, 작업자 및 현장 환경을 유기적으로 연결하고 실시간으로 모니터링을 하게 되면 제조 혁신을 이룰 수 있다.

지능형 제조 공정에 필요한 대규모 제조장비 – 기기 – 작업자 간 통신을 통해 작업 환경이 개선되며 제품의 기획, 설계, 생산, 유통, 서비스 등 제품 전체

수명 주기의 전 과정을 효율적으로 관리할 수 있게 되는 것이다.

그림 3-3-3 스마트 팩토리의 초연결 개념도

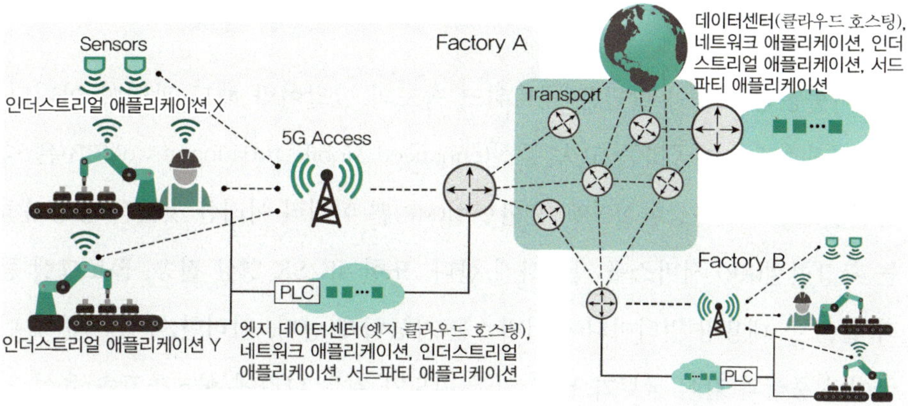

출처 : 5G ACIA

이러한 초연결을 통해 수집된 데이터를 Cloud에 저장 · 분석함으로써 제조 공정 향상에 필요한 다양한 인사이트를 얻을 수 있는 것이다. 아래 표에서 현재 진행되고 있는 다양한 사례들을 볼 수 있다.

표 3-3-3 다양한 초연결 기반 스마트 팩토리 사례

활용 사례	기대 효과
작업환경 모니터링 위기 대처	소음, 미세먼지, 유해 가스 센서를 통한 실시간 모니터링 및 작업환경 종합 파악을 통한 위험 요소 사전 탐지 유출사고 발생 시 최적의 탈출 경로 파악, 문제 지점 판단
예지보전	설비 외부에 진동 센서, 전류 센서 등을 부착, 데이터를 수집하여 설비의 상태를 모니터링하고 불량 발생 시 원인 파악 및 장비의 수명을 예측하여 가동률을 극대화
유연 생산	제품이 판매되는 양을 실시간으로 파악하여 이를 생산공정 계획에 적용, 즉각적인 주문 생산이 가능하도록 생산 공정을 모듈화. 생산 공정에 필요한 각각의 모듈과 제조설비들이 해당 데이터를 받아 생산을 통제 관리

출처 : 저자 작성

3. 초고속, 자유로운 대용량 데이터 전송

3.1 초고속 기술 현황

이동통신 기술의 발달은 네트워크 속도의 발달이라 해도 과언이 아니다. 5G 서비스에서 제공하는 고속 통신(enhanced Mobile Broadband ; eMBB)은 증강현실(AR)이나 가상현실(VR), 혼합현실(MR)뿐 아니라 이러한 것들을 총망라하는 확장현실(XR) 서비스를 가능하게 한다. 또한 4K/8K 영상 전송, 홀로그램 등과 같은 초 대용량 멀티미디어 서비스를 가능하게 한다. 이러한 특징 때문에 미국이나 중국과 같이 국토가 넓고 인구 밀도가 낮은 나라에서는 초고속 유선 인터넷을 대체하는 고정형 무선접속(FixedWireless Access ; FWA) 서비스도 가능하게 한다.

그럼 무엇이 5G의 초고속을 가능하게 하는지 알아보자.

이동통신을 포함한 무선통신에서 통신 속도를 결정하는 요소에는 여러 가지가 있겠지만, 가장 기본적인 것은 주파수 대역폭(bandwidth)이다.

주파수는 전자파 등이 1초 동안 진동하는 파동의 수를 말한다. 저주파는 파장이 길고 고주파로 갈수록 파장이 짧아진다. 대역폭은 최고 주파수와 최저 주파수의 차이를 의미한다. 주파수 폭이 넓을수록 더 많은 정보를 전송할 수 있다. 고속도로가 넓으면 더 많은 화물을 전송할 수 있는 것과 같다고 생각하면 이해하기 쉬울 것이다.

국내의 경우 5G에서는 3.5GHz 대역과 28GHz 대역의 주파수 대역을 이용하는데, Sub-6 대역이라 불리는 3.5GHz 대역에서는 80~100MHz의 대역폭을 이용하고 있으며 밀리미터웨이브(mmWave) 대역이라 불리는 28GHz 대역에서는 각각 800MHz의 주파수 대역폭을 이용한다. 이는 4G LTE에서 이용하는 주파수 대역에 비해 적어도 6~10배 정도 많은 것이다. 사용하는 주파수가 많다는 것은 통신 속도도 그만큼 빨라질 수 있다는 것을 의미한다.

그림 3-3-4 **주파수 대역별 용도**

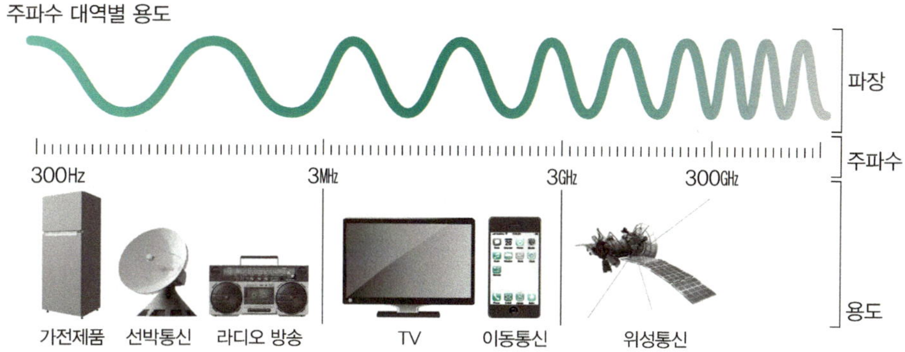

이동통신 시스템 성능 비교 분석 *자료=ETRI

구분	1세대	2세대	3세대	3.5세대	3.9세대	4세대	5세대
최대 전송률(다운로드)	음성 전용	57.6kbps	3.1Mbps	14.4Mbps	100Mbps	1Gbps	20Gbps
CD 1장(700MB) 다운로드 시간	불가능	24시간	30분	6분 30초	56초	5.6초	0.28초
주요 서비스	음성	음성·문자	음성·문자·인터넷	음성·문자·고속인터넷	음성·문자·초고속인터넷·대용량멀티미디어	음성·문자·초고속인터넷·대용량멀티미디어(3D급)	음성·문자·초고속인터넷·대용량멀티미디어(AR, VR 등)
상용화 시기	1978년	1992년	2000년	2006년	2009년	2014년	2019년

출처 : 한국전자통신연구원

5G에서는 사용 주파수 대역에 따라 네트워크의 구조 및 서비스 특성도 달라진다. 3.5GHz 대역은 기존의 3G나 4G 서비스에 사용되는 주파수 대역과 가깝게 위치하기 때문에 비교적 커다란 통신 반경을 제공하는 셀을 구축하는 데 이용되며 28GHz 대역은 통신 반경이 수백 미터 이내의 소규모 마이크로 셀을 구축하는 데 이용된다. 반면 28GHz 대역을 이용하는 경우 더 빠른 통신 속도를 제공할 수 있다. 이런 높은 주파수의 사용으로 인해 회절성이 떨어져 많은 기지국이 필요하지만, 빠른 속도와 낮은 지연 시간을 보장할 수 있다. 또한 기존에 주파수로 업로드와 다운로드 데이터를 구분하는 FDD(Frequency Division Duplex) 방식을 사용했다면 이제는 시간으로 구분하는 TDD(Time Division Duplex)를 사용한다. 이로 인해 업로드와 다운로드 시간을 적절하게 분배함으로써

효율을 최대한으로 끌어올릴 수 있다.

그림 3-3-5 4G와 5G의 FDD, TDD 개념도

출처 : 방송과 미디어 5G 서비스 구현기술의 이해, 김학용, 순천향대학교, 2019

3.2 초고속과 스마트 팩토리

물론 이러한 속도가 기존에 전혀 없던 것은 아니다. 이미 유선인터넷이나 산업용 이더넷 등을 통해 수십 Gbps의 속도는 기술적으로 가능한 상황이었다. 그러나 공장의 특성상 처음 공장을 구축할 당시에 네트워크를 설계하여 반영하지 않으면 추가적인 네트워크 구축은 매우 어려운 것이 현실이다. 또한 복잡하고 터프한 공장 안에서 근로자의 발에 걸리거나 지게 차량 등에 밟히는 위험을

표 3-3-4 다양한 초고속 기반 스마트 팩토리 사례

활용 사례	기대 효과
산업용 AR	작업용 스마트패드, 스마트폰, AR 글래스 등을 통해 장비를 비추면 해당 설비를 자동 인식하여 다양한 정보나 메뉴얼을 제공 원격지에서 해당 설비에 대한 가동 기능을 실시간으로 전송
지능형 영상 보안	공장 내 곳곳에 설치한 CCTV를 5G MEC로 전송, 실시간으로 분석하여 작업자의 이상 상황이나 공장 프로세스의 이상을 감지 · 감시
산업 안전 관리	작업복이나 안전모에 부착된 5G 기반 액션캠으로 중앙에서 작업자에 대한 작업 내용과 안전 상황을 실시간으로 확인 카메라가 작업자에 부착되어 있는 것이 지능형 영상보안과 다른점
Machine Vision	산업용 고해상도 카메라를 통한 초고화질 사진, 영상 등을 클라우드나 엣지 서버에 전송하여 실시간으로 불량을 판정하거나 로봇 가이던스, Bin-picking 등의 동작

출처 : 저자 작성

감수하면서 유선 케이블을 포설하여 사용하는 것은 쉽지 않은 결정이기에 공장 내 네트워크는 설비를 제어하는 핵심 유선 네트워크를 제외하고는 거의 없는 상황이었다.

5G는 무선을 기반으로 하면서 초고속을 제공함으로써 스마트 팩토리에서는 그동안 할 수 없었던 다양한 것들이 가능해지고 있다.

4. 초저지연, 실시간 제어의 현실화

4.1 초저지연 현황

'서비스 지연'이라는 단어를 들으면 대부분의 사람들은 스마트폰이나 컴퓨터를 통해 어떠한 동작을 하고 서비스를 제공받을 때까지 소요되는 시간을 생각하는 것이 대부분이다. 예를 들어 개인이 스마트폰에서 동영상 하나를 보기 위해 플레이 버튼을 누른 후 정상적으로 플레이될 때까지 소요되는 시간처럼 말이다. 하지만 여기에는 여러 스마트폰 사업자들의 변수가 들어간다. 스마트폰 자체가 느릴 수도 있고 이동통신 사업자의 망이 느릴 수도 있으며 동영상 플레이어 응답이 늦다든가 동영상 서버가 사용자가 많아 서비스가 늦게 제공될 수도 있는 것이다.

따라서 이동통신망에서 '지연'이란 의미는 통신을 위해 보낸 데이터가 기지국과 통신용 코어 서버를 거쳐 다시 스마트폰까지 되돌아오는 데 걸리는 시간을 말한다. 즉, 다른 것에는 영향을 받지 않고 오롯이 통신장비에서의 응답속도를 의미하는 것이다. 5G의 초저지연(Ultra-Reliable and Low Latency Communication ; URLLC) 기술은 4G LTE-A에서 0.02초(20밀리초) 이상 걸리던 서비스의 응답 속도 지연을 0.002초(2밀리초)인 10분의 1로 줄이는 기술이다.

이러한 초저지연을 이루기 위해서 다양한 세부 기술들이 사용되지만 큰 관점에서는 아래 두 가지 기술이 적용되었다.

먼저 SA(Stand Alone) 구성이다. 그동안 대부분의 통신은 기존 세대의 기능을 포용하면서 개발 구축이 진행되어 왔다. 이는 통신사에게는 기 구축한 장비에 대해 어느 정도 투자비용을 회수할 수 있는 시간을 제공하며 동시에 새로운 기술이 전국적으로 적용되는 것을 보다 부드럽게 하기 위함이었다. 그러나 초저지연을 달성하기 위해서는 구조적으로 완전히 다른 컨트롤 방식을 사용해야 하기 때문에 기존의 4G(LTE)로는 달성하기 어려운 문제가 발생하였다. 따라서 SA(Stand Alone) Mode라고 불리는 초저지연을 위한 5G Core 장비와 독립적인 컨트롤 구성이 연결되는 방식이 등장하였다.

그림 3-3-6 5G NSA와 SA 개념도

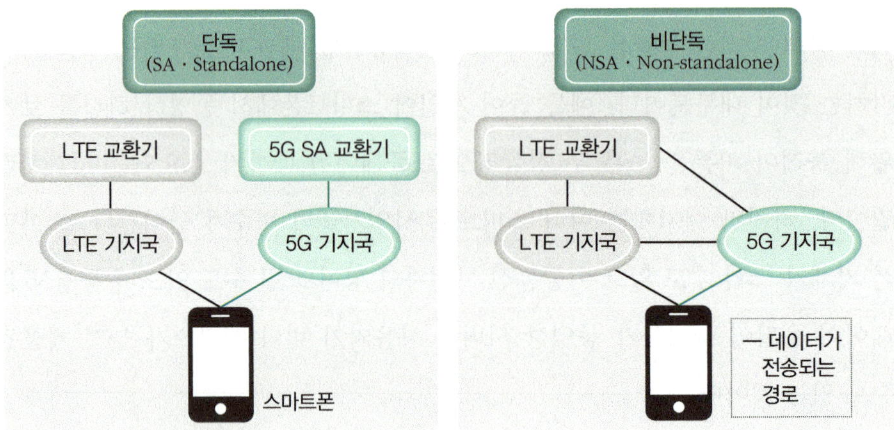

출처 : 5G 규격, 한국일보, 2018

초저지연을 달성하는 또 다른 기술은 Mobile Edge Computing(MEC)이다. MEC는 무선 기지국에 분산 클라우드 컴퓨팅 기술을 적용하여 다양한 서비스와 캐싱 콘텐츠를 이용자 단말에 가까이 전개함으로써 모바일 코어망의 혼잡을 완화하고 새로운 로컬 서비스를 창출하는 기술이다. 이렇게 구성함으로써 사용자는 기존에 인터넷 데이터센터까지 가서 서비스를 받아야 했던 것을 근처 통신

국사에 위치한 MEC 클라우드 서버를 통해 제공받음으로써 빠른 응답 속도를 누릴 수 있다.

또한 기업별로 보안 상황에 맞춰 공장 외부나 해당 지역 외부로 공장 데이터가 나가지 않고 지역 안에서 처리함으로써 보다 높은 보안 수준을 확보할 수 있다.

그림 3-3-7 5G MEC 개념도

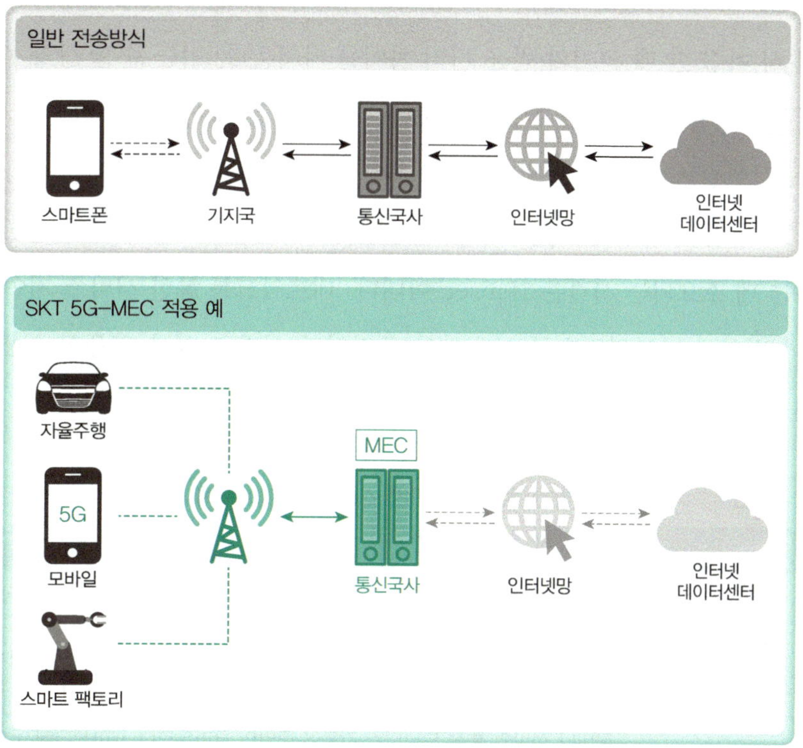

출처 : SK텔레콤

4.2 초저지연과 스마트 팩토리

인간이 시청각을 통해 뇌가 사물을 인지하는 속도는 약 50밀리초 정도라고 알려져 있다. 눈으로 무언가를 봤을 때 50밀리초 이후가 되어야 뇌에 도달하여 어떤 사물이나 상황을 인지하는 것이다. 5G에서의 초저지연 속도는 지연 기술로 비교하자면 인간의 시청각 인지 속도보다 대략 25배 빠른 것이다. 이러한 5G의 초저지연을 통해 순간적으로 변하는 주변 상황에 따라 기기 및 서비스도 빠르게 반응하는 실시간성 서비스들이 가능해진다.

자율주행 서비스 경우 차량 동작을 실시간 제어하는 게 서비스 완성도를 결정하며 수밀리세컨드(msec)의 미미한 '지연' 차이가 이를 결정할 수 있다. LTE에서 100msec 지연과 5G에서의 1msec 지연의 차이는 자율주행에서의 차량 제어 시 차량 한 대 크기의 반응 거리 차이를 가져온다. 이는 순간 상황 제어를 요구하는 자율주행에서는 안전과 사고를 결정하는 큰 차이로 나타난다.

증강현실(AR) · 가상현실(VR) 등 사람의 신경 반응을 필요로 하는 실감형 서비스도 '지연'은 매우 중요한 요소로 작용한다. 사람이 손에서 뇌까지 신호를 전파하는 데 소요되는 시간은 10msec 이내다. 네트워크를 통한 서비스 지연 시간이 이 범위에 가까워질수록 사용자의 움직임과 서비스 영상 반응의 상호작용 차이를 거의 느끼지 못하게 된다.

표 3-3-6 **다양한 초저지연 기반 스마트 팩토리 사례**

활용 사례	기대 효과
산업용 AR	작업용 스마트패드, 스마트폰, AR글래스 등을 통해 장비를 비추면 해당 설비와 관련된 다양한 데이터를 AR기반으로 제공 특히 사용자의 움직임이 많은 상황에서 중앙 관제실에서 실시간으로 지시하거나 화면에 메뉴얼을 띄우는 등 양방향 데이터 통신이 가능하게 함
실시간 설비 제어	장비나 설비의 특정 모니터링 값들을 중앙의 클라우드나 제어센터에서 모니터링을 하다가 임계치가 없어가면 특정 기능을 실시간으로 제어. 단순히 프로그램된 데이터가 아닌 빅데이터 기반으로 실시간 모니터링을 통해 즉각적인 대처를 한다는 점에서 기존의 설비 제어와는 차이점을 가짐
원격 조정	크레인, 지게차, 화물이송 등 기존에 사람이 직접 들어가서 운전이나 조작을 하던 설비들을 고해상도 카메라와 제어보드와 연결된 수신보드로 원격에서 영상을 보면서 실시간 제어

출처 : 저자 작성

5G는 네트워크 지연 시간을 사람의 신경 반응 시간 이내로 줄임으로써 이용자에게 가상과 현실의 벽을 넘어 마치 같은 물리 공간에 있는 것과 같은 생생한 몰입감을 줄 수 있다.

5. 맺음말

지금까지 5G의 가장 큰 특징인 초연결, 초고속, 초저지연에 대한 간략한 기술적인 개요와 이를 바탕으로 현재 적용되고 있는 다양한 스마트 팩토리 서비스들에 대해 알아보았다. 아직 국내 5G 상황은 NSA 기반으로 LTE의 컨트롤 Core를 사용하는 단계이기 때문에 진정한 의미에서의 5G는 아직 구현 전이라고 할 수도 있다. 그러나 통신사 및 통신장비 업체들을 중심으로 진정한 5G를 제공하기 위해 네트워크 설계·구축 단계부터 다양한 기술을 적용하고 있다. 5G 상용망에도 에지 클라우드 통신센터 구축과 네트워크 구조 효율 개선 등을 통해 초연결·초고속·초저지연 네트워크 기반 고품질 5G 서비스를 제공하기 위한 준비에 박차를 가하고 있다. 정부 역시 대규모의 디지털 뉴딜과 여러 기관에서 R&D 과제를 통해 다양한 시범사업과 사용 서비스 개발을 지원하고 있으며, 또한 스마트 팩토리의 다양한 영역에서 열정적으로 핵심 기술을 개발하고 서비스를 만들고 있는 수많은 대학교와 중견·중소 기업들이 있다. 이렇게 민관학의 적극적인 노력을 하는 만큼 제조 강국이면서 동시에 통신 강국인 우리나라가 스마트 팩토리 강국으로 우뚝 서는 미래를 기대한다.

참고문헌

과학기술정보통신부(2019), "혁신성장 실현을 위한 5G+전략".

방송과미디어(2019), "5G 서비스 구현기술의 이해".

정보통신산업진흥원(2020), "5G 초연결 사회 구현을 위한 Masssive IoT서비스 현황 및 전망".

퀄컴 코리아(2018), "5G NR에 담긴 5가지 혁신 기술".

한국통신학회(2018), "5G 네트워크 연동을 위한 MEC 기술 동향".

4장

블록체인 적용을 통한 스마트 팩토리의 혁신과 시사점

임명환(한국전자통신연구원)

〈요약〉

스마트 팩토리는 생산, 공정, 물류, 유통, 관리에 네트워크로 연결되어 해킹 위험성이 있고, 품질보증에 위변조 가능성이 상존하여 이러한 보안 등의 문제점을 극복하고자 블록체인을 적용하여 안전성을 추구하는 것이다. 스마트 팩토리에 초신뢰의 블록체인 기술을 적용하면 생산 공정의 투명성과 물류 유통의 추적 관리는 물론 위변조가 불가능한 원산지 증명부터 기업 경영의 효율성까지 달성할 수 있어 데이터 경제 시대에 기업 경쟁력을 크게 향상시킬 것으로 판단된다.

블록체인 기반의 스마트 팩토리의 구현은 스마트 컨트랙트 기반의 효율적 프로세스 확보, 자산의 디지털화 및 보안 유지, 공급망 투명성 제고를 통한 신뢰 향상, 데이터 생산 · 공유 · 활용의 기반 조성을 고려하여 추진하는 것이 바람직하다. 추진 전략으로는 일반적인 기업 기치사슬(기획 – 설계 – 생산 – 공정 – 유통 – 관리) 기반 하에 제4차 산업혁명 핵심 기술영역(5G, IoT, AI, 빅데이터, 3D 프린팅, AR/VR/MR, 디지털 트윈 등)을 하부구조로 스마트 팩토리 솔루션과 제조 · 유통 시스템을 블록체인 플랫폼과 연동시키는 것이 효율적이다. 즉, 기존의 스마트 팩토리 솔루션과 제조 · 유통 시스템의 성능과 활용을 극대화 시키면서 블록체인 플랫폼을 통해 가치사슬 전반에서 생성된 데이터의 진본성, 효율성, 보안성, 투명성을 확보하는 것이 현실적인 대안이라고 본다.

그리고 스마트 팩토리의 혁신을 위해 블록체인을 적용하는 것은 필수적이지만, 기존 플랫폼의 기술적 한계를 극복하는 사물인터넷 연동의 분산원장 기술, 스마트 팩토리 적용의 초고속 컨트랙트 기술 등 블록체인 기술개발도 필요하다.

1. 서론

공장 자동화로부터 출발한 스마트 팩토리는 사물인터넷(IoT), 인공지능(AI), 빅데이터, 3D 프린팅, 실감콘텐츠(AR/VR), 디지털 트윈 등 제4차 산업혁명의 핵심 기술을 조합하여 제조혁신을 달성할 수 있다. 그러나 스마트 팩토리는 생산, 공정, 물류, 유통, 관리에 네트워크로 연결되어 해킹 위험성이 있고 품질 보증에 위변조 가능성이 상존하여 이러한 보안 등의 문제점을 극복하고자 블록체인을 적용해 안전성을 추구하는 것이다. 블록체인 기반의 스마트 팩토리는 2018년부터 논의되어 왔음에도 알고리즘 구현방식과 정보통신기술(ICT) 융복합 모델이 마련되지 못해 도입이 지연되고 있지만, 기술적으로는 고도화 단계로 접어들고 있다.

블록체인은 암호 기반의 알고리즘과 분산 네트워크의 융합으로 데이터의 신뢰와 경제사회 정의를 구현하는 솔루션이다. 단계별로 구분하면 1세대(2009~2014년)는 디지털 자산(암호화폐 등)으로 단순 거래지급 형태가 주류였고, 2세대(2015~2019년)는 참여자 검증과 거래 및 계약(스마트 컨트랙션 등)이 가능한 블록체인 플랫폼이 등장하는 단계였다. 현재 3세대(2020년~)는 상호 운용성(인터레저 등)이 가능한 분산경제 시스템으로 프로토콜, 인터페이스, 애플리케이션 등 성능과 확장성이 향상되어 국가 경제사회 전반에 활용되고 있다.

스마트 팩토리에 초신뢰의 블록체인 기술을 적용하면 생산 공정의 투명성과 물류 유통의 추적관리는 물론 위변조가 불가능한 원산지 증명부터 기업 경영의 효율성까지 달성할 수 있어 데이터 경제 시대에 기업 경쟁력을 크게 향상시킬 것으로 보인다. 이에 따라 스마트 팩토리에 블록체인을 적용하는 것이 초기에는 보안강화 문제로 접근했지만, 최근에는 거래 효율, 거버넌스, 보상체계 등으로 확장되어 단위 모듈이 아닌 플랫폼 차원에서 구축되는 추세이다.

2. 블록체인 특성 및 활용

2.1 블록체인 특성

블록체인은 해시(hash) 등 암호 기반의 알고리즘을 통해 거래(또는 이벤트) 정보를 기록한 원장(ledger)을 모든 구성원(node/peer)이 각자 분산(distributed) 보관하고 새로운 거래가 발생할 때마다 똑같이 장부를 업데이트하여 개념적으로 익명성과 보안성이 강력한 디지털 공공장부 또는 분산원장(distributed ledger)을 의미한다. 즉, 블록체인은 분산 네트워크에서 일정 시간마다 새로운 정보를 담은 신규 블록(block)이 형성되어 기존 블록에 계속 연결(chain)되는 데이터베이스 구조를 가지며 원천적으로 이중지불(double spending) 방지와 이체 불가역성(irreversibility) 등을 통해 거래 및 정보의 신뢰성을 확보할 수 있다.

이러한 블록체인은 기본적으로 누구나 참여할 수 있는 구조(탈중앙화 · 무허가형)이지만, 다양한 정보의 디지털 거래 효율성을 위해 알고리즘이 고도화되고 혼합형(하이브리드/반허가형) 블록체인이 점차 증가하는 추세이다. 블록체인 종류는 기술의 특성인 합의성, 익명성, 불역성, 확장성에 따라 구분할 수 있고, 거버넌스 주체에 의거 퍼블릭 및 프라이빗, 운영자/증명자의 참여에 따른 무허가형 및 허가용으로 나눌 수 있다. 그렇지만 실제 활용은 블록체인의 4가지 특성을 조합한 알고리즘을 통해 다양한 플랫폼과 댑(dApp)이 출시되고 있다. 최근에는 무허가형 합의 알고리즘인 작업증명(Proof of Work ; PoW) 방식의 전력 소모와 낮은 처리속도(TPS) 등의 문제점을 개선하기 위해 지분증명(Proof of Stake ; PoS) 방식이 선호되는 추세이고, 이 밖에 탈중앙 신원증명(Decentralized Identity ; DID)에서와 같이 개인정보 보호를 강화하기 위해 영지식 증명(Zero Knowledge Proof ; ZKP)을 추가한 블록체인 솔루션이 등장하고 있다.

2.2 블록체인 활용

기술적 측면에서 블록체인은 암호 기반의 합의 알고리즘(PoW 등)으로 데이터를 처리하여 위변조와 해킹이 매우 어렵다. 사회적 측면에서는 누구나(또는 허가 받은 자) 참여할 수 있고 중개자 없이도 신뢰성을 확보할 수 있어 탈중앙화를 지향하는 자율조직의 의사결정과 운영관리에 적합하다. 많은 사람들이 블록체인에 주목하는 이유는 무엇보다 강력한 암호기술로 초신뢰를 추구하고 정보의 생성, 거래, 활용, 관리에 보상체계가 작동되며 디지털 자산의 유통·매개 기능도 있기 때문이다.

디지털 세상에서 블록체인 기술의 특징을 이용하면 다양한 데이터의 생성, 보전, 유통, 관리 등 경제사회 기업 활동에 신뢰성을 확보할 수 있으며 이에 따라 암호통화, 공공보안, 산업응용, 거래결제 등 경제 사회에 널리 적용되는 것이다. 또한 스마트 팩토리의 생산 공정 전반에 활용은 물론 ICT와 융복합을 통해 국민생활 사회문제 해결과 플랫폼 거버넌스의 독과점 완화, 인공지능과 로봇 등 지능화 장치의 생명윤리 문제에도 대안으로 활용될 수 있다.

제1상한 암호통화 영역은 비트코인(BTC), 이더리움(ETH) 등 암호통화의 유통을 말하고 블록체인 활용의 대표적인 분야로 디지털 통화 또는 가상화폐 등의 용어로 혼용되기도 한다. 디지털 커뮤니티에서 내재된 경제적 가치가 있는 암호 기반의 코인(토큰)으로 자산, 거래, 지급, 결제 수단으로 사용되고 새로운 기업투자 방식(ICO 등)으로 전개되기도 했으며 현재 15,600개 넘는 암호통화가 디지털 세상에서 유통되고 있다.

제2상한 공공보안 영역은 전자문서의 디지털 서명과 원본증명의 블록체인 기술을 적용하여 각종 계약과 인증을 안전하게 체결하고 관리할 수 있는 디지털 자산, 공공시설, 건축물, 토지, 자동차 리스, 소유권 확인 등의 활용을 말한다. 특히 부동산거래, 소유권 이전, 자산증명, 보험계약, 전자시민권, 결혼, 출생

증명, 전자투표, 신원증명 등의 분야는 블록체인 공공사업으로 활발하게 추진되고 있다.

제3상한 산업응용 영역은 디지털 네트워크와 사물인터넷(IoT)이 확산되어 안전한 거래와 지식재산 보호에 대한 욕구가 증가하면서 IoT의 효율성과 보안성을 구현하기 위해 생산, 공정, 유통, 거래, 관리 등에 블록체인 기술을 적용하는 것이다. 소셜블로그 스팀잇(Steemit), 직거래 유통플랫폼 디센트(Decent)와 같이 개인정보를 보호하고 최적 콘텐츠 유통에 초점을 맞춘 소셜 미디어와 전자상거래가 각광을 받고 있다.

그림 3-4-1 블록체인 활용 분야

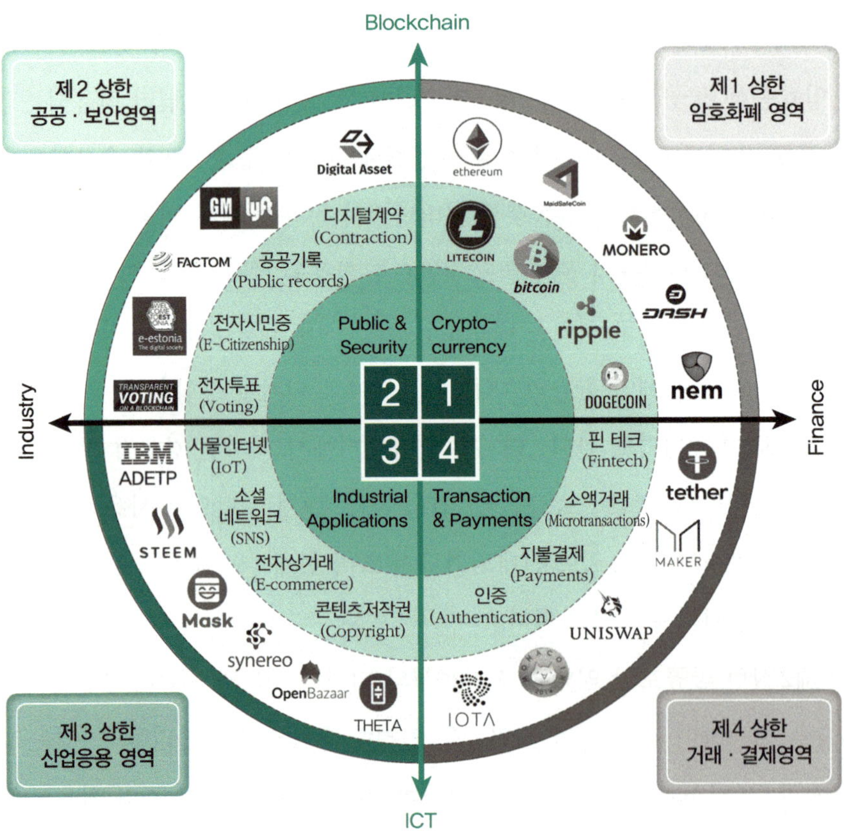

출처 : 임명환, 블록체인 활용과 미래, ETRI, 2021.8.10

제4 상한 거래결제 영역은 블록체인이 이중지불을 원천적으로 방지하고 소량의 금액까지 송금·결제할 수 있어 디지털 금융에 도입한 것이며 특히 대표적 생체인증인 FIDO 등 기존 인증수단과 연계하면 안전한 금융서비스를 제공할 수 있다. 상품구입 등 일반 거래결제는 물론 글로벌 송금과 탈중앙 금융(DeFi), 전자지갑(Wallet) 서비스까지 구현하여 금융기관, 핀테크기업, 스타트업들이 앞다투어 지불송금 및 거래결제 솔루션을 개발하여 적용하고 있다.

3. 스마트 팩토리의 블록체인 적용

3.1. 공장 자동화 한계와 스마트 팩토리 도입

제조산업의 핵심인 공장 자동화는 컴퓨터 장치, 로봇, 센서 등을 활용하여 작업장의 무인화, 생산관리의 자동화 등을 구현하는 시스템을 의미한다. 좁은 의미에서 제품의 설계를 자동화하거나 제품을 만드는 생산 공정, 계측제어의 자동화 등 국부적인 자동화를 말하지만 넓은 의미로는 제품의 설계, 생산, 공정, 출하에 이르기까지 제조·유통 전반을 자동화시켜 효율적으로 운영하는 시스템을 포괄한다. 이러한 공장 자동화를 통해 대량생산이 가능해졌고 생산성을 높이고 업무를 효율화시켜 경제적으로 많은 기여를 했다.

일반적인 공장은 제품 기획, 기술개발, 시설구축 등 다양한 기업활동과 제품 또는 서비스 생산을 위한 원자재 구입, 제조, 판매, 유통과 품질관리에 이르는 최종 생산물 산출에 필요한 경영활동이 유기적으로 연계되어 있다. 여기에 기업가, 종업원, 자본금, 마케팅 등 기업 운영 전반의 생산요소가 가치사슬에 영향을 미치고 있다. 그동안 기업의 생산 활동에서 공장 자동화는 필수이고 생산성 효과를 달성했지만, 디지털 기반의 데이터 경제와 초연결 시대에서 공장 자동화만으로는 효율성을 나타내지 못해 대안이 요구되어 왔다. 한편 공장 자동화는 소비자 선호와 수요자 다변화에 부응하는 맞춤형 주문, 다품종 소량생산, 제품 차별화, 실시간 생산유통 관리 등에 한계를 보였고, 이에 따라 기존 공장 자동화에 사물인터넷, 인공지능, 빅데이터 등의 기술을 추가하여 스마트 팩토리라는 방식으로 전개되고 있는 것이다.

즉, 스마트 팩토리는 기획, 설계, 제조, 유통, 판매, 관리 등 생산 과정 전반을 ICT로 통합하고 생성된 데이터를 적극 활용하여 최소의 비용과 시간으로 맞춤형 제품을 생산하는 새로운 형태의 공장을 의미한다. 이러한 과정에 네트워크(5G, WiFi 등), 사물인터넷, 인공지능, 빅데이터, 실감콘텐츠, 디지털 트윈 등의 기술을 적용하여 연결·수집·분석·활용하는 지능화된 공장이라고 말할 수 있다. 반면에 공장 자동화는 전통적인 컴퓨터와 로봇과 같은 장치를 활용해 주로 생산 과정의 무인화와 생산 공정의 자동화에 초점이 맞추어져 있다. 또한 스마트 팩토리로 전환하면 가상 - 실제 연동의 시뮬레이션을 통해 생산 최적화를 혁신적으로 향상시킬 수 있으며 에너지 절감과 효율적 자원관리를 가능하게 하여 제4차 산업혁명 시대의 필수 키워드로 자리잡은 것이다. 이렇게 공장 자동화에서 진화된 스마트 팩토리는 수많은 참여자(생산자/수요자, 기계장치/단말, 센서, 제3자 등)가 네트워크 공간에서 디지털 정보를 생성·사용·유통하는 과정에서 해킹, 위변조, 오남용 등 보안 이슈와 문제점이 필연적으로 제기되고 대안도 요구된다.

3.2 블록체인 적용을 통한 스마트 팩토리 혁신

스마트 팩토리에 블록체인을 적용하는 것은 블록체인이 제공하는 진본성, 효율성, 보안성, 투명성이라는 기술가치가 생산활동 및 비즈니스 생태계 조성에 높게 평가되기 때문이다. 블록체인은 자산 운용, 생산 제조, 물류 유통 등 생산활동 관련 데이터의 위변조를 방지하고 각종 서류의 확인·공유·진본 추적을

용이하게 하며 중개자 없이도 강력한 보안의 전송 시스템을 제공함으로써 운영 관리를 효율적으로 해준다. 특히 기존의 중앙화된 장치와 수십 개의 하위 시스템이 블록체인의 분산 시스템을 통해 중개자를 최소화하고 네트워크에 연결된 장치, IoT 기기, 센서 등에서 생성된 정보를 보다 명확하고 신뢰할 수 있는 프로세스로 공유·활용할 수 있게 해준다. 게다가 탈중앙 신원증명(DID)을 도입하면 보안성을 넘어 사람 – 기계 간의 신뢰성도 확보할 수 있으므로 블록체인 적용을 통한 스마트 팩토리의 혁신이 필요한 것이다.

제4차 산업혁명이 진전되면서 전 세계의 공장과 비즈니스는 점점 더 상호 연결되고 보안성과 신뢰성을 강화하기 위해 블록체인의 영향력이 매우 커지고 있다. 스마트 팩토리는 이해관계자 및 가치사슬 주체 간 연결성을 유지하고 공장 내·외부에서 데이터를 안전하게 공유해야 하는 과제에 직면해 있고, 블록체인은 기술 속성상 이러한 현안을 상당 부분 해결해 줄 것으로 평가된다. 또한 미래의 스마트 팩토리는 생산기업, 공급업체, 물류회사를 포함하여 설계, 제조, 기계, 부품, 제품, 유통의 가치사슬 참여자가 전체 네트워크에 연결되고 자율적으로 운영될 것이다. 매뉴팩처링(Manufacturing) 자료[1]에 의하면 스마트 팩토리에서 블록체인은 투명성 향상을 위한 공급망 모니터링, 원산지 증명 및 위변조 감지, 장기간의 복잡한 제품을 위한 엔지니어링 설계, 신원 관리, 자산 추적, 품질 보증, 규정 준수 등에 역할을 담당할 수 있다고 했다. 이 밖에 캡제미니(Capgemini Research Institute)[2], PWC(PricewaterhouseCoopers)[3], 가트너(Gartner)[4] 등 글로벌 컨설팅 기관들과 마크 패트릭(Mark Patrick)[5] 등 전문가들도 블록체인의

1. Sean Galea–Pace, The role of blockchain in manufacturing, Manufacturing, Oct 29, 2020.
2. Capgemini Research Institute, Does blockchain hold the key to a new age of supply chain transparency and trust?, Jan 26, 2019.
3. PWC, How can blockchain power industrial manufacturing?, Feb 15, 2019.
4. Gartner, Top 10 Strategic Technology Trends for 2020, Oct 21, 2019.
5. Mark Patrick, Key technologies defining smarter factories: data security, Mouser Electronics, July 1, 2020.

가치와 보안에 주목해 스마트 팩토리에서 블록체인 활용 잠재력을 높이 평가한 바 있다.

스마트 팩토리 분야는 자원조달, 생산관리, 품질경영, 공급체계, 모니터링 및 서비스를 포함하는 작업 현장 운영에 이르기까지 프로세스의 모든 영역에서 블록체인 적용을 통해 이전과는 완전히 다른 새로운 비즈니스 모델을 창출할 수 있다. 이것은 블록체인 플랫폼의 요소인 분산 네트워크, 합의 알고리즘, 스마트 컨트랙트, 분산앱, 거래 탐색 등을 활용해 스마트 팩토리의 프로세스에 적용함으로써 가치사슬 전반에 진본성, 효율성, 보안성, 투명성을 확보할 수 있기 때문이다. 이러한 블록체인의 잠재력에 대해 보스턴컨설팅그룹(BCG)은 블록체인이 미래 스마트 팩토리에서 가치를 창출할 수 있는 5가지를 제시[6]하였는데 그 내용은 다음과 같다.

첫째, 추적과 탐색의 고도화이다. 기업은 블록체인을 활용하여 복잡한 공급망 내에서 보다 쉽고 정확하고 안전하게 데이터를 교환할 수 있다. 재료, 부품, 제품에 대한 영구적인 디지털 기록을 제공할 수 있어 종단 간(end - to - end) 가시성을 높이고 모든 참가자에게 단일의 사실 정보를 제공한다. 이러한 편익은 공급망에 독립적인 IT 시스템을 가진 여러 참가자가 포함되어 있거나, 참가자 간에 신뢰가 부족하거나 새로운 참가자를 참여시켜야 할 경우 더욱 중요하다. 이와 같이 블록체인을 통한 추적과 탐색은 공장 내 · 외부의 공급망 관리를 자동화하는 데 기여할 수 있다.

둘째, 지적재산의 보호와 수익화이다. 제조산업 전반의 조직은 지적재산 보호에 대한 의존도가 높은 편이다. 지적재산 보호는 비용을 수반하기 때문에 부품을 사내에서 만들지, 공급업체에서 구입할지를 결정할 때 중요한 고려사항이다. 블록체인 기술을 활용하면 기업이 특허분쟁 발생 시 지적재산을 소유하고

---

6. Daniel Küpper, Johannes Ströhle, Thomas Krüger, Kaj Burchardi, and Neil Shepherd, Blockchain in the Factory of the Future, Boston Consulting Group, July 15, 2019.

있음을 증명하는 데 도움이 될 수 있다. 실제 사례로 번스타인 기술(Bernstein Technologies)은 사용자가 블록체인에 지식재산을 등록할 수 있는 웹 서비스를 개발했으며 지식재산의 존재, 무결성 및 소유권을 증명하는 인증서를 발행해 주고 있다.

셋째, 품질 검사 간소화와 보호이다. 품질관리를 지원하기 위해 블록체인을 활용함으로써 기업은 미래 공장의 또 다른 주요 목표인 고객을 위한 가치를 확장할 수 있다. 각 제품에 고유한 태그를 지정하면 모든 거래, 수정, 품질 검사 내역이 블록체인에 자동으로 기록되기 때문이다. 블록체인은 고객이 공급망을 따라 인바운드 부품을 추적하고 탐색할 수 있도록 돕는 것 외에도 품질 검사 및 생산 프로세스 데이터에 대한 변경 불가능한 문서를 생성해준다. 또한 품질관리를 확인하기 위해 원래 장비 제조업체 또는 중앙기관에 대한 감사(audit) 필요성을 줄일 수 있다.

넷째, 서비스로써 기계의 발전이다. 블록체인은 MaaS(Machine as a Service)로 알려진 기계에 대한 혁신적인 종량제 모델의 사용 가능성을 확장시켜 준다. 이 모델에서 기계 공급자는 생산장비를 판매하는 대신 생산된 결과물을 기반으로 장비 사용에 대한 비용을 청구한다. 예를 들어 기계 공급자는 압축장치를 판매하는 대신 압축공기를 부피로 판매하는 것이다. 기계를 소유하는 대신 MaaS에 의존함으로써 제조업체는 대규모 선행투자를 피할 수 있고 장비를 쉽게 업그레이드하여 최신 기술을 사용할 수 있다.

다섯째, 기계 제어의 유지 보수 활성화이다. 블록체인은 자동화된 서비스 계약과 같은 새로운 유지 관리 접근 방식을 지원하고 시간을 단축시킬 수 있다. 이러한 혁신은 고급 생산기계의 커다란 복잡성과 기술적 정교함을 관리하는 데 필요하다. 아웃소싱의 유지 관리를 용이하게 하기 위해 사용자는 각 장치와 관련된 서비스 계약 및 설치 문서를 블록체인 기록에 추가하여 장치의 디지털 트윈을 생성한다. 그런 다음 블록체인 기술을 통해 자동화된 실행과 지불을 허용하고 유지 관리가 필요한 기계는 서비스 요청을 수행하여 작업 또는 교체 부품에 대한 스마트 계약을 생성할 수 있다. 주문이 완료되면 자동으로 결제가 이루어지며 유지 관리 내역은 불변의 문서로서 블록체인 기록에 추가된다.

3.3 스마트 팩토리의 블록체인 적용 사례

스마트 팩토리에 블록체인을 도입하면 생산 · 공정 · 유통 전반에 신뢰성을 확보할 수 있음에도 아직도 많은 기업들이 도입을 주저하고 있는 상황이다. 가장 큰 이유는 블록체인 기술 활용에 대한 인식이 부족하고 시스템 구축에 대한 비용 부담과 운영 및 서비스 관련 성공사례가 아직은 미흡하기 때문이다. 또한 이미 생산관리 시스템(MES) 등 다양한 스마트 팩토리 솔루션(PLM, ERP, SCM, CRM)[7]을 적용한 상태에서 또 다른 신기술을 도입하기에는 현장 환경이 다소 경직되어 있다. 이것은 개별 솔루션이 진화를 거듭하며 기능이 확장되고 상호 통합하여 활용하려는 경향과 상대적으로 적은 투자와 익숙한 환경 속에서 기업이 원하는 목표를 달성하겠다는 의지가 높기 때문인 것으로 풀이된다. 이에 따라 스마트 팩토리의 내부환경 경직과 블록체인 기술의 확장성 부족 등으로 제조 현장에 블록체인이 도입되기까지는 다소 시간이 소요될 것으로 예상된다.

현재 제조분야에서 블록체인 기술의 도입과 적용은 초기 상태이며 대부분의 기업이 검토 또는 개념검증 단계로 유의미한 수익 창출로 이어진 사례는 많지 않은 편이다. 해외에서는 IBM 등 글로벌 기업들이 하이퍼레저 위주의 프라이빗 블록체인 방식으로 스마트 팩토리를 추진하고 있다. 국내에서는 삼성SDS 및 ICT 업체들이 프라이빗과 퍼블릭 블록체인을 포함한 하이브리드 방식으로

7. 기업들은 스마트 팩토리의 업무 프로세스 향상을 위해 생산관리 시스템(Manufacturing Execution System ; MES)을 포함하여 제품수명주기관리(Product Lifecycle Management ; PLM), 전사적 자원관리(Enterprise Resource Planning ; ERP), 공급망관리(Supply Chain Management ; SCM), 고객관계관리(Customer Relationship Management ; CRM) 등의 솔루션을 도입하고 있다.

접근하고 있으며 공공부문에서는 블록체인 기술검증(PoC)과 컨설팅 지원사업에 일부 스마트 팩토리 관련 블록체인 사업이 진행되고 있다.

블록체인을 적극적으로 적용하는 세부 분야는 물류 추적, 공급망 관리, 전자계약 등이며 블록체인의 핵심가치인 신뢰성 항목에 대한 요구가 높은 편이다. 금융, 보안, 미디어, 헬스케어 등 프라이버시 보호와 엄격한 보안성이 요구되는 분야에도 기술 검증을 지나 실제 적용으로 이어지는 추세이다. 또한 IBM, MS, Oracle 등 글로벌 IT 기업들은 클라우드 기반의 프라이빗 블록체인 플랫폼을 구축하여 스마트 팩토리 솔루션을 포함해 컨설팅까지 분야별 블록체인 서비스를 제공하고 있다. 그러나 아직까지 기술적으로 완성도가 부족하여 블록체인 플랫폼 자체만으로 스마트 팩토리 서비스를 구현하기에는 한계가 있으며 당분간 기존 솔루션과 병행하여 상호 보완적으로 추진될 것으로 보인다.

4. 스마트 팩토리 구현 방향과 블록체인 추진 전략

4.1 블록체인 기반의 스마트 팩토리 구현 방향

스마트 팩토리에 블록체인 적용을 고려하는 경우, 도입 이후의 제조 현장 변화에 대한 명확한 청사진을 기획하고 다양한 도입 방향을 검토한 후에 추진해야 한다. 블록체인 기술 도입의 진입장벽은 다수의 플랫폼이 시장에 제공되고 오픈소스가 많기 때문에 점차 낮아질 것으로 판단되며 기존 스마트 팩토리의 솔루션들과 어떻게 연계시킬 것인지가 관건이다. 따라서 기업이 추구하고자 하는 도입 방향을 정립하고 스마트 팩토리 솔루션에 블록체인이 제공하는 가치를 어떻게 접목해 구현할지 구체적인 설계가 필요하다. 블록체인 노드 구축에 고정비용을 수반하는 중복투자의 성격과 기술수명 주기에 따른 리스크가 있기 때문에 스마트 팩토리의 혁신 차원에서 경영전반의 효율성을 달성할 수 있도록 추진해야 한다는 의미이다. 본 스마트 팩토리의 구현 방향은 최선미의 자료[8]를 원용했으며 일부 내용은 본 저자가 수정·보완하여 정리했다.

표 3-4-1 스마트 팩토리의 블록체인 적용 사례

기업	블록체인 추진 내용
IBM[9]	• 분야 : 공급망 관리 • 형태 : 하이퍼레저 패브릭(Hyperledger Fabric) 기반 블록체인 서비스 • 내용 : 공급업체의 신원 파악, 검증 및 수명주기 정보 관리 • 효과 : 종단 간 가시성 향상, 공급망 연결 통합, 감사·추적 기능 확보
에버레저[10] (Everledger)	• 분야 : 보석, 와인, 예술품 등 고부가가치 상품 원산지 추적 인증 • 형태 : 에버레저 자체 솔루션 + 오라클 블록체인 플랫폼 • 내용 : 다이아몬드 등 고가 제품의 원산지 추적 및 인증 • 효과 : 원본 증명, 신뢰 향상, 추적서비스 효율 향상
머스크 & IBM[11] (Maersk)	• 분야 : 디지털 배송 플랫폼 • 형태 : 트레이드렌즈(TradeLens) 개발(머스크&IBM 공동 소유) • 내용 : 항만당국, 화물 소유자, 기업들과 자동운송 무역 플랫폼 제공 • 효과 : 효율 증진, 비용 감소, 투명성 향상
삼성SDS[12]	• 분야 : 전자계약 및 부품 관리 • 형태 : 넥스레저(Nexledger) 기반 자동차 부품 관리, 페이퍼리스 서비스 • 내용 : 서류 및 대면 기반 계약을 표준기능(API)의 블록체인으로 구현 • 효과 : 계약 위변조 방지, 투명성 제고
애니팬[13] (anifan)	• 분야 : 공장 자동화 및 센서 네트워크 • 형태 : 애니팬의 블록체인 플랫폼과 디앱(결제 관리, SCM, CRM) 구축 • 내용 : 서로 다른 라인 및 업체 간 통합된 데이터 수집 관리 • 효과 : 신뢰성 있는 정보의 열람과 추적, 보안성 강화
틸론[14] (Tilon)	• 도입 : 전자문서 유통관리 솔루션 • 형태 : 하이퍼레저 기반 센터체인(CenterChain) • 내용 : 전자문서의 생애주기에 따른 생성·유통·보관을 블록체인으로 관리 • 효과 : 진본 증명, 위조 판별, 공장 운영 현황 실시간 파악

출처 : 각 주 자료 참고, 저자 재정리

8. 최선미, 제조 혁신 : 블록체인 도입 가치와 방향, 한국전자통신연구원, 2019.12.
9. IBM, Blockchain for supply chain solutions, 홈페이지(www.ibm.com/blockchain), 2021.8.30.
10. Everledger, Press Release : Provenance Proof Blockchain, July 22, 2021.
11. Ledger Insights, IBM, Maersk's TradeLens blockchain signs 10 Chinese partners, June 17, 2021.
12. 아주경제, 삼성SDS, 블록체인 문서관리 '페이퍼리스' 출시… "계약·증명·투표에 활용", 2021.7.8.
13. 애니팬, 애니팬의 블록체인 솔루션, 홈페이지(www.anifan.io), 2021.8.30.
14. 틸론, CenterChain, Smart Factory Platform, 홈페이지(www.tilon.com), 2021.8.30.

1) 스마트 컨트랙트 기반의 효율적 프로세스 확보

일반적으로 기업들이 대면 계약이 아닌 온라인으로 계약을 체결할 때 상대방을 신뢰할 수 있는 신원증명 등 여러 단계의 인증절차를 거쳐야 한다. 또한 계약 진행을 위해 수반되는 조건, 절차, 서명, 시간 등 다양한 물리적 제약에 대한 고려가 필요해 복잡할 뿐만 아니라 제약 사항이 모두 충족되더라도 최종 처리까지 상당한 시일이 소요되고 그 과정에 위변조 가능성도 배제할 수 없다.

블록체인은 이러한 문제를 해결하고 기존 솔루션 대비 높은 수준의 효율을 보여준다. 즉, 블록체인의 스마트 컨트랙트(Smart Contract)[15]를 활용하면 계약을 위해 사전에 프로그래밍된 전제 조건에 따라 사람의 개입 없이 자동으로 체결될 수 있다. 사전 계약조건이 절차이든 비용이든 무관하게 중개자의 개입 없이 계약과 보상이 즉각적으로 실행될 수 있어 코드에 의한 완결성과 투명성을 확보할 수 있을 뿐 아니라 시간과 비용을 절감할 수 있다. 계약 참여자에 대한 신뢰 보증, 인적자원의 노무계약, 물적 자산의 교환거래, 생산 자원의 재료 구매, 물류 유통의 추적 관리 등 다양한 형태에 스마트 컨트랙트를 활용할 수 있다. 그러나 계약에 수반되는 다양한 조건들이 생산 공정에 적합한지 확인하고 조율해야 하는 부분이 많고 예외사항 처리를 위한 규정을 수립하는 등 사전에 고려해야 할 항목이 많을 것으로 예상된다. 또한 스마트 컨트랙트의 조건들과 처리속도 등이 원활하게 작동되기 위해 어떤 블록체인 플랫폼을 선택할지 면밀한 검토가 필요하다.

2) 자산의 디지털화 및 보안 유지

기존 스마트 팩토리의 솔루션들이 자산의 디지털화 시도를 지속해왔으나

---

15. 스마트 컨트랙트는 일반적으로 블록체인의 자동계약 실행 프로토콜을 말하며, 퍼블릭인 이더리움의 스마트 컨트랙트(Smart Contract)뿐만 아니라 프라이빗인 하이퍼레저의 체인코드(Chain Code) 등을 모두 포괄하는 의미임

디지털 단계에서 발생할 수 있는 복제 가능성, 데이터 불량 등의 문제를 해결하기에는 한계가 있다. 기업 경영 및 공장운영에 자산상태 관리, 자산 유지 보수, 추적 권한 관리 등 전사적 자원 관리(ERP)가 활용되고 있지만 내·외부에서 관리자 도덕성 문제, 해킹, 보안사고 등으로 데이터 오류, 불일치, 위변조가 발생할 여지가 있다.

블록체인을 활용할 경우 네트워크 장치를 즉시 식별하고 필요에 따라 사용 권한을 변경하거나 배제하고 중요한 설비에 대해서는 관련 핵심 파라미터를 관리하고 자산의 상태와 관련된 데이터를 추적하여 오류를 최소화할 수 있다. 잘못된 구성요소가 있는 경우 유지 보수할 뿐 아니라 이를 통해 생산된 제품의 추적까지 가능하게 기반을 조성하여 디지털 자산의 기록·관리·추적 전반을 효율적으로 운용할 수 있다. IoT 기기와 결합해 적용할 경우 다른 용도의 활용에 비해 관리정보가 단순하고 적용이 쉬운 편이다. 그리고 자산의 디지털화와 엄격한 보안을 유지하기 위해 블록체인 기반의 탈중앙 신원 증명(DID)으로 인증받고 전자지갑을 통해 저장·유통·관리하는 것이 바람직하다.

3) 공급망 투명성 제고를 통한 신뢰 향상

전통적인 생산·제조 공정은 그 자체로 다양한 솔루션에 의해 사람, 기계, 센서 등이 네트워크로 구성되어 있으며 일련의 복잡한 프로세스로 연계되어 다수 참여자를 거치기 때문에 악의적인 참여자가 존재할 경우 위변조, 결함 등의 문제가 발생할 여지가 있고 책임소재를 찾기도 어려운 구조이다. 이에 따라 별도로 위변조를 방지하기 위한 암호 기술은 물론 원산지를 증명하거나 제품을 추적하는 장치와 솔루션이 적용되는 것이다.

블록체인을 적용할 경우 공급망의 참여자를 신뢰할 수 있는 대상으로 관리할 뿐 아니라 IoT, AI 등과 결합되어 개별 활동 및 제품 이동 등을 추적 가능한 데이터로 변환하여 관리할 수 있다. 따라서 공급망이 투명해지고 이러한 공급망 내에서 문제에 대한 책임 소재 역시 분명해지며 문제해결을 위한 대응을 보다 신속하게 수행할 수 있다. 생산품에 대한 유통관리의 신뢰성을 높이고 이렇게 향상된 신뢰도는 해당 제품의 품질을 제고하는 데에도 도움이 된다. 즉, 블록체인 기반 공급망 내에서 생산제조의 공정관리, 내·외부 물류 이동, 제품과 원자재의 재고 상황, 최종 상품의 출하 정보, 원산지 증명, 설비 유지 보수 상태 등 핵심 파라미터의 추적과 관리가 위변조 없이 신뢰할 수 있는 데이터로 확보되고 기록된다. 이것은 품질 향상뿐만 아니라 불량 제품에 대한 클레임을 원천적으로 차단하고 완성 제품의 적정 재고율을 유지시켜 경제적으로 비용 효율을 달성하는 데 기여할 것이다.

4) 데이터 생성 · 공유 · 활용의 기반 조성

스마트 팩토리는 수없이 많은 기계와 디바이스에서 생성되는 정보뿐만 아니라 구매와 물류 기업의 활동으로부터 수집된 다양한 데이터를 AI 등의 솔루션과 융합해 가치 있는 정보로 전환하여 공유 · 활용할 수 있는 기반이 조성되어야 한다. 블록체인은 분산 데이터베이스 형태로 운영되기 때문에 개개의 참여자가 데이터를 수집하고 배포하는 작업을 손쉽게 처리할 수 있으며 해당 데이터의 소유권을 주장하거나 활용해 수익을 창출할 수 있다.

일반적인 제조 현장이 분산된 다양한 참가자를 통합된 프로세스에서 관찰하거나 관리하기 어려웠다면 블록체인은 플랫폼을 통해 이들을 하나의 프로세스로 운영할 수 있다. 또한 해당 정보를 보안성이 확보된 환경에서 접근할 수 있도록 지원하고 공유와 거래를 가능하게 함으로써 데이터 기반의 새로운 산업에 수익을 창출할 수 있는 기회를 제공한다. 물류 영역에서 수집된 정보는 수요 예측에 활용되어 원자재 및 부품 공급기업에 다시 제공될 수 있으며 소비자가 제공한 피드백, 구매율, 패턴 등은 마케팅 영업에 활용되어 고객 접점을 강화하여 보다 나은 제품을 생산할 수 있다. 이와 같이 블록체인 적용을 통해 생성된 신뢰

데이터는 해당 기업의 가치사슬 내에서만 활용하는 것이 아니라 관련된 타산업, 타기업과 협력하여 공유하고 활용하는 것이 스마트 팩토리의 구현 방향이다.

앞에서 제안된 ① 스마트 컨트랙트 기반의 효율적 프로세스 확보, ② 자산의 디지털화 및 보안 유지, ③ 공급망 투명성 제고를 통한 신뢰 향상, ④ 데이터 생산·공유·활용의 기반 조성을 고려하여 블록체인 기반의 스마트 팩토리를 구현하는 것이 바람직하다. 다만 블록체인이 기업용 인터넷 및 인트라넷과 연동될 경우 외부 데이터의 신뢰성 관련 오라클 문제(Oracle Problem)[16]가 발생하여 미들웨어(예를 들면 인터레저, 체인링크 등) 연동, ICT 융복합 등의 보완장치가 필요하다.

4.2 스마트 팩토리 구현을 취한 블록체인 추진 전략

블록체인 적용을 통해 스마트 팩토리를 구현하기 위해서는 일반적인 기업 가치사슬(기획 – 설계 – 생산 – 공정 – 유통 – 관리) 기반 하에 제4차 산업혁명 핵심 기술영역(5G, IoT, AI, 빅데이터, 3D 프린팅, AR/VR/MR, 디지털 트윈 등)을 하부구조로 스마트 팩토리 솔루션과 제조·유통 시스템을 블록체인 플랫폼과 연동시키는 것이 효율적인 전략이다. 즉, 기존의 스마트 팩토리 솔루션과 제조·유통 시스템의 성능과 활용을 극대화하면서 블록체인 플랫폼을 통해 가치사슬 전반에서 생성된 데이터의 진본성, 효율성, 보안성, 투명성을 확보하는 것이 현실적인 대안이라고 본다.

---

16. 오라클 문제(Oracle Problem)는 블록체인 기반의 스마트 컨트랙트에서 블록체인 밖에 있는 데이터를 안으로 가져올 때 발생하는 정보의 신뢰와 물류관리 시스템에서 제품 생산부터 최종 소비까지 생산·가공·보관·운송 내역의 사실 여부 이슈를 말하며, 해결 방안으로 투표, 중앙값, 중간자 등이 있음

그림 3-4-2 블록체인 적용을 통한 스마트 팩토리 추진 전략

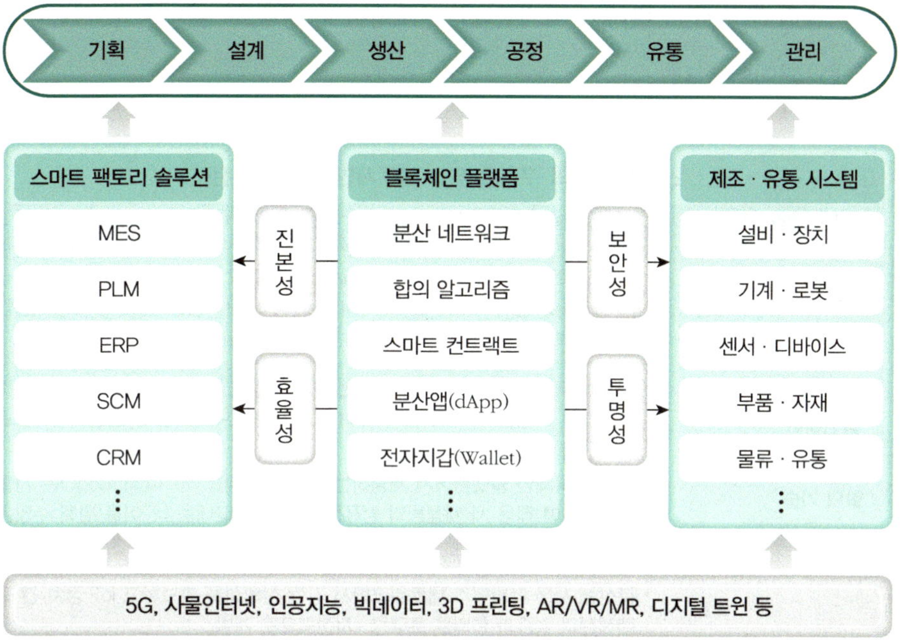

출처 : 저자 작성, 2021.8.31

스마트 팩토리의 구현을 위해 블록체인을 적용하는 것은 필수적이지만 기존 플랫폼의 기술적 한계를 극복하는 블록체인 기술개발도 필요하다. 특히 사물인터넷 관련 데이터[17]는 대부분 계측 장비와 센서에 의한 측정값으로 데이터의 원본 진위성, 출처 신원 확인 등 트랜잭션의 신뢰성 확보가 요구되는데, 현재 블록체인 플랫폼에서 제공하는 스마트 계약(EVM, ChainCode)은 사물 디바이스에 적용 시 저성능의 컴퓨팅 한계를 나타내므로 IoT 연동의 분산원장 신뢰성 합의 기술이 필요한 실정이다. 또한 스마트 팩토리에 적용할 수 있는 스마트 컨트랙트는 다양한 디바이스(생산설비, 계측기기, 센서 등) 및 비즈니스(P2P, B2B, M2M,

17. 모든 사물이 네트워크로 연결되어 정보를 활용 및 관리할 수 있는 사물인터넷(IOT)의 특징에도 불구하고 다양한 기기 간 낮은 호환성, 해킹과 사생활 침해 등 안전성, 오류 발생 처리 유연성, 네크워크 구조 취약성, 데이터 처리 비용 효율성, 단말 및 시스템 간 확장성 등에서 문제점이 발생할 수 있음

P2M 등) 환경에서 안전성과 신뢰성을 최적으로 보장하여 거래 · 지급 · 결제 전반의 관리 모듈로 구현하고 이기종 간 거래에서도 해킹을 방지할 수 있는 기술로 개발되어야 한다.

표 3-4-2 스마트 팩토리 구현을 위한 블록체인 기술발전 전략

분야	구분	스마트 팩토리 구현을 위한 블록체인 기술
IoT 연동의 분산원장 신뢰성 합의 기술	**개념**	• 분산 네트워크 하에서 IoT 디바이스 연결의 안전성(Safety), 생존성(Liveness), 장애 허용(Falut-tolerance) 등 요구사항을 만족시키고 초경량 및 저전력을 지원하는 디바이스들 간의 합의 프로토콜 기술
	필요성	• IoT 데이터는 대부분 계측장비와 센서에 의한 측정값으로 사전 데이터에 비의존적인 특성을 가지고 있어 데이터의 원본 진위성, 출처 신원확인 등 트랜잭션의 신뢰성 확보 • 현재 블록체인 플랫폼에서 제공하는 스마트 계약(EVM, ChainCode)은 사물 디바이스에 적용 시 저성능의 컴퓨팅 한계를 나타내는 바 이를 위해 수많은 IoT 환경에서 고도화된 스마트 계약 도구 개발, 코드 최적화, 경량화 필요
	목표	• 분산형 사물 다바이스 네트워크에서 강한 신뢰성을 확보하고 IoT 장치 간 트랜잭션의 검증과 합의를 초경량 · 저전력으로 개발
스마트 계약 관리 최적화 및 보안 설계 기술	**개념**	• 스마트 계약의 트랜잭션 계약조건과 코드 실행의 관리구조를 최적화하고, 디지털 계약의 취약점 진단 및 제거와 악의적 해킹을 방지할 수 있는 보안 설계 기술 구현
	필요성	• 스마트 팩토리에 적용할 수 있는 스마트 컨트랙트 기술은 초기 개발 단계이고, IoT와 블록체인을 접목시키는 데 핵심적인 역할을 할 것으로 예상되므로 기반기술 확보 • 다양한 디바이스(생산설비, 계측기기, 센서 등) 및 비즈니스(P2P, B2B, M2M, P2M 등) 환경에서 안전성과 신뢰성을 최적으로 보장하는 거래 · 지급 · 결제 전반의 관리모듈을 개발하여 분야별로 적용
	목표	• 제조는 물론 서비스 산업까지 활용할 수 있는 스마트 계약 관리를 최적화하여 거래 효율성을 증대시키고 이기종 간 거래에서도 빠른 처리와 해킹을 방지하는 안전한 보안 기술 구현

출처 : 고신뢰 정보서비스 : 블록체인 중심(임명환, 최선미, ETRI, 2019.5.31) 참고하여 저자 재정리, 2021.8.31

4.3 시사점 및 한계

제4차 산업혁명의 특징은 초고속, 초연결, 초실감, 초지능, 초신뢰이며 각각 대표적인 기술은 5G, IoT, AR/VR/MR, AI, Blockchain이다. 앞의 4개 분야는 시스템의 성능과 편의를 개선하는 데 기여하지만 블록체인은 위변조와 해킹을 원천적으로 방지할 수 있기 때문에 무엇보다 중요하다. 즉, 블록체인은 초신뢰라는 특성으로 제4차 산업혁명의 완성도를 높이고 더 나아가 지능화 시대에 AI 시스템의 안전성에 방점을 찍는 강력한 플랫폼으로 부각되고 있다. 특히 전통적인 제조 현장을 자동화·무인화하고 신기술로 스마트 팩토리를 혁신하기 위해 블록체인은 신뢰성과 보안성 측면에서 매우 중요하다. 그러나 한편으로는 제4차 산업혁명 대응과 스마트 기업으로의 변화를 위한 제조 및 서비스 기업의 기술적용 우선순위에 대한 연구[18]에서 보다시피 14개(IoT, AI, 빅데이터, 클라우드 컴퓨팅, 모바일, 로봇, 블록체인 등) 핵심 기술 중에 블록체인은 3D 프린팅, 드론과 함께 우선순위가 낮게 나왔다. 이것은 아직도 블록체인 기술 적용에 대한 인식과 필요성이 저조하기 때문인 것으로 풀이되며 도입 관련 스마트 팩토리 관계자의 이해증진과 속도조절도 필요하다.

기존 블록체인 플랫폼은 주지하다시피 블록체인 트릴레마(탈중앙화, 보안성, 확장성의 3가지를 동시에 충족시키지 못하는 딜레마) 문제로 인해 아직은 스마트 팩토리를 포함하여 전산업 및 실생활 활용에 한계를 나타내고 있다. 스마트 팩토리의 참여노드 거버넌스 구조를 어떻게 탈중앙화하여 공정성을 유지할 것인지, 수정·변경이 가능한 프라이빗 플랫폼에서 취약한 보안을 어떻게 강화시킬 것인지, 그리고 무수히 많은 IoT 기기와 센서에서 생성되는 데이터들을 어떻게 빠

18. 박찬권, 서영복, 제4차 산업혁명 대응과 스마트 기업으로의 변화를 위한 제조 및 서비스 기업의 기술적용 우선순위에 대한 연구, Journal of Convergence for Information Technology, Vol.11, No.4, 2021.4.28, pp.83~101.

르게 처리할 것인지 등은 기존 블록체인 기술로는 제약이 있기에 중장기적으로 기반기술 개발도 병행해야 한다. 또한 스마트 팩토리에 블록체인을 적용하더라도 참여자 및 이해관계자 간의 공정한 배분, 생산유통 전반에서 생성된 데이터 주권, 강력한 AI 알고리즘을 통한 거버넌스 독과점 등을 완벽하게 해결할 수는 없다. 따라서 스마트 팩토리에 블록체인 적용 대상을 설정하여 우선순위에 따라 도입하고 반드시 ICT 융복합을 통해 구현하며 기술적으로 해결하지 못한 부분들은 법 · 제도를 통해 보완하는 것이 바람직하다.

5. 맺음말

스마트 팩토리에 블록체인 기술을 적용하면 신뢰성 확보와 효율성 달성 등 많은 장점과 혜택이 있지만, 모든 것을 만족시킬 수는 없다. 퍼블릭 블록체인 방식으로 접근하는 경우 각종 데이터를 수정 · 변경할 수 없고 아직 처리속도가 낮은 편이며 암호화폐인 코인(토큰)을 사용해야 한다는 점도 고려할 사항이다. 이에 따라 많은 기업들이 허가 받은 자만 참여하고 노드 수가 제한되어 있는 프라이빗 블록체인을 적용하고 있는데 엄밀히 말하면 소수의 중앙화 문제, 의사결정 담합의 가능성, 서비스의 복잡성 등은 또 다른 제약으로 지적되고 있다.

따라서 스마트 팩토리에 블록체인 적용의 필요성을 인식하되 하나의 대안일 뿐이고 효율성을 위해 다른 첨단기술 활용과 ICT 융복합은 필수적인 사항이다. 공장 자동화를 고도화하기 위해 IoT, AI, 빅데이터 등 제4차 산업혁명 핵심기술들이 추가되어 스마트 팩토리로 진화하였다면 이제는 스마트 팩토리가 블록체인을 적용해 혁신할 때이다. 기존 암호기술, 보안장치로도 어느 정도 가능하지만 블록체인을 적용하는 것은 단순히 보안 이슈뿐만 아니라 탈중앙화 또는 분산이라는 거버넌스 구조 개편을 의미하고 참여자 또는 이해관계자에게 공정이라는 보상체계를 제공하기 때문에 의미가 있는 것이다.

참고문헌

박찬권 · 서영복(2021), 「4차 산업혁명 대응과 스마트 기업으로의 변화를 위한 제조 및 서비스 기업의 기술적용 우선순위에 대한 연구」, *Journal of Convergence for Information Technology*, Vol. 11, No. 4, pp.83~101.

아주경제(2021. 7. 8), "삼성SDS, 블록체인 문서관리 '페이퍼리스' 출시 … "계약 · 증명 · 투표에 활용"".

애니팬(2021), "애니팬의 블록체인 솔루션", 홈페이지(www.anifan.io).

임명환(2021), "블록체인 활용과 미래", 한국전자통신연구원.

임명환 · 최선미(2019), "고신뢰 정보서비스 : 블록체인 중심", 한국전자통신연구원.

최선미(2019), "제조 혁신 : 블록체인 도입 가치와 방향", 한국전자통신연구원.

틸론(2021), "CenterChain", Smart Factory Platform, 홈페이지(www.tilon.com).

Capgemini Research Institute(2019), "Does blockchain hold the key to a new age of supply chain transparency and trust?".

Daniel Küpper · Johannes Ströhle · Thomas Krüger · Kaj Burchardi · Neil Shepherd(2019), "Blockchain in the Factory of the Future, Boston Consulting Group".

Everledger(2021. 7. 22), "Press Release : Provenance Proof Blockchain".

Gartner(2019), "Top 10 Strategic Technology Trends for 2020".

IBM(2021. 8. 30), "Blockchain for supply chain solutions", 홈페이지(www.ibm.com/blockchain).

Ledger Insights(2021. 6. 17), "IBM, Maersk's TradeLens blockchain signs 10 Chinese partners".

Mark Patrick(2020. 7. 1), "Key technologies defining smarter factories : data security", Mouser Electronics.

PWC(2019), "How can blockchain power industrial manufacturing?".

Sean Galea-Pace(2020), "The role of blockchain in manufacturing", Manufacturing.

5장

로봇의 진화를 통해 바라보는 스마트 팩토리

배지훈(한국생산기술연구원)

〈요약〉

로봇 기술은 스마트 팩토리의 핵심 기술 중 하나로 다양한 방면에서 사용되고 있다. 로봇 기술은 과거 제조업에서 무거운 중량의 물체를 옮기거나 단순 반복 작업 등 노동력을 대체하였다. 사회적 이슈와 유행의 변화에 맞춰 로봇 기술 또한 변화하고 있다. 단순히 빠르고 정확하게 노동력을 대체하는 장치에서 사람과의 협업을 통해 복잡하고 다양한 작업을 하거나 사람의 작업을 보조하는 장치로 변화하였다. 또한 자율주행 기술의 발전으로 로봇의 조작 없이 스스로 물체를 배송하거나 넓은 지역을 탐색하는 등 이동 로봇의 다양한 활용이 가능해졌다. 이러한 로봇 기술의 발전은 다양한 작업의 자동화를 가능하게 했으며 스마트 팩토리의 고도화에 큰 영향을 주었다.

현재 스마트 팩토리에 사용되는 로봇 기술은 대표적으로 착용형 로봇 기술, 협동로봇 기술, 무인 이송 기술, 증강현실 기술 등이 있다. 세계적인 기업들이 운영하는 스마트 팩토리를 예시로 적용된 로봇 기술을 알아보고 분석을 통해 스마트 팩토리의 향후 전망을 살펴본다.

인공지능(AI), 자율주행, 기계 구성 요소 등의 기술 발전은 향후 스마트 팩토리의 정착에 큰 원동력이 될 것으로 보인다. 비대면 서비스의 증가, 노동시간 제한 등 제도적 한계점과 유행의 변화로 스마트 팩토리에 대한 관심은 더욱 커질 것이며 이러한 상황을 반영하여 기술개발뿐만 아니라 관련 법규나 표준 제정 등 제도적 장치가 필요하다.

1. 서론

대한민국의 8대 혁신 성장 사업 중 하나인 스마트 팩토리는 최첨단의 기술을 필요로 하며 그 중 인공지능(AI), 빅데이터, 로봇, 사물인터넷(IoT)을 스마트 팩토리의 핵심 기술로 꼽을 수 있다. 공장 내 설비와 기계, 로봇, 각종 센서 등에 사물인터넷 기술을 적용하여 공정 데이터를 실시간으로 수집하고 이를 빅데이터 기술을 이용해 주요 데이터를 추출 · 분석하여 인공지능을 통해 판단해서 공장 내 장치를 동작하도록 명령을 내린다. 이러한 루틴을 통해 제작 공정이나 상태를 판단하여 스스로 제어하게 된다. 또한 이상 징후, 위험 요소, 시장 현황 등 필요한 정보를 사용자에게 실시간으로 전달할 수 있다. 스마트 팩토리는 제조업의 비중이 큰 우리나라에서 주요 관심사 중 하나이며 코로나바이러스 감염증-19(이하 코로나19)의 확산으로 제조업이 타격받고 있는 상황에서 새로운 돌파구로 주목받고 있다. 이에 스마트 팩토리와 관련된 기술들이 빠르게 발전하고 있다.

여러 핵심 기술 중 로봇 기술에 주목하고자 한다. 공장에서 사용되는 로봇을 떠올리면 대부분 물품을 조작하거나 부품을 조립하는 산업용 로봇이나 물품들을 이송하는 이동 로봇을 생각한다. 최근에는 사람의 작업을 보조하는 웨어러블 형태의 로봇이나 사람과 협업할 수 있는 로봇들이 등장하고 있다. 이렇듯 로봇은 작업공정에 직접적인 물리력을 가할 수 있으며 제품을 제작하는 과정에서 필수적인 기술이다.

이 장에서는 로봇 기술의 국내외 동향 이슈, 향후 발전 방향을 알아보고 스마트 팩토리와 관련된 로봇 기술에 대해 서술한다.

2. 로봇 기술의 발전

로봇 기술은 과거 제조업에서 단순 반복 작업에 많이 사용되었으며 최근 인공지능, 기계학습, 네트워크 등 다양한 기술이 발전함에 따라 서비스, 의료, 교육 등 다양한 분야에 적용되고 있다. 현재 로봇은 인간을 모방하는 기술에 기반하여 다양한 산업에 지능·자동화된 솔루션을 제공하는 핵심 기술 산업이다. 로봇 기술은 제조용 로봇을 기반으로 전문 서비스, 개인 서비스로 적용 분야가 확대되면서 4차 산업혁명의 기틀로 자리매김하고 있으며 최근 코로나19 여파로 로봇에 의한 비대면 서비스에 대한 기대가 높아지고 있다.

그림 3-5-1 로봇 산업 구조

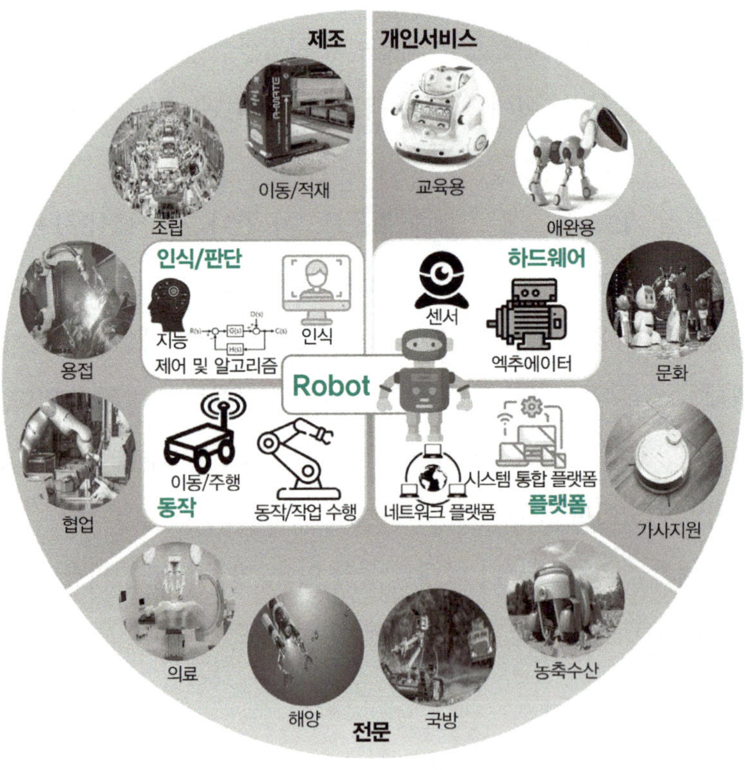

출처 : 한국산업기술평가관리원

2.1 국내외 동향

1) 산업용 로봇

한국은 근로자 1만 명당 로봇 도입 대수를 나타내는 로봇 밀도 지수(robot density)가 868대(2019년 기준)로 세계에서 2위이며 세계 10대 자동화 선진국 중 하나이다. LCD, 반도체, 자동차 및 배터리 등의 주요 생산국으로 전기전자 산업과 자동차 산업의 많은 부분에 로봇이 쓰이고 있다. 산업용 로봇은 많은 경우 넓은 작업 범위, 큰 가반하중, 높은 정확성 등을 위해 동작에 필요한 기어나 구동기가 커지게 되면서 로봇의 크기가 크고 무겁게 제작되었으며 높은 가격으로 주로 대기업의 자동화 설비에 사용되어 왔다.

그림 3-5-2 산업용 로봇

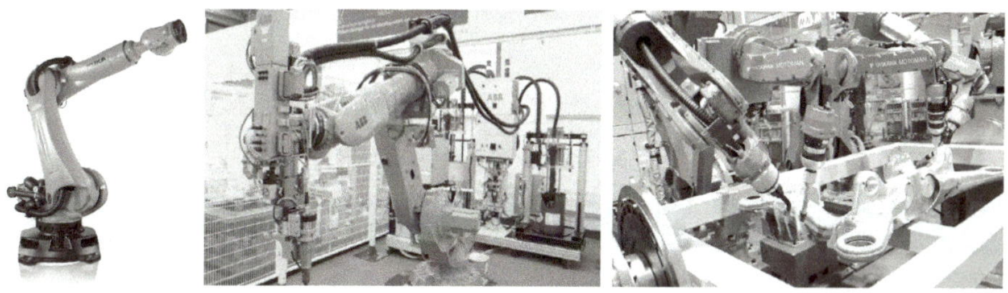

출처 : 인터넷 검색 자료

산업용 로봇은 대량·고속 생산에 초점이 맞춰져 있으며 전문가가 아닌 사용자가 로봇을 프로그래밍하고 설정하기가 쉽지 않았다. 기존의 제조업은 소품종 대량생산에 초점이 맞춰진 반면, 최근에는 소비자의 요구에 맞춘 다품종 소량생산이 각광받고 있으며 다품종 소량생산의 수요층인 중소 제조산업을 겨냥한 협동로봇의 발전이 두드러지고 있다. 협동로봇이란 사람과 로봇이 가까운 공간에서 직접 인간 - 로봇 상호작용(Human-Robot Interaction)을 하기 위한 로봇으로 경량 소재를 사용한 외관, 사람에게 위협감 및 타격을 줄이기 위한 곡선으로 디자인된 모델이 많으며 다양한 센서를 사용하여 충돌 감지, 속도 제한 등 사람과 협업 시 위해를 가하지 못하게 프로그래밍되어 있다(ISO/TS 15066). 또한 PC나 태블릿의 애플리케이션을 이용해 로봇을 조작하고, 로봇의 동작 경로를 사용자가 정해주는 직접 교시 등 다양한 기능을 통해 사용자가 접근하기 쉬운 장점이 있다. 산업용 로봇과 협동로봇의 차이는 [표 3-5-1]을 통해 확인할 수 있다. 협동로봇은 사람과의 협업을 통해 보다 복잡한 작업이 가능하며 조작이 상대적으로 간단하여 다양한 작업에 적용할 수 있다. 단적인 예로 현재 로봇 바리스타나 치킨을 튀기는 로봇, 우동 만드는 로봇 등이 있는데 이들은 로봇이 다양한 작업이 가능하다는 것을 보여준다. 산업용 로봇에 비해 가볍고 부피가 작아 이동에 용이하므로 이동 로봇에 탑재되어 물건을 수령·배송하거나 사람에게 서비스를 제공하는 등 다양한 분야에서 활용된다. 국내외 많은 기업에서 〈그림 3-5-3〉과 〈그림 3-5-4〉와 같은 협동로봇을 개발·제작하고 있다.

표 3-5-1 **산업용 로봇과 협동로봇의 차이점**

필요 기능	산업용 로봇	협동로봇
대량, 고속 생산	o	
근로자와 유사한 작업 처리량		o
큰 가반하중	o	
사용자 친화 인터페이스		o
다른 공정/업무 재배치 용이성		o
고속에서 높은 정확도	o	
기존 작업장 배치의 최소 변경		o
근로자와의 협업		o
다른 장비와의 통합 작업	o	o

출처 : 저자 작성

그림 3-5-3 국내 기업에서 제작한 협동로봇

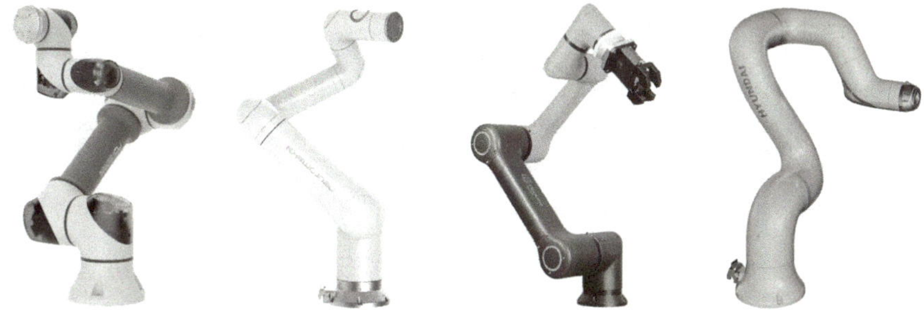

출처 : 인터넷 검색 자료

그림 3-5-4 해외 기업에서 제작한 협동로봇

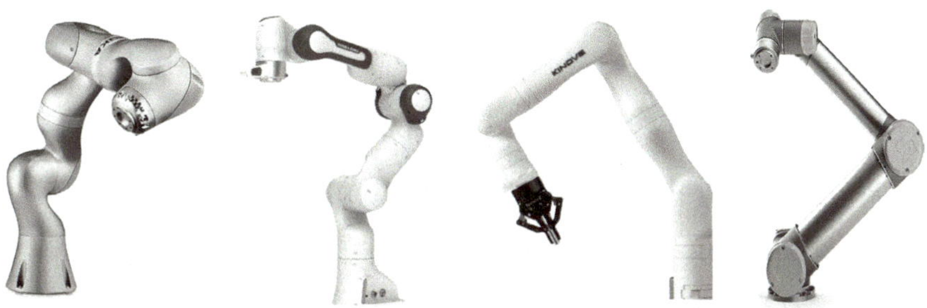

출처 : 인터넷 검색 자료

2) 이동 로봇

이동 로봇(mobile robot)은 주어진 환경에서 위치를 이동할 수 있는 로봇으로 사람이나 동물의 이동 방법을 모방하거나 자동차나 비행기 같은 이동 수단의 원격·자동화를 통해 개발되었다. 이동 로봇은 물체를 적재하여 운반하거나 로봇의 작동 환경을 탐사 및 감지하기 위해 사용된다. 구동하는 환경에 따라 UGV(Unmanned Ground Vehicle), UAV(Unmanned Aerial Vehicle), AUV(Autonomous Underwater Vehicle) 또는 ROV(Remotely Operated Underwater Vehicle) 등으로 나눌 수 있다.

그림 3-5-5 다양한 형태의 이동 로봇

출처 : 인터넷 검색 자료

이동 로봇 기술에는 주행·보행 능력, 위치 추정, 지도 생성, 장애물 회피, 경로 계획 등 다양한 기술들이 접목되어 있는데, 최근 자동차 및 이동 로봇에 대한 자율주행이 주목받으며 자율주행에 관련된 기술들이 활발하게 개발되고 있다. 이동 로봇의 자율주행을 위해서는 로봇이 동작하는 환경과 위치에 대한 정보가 필요하다. 이러한 정보를 획득하기 위해서 주변 환경지도를 작성하며 로봇의 위치를 지도 안에서 인식하는 기술인 SLAM(Simultaneous Localization and Mapping)을 사용한다. 과거에는 표식을 카메라로 인식하거나 비콘과 같은 장비를 통해 로봇의 위치를 파악하고 미리 주어진 정보를 활용하였지만, 현재는 카메라, LiDAR(LIght Detection And Ranging) 등 다양한 측정 장비들의 성능 향상으로 처음 접하는 환경에서도 실시간으로 지도를 생성하고 위치를 파악하는 등 기술의 발전이 이루어졌으며 GPS의 정밀도 향상, GPS와 무선 통신을 이용한 병렬 위치추정 기술 등 다양한 요인으로 실내외에서 로봇의 위치를 측정하는 것이 정밀해졌다. 지도 생성, 위치 추정 기술 외에도 학습(Learning)기술의 발전으로 영상 처리 기술이 급성장하였다. 기존 위치를 통한 장애물 검출 외에도 영상을 통해 장애물의 분별이 가능해졌으며 목표 물체를 찾거나 사람의 얼굴을 인식하여 해당 인물을 추종하는 등 영상을 통한 다양한 기술의 발전으로 이동 로봇의 활용도가 증가하고 있다.

이러한 이동 로봇의 기술 발전으로 인하여 최근 물류 사업에서 모바일 로봇을 이용하는 연구가 활발히 진행되고 있다. 특히 아마존에서는 물류 창고에서 선반을 운반하는 이동 로봇을 사용하고 있으며 드론을 이용한 항공 배송 서비스를 선보인 바 있다. 국내에서도 적재물 이동 로봇이나 이동 로봇에 협동로봇을 부착하여 오더 피킹 자동화 등 관련 연구가 진행되고 있다. 또한 섬이 많은 지리적 특성을 반영하듯 수직 이착륙 드론을 활용하여 섬에 택배를 배송하기도 하였다.

그림 3-5-6 물류 사업에 적용된 이동 로봇

출처 : 인터넷 검색 자료

2.2 국내외 이슈

최근 로봇 기술의 핵심 키워드는 인공지능(AI)과 자율주행이다. 인공지능은 학습 기술과 빅데이터 기술 등을 포함하고 있으며 이 중에서도 현재 가장 주목받는 기술은 학습 기술이다. 앞서 언급한 것처럼 학습 기술은 영상 처리 또는 데이터 처리 과정에 많이 사용되며 자율주행 기술에도 큰 영향을 미치고 있다. 학습기술은 자율주행을 위한 영상 데이터에 LiDAR를 통한 거리 데이터, 고정밀

지도 데이터, GPS 데이터 등 다양한 데이터를 통합·학습하여 실시간으로 차선, 신호등, 인근 차량 정보 등 동적·정적 환경 정보를 인식한다. 인식한 정보를 통해 최적의 경로를 생성하고 현재 상황에 맞춰 출발·정지, 가·감속 하는 등 다양한 판단을 하고 있다. 또한 사물인터넷을 통해 주변 자율주행 차량과 통신하여 누락된 정보나 주행에 도움이 되는 정보를 수집할 수 있다. 이렇게 발전된 자율주행 기술은 다양한 플랫폼에 적용할 수 있다.

코로나19로 인하여 화상 회의, 물품 배송, 비대면 공연 등 비대면 서비스가 급증하였다. 이러한 현상에 발맞추어 화상 회의·수업 플랫폼이 증가하였으며 증강현실 플랫폼 또한 증가하였다. 코로나19는 로봇 기술에도 영향을 미쳤는데, 호텔, 박물관, 미술관, 식당 등에서 〈그림 3-5-7〉과 같은 비대면 서비스 로봇을 활용해 안전한 서비스를 제공하는 업체가 등장하였다. 호텔에서 대표적으로 사용되는 로봇은 딜리버리 로봇으로 고객이 요청한 물품을 객실까지 배송한다. 고객이 단말기를 이용하여 터치나 음성으로 필요한 물품을 요청하면 로봇이 자율주행 기술을 이용하여 장애물을 회피하며 엘리베이터를 타고 객실 앞으로 이동하여 객실 내부 전화기를 통해 물품이 배송되었음을 알려준다. 이와 유사하게 편의점의 물품을 배송하거나 객실을 살균하는 로봇도 활용되고 있다. 박물관이나 미술관에서는 사람 대신 로봇이 안내나 해설해주는 큐레이터 로봇이 등장하였고 식당에서도 서빙 로봇이 심심치 않게 보이고 있다.

그림 3-5-7 비대면 서비스 로봇

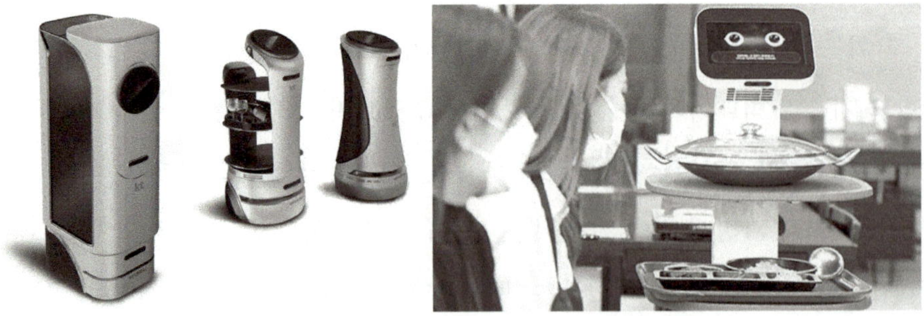

출처 : 인터넷 검색 자료

표 3-5-2 비대면 서비스 로봇 연도별 특허출원 동향

항목	2015	2016	2017	2018	2019	2020.08	계
안내 · 접객	8	41	36	47	63	36	231
물류 · 배송	11	8	24	17	38	25	123
헬스케어	7	6	10	9	8	23	63
총 합	26	55	70	73	109	84	417

출처 : 특허청

2.3 로봇 기술의 향후 발전 방향

현재까지 제조산업의 경우 규격화된 제품을 대량생산하는 소품종 대량생산, 맞춤생산에 해당하는 다품종 소량생산으로 분류할 수 있다. 규격을 획일화하여 대량생산하면 생산 단가를 낮출 수 있지만, 소비자의 요구에 맞춘 제품을 생산할 경우 생산 단가가 올라간다. 하지만 인공지능의 발전으로 소비자가 요구한 성능을 기존의 체계에서 자동으로 생산할 수 있다면 생산 단가를 낮출 수 있을 것이다. 대표적인 예로 아디다스에서 2019년까지 운영한 '스마트 팩토리'는 인공지능 기반의 제조 방식으로 소비자가 원하는 디자인과 소재의 신발을 주문하면 3주 안에 생산하여 판매할 수 있다. 현재는 3D 프린팅의 정밀공정과 대량생산 기술 한계로 공장 가동을 중지하였지만, 앞으로 제조산업이 나아갈 방향을 보여준 예시가 되었다.

이동 로봇은 과거 로봇 청소기부터 현재 다양한 서비스 로봇들까지 우리의 생활 속에 친숙하게 자리잡고 있다. 이동 로봇은 현재 자율주행 기술을 사용하여 환경을 파악하고 정해진 경로에 따라 움직이거나 사람 또는 물체를 따라가는 형태를 가지고 있다. 하지만 협동로봇의 발전으로 이동 로봇에 협동로봇을 부착한 로봇에 관련된 연구가 진행되고 있다. 기존 적재된 물건을 나르거나 정해진 경로만을 이동하는 로봇에서 물품의 이동과 조작을 가능하게 하는 것이

다. 이러한 연구는 노동력이 부족한 업종에서 두각을 드러낼 수 있다. 일손이 부족한 농가의 경우 과수나 농작물을 수확하는 데 활용할 수 있으며 물류 산업에서는 오더 피킹, 물류 자동화 등에 적용될 수 있다. 또한 사람들이 기피하는 청소나 살균 작업에서도 효율성이 증대될 것으로 예상된다. 다양한 분야에 적용 가능한 협동로봇과 이동 로봇의 결합은 가정 · 엔터테인먼트에 집중된 로봇 시장을 전문 로봇 시장으로 확대할 수 있을 것으로 보인다.

그림 3-5-8 세계 서비스 로봇 시장 관련

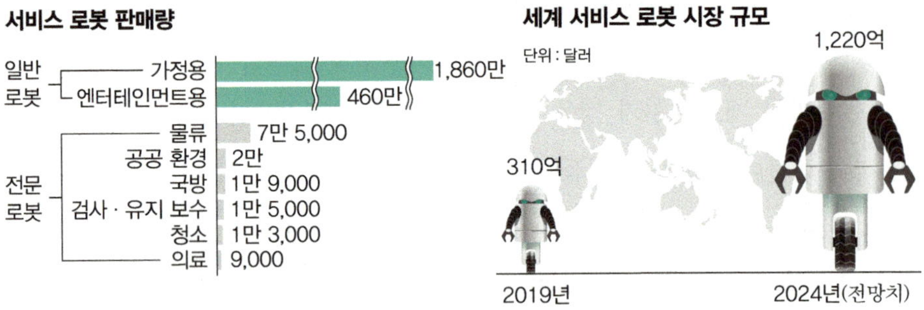

자료 : 스트래티지애널리틱스 · 국제로봇연맹
출처 : 중앙선데이

3. 로봇의 시각에서 본 스마트 팩토리

3절에서는 스마트 팩토리에 사용되는 다양한 로봇 기술들과 이를 실제로 적용한 실제 사례들을 소개하고 스마트 팩토리 관련 트렌드, 연구 동향을 통해 미래 스마트 팩토리의 모습과 전망에 대해 이야기한다.

3.1 스마트 팩토리의 로봇 기술

스마트 팩토리의 다양한 로봇 기술 사용처는 〈그림 3-5-9〉에서 살펴볼 수 있다. 이 절에서는 각각의 기술들에 대해 조금 더 알아보려고 한다.

그림 3-5-9 스마트 팩토리 내의 로봇 기술

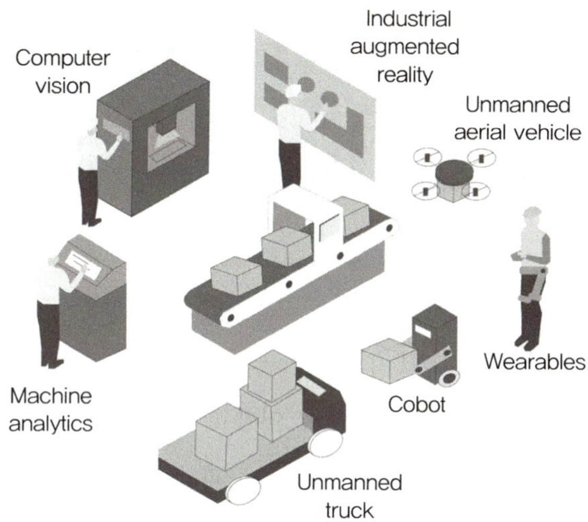

출처 : Kalsoom, Ramzan, Ahmed, 그리고 Ur-Rehman (2020)

1) 착용형 로봇 기술(Wearables)

착용형 로봇은 단어 그대로 사람이 착용하는 로봇을 뜻한다. 가장 이해하기 쉬운 예로는 영화 아이언맨의 슈트가 있다. 착용형 로봇의 역할은 착용자의 움직임을 측정하고 보조해주는 것이다. 스마트 팩토리에서의 착용형 로봇은 작업자의 반복 작업, 고중량 작업 등 신체의 무리를 줄 수 있는 작업에서 작업자의 신체를 보호하고 근력을 보조하는 역할을 한다. 현재 〈그림 3-5-10〉과 같이 다양한 현장에서 실제로 사용되고 있다. 최근에는 사용자의 움직임 의도를 파악하여 자연스러운 움직임을 보장하는 기술과 배터리, 모터 등을 포함한 전체 구조의 경량화가 주요 이슈로 떠오르고 있다.

그림 3-5-10 착용형 로봇(Wearables) 기술

출처 : 인터넷 검색 자료

2) 협동로봇 기술(Cobot)

협동로봇은 로봇 팔, 로봇 손 등을 이용하여 작업을 보조할 수 있는 로봇을 지칭한다. 이는 기존의 산업용 로봇이 사람과 독립된 공간에서 작동하도록 설계된 것과 다르게 사람과 같은 공간에서 작업하면서 사람 혹은 물건 · 도구와 물리적으로 상호 작용할 수 있도록 설계되었다. 스마트 팩토리에서의 협동로봇은 대부분 〈그림 3-5-11〉과 같이 다 자유도를 가지는 로봇 팔과 물체를 조작할 수 있는 매니퓰레이터로 구성되어 있으며 필요에 따라 작업자를 따라 이동하며 작업을 보조할 수 있다. 협동로봇의 기능을 향상시키기 위하여 더욱 복잡한 물체를 조작할 수 있는 로봇 손과 최적의 작업 경로를 생성하는 알고리즘의 개발

그림 3-5-11 협동로봇(Cobot) 기술

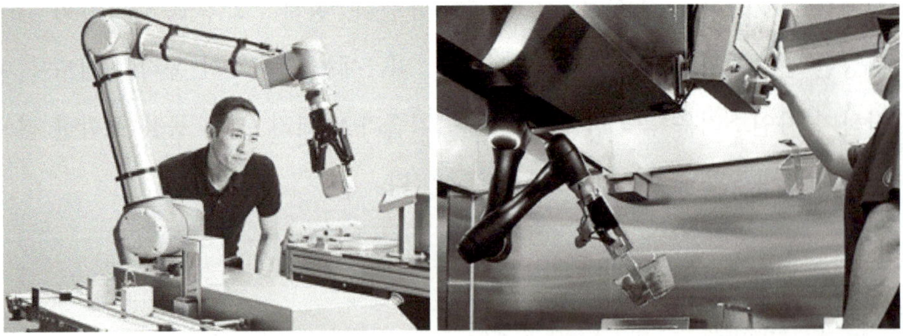

출처 : 인터넷 검색 자료

이 활발하게 이루어지고 있다.

3) 무인 이송 기술

세 번째로 살펴볼 로봇 기술은 무인 이송 기술이다. 무인 이송 기술은 〈그림 3-5-12〉의 무인 트럭(unmanned truck)과 무인 비행체(unmanned aerial vehicle, 이하 드론)가 포함된다. 이 기술들은 스마트 팩토리 내·외에서 환경과 상황을 인식하고 원하는 위치로 물품을 이동시키는 역할을 한다. 현재 〈그림 3-5-12〉와 같이 다양한 형태의 무인 이송 로봇들이 있다. 스마트 팩토리 내에서 적재된 물건을 이송하기만 하는 가장 간단한 형태의 로봇부터 물품을 스마트 팩토리 밖으로 이송하는 이송 로봇, 협동로봇(cobot)과 합쳐져 스스로 이동하며 다양한 작업을 수행하는 로봇까지 다양한 로봇들이 연구되고 있다. 자율주행의 성능과 안전성 향상이 주요 연구 대상이 되고 있다.

그림 3-5-12 무인 이송 기술

출처 : 인터넷 검색 자료

4) 증강현실 기술(Industrial Argumented Reality)

증강현실 기술은 실제 환경에 3차원의 가상 이미지를 겹쳐서 하나의 환경으로 보여주는 기술이다. 이 기술은 스마트폰과 같은 카메라를 내장한 고성능 전자기기가 보급됨에 따라 일상 생활에서도 쉽게 찾아볼 수 있는데, 대표적인 예로는 자동차의 HUD(Head-Up Displa)와 스마트폰을 이용한 지도 검색 등이 있다. 스마트 팩토리에서는 〈그림 3-5-13〉처럼 장비 이미지에 각종 정보를 겹쳐서 장비를 쉽게 유지 · 보수하거나 작업자의 손 혹은 특수한 장비를 이용한 직관적인 작업 지시를 위하여 사용된다. 또한 원거리에 있는 타 작업자와의 정보 공유에도 유용하게 사용된다. 최근에는 MS Hololens 2처럼 가볍고 작업을 방해하지 않는 디스플레이 기술들과 가상의 정보를 더욱 정밀하게 현실에 더하는 기술들이 연구되고 있다.

그림 3-5-13 증강현실 (Industrila Argumented Reality) **기술**

출처 : 인터넷 검색 자료

5) 컴퓨터 비전(Computer Vision)

컴퓨터 비전은 로봇이 사람의 눈과 같은 시각 기능을 갖도록 하는 기술을 통칭한다. 실제 시각 데이터를 받아올 수 있는 카메라 기술과 객체를 식별하고 분류하는 기계 학습 기술을 포함한다. 컴퓨터 비전기술은 자동차의 자율주행, 건물 입구의 자동 체온 측정 시스템, 보안을 위한 얼굴 인식 등 실생활의 많은 분야에서 널리 사용되고 있다. 스마트 팩토리 내에서는 물품을 바코드 혹은 형태를 인식하여 분류하거나 제품의 결함을 판단하는 데 사용된다. 반복적으로 수집하는 데이터를 통해 물류의 효율을 높이고 판단 정확도를 높일 수 있는 기계 학습 기술과 카메라 기술들이 주요하게 연구되고 있다.

6) 기계 분석(Machine Analytics)

마지막으로 살펴볼 기계 분석 기술은 다양한 기계들로부터 긴 시간 누적된 많은 양의 데이터를 이용하여 목적에 맞는 데이터 분석 알고리즘과 결과를 찾아내는 기술이며 빅데이터 분석을 기계에 적용한 것이라고 생각하면 이해하기 쉽다. 스마트 팩토리의 기계 분석 기술은 다양한 장비로부터 들어오는 많은 양의 정형화된 데이터를 실시간으로 분석하고 가공하여 스마트 팩토리로 재반영하는 것이 주요한 목적이다. 데이터들은 생산 효율을 높이거나 불량률을 낮추는 생산·품질 관리, 장비의 고장을 예측하는 설비 관리 등 스마트 팩토리의 많은 부분에 사용된다. 스마트 팩토리는 많은 장비들이 유기적으로 작동하기 때문에 단순한 데이터 분석으로는 스마트 팩토리 전체를 관리하기 어렵고, 이를 극복하기 위하여 다양한 데이터 분석방법과 학습 방법이 연구되고 있다.

이처럼 스마트 팩토리는 최첨단 로봇 기술의 집약이라고 말할 수 있다. 앞서 기술들을 다양한 로봇 기술들을 분류해두긴 했지만, 이 분류는 기술들을 전반적으로 소개하기 위한 분류일 뿐 실제 스마트 팩토리에서는 위에서 소개한 기술들이 융합되어 사용된다. 다음 절에서는 위에서 소개한 기술들이 실제로 사용되고 있는 스마트 팩토리를 살펴보고 앞서 소개한 기술들이 어떻게 적용되었는지 살펴본다.

3.2 스마트 팩토리 적용 예시

이 절에서는 실제로 구동되고 있는 스마트 팩토리 예시를 살펴보도록 한다. 전 세계적으로 많은 공장들이 스마트 팩토리화되어가고 있어서 이어 소개할 스마트 팩토리보다 유명한 스마트 팩토리들이 많지만, 본 장에서는 로봇에 대한 내용을 다루기 때문에 위에서 소개한 로봇 기술들을 실제로 잘 활용하고 있는 두 가지 스마트 팩토리를 소개하려 한다.

1) 아우디(Audi) 스마트 팩토리

첫 번째로 소개할 스마트 팩토리는 독일의 차량 회사인 아우디(Audi)의 스마트 팩토리이다. 공장 자동화의 많은 부분이 앞에서 소개한 로봇 기술을 통해 이루어져 있고 이를 자세히 살펴보려고 한다.

아우디의 스마트 팩토리는 많은 부분이 로봇에 의해 자동화되었지만 작업자에 의한 마무리가 필요한 작업들이 남아 있기 때문에 사람과 공존하는 로봇 기술들이 〈그림 3-5-14〉처럼 활용되고 있다. 먼저 왼쪽 로봇은 작업자가 이동하는 동안에는 고정되지 않아 움직임을 방해하지 않으며 앉는 자세를 취했을 때에는 단단하게 고정되어 하지에 걸리는 피로를 줄여주는 착용형 로봇이다.

그림 3-5-14 아우디 스마트 팩토리 웨어러블, 협동로봇 기술

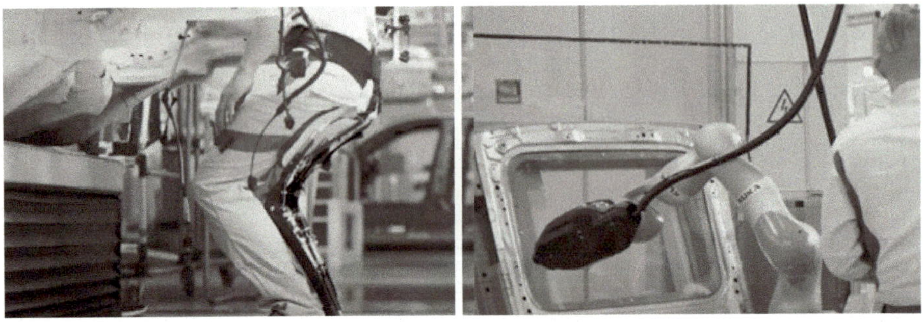

출처 : 'Audi Deutschland' YouTube 채널

스마트 팩토리 내에서 협동로봇은 오른쪽 그림과 같이 작업자와 같은 공간에서 작업을 수행하는데, 협동로봇이 작업자의 안전을 고려하여 제어되기 때문에 이처럼 가까운 거리에서 협업이 가능하다.

다음으로는 증강현실을 이용한 기술들이다. 아우디 스마트 팩토리에서는 증강현실 기술들이 〈그림 3-5-15〉와 같이 다양한 부분에 사용되고 있다. 조립이 완료되지 않은 차의 이미지를 기반으로 왼쪽 그림처럼 실제 조립되지 않은 부품의 3D 설계를 이용하여 조립 후의 모습을 확인하고 부품의 설계를 수정 · 보완하는 데 사용되고, 오른쪽 그림처럼 안경 형태의 디스플레이를 착용하고 직관적으로 설계를 수정하는 데에도 사용된다. 증강현실 기술들은 자동차 설계의 시행착오 과정을 줄여주게 되는데, 자동차처럼 부품의 설계 수정에 시간과 금전적인 손실이 큰 스마트 팩토리에서는 증강현실 기술을 이용하여 불필요한 소비를 줄일 수 있기 때문에 증강현실 기술이 활발하게 사용되고 있다.

그림 3-5-15 아우디 스마트 팩토리 증강현실 기술

출처 : 'Audi Deutschland' YouTube 채널

아우디 스마트 팩토리에서는 〈그림 3-5-16〉에서 볼 수 있는 것처럼 다양한 무인 이송 기술들도 볼 수 있다. 무인 이송 기술은 왼쪽의 그림처럼 가벼운 부품을 드론으로 빠르게 원하는 작업자에게 전달하는 데 사용되고, 오른쪽 그림

그림 3-5-16 아우디 스마트 팩토리 무인 이송 기술

출처 : 'Audi Deutschland' YouTube 채널

처럼 자동차 샤시(Chassis) 자체를 무인 이송체에 싣고 유동적으로 움직이는 생산 라인을 구성하는 데 사용되기도 한다.

아우디 스마트 팩토리에서 마지막으로 살펴볼 기술은 기계 분석 기술이다. 기계 분석 기술은 〈그림 3-5-17〉의 왼쪽 그림처럼 작업 진행 상황을 실시간으로 파악하고 최적의 생산라인을 따라 작업을 진행하도록 지시하는 데 사용된다. 또한 오른쪽 그림과 같이 장비로부터 수집되는 데이터 분석을 통해 고장을 예측하여 사고를 줄이고 생산성을 높이는 데 사용된다.

그림 3-5-17 아우디 스마트 팩토리 기계 분석 기술

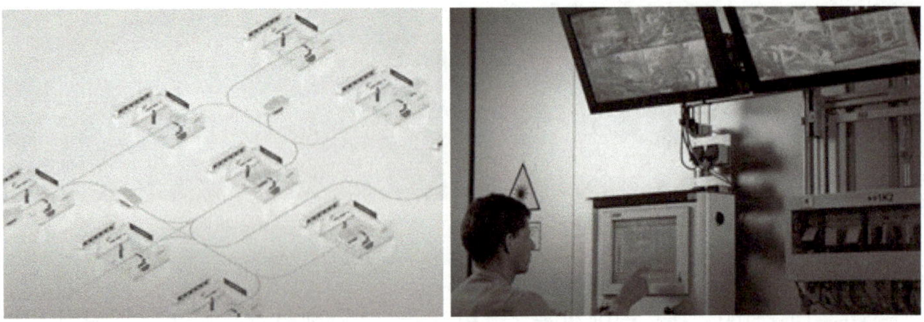

출처 : 'Audi Deutschland' YouTube 채널

2) 아마존 지능형 물류 센터(Amazon Smart Warehouse)

두 번째로 소개할 스마트 팩토리는 미국 아마존(Amazon)의 물류 센터이다. 아마존의 물류 센터 또한 많은 부분을 로봇 기술을 이용하여 자동화한 스마트 팩토리의 좋은 예시이기 때문에 여기에 소개한다. 아마존의 지능형 물류 센터는 물건을 직접 생산하지는 않지만 방대한 물류 작업의 상당 부분을 로봇 기술을 이용하여 자동화했기 때문에 스마트 팩토리의 한 종류로 소개하고자 한다. 물류를 전문으로 취급하는 스마트 팩토리이기 때문에 가장 먼저 살펴볼 기술은 무인 이송 기술이다.

〈그림 3-5-18〉에서 볼 수 있는 것처럼 다양한 종류의 무인 이송 로봇이

사용되고 있다. 그림 (a)와 (b)는 소량의 포장이 완료된 물품들을 최종 배송을 위한 장소로 옮기는 데 사용된다. (c)는 여러 가지 물건이 적재되어 있는 선반을 이송하는데 사용되는데, 이를 통해 작업자가 직접 물건을 찾으러 다니지 않아도 되기 때문에 물류 작업의 효율을 크게 향상시킬 수 있다. 또한 작업 공간과 물류 적재 공간을 분리시켜 놓을 수 있고, 이송 로봇이 지나갈 수 있는 작은 너비의 통로만 필요하기 때문에 공간 효율도 크게 향상시킬 수 있다. 마지막으로 (d)는 분류된 물건을 최종 배송지까지 배송하기 위한 드론이며 상용화를 위하여 기술적 · 제도적 문제들을 해결해가는 중이다.

그림 3-5-18 아마존 지능형 물류 센터 무인 이송 기술

(a) (b) (b) (d)

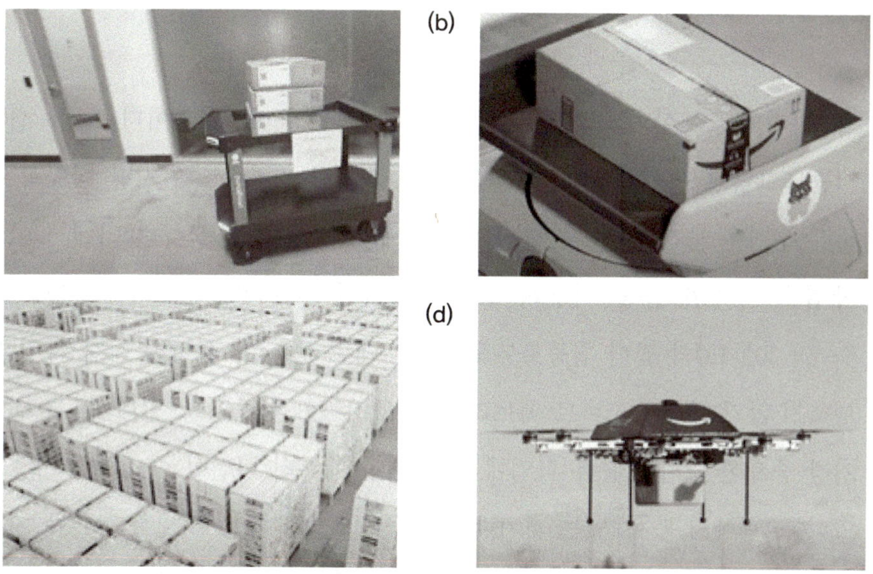

출처 : 'amazon' YouTube 채널

두 번째로 살펴볼 기술들은 아마존 지능형 물류 센터에 적용된 증강현실과 기계 분석 기술이다. 이 기술들은 작업자 혹은 관리자에게 유용한 정보들을 보기 쉽게 제공하여 작업 및 관리의 효율을 향상시킨다. 이 기술은 〈그림 3-5-19〉 (a)처럼 센터 내의 물류 흐름을 다양한 센서와 데이터를 통해 쉽게 파악하고 관리자에게 제공함으로써 물류 효율을 개선할 수 있게 도와준다. 또한 (b)처럼 실제 선반 이미지에 물건을 가져와야 할 선반의 위치와 개수 등을 겹쳐서 보여줘 작업자가 직관적으로 물건을 가져올 수 있도록 도와준다.

그림 3-5-19 아마존 지능형 물류 센터 내 증강현실 및 기계 분석 기술

(a) (b)

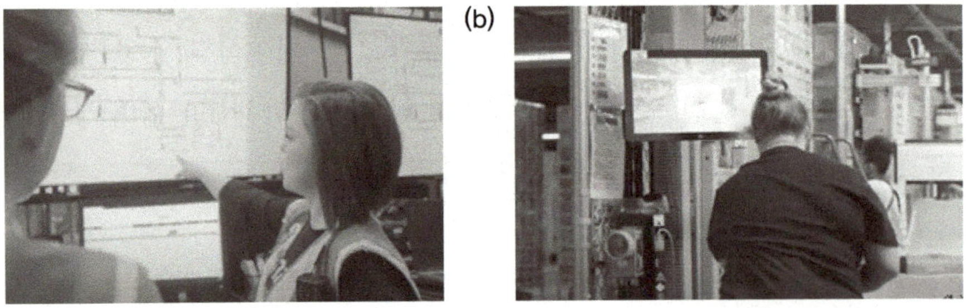

출처 : 'amazon' YouTube 채널

마지막으로 살펴볼 기술은 협동로봇과 컴퓨터 비전기술이다. 물류 센터에서는 〈그림 3-5-18〉처럼 소량의 물건을 옮기는 경우도 있지만 대량의 물건 혹은 무거운 물건을 옮기는 작업도 필수적이다. 기존의 물류 센터에서 이러한 작업을 지게차 등을 이용하여 수행했지만, 스마트 팩토리에서는 〈그림 3-5-20〉 (a)와 같이 협동로봇을 이용하여 수행한다. 사람이 직접 작업을 수행하지 않기 때문에 스마트 팩토리 내의 안전사고를 줄일 수 있다. 물류 센터의 가장 중요한 작업인 분류 작업에는 (b)처럼 컴퓨터 비전이 주요하게 사용되고 있다. 그림에서 볼 수 있는 것처럼 물건들이 컨베이어 벨트 위를 빠르게 지나가고 이들에 부착된 바코드를 벨트 위쪽에 부착된 스캐너가 읽어 포장된 물건들을 최종 분류한다. 이처럼 정형화되고 반복적인 작업을 로봇으로 수행하게 되면 사람이 수행하는 것에 비해 효율과 정확도를 높일 수 있기 때문에 스마트 팩토리에서 활발하게 사용된다.

그림 3-5-20 아마존 지능형 물류 센터 내 협동로봇 및 비전 기술

(a) (b)

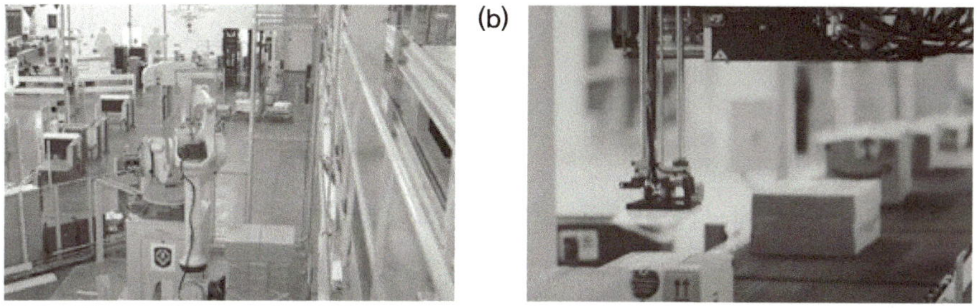

출처 : 'amazon' YouTube 채널

여기에서는 두 가지 스마트 팩토리 예시를 통해 앞서 설명한 로봇 기술들의 실제 적용 예를 살펴보았다. 스마트 팩토리와 관련된 기술들이 고도화됨에 따라 여기서 설명한 스마트 팩토리 외에도 전 세계의 다양한 산업들이 스마트 팩토리화되어가고 있다. 다음 절에서는 스마트 팩토리 관련 트렌드를 살펴보고, 이를 통해 스마트 팩토리의 로봇 기술 전망과 나아가야 할 방향에 대해 살펴볼 예정이다.

3.3 스마트 팩토리 로봇 기술 전망

앞에서는 스마트 팩토리를 위한 로봇 기술이 소개되었고 이들이 실제로 적용된 두 가지 스마트 팩토리를 살펴보았다. 앞서 소개한 것처럼 스마트 팩토리화를 통해 산업 현장에서 발생하는 현상과 문제의 상관관계를 알 수 있었고 고장을 예측하고 품질을 향상시키는 등 생산성을 대폭 향상시킬 수 있다. 이러한 장점들과 다양한 사회적 이슈가 맞물려 국내외 많은 기업들이 스마트 팩토리의 도입을 앞당기고 있다. 또한 정부 차원의 스마트 팩토리 지원 사업도 늘어나는 만큼 스마트 팩토리화와 관련된 로봇 기술의 수요와 연구는 꾸준하게 증가할 것으로 예상된다. 하지만 현재의 로봇 기술은 완벽한 스마트 팩토리를 구축할

수준에 다다르지 못했기 때문에 중장기적으로 아래와 같은 기술의 연구가 이루어져야 할 것으로 생각된다.

1) AI 기술

상위 시스템에서는 진행하고자 하는 작업공정을 파악·분배하여 각 협동로봇에 적합한 작업을 판단하고 지시할 수 있는 기술의 개발과 하위 시스템에서는 할당 받은 작업에 대해 최적의 작업 경로를 생성하는 등 다양한 AI 기술 개발이 필요하다.

2) 자율주행 기술

현재 자율주행에 대한 관심이 집중되어 많은 기술이 개발되어 높은 수준의 기술력이 확보되었다고 판단되지만, 자율주행을 구현하기 위한 센서가 매우 고가이기 때문에 스마트 팩토리에서 구축할 수 있는 자율주행 로봇의 수에는 한계가 있다. 따라서 자율주행을 위한 중저가형 센서의 개발이 필요하다.

3) 기계 구성 요소 기술

컴퓨터 기술의 발전에 비해 로봇을 물리적으로 구성하는 기계 부품(모터, 감속기, 센서 등)의 기술 고도화 속도가 낮아 협동로봇, 무인 이송장치 등의 물리적인 상호작용이 필요한 로봇들은 사람이 직접 작업하는 것에 비해 효율성이 매우 떨어진다. 따라서 기본적인 기계 부품들의 연구들이 필요하다.

스마트 팩토리 로봇 기술의 고도화를 위해서는 위와 같은 로봇 기술들의 연구가 필요하다. 위의 기술들의 연구가 성공적으로 완료된다면 스마트 팩토리 로봇 기술의 고도화뿐만 아니라 더욱 넓은 로봇 기술 분야에서도 글로벌 시장을 선도할 수 있을 것이다.

4. 맺음말

본 주제에서는 현재의 로봇 기술들과 이들이 스마트 팩토리에서 어떻게 적용되고 있는지 알아보았다. 코로나19로 인한 비대면 서비스의 증가, 주 52시간 노동시간 제한 등 사회적 이슈로 인해 다양한 곳에서 사람을 대신한 서비스 로봇들을 쉽게 찾아볼 수 있다.

2021년 통계청 자료에 따르면 앞으로 시간, 비용의 투자가 필요한 신규 인력의 일자리가 더욱 감소한 것을 볼 수 있다. 또한 기존에는 대형 기업에서 로봇을 주로 사용했지만 최근에는 소규모 상점 등에서 로봇을 사용하는 사례가 많아졌다. 이는 노하우를 가진 기존 인력 외의 신규 인력을 충원하는 대신 로봇 혹은 무인 시스템 등으로 대체하려는 신호로 볼 수 있을 것이다.

이러한 현상을 스마트 팩토리에 적용한다면 스마트 팩토리화도 장기적인 사업으로 볼 것이 아니라 당장 눈앞에 다가온 현실로 고민해야 한다. 다양한 국내외 연구자들이 스마트 팩토리 내의 로봇 기술을 개발하고 있지만 개별 주체의 기술개발만으로는 성공할 수 없고 연구자, 기업, 정부 간의 협업이 뒷받침되어야 실제로 사용할 수 있는 기술이 개발되고 기술 고도화가 가능할 것이다. 따라서 빠른 속도로 연구되는 로봇 기술들이 법 · 제도적인 한계에 막혀 연구 속도를 잃지 않도록 다양한 주체들이 꾸준하게 교류할 수 있는 기회를 마련하여 스마트 팩토리 로봇 기술의 고도화 및 미래 기술들을 선점하는 것에 최선을 다해야 한다.

참고문헌

융합금융처, “KOSME 산업분석 Report—제조용 로봇”.

통계청(2021. 1), “경제활동 인구조사”.

Brogardh, T.(2007), “Present and future robot control development—An industrial perspective”, Annual Reviews in Control, 31(1), 66–79.

Büchi, G. · Cugno, M. · Castagnoli, R.(2020), “Smart factory performance and Industry 4.0”, Technological Forecasting and Social Change, 150, 119790.

Chen, Y. · Dong, F.(2013), “Robot machining : recent develop and future research issues,” *International Journal of Advanced Manufacturing Technology*, 66(9–12), 1489–1497.

IITP 주간 기술 동향 1938호(2020. 3. 18).

Kalsoom, T. · Ramzan, N. · Ahmed, S. · Ur-Rehman, M.(2020), “Advances in sensor technologies in the era of smart factory and industry 4.0”, Sensors, 20(23), 6783.

Wang, T-M. · Tao, Y. · Liu, H.(2018), “Current researches and future development trend of intelligent robot : A review,” *International Journal of Automation and Computing*, 15(5), 525–546.

Youtube “Audi Smart Factory”, https://www.youtube.com/watch?v=qCgRSJZiloE.

Youtube “Inside Anazon's Smart Warehouse”, https://www.youtube.com/watch?v=IMPbKVb8y8s&t=324s.

6장

디지털 트윈을 적용한 스마트 팩토리 발전*

이은서(한국전자통신연구원)

* 본 장은 한국전자통신연구원(ETRI)의 기본 사업인 “자율적으로 연결, 제어, 진화하는 초연결 지능화 기술 연구(21ZR1120)”를 통해 작성된 결과물입니다.

〈요약〉

제4차 산업혁명 시대라는 거대한 물결을 눈앞에 둔 현 제조기업들은 시장 요구사항 변화에 따른 생산체계의 변화, 코로나19 팬데믹으로 인한 글로벌 밸류체인의 붕괴 등과 같은 큰 변화를 겪고 있는 것과 동시에 피할 수 없는 글로벌 경쟁 환경 속에서 생산비용 절감, 품질 제고, 유연 생산 등에 대한 지속적인 압박을 받고 있다. 이를 해결해 줄 수 있는 가장 효율적 방법으로 제시되고 있는 것이 제조업과 ICT 기술을 융합한 스마트 팩토리 기술의 도입이며 스마트 팩토리 기술 중에서도 가상환경에서의 생산 시스템 분석 및 예측, 최적화가 가능한 디지털 트윈 기술이 주목받고 있다.

디지털 트윈 기술은 물리적 공간과 이를 모사한 가상 공간을 시·공간으로 동기화하고, 다양한 목적에 따라 상황을 분석하고 예측하여 물리적 공간을 최적화하기 위한 융합기술로 정확한 분석 및 예측 결과를 얻기 위해서는 기본적으로 현실 세계를 최소한의 오차로 정밀하게 반영할 수 있는 가상 시뮬레이션 기술이 필수적이라 할 수 있다.

본 장에서는 디지털 트윈 기술의 핵심 요소 기술 중 하나인 고정밀 시뮬레이션 기술을 중심으로 스마트 팩토리 발전을 위해 디지털 트윈이 나아가야 할 방향, 마주하고 있는 문제점들과 해결 방안, 그리고 응용 분야 등에 대해 기술하고자 한다.

1. 서론

제4차 산업혁명에 대해 이야기할 때 그 중심에 있는 기술들이 있다. AI(Artificial Intelligent), IoT(Internet of Thing), 로봇, 나노, 바이오 기술 등이며 이와 함께 가장 많이 거론되는 기술이 바로 디지털 트윈 기술이다. 그런데 사실 디지털 트윈 기술을 단순히 하나의 기술 분야로 이야기하기엔 무리가 있다. 왜냐하면 디지털 트윈 기술은 실시간 연결성 제공을 위한 IoT 기술, 초정밀 예측 및 시뮬레이션을 위한 다양하게 고도화된 인공지능 기술, 트윈의 상태를 효과적으로 표현할 수 있는 XR 기술 등 제4차 산업혁명 시대를 위해 거론되는 미래 주요 기술들의 총 집합체라 할 수 있기 때문이다.

그림 3-6-1 디지털 트윈 구성 요소 기술

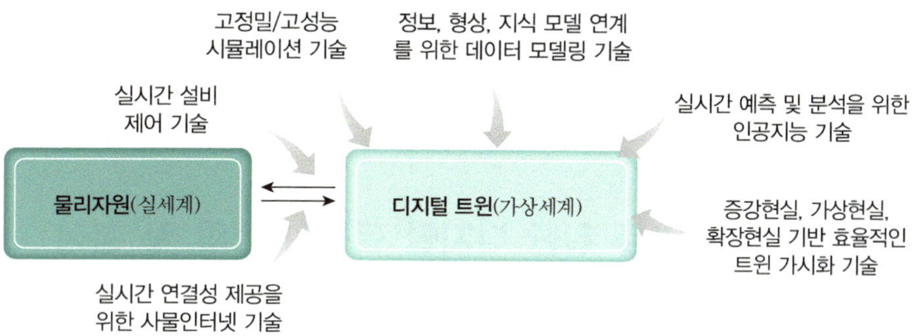

출처 : 저자 작성

[표 3-6-1]에는 디지털 트윈의 이름으로 다뤄지는 다양한 기술 및 범위, 관련 응용들을 나타내었으며 각 기술 분야 하나하나가 모두 중요한 영역이지만 본 장에서 모든 영역에 대한 주제를 다루기는 어렵기 때문에 실제 생산 현장에서 생산 및 설계 비용을 절감하기 위해 가장 많이 활용되고 요구되는 기술 중 하나인 시뮬레이션 기술을 중심으로 디지털 트윈 및 스마트 팩토리 발전 방향에 대한 이슈를 다뤄 보고자 한다.

표 3-6-1 디지털 트윈 기술 기술 및 응용 범위

구분	기술 및 응용 범위
디지털 트윈 가상화 기술	• 실제 대상 제조 자원(제품, 설비, 공정, 환경 등)의 속성/상태 정보를 포함하여 가상 세계와 상호 작용하기 위한 디지털 구성 요소 객체들로 가상화하기 위한 기술 분야 • 복잡한 제조환경에서 생산 최적화를 위한 공정 예측, 설비 예지 진단, 설비 자율제어 등 AI 기반으로 제조 데이터를 실시간으로 분석 및 예측하기 위한 기술 분야
디지털 트윈 동기화 기술	• Sim-2-Real 문제 해결을 위해 공장의 물리적 환경 변화를 가상환경에서 정밀하게 모사할 수 있는 고신뢰 초저지연 디지털 제조 트윈 기술 분야 • 초저지연 5G 통신을 기반으로 원격 설비를 실시간 고정밀 제어할 수 있는 고신뢰/고정밀 디지털 제조 트윈 기술 분야
디지털 트윈 모델링 & 시뮬레이션 기술	• 실제 생산공장의 품질, 생산량, 작업, 공정 등의 최적화를 위해 실 제조환경에서 수집된 데이터를 기반으로 가상에서 정밀하게 시뮬레이션을 수행하기 위한 기술 분야 • 미션 크리티컬 응용이 요구되는 산업 및 제조환경에서 지능형 디지털 트윈을 통한 의사결정 및 제어 서비스에 대한 신뢰성을 제공하기 위한 분야
연합 디지털 트윈 기술	• 대·중소기업이 가치사슬로 통합 및 연결된 대규모급(Mega-Scale) CPPS를 지원하고 다양한 환경의 이기종 디지털 트윈 간의 연동, 관리, 최적화를 제공하기 위한 분야
지능형 디지털 트윈 서비스 기술	• 제조기업 또는 근로자가 디지털 제조 트윈과 AR/VR/햅틱스 기술을 통해 가상의 공간에서 시제품 디자인, 시험생산, 검증을 수행하는 인터렉티브 제조 서비스 기술 분야

출처 : 저자 작성

2. 스마트 팩토리를 위한 디지털 트윈의 정의 및 형상

2.1 디지털 트윈의 정의

디지털 트윈 기술은 현실 세계를 가상화한 후 다양한 데이터를 연계·시각화하고 다양한 응용에 대한 시뮬레이션 기반 분석·예측·최적화를 구현하는 기술로 통칭되며 앞서 기술한 바와 같이 디지털 트윈을 다루는 기술 분야가 넓고 다양하다 보니 [표 3-6-2]와 같이 디지털 트윈에 대한 정의 역시 많은 곳에서 다양하게 이뤄지고 있다.

표 3-6-2 **주요 기관의 디지털 트윈 정의**

출처	정의
GE Digital	- 디지털 트윈은 실시간 분석을 통해 감지, 예방, 예측 및 최적화하도록 설계된 물리적 자산, 시스템 또는 프로세스의 소프트웨어 [Digital Twin is most commonly defined as a software representation of a physical asset, system or process designed to detect, prevent, predict, and optimize through real time analytics to deliver business value]
Gartner	- 디지털 트윈은 현실 세계의 엔티티 또는 시스템에 대한 디지털 표현 [A digital twin is a digital representation of a real-world entity or system]
Deloitte	- 디지털 트윈은 사업 실적의 최적화에 도움을 주는 물리적 물체나 프로세스의 과거와 현재 활동이 기록된 진화하는 디지털 프로필

출처 : 디지털 트윈의 기술적 정의와 세부적 발전 5단계 모델, IITP, 2021

본 장에서는 가상환경에서 정확한 분석 및 예측 결과를 얻기 위해 필수적으로 요구되는 고정밀 시뮬레이션 기술을 미래 스마트 팩토리 발전을 위한 디지털 트윈 핵심 기술 중 하나로 보고 있으며 이 고정밀 시뮬레이션 기술을 중심으로 필자가 바라보는 디지털 트윈의 정의에 대해 이하에 기술하였다.

디지털 트윈의 시작은 현실 세계 데이터를 신뢰성 있게 실시간으로 수집하는 것으로부터 시작한다. 현실 세계의 데이터가 신뢰성을 가지고 가상세계에 모이면 가상세계에서는 수집된 데이터를 기반으로 다양한 시뮬레이션을 통해 현실 세계에 중요한 영향을 끼칠 수 있는 이슈들에 대한 의사결정이 가능해지고 이 의사결정을 기반으로 디지털 트윈은 현실 세계에 설비 제어, 정보 제공 등의 실질적인 액션을 취할 수 있다. 이처럼 사람의 개입 없이도 실세계 데이터를 실시간으로 가상환경에 연결하고, 수집한 데이터의 분석 및 시뮬레이션 결과에 따라 자율적으로 실시간 설비 제어가 가능한 디지털 운영체제라는 관점으로 본 장에서는 디지털 트윈을 바라보고 정의하고 있다.

시뮬레이션 기반으로 가능한 의사결정에는 제조산업에서의 고전적인 문제인 플래닝, 스케쥴링 최적화 문제에서부터 설비 이상 감지, 예지보전, 물류 최적

그림 3-6-2 자율 최적 제어를 위한 디지털 트윈 기술

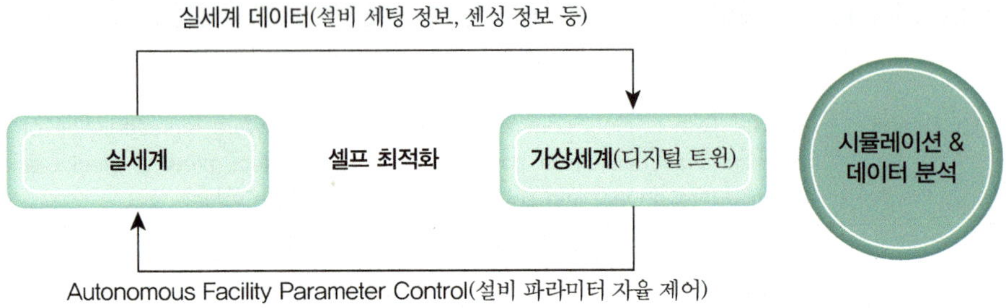

출처 : 저자 작성

화, 설비 최적 세팅 등 사실상 제조 현장에서 발생하는 거의 대부분 주요 문제에 대한 의사결정 지원이 가능해진다. 이 과정에서 가장 중요한 것이 현실 세계를 정밀하게 모사할 수 있는 시뮬레이션 기술인데, 그 이유는 시뮬레이션 결과가 현실 세계와 차이가 크다면 이 안에서 이뤄지는 의사결정 자체가 무의미해지기 때문이다. 오히려 정확하지 못한 시뮬레이션 결과는 잘못된 의사결정을 야기시켜 현실 세계에 악영향을 끼칠 수도 있게 된다.

따라서 현실 세계를 최소한의 오차로 정밀하게 반영할 수 있는 가상 시뮬레이션 기술이 디지털 트윈 기술의 핵심 기술 중 하나라고 이야기할 수 있으며 최근 인공지능 기술의 발전으로 디지털 트윈 기술과 인공지능 기술의 접목을 통해 공장의 물리적 환경 변화를 가상환경에서 정밀하게 모사할 수 있는 연구들이 이제 막 시도되고 있는 상황이다.

2.2 디지털 트윈의 형상

디지털 트윈의 형상은 〈그림 3-6-3〉에 정리한 바와 같이 적용된 기술 수준에 따라 크게 3가지 단계로 구분해볼 수 있다. 첫 번째 단계는 현실 세계의 데이터를 신뢰성 있게 수집 및 모니터링할 수 있는 커넥티드 디지털 트윈이다. 커

그림 3-6-3 디지털 트윈 단계별 형상

커넥티드 디지털 트윈	시뮬레이션 디지털 트윈	지능형 디지털 트윈

실 세계에서 발생하는 현장 데이터를 실시간으로 모니터링	시뮬레이션 모델을 기반으로 공정 및 설비 파라미터 최적화	가상환경에서 AI 분석, 예측, 최적화를 통해 다양한 의사결정을 자율적으로 수행

출처 : https://www.flaticon.com/

넥티드 디지털 트윈은 실세계 제조 공간, 설비, 환경에서 발생하는 데이터를 가상세계에 연결하여 모니터링이 가능하고 사용자는 모니터링이 가능한 정보들을 기반으로 다양한 의사결정을 수행할 수 있다. 이 단계는 디지털 트윈의 가장 기초 단계라 이야기할 수 있으며 현재 구축된 중소 제조기업의 디지털 트윈 대부분이 이 단계에 해당한다. 구축된 디지털 트윈이 생산 현장에서 필요한 중요한 의사결정을 직접 지원하지 않고 생산 현장 데이터를 제공하는 수준에 그치다 보니 커넥티드 디지털 트윈만으로는 큰 생산성 향상 효과를 기대하긴 어려운 것도 사실이다.

커넥티드 디지털 트윈 다음 단계의 디지털 트윈은 시뮬레이션 디지털 트윈이다. 시뮬레이션 디지털 트윈은 제품, 설비, 공정, 작업자 등 생산 현장의 다양한 자원 운용 및 설계 방법에 대한 시뮬레이션이 가능하기 때문에 공정을 최적으로 수행할 수 있는 설비 세팅, 라인 배치, 제품 및 공정 설계 등이 가능하여 생산성 향상에 직접적인 도움을 줄 수 있게 된다. 특히 제품 및 공정을 대상으로 하는 시뮬레이션 디지털 트윈 기술은 제품 및 공정 설계 단계에서 발생 가능한 문제점을 사전 진단하고 선 대응할 수 있도록 지원하며 GE(General Electric)나 지멘스와 같은 글로벌 디지털 트윈 선도 기업들을 통해 설계 제품의 공학적 문제점을 파악한 사례들이 보고되고 있다.

마지막 단계는 시뮬레이션 및 다양한 인공지능 예측 결과를 활용하여 다양한 의사결정을 수행하고 자율적으로 실세계 제어가 가능한 지능형 디지털 트윈이다. 지능형 디지털 트윈은 AI 기반의 공정 예측, 설비 예지 진단, 설비 자율제어 등이 가능하며 인간의 개입 없이도 생산 현장을 최적으로 유지시켜 줄 수 있는 자율 운영 체제로 제조 디지털 트윈의 궁극적인 목표라 할 수 있다.

3. 디지털 트윈 기술 주요 이슈

3.1 실세계와 가상세계의 오차

디지털 트윈을 활용하여 생산 현장에 도움이 되는 정확한 의사결정을 하기 위해서는 실 세계를 정밀하게 모사할 수 있는 정밀한 시뮬레이션 모델 개발이 반드시 선행되어야 한다. 시뮬레이션 대상이 되는 분야는 제품 설계, 공정, 설비 세팅, 작업자 배치, 물류 등 너무나 다양하고 현장마다 그 특성이 상이하기 때문에 각각 현장에 맞는 시뮬레이션 모델을 만들기 위해서는 고도화된 현장 노하우를 필요로 하며 이를 컴퓨터를 활용한 수식 또는 로직으로 표현할 수 있는 높은 기술력을 필요로 한다. 실제 특정 화학 공정을 수행하는 국내 제조기업 중 한 곳은 현장과 똑같이 돌아갈 수 있는 공정 시뮬레이션 모델 개발을 위해 10년 가까운 시간과 인력을 투입하고 있을 만큼 어려운 과정이라 할 수 있다.

시뮬레이션 모델의 정밀도를 높이는 일이 어려운 이유 중 하나는 시뮬레이션 모델이 만들어지는 시기이다. 정밀한 시뮬레이션 모델을 만들기 위해서는 시뮬레이션 결과와 비교할 수 있는 실제 생산 데이터가 반드시 필요하지만, 제품, 설비, 공정과 관련된 시뮬레이션 모델 개발은 대부분 생산 이전 엔지니어링 단계에서 진행된다. 생산 이전 엔지니어링 단계에서 만들어진 시뮬레이션 모델은 생산라인 구축 및 설비 제작을 위한 가이드라인 정도로만 활용되고 있고, 생산 이후 단계에서도 생산 현장 최적화 등을 위해 활용될 수 있음에도 불구하고 시뮬레이션 결과와 현장 데이터의 오차가 커 활용되지 못하고 있는 것이 현실이다.

오차가 발생하는 원인은 다양하게 있지만 대표적인 이유를 살펴보면 엔지니어링 단계에서 만들어진 시뮬레이션 모델을 참조하여 만들어진 설비는 가공물 자체의 오차, 가공물 조립 오차 등 설비가 다뤄야 하는 여러 부분에 +/– 변수가 존재한다. 그뿐만 아니라 가공물을 다루는 설비의 조건 및 상태(예시 : 카메라 오차, 기구 높이, 조립부 평탄도, 상하면 평탄도 등)에 따라서도 오차를 야기시킬 수 있는 요소들이 너무나 많이 존재하고, 이러한 모든 오차값을 가정하여 분석을 한다면 기본 Process를 만드는 것 자체가 어렵기 때문에 실제 현장에서는 오차가 없는 절대값을 기준으로 모든 분석을 하여 기준을 정하고, 실제 설비나 공장 구축 후 발생되는 문제들을 '현장 맞춤'으로 최상의 조건을 찾아가는 것이 일반적이다.

국내 자동차 부품 제조 업체의 실세계와 가상세계의 오차와 관련된 실제 사례에 대해 살펴보면 〈그림 3-6-4〉에 나타낸 바와 같이 통상적인 경험에 의해 현장에서는 원하는 시뮬레이션 결과와 실제 데이터 오차가 5% 이내일 경우 라인 또는 설비가 이상적으로 동작하는 것으로 판단하고 있다. 하지만 가상 시뮬레이션 결과와 현장 데이터는 오차가 존재할 수밖에 없으며 초기 세팅 시에는 20% 이상의 오차가 발생하기도 한다. 이 15%의 오차를 줄이기 위해 현장에서는 라인 및 설비를 재설계하거나 세팅값을 변경하는 등 여러 시행착오를 거치게 되고 공장 규모에 따라 다르겠지만 큰 규모의 자동차 부품 생산 공장의 경우 수십에서 수백억 원의 비용과 6개월 이상의 시간이 소요되고 있는 실정이다.

그림 3-6-4 시뮬레이션 기술과 생산 안정화

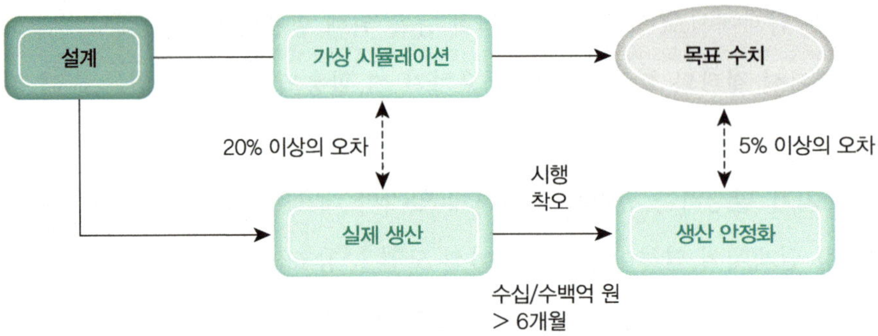

출처 : 저자 작성

3.2 생산 이전 단계와 생산 이후 단계의 연계

제조 프로세스는 크게 생산 이전 단계와 생산 이후 단계로 구분할 수 있다. 생산 이전 단계에서는 CAD, CAM(Computer-Aided Design, Computer-Aided Manufacturing) 등의 엔지니어링 도구를 활용하여 제품 및 공정 설계와 설계한 제품 및 공정에 대한 시뮬레이션과 가상 시운전 등을 수행하며 생산 이후 단계에서는 MES(Manufacturing Execution System), ERP(Enterprise Resource Planning), SCADA(Supervisory Control and Data Acquisition) 등의 시스템을 활용하여 생산 및 설비 데이터를 수집하고 모니터링한다. 〈그림 3-6-5〉에는 생산 이전 및 이후 단계의 수행업무 및 관련 시스템에 대해 요약하여 나타내었다.

시뮬레이션 모델은 실제 생산이 이루어지기 전 단계에서 주로 만들어지고 실제 생산 데이터를 다루는 시스템과 데이터 모델뿐만 아니라 개발 주체도 달라 생산 이전과 이후 데이터를 연계하는 것은 매우 어려운 일이다. 특히 생산 전·후 시스템 개발의 주체가 다른 데에서 오는 문제점 중 하나는 시뮬레이션에 굉장한 중요한 입력과 출력값들이 생산 이후 수집되는 데이터에는 고려되지 않는 경우가 있어 데이터 연계가 아예 불가능한 상황도 생길 수 있다는 점이다.

즉, 제품 및 공정에 대한 시뮬레이션은 주로 생산 이전 엔지니어링 단계에서 대부분 진행되며 엔지니어링 단계에서 만들어진 시뮬레이션 모델의 결과는 실제 생산 시 데이터와는 많은 차이가 있어 일단 생산이 시작되고 라인이 가동되면 시뮬레이션 및 분석 결과를 생산 현장에 적용 및 활용하기가 어려운 것이 현실이다.

그림 3-6-5 생산 이전 및 이후 단계의 수행업무 및 관련 시스템

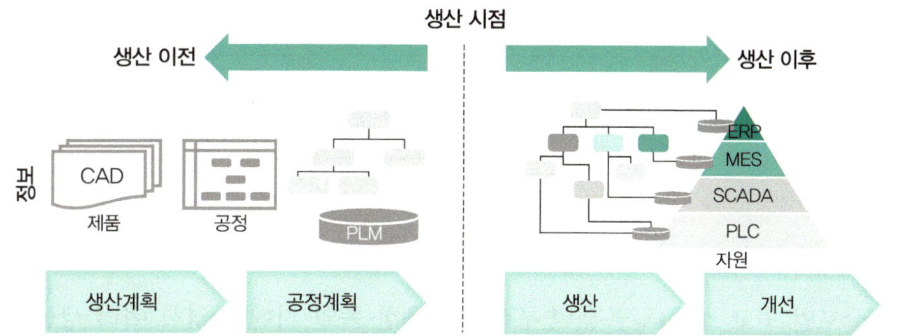

생산 이전 단계	생산 이후 단계
• 수행업무 : 제품 및 공정 설계, 시뮬레이션, 가상 시운전 • 시스템 : CAD(Computer Aided Design, 컴퓨터 지원 설계), PLM(Product Lifecycle Management, 제품 생명주기 관리) 등 엔지니어링 도구	• 수행업무 : 생산·설비 데이터 수집 및 모니터링 • 시스템 : MES(Manufacturing Execution Systems, 생산 관리 시스템), ERP(Enterprise Resource Planning, 전자적 자원 관리) SCADA (Supervisory Control And Data Acquisition, 감시 제어 및 데이터 취득) 등

주 : PLC(Programmable Logic Controller, 프로그래머블 로직 컨트롤러)

출처 : 저자 작성

앞서 기술한 바와 같이 정밀한 시뮬레이션 모델 개발을 위해서는 실제 생산 데이터가 반드시 필요하며 가상 시뮬레이션과 실제 생산 현장과의 지속적인 연계가 핵심이라 이야기할 수 있다. 그런데 디지털 트윈을 활용할 경우 〈그림 3-6-6〉에 나타낸 바와 같이 생산 이전, 이후 단계의 연계가 가능하며 생산 단계에서 발생하는 문제점들을 효율적으로 엔지니어링 단계에 전달할 수 있고, 현장 데이터를 활용하여 시뮬레이션 모델의 정확도를 향상시키고 이를 통해 생산

안정화 시간을 감축시킬 수 있는 환경을 갖출 수 있게 된다.

그림 3-6-6 디지털 트윈을 활용한 생산 이전과 이후 단계의 연계

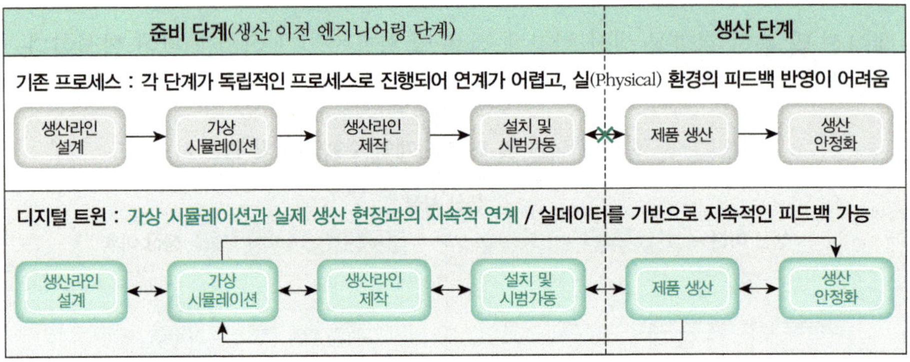

출처 : 저자 작성

글로벌 최고 스마트 공장 솔루션을 보유한 독일 지멘스 역시 여러 생산 단계 간의 지속적인 피드백을 목표로 한다는 점에서 상기 기술한 제조분야에서의

그림 3-6-7 지멘스 생산 전 주기 연계 디지털 트윈

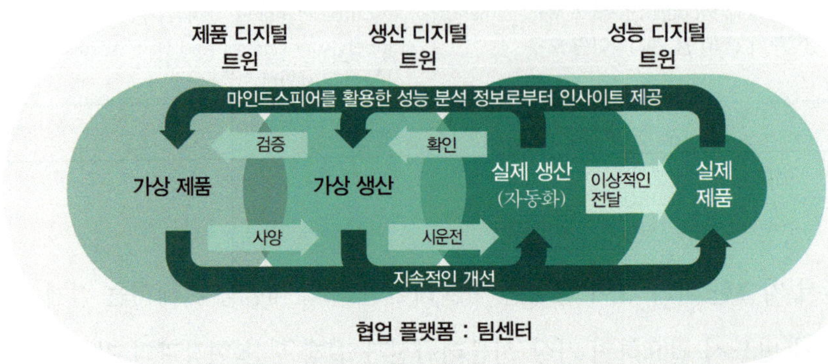

제품 디지털 트윈	생산 디지털 트윈	성능 디지털 트윈
실제 모델 없이도 다양한 산업의 복잡한 제품을 설계, 시뮬레이션 및 검증	가살 시뮬레이션 기반의 시운전 및 생산을 지원하고 실 생산 데이터와도 연계	실 환경에서 발생하는 제품 데이터를 가치사슬에 연결하여 지속적인 생산 최적화를 수행

출처 : 지멘스(https://new.siemens.com/)

디지털 트윈의 역할과 방향성이 일치한다고 이야기할 수 있다. 〈그림 3-6-7〉에 나타낸 바와 같이 지멘스는 디지털 트윈을 활용하여 가상으로 제품을 설계하고, 이를 가상에서 생산해보고 실제 생산과도 연계하여 실제 생산 과정에서의 문제점이 제품 설계와 가상 생산에 다시 영향을 줄 뿐만 아니라 실제 제품이 완성되었을 때 소비자 데이터들을 기반으로 다시 전 단계에 피드백 줄 수 있는 제품 생산 전 주기를 커버하기 위한 시도를 해나가고 있다.

3.3 디지털 트윈 간의 연계

제조환경의 복잡도가 높아짐과 함께 공장 안 영역뿐만 아니라 제조기업 간 밸류체인을 대상으로 하는 디지털 트윈 연계에 대한 필요성이 논의되고 있다. 디지털 트윈의 연계 이슈는 다양한 최적화 문제를 해결하는 과정에서 알 수 있듯이 로컬 최적화보다는 글로벌 최적화를 위한 해를 찾을 때 더 많은 참여자들이 혜택을 볼 수 있기 때문에 서로 이해관계가 얽혀 있는 밸류체인상의 다양한 제조기업들이 각각 보유한 디지털 트윈의 연계 활용을 통해 서로 상생하며 시너지를 찾을 수 있는 기회가 될 것으로 기대를 모으고 있다.

이를 위해서는 큰 규모의 디지털 트윈 그룹을 대상으로 디지털 트윈의 생성-성장-추적-소멸-검색-구성 등 복잡한 생명주기를 효율적으로 관리하기 위한 정책과 메커니즘을 정의하고 관리할 수 있는 디지털 트윈 생명주기 관리 기술 확보가 우선되어야 하며, 제조설비, 생산라인, 제품 등의 대규모 구성요소를 빠르게 디지털화하고 추후 손쉽게 개선 및 관리할 수 있는 규격·표준화된 아키텍처가 필요하다. 이 외에도 디지털 트윈 간 연계를 위해 함께 다뤄져야 할 기술 분류 및 범위에 대한 예시를 [표 3-6-3]에 정리하여 나타내었다.

표 3-6-3 디지털 트윈 간 연계를 위한 기술 분류 및 범위 예시

분류	범위
디지털 트윈 연합 식별체계 관리 기술	• 복잡한 작업공정의 모델링을 위해 디지털 트윈 모형들 간 연합적 협업에 필요한 객체들의 분류, 식별 및 관리체계 운영 기술 – 가상객체들 간 연합적 협업을 위한 객체 식별 및 관리체계 시스템 – 자율제어 스마트 팩토리를 위한 디지털 트윈 기반 객체 자동 식별
페더레이션 지능화 기술	• 대·중소기업 가치사슬 통합 및 연결된 대규모(Mega-Scale) CPPS 지원, 다양한 환경의 이기종 디지털 트윈 간 연동·관리 최적화를 제공하기 위한 분야 – 생산공정 디지털 트윈을 위한 데이터·AI 통합 페데레이션 – 디지털 트윈 기반 AI 고도화를 위한 연합 학습 최적화
트윈 간 상호 신뢰성 제공기술	• 블록체인 등의 기술을 활용하여 작업환경 내 가상객체 간 신뢰성/편리성 기반 정보 교환, 공유를 지원하는 분산 기술 – 생산 시설 내 블록체인 기반 가상객체연합 간 분산 정보 공유

출처 : 저자 작성

이종 생산 시스템을 동시에 고려한 생산 최적화를 위해서는 서로 다른 데이터 모델의 연계, 데이터의 시공간적인 동기화, 다양한 물리 시스템 및 시뮬레이션 도구들의 연계라는 기술적인 문제점뿐만 아니라 밸류체인 상에서 연계가 이루어진 전체 트윈의 관리 주체 및 최적화 대상, 이윤 분배 등의 기술 외적인 문제도 존재하고 있어 밸류체인으로 이해관계가 얽혀 있는 대·중소기업이 상생 파트너로서 함께 발전하고자 하는 기업 마인드를 갖추는 것 또한 매우 중요한 이슈라 할 수 있다.

상기 기술한 거창한 밸류체인 간 디지털 트윈의 연계 시나리오가 아니더라도 디지털 트윈의 연계를 통해 실질적으로 제조기업에 효과를 줄 수 있는 심플한 응용 예도 있다. 〈그림 3-6-8〉에 나타낸 바와 같이 제조기업들은 생산량 증대와 함께 생산라인 또는 공장을 증설하는 것이 일반적인데, 기존 공장의 설계 및 운영 데이터들이 체계적으로 관리되지 않아 신규 라인 확장 및 생산 안정화 기간에 많은 시간과 비용이 소모되고 있다.

그림 3-6-8 디지털 트윈을 활용한 신규 라인 확장 시나리오

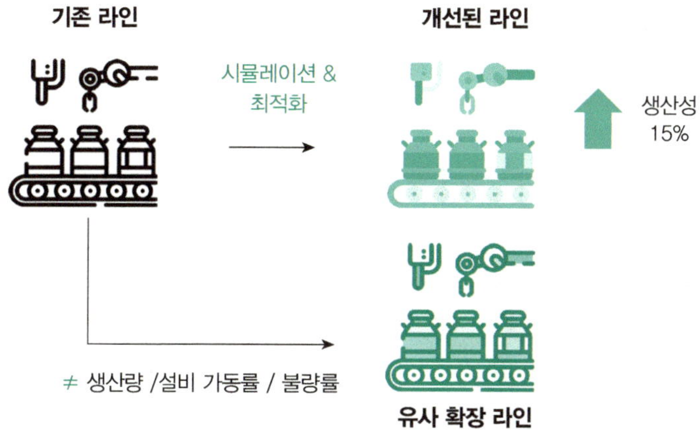

출처 : https://www.flaticon.com

따라서 기존 라인에 추가·변경되는 생산 자원들에 대한 시뮬레이션 이후 신규 라인을 구축할 경우 구축 비용을 크게 절감할 수 있는데, 특이한 점은 기존 공장과 유사한 형태로 신규 라인을 구축했음에도 두 라인의 생산량, 설비 가동률, 불량률 등이 다르게 나타나고 이 원인을 찾기 어렵다는 것이다. 하지만 두 사이트를 디지털 트윈으로 구축하여 생산 데이터를 비교 분석할 경우 상대적으로 개선이 필요한 부분들을 쉽게 찾아낼 수도 있다.

4. 디지털 트윈 적용 예시

4.1 단조 공정 사이트

단조 공정이라는 것은 금속재료를 가압하여 일정한 모양으로 만드는 공정을 의미하며 단조 공정을 통해 만들 수 있는 대표적인 제품 중 하나로 자동차, 전자제품, 공작기기 등에 사용되는 용접 너트가 있다. 용접 너트의 규격은 표준화되어 있기는 하지만 바깥 지름, 안 지름의 크기가 다양하고 6각 너트의 생산

을 위해서는 1차적으로 단조 공정을 통해 6각형 모형을 만든 후 탭핑 공정을 통해 안에 구멍을 뚫어야 한다.

그림 3-6-9 단조 공정 환경

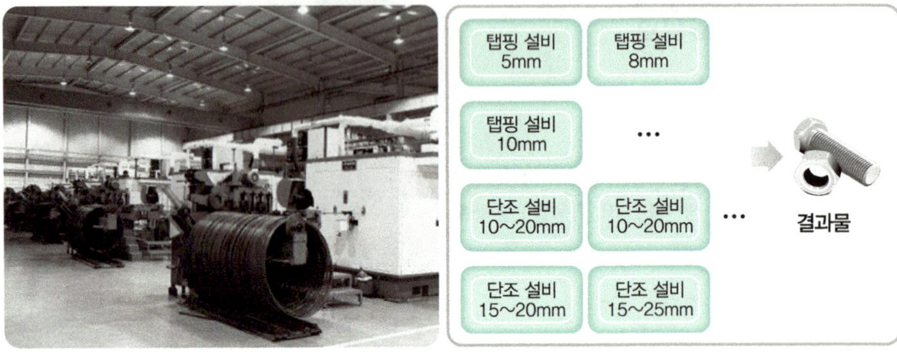

사진 출처 : 프론텍(https://www.e-frontec.co.kr/bbs/smartfactory.php) 재구성

이처럼 다양한 모양의 너트 결과물을 만들어 내기 위해 대부분의 단조 공장들은 생산할 수 있는 최대 · 최소 바깥 지름 수치가 다른 단조 설비를 여러 대 보유하고 있으며 이후 공정을 수행하는 탭핑 설비 역시 다양한 안 지름 수치를 지원할 수 있는 설비를 여러 대 보유하고 있다. 주문된 너트의 종류 및 수량에 따라 단조 설비와 탭핑 설비는 어느 정도의 세팅 변경이 가능하지만 이를 변경하기 위해서는 시간과 인력이 소비될 수밖에 없다.

여기서 문제는 생산 중에도 긴급 주문을 비롯한 다양한 모양의 너트를 요구하는 주문이 추가적으로 계속 발생하기 때문에 기존 제품 종류 및 주문량에 맞춰 세팅 및 스케쥴링된 설비들이 효율적으로 운용되고 있지 못한다는 점이다.

이러한 환경에서 생산 제품별 생산 수량, 납기 기한, 설비별 제품 할당량 등을 입력으로 제품별 생산량, 전체 생산시간, 설비 가동률 등을 예측할 수 있는 시뮬레이션 모델과 디지털 트윈을 활용할 경우 디지털 트윈은 추가 주문된 제품의 종류 및 수량, 설비 세팅 변경 시 소요 시간, 현재 생산 현황 등을 전체적으로 고려하여 가장 효율적인 설비 세팅 및 운용 방안을 찾아낼 수 있다.

4.2 연속 공정 사이트

정밀 시뮬레이션을 지원하는 디지털 트윈 기술의 적용은 연속 공정을 수행하는 공장에서도 매우 효과적으로 활용될 수 있다. 화학 반응을 필요로 하는 특정 공정의 경우 실제로 한 번 공정이 수행되기 위해서는 수일의 시간과 수십, 수백만 원 이상의 재료 비용이 소모되는 경우도 있다. 이런 연속 공정을 주 공정으로 다루고 있는 공장들의 숙제는 원하는 품질, 고품질의 공정 결과물을 얻기 위한 최적의 입력 값 조합(재료의 종류, 재료의 양, 반응 온도, 촉매제 양 등)을 찾아내는 것과 동시에, 글로벌 경쟁력 확보를 위해 신공정 개발, 선도 제품 개발 등의 업무가 필수적으로 수반되어야 하지만 상기 기술한 바와 같이 실제 실험을 통해 최적값을 찾아내기 위해서는 너무 많은 시간과 비용을 필요로 한다.

이러한 이유로 많은 공장들이 연속 공정을 가상에서 수행해 볼 수 있는 시뮬레이션 모델을 개발하고 보유하고 있지만 실제 현장과의 오차로 인해 시뮬레이션 결과를 실제 현장에 적용하지 못하고 있는 것 또한 현실이다. 2차 전지 소재를 개발하고 있는 포스코 케미컬의 경우 현실 세계를 아주 정밀하게 반영할

그림 3-6-10 연속 공정 환경

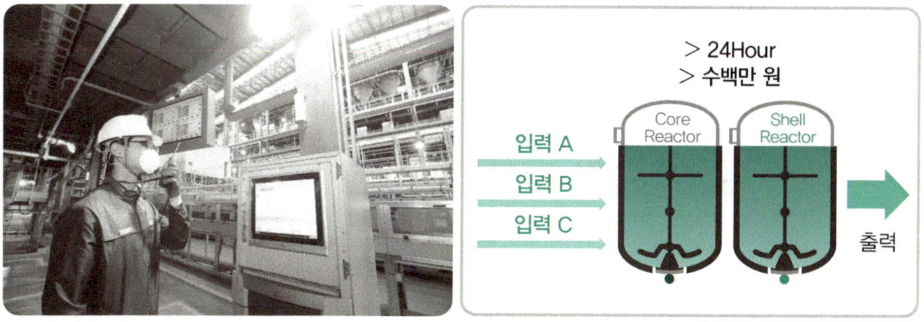

사진 출처 : 포스코 케미칼(https://www.poscochemical.com/) 재구성

수 있는 공정 시뮬레이션 모델 개발이 가능하다면 연간 수백억 원 이상의 생산 비용 절감 효과를 볼 수 있다고 이야기하고 있다.

5. 인공지능 기술과 디지털 트윈 기술의 연계

전통적으로 도메인 지식을 기반으로 개발되는 시뮬레이션 모델은 제품, 공정, 설비 등의 설계 및 시운전을 지원하는 엔지니어링 도구를 통해 로직과 수식을 기반으로 개발되며 실제 현장과 결과 차이가 크거나 현장의 변화가 발생하여 모델 수정이 필요할 경우 제3자가 수정하는 것은 매우 어려운 일이다.

그 이유는 시뮬레이션 모델 자체가 해당 설비, 공정, 제품 등 현장과 관련된 고도의 도메인 지식을 바탕으로 만들어지는데 시뮬레이션 결과와 다르게 나오는 현장 데이터를 보고 원인을 파악하여 생산 시스템 업체와 같은 제3자가 이를 수식 또는 로직 형태로 반영하는 것은 불가능에 가깝기 때문이다.

그림 3-6-11 시뮬레이션 모델 수정의 어려움

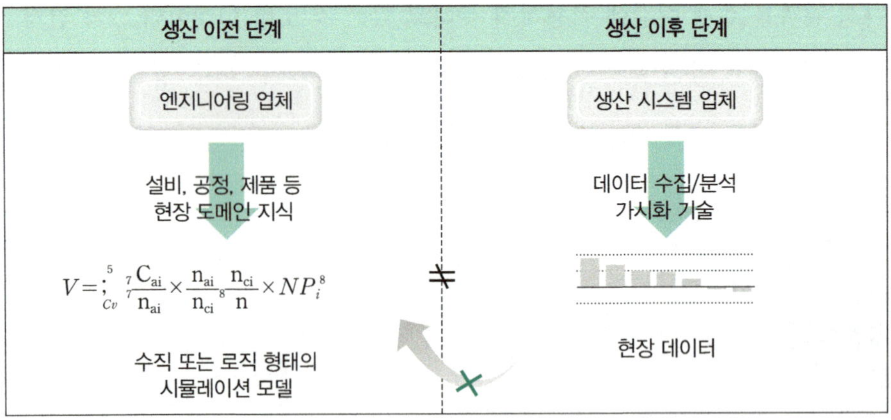

출처 : 저자 작성

하지만 최근 인공지능 기술의 발전과 함께 인공지능 기술을 활용하여 도메인 지식이 없이도 기존 시뮬레이션 모델을 정밀한 시뮬레이션 모델로 최적화할 수 있는 새로운 방법론들이 소개되고 있다.

그림 3-6-12 기존 수식 및 로직 기반의 시뮬레이션 모델과 학습 모델의 연계

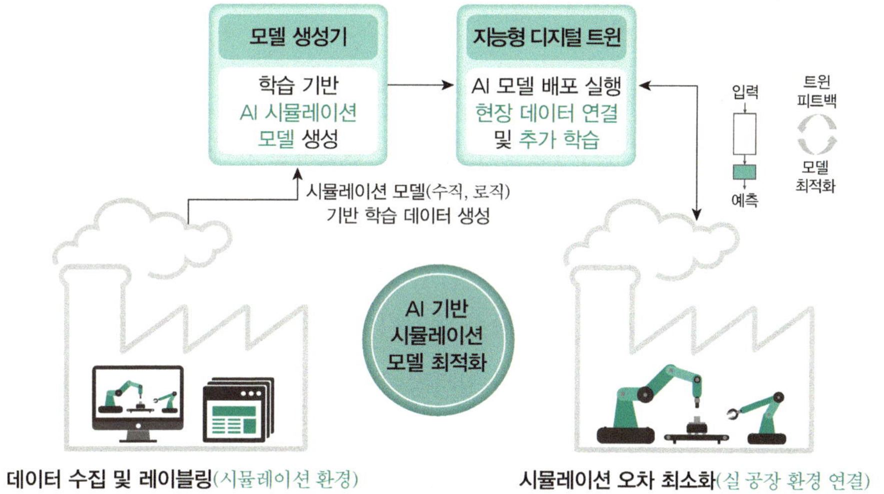

출처 : 저자 작성

수식 또는 로직으로 존재하는 시뮬레이션 모델이 존재한다는 것은 수많은 데이터 셋, 즉 빅데이터를 만들어낼 수 있다는 이야기가 되고 이를 학습하면 기존 시뮬레이션 모델과 유사한 패턴을 갖는 학습 모델을 만들어 낼 수 있게 된다. 여기에 최신 AI 기법 중 하나인 전이학습 기술 등을 활용하여 기존 학습 모델에 현장 데이터를 추가 학습하게 되면 현장과 유사하게 돌아갈 수 있는 시뮬레이션 모델을 확보할 수 있게 되고 이는 시간이 지날수록 점점 더 정교해질 수 있다는 장점을 갖게 된다.

6. 맺음말

스마트 팩토리를 위한 디지털 트윈이라는 연구 분야에 많은 투자와 기술개발이 이루어지고 있으나 아직까지 현장에서는 디지털 트윈 구축에 따른 기대 이득의 모호함, 분석 및 활용 인력 부재 등의 이유로 가시적인 성과 창출은 지연되고 있는 것이 사실이다.

하지만 이는 디지털 트윈이 단순히 현장 데이터를 모니터링하는 수준으로 활용되고 있기 때문이며 디지털 트윈을 통한 실질적인 효과는 정밀한 시뮬레이션 기술과 이를 활용한 주요 의사결정이 가능해질 때 그 효력을 나타낼 수 있다. 고정밀 시뮬레이션 기술이 뒷받침되는 디지털 트윈 기술은 가상 생산라인 설계, 구축 · 재구성, 시운전을 포함한 엔지니어링 비용과 시간을 획기적으로 절감할 수 있을 뿐만 아니라 공장 운영과정에서의 다양한 지능화된 의사결정을 통해 품질 개선 및 생산성 향상에도 기여할 수 있다.

앞서 디지털 트윈의 정의에 대해 이야기하며 구분한 3단계의 디지털 트윈 형상 중 첫 번째 단계인 커넥티드 트윈과 관련된 현실 데이터의 수집 및 동기화 기술들은 이미 많이 성숙한 단계에 와 있으나 아직까지도 두 번째 단계와 세 번째 단계의 디지털 트윈 형상을 갖추기 위해서는 인공지능 기술을 비롯한 다양한 분야의 기술개발이 요구되고 있는 상황이다. [표 3-6-4]에는 디지털 트윈이 제공하는 서비스의 현재 수준과 발전 방향에 대해 요약하여 정리하였다.

표 3-6-4 **디지털 트윈이 제공하는 서비스의 현재 수준과 발전 방향**

현재	발전 방향
주요 의사결정 지원을 위한 현장 데이터 모니터링 서비스	제조 전 주기의 최적 운영이 가능한 지능형 자율 제조 서비스
• 대기업 혹은 시뮬레이션 전문기업 중심으로 특정 제품 및 설비에 특화된 디지털 트윈 시스템 구축 • 제조 자원(설비, 공정, 작업자 등)에 대한 실시간 모니터링 및 단편적인 운영 시뮬레이션 • 실제 생산·제조라인과 환경을 가상공간에 구현하고 있지만 물리적 환경 변화를 정밀하게 모사하고, 이에 대한 상황 예측 및 대처가 미흡 • 제조장치, 생산라인, 제품 등의 공장 구성요소(디지털 객체)를 쉽게 생성 및 관리할 수 있는 요소기술 부족	• 가상 – 물리 시스템이 유기적으로 연계되어 유사 모델 및 환경을 가진 설비들의 빠른 디지털화 및 실시간 양방향 제어가 가능 • 고신뢰, 고정밀 보장 가상화를 지원하고 다양한 이종 요소 기술과 시뮬레이션을 연동하여 실세계 – 가상환경의 실시간 연결 및 동기화 가능 • 설계/생산공정/제품 등 제조 전 주기에 걸친 품질 관리 및 예측을 통한 운영 효율 극대화 • 물리적 제조 자원의 문제, 불량 발생을 예측하여 사전 또는 조기 대응

출처 : 저자 작성

참고문헌

가트너 포털(Gartner Glossary), "Digital Twin", www.gartner.com.

김명일 외(2017), "모델링 및 시뮬레이션 서비스 산업 분류 및 현황 분석".

이은서 외, "단조공정 스케쥴링을 위한 시뮬레이터 연계 디지털 트윈 구축", CDE 하계 학술대회, 2021.

정보통신기획평가원(2021), "디지털 트윈의 기술적 정의와 세부적 발전 5단계 모델".

제너럴 일렉트릭 포털, "What is a Digital Twin?", www.ge.com.

중소벤처기업부(2020), "중소기업 전략기술로드맵 2020~2022".

지멘스 포털, https://new.siemens.com/.

Aaron Parrott, Lane Warshaw(2017), "인더스트리 4.0과 디지털 트윈 ", Deloitte Anjin Review, No. 9.

Gartner Newsroom(2020), "Gartner Survey Reveals 47% of Organizations Will Increase Investments in IoT Despite the Impact of COVID-19".

7장

AR 기술을 통한 스마트 팩토리의 현장 업무 혁신 사례

하태진(버넥트)

〈요약〉

제조산업과 AR 산업 간 기술 융합을 통한 혁신이 시작되었다. 기업의 기술역량 강화 및 체계적인 제조 노하우를 혁신적으로 전수하기 위한 시스템이 필요하다. 본 장에서는 전반적인 생산 데이터 및 업무 관리가 용이한 AR 매뉴얼과 AR 원격지원 솔루션 사례를 소개한다. 기업 내 고숙련자의 축적된 기술 노하우를 AR 매뉴얼로 제작하여 체계적인 기술 전수 체계를 마련할 수 있다. 이를 통해 미숙련자의 조기 전력화 및 생산성 향상이 가능하다. 또한 실시간 원격협업 솔루션을 통해 산업 현장에 필요한 정보와 이슈를 실시간으로 공유하여 언제 어디서든 업무 대응을 할 수 있다. 도입 사례를 통해서 AR 솔루션 적용 후의 제조 · 경영 혁신 성과가 향상된 것을 확인할 수 있었다(생산 효율성, 작업 숙련도, 리드타임 단축, 비용 절감 등).

1. 필요성

1.1 중소기업의 기술 혁신 역량 제고 필요

대다수 제조 중소기업 생산 관리는 수작업에 의한 수집으로 매 생산 시마다 물성 및 특성 등의 데이터가 누적되지 않고 부정확한 정보가 많아 같은 문제가 생겼을 시 해결 방안을 매번 새로 모색하는 등 효율성이 낮은 문제가 반복되고 있다. 국내 중소기업의 64.2%는 자사가 보유한 기술이 '중간 기술 이하'라고 인식하는 등 기술 혁신에 대한 투자를 꾸준히 해오고 있으나 대·중소기업 간 격차를 반전시킬 만한 수준에는 미치지 못하고 있다. 특히 고령화에 따라 50대 이상의 비율은 증가하고 있지만, 유능한 젊은 신규 인력의 유입이 부족하고 기술 노하우 전수 체계도 문서 매뉴얼에 그친 수준이다. 그로 인해 생산성 증대 노력이 성과로 이어지지 못하는 현실이다. 그간 정부와 지자체가 중소기업의 생산성 향상을 위한 종합 대책을 마련하여 추진하였으나 현장의 체감성과는 여전히 미흡하다. 다년간 투자한 숙련 기술인의 이탈은 노하우 손실, 기술 공백에 따른 중소기업 존폐 문제로까지 연결되고 있다.

1.2 4차 산업혁명 시대에 대응하는 데이터 시각화 및 증강 현실 시스템 요구사항

기존의 많은 제조기업들이 사용하고 있는 MES 또는 ERP, POP, MRP 등의 시스템에서 관리되고 있는 많은 데이터는 사용자가 직접 찾아보고 검색·분석해야 하는 문제점들이 있어 문제 상황을 인식하고 즉각적인 대응 조치까지 시간이 소요된다. 이러한 문제를 해결하기 위해서 일반적인 제조 데이터를 2D 또는 3D로 시각화(Visualization)하고 더 나아가 증강현실(Augmented Reality ; AR)

기술을 통해 사용자에게 시각적이며 직관적인 데이터들을 제공해주는 것이 필요하다. 원격 산업 현장의 작업자와 원활하게 커뮤니케이션을 할 수 있는 방법도 필요하다. 그리고 AR 업무 관리 솔루션을 통해 작업자 관리, 공정/업무 관리가 가능하므로 특별한 인사 · 공정 · 자재 관리 등의 여러 형태의 시스템을 복합적으로 도입하지 않아도 하나의 시스템을 통해 손쉽게 사용할 수 있는 방법도 필요하다.

1.3 포스트 코로나 시대에 대응하는 제조업의 생태계 변화 준비

특히 코로나19 이슈로 경기침체가 지속되면서 그동안 해외 공급망에 의존해온 기업은 자체적인 생산 능력을 손실한 기간이 길어져 최근 '언택트 비즈니스(원격 생산 관리, 재택근무용 솔루션)의 수요가 급증하는 추세이다. 그동안 게임, 영화, 공연을 중심으로 발전하던 AR · VR 시장이 5G 상용화와 결합하여 제조 현장으로의 적용 사례가 창출되고 있고, 이를 제조업의 차세대 플랫폼으로 도입하여 다양한 산업 융합 과제 개발이 지원되는 추이를 보이고 있다. 이러한 수요에 발맞춰 AR 솔루션을 개발 · 보급하여 기업 고유의 제조 노하우를 체계적으로 전수하고 비대면 생산 관리 환경을 조성하는 등 스마트 공장의 기능 고도화가 필요하다.

2. AR 스마트 팩토리 추진 과정

2.1 지원기업별 적용 공정 협의 및 계획 수립

① **공정 진단** : AR 솔루션 공급기업의 기술 전문가가 수요기업(3개사)의 제조 현장을 방문, 진단하여 AR 솔루션을 적용할 핵심 생산공정 기술을 파

약한다.

② **적용 부분 결정** : AR 원격지원 솔루션을 활용할 사업부(공정)를 선정하고 해당 공정에 대한 개요와 제품(설비, 상품 등)에 대한 상세한 정보를 파악한다.

③ **구축 환경 검토** : 솔루션이 도입되는 각 기업별 주요 특성과 공장 운영 체계, 서버 환경, 레거시 시스템, 보완 환경 등의 작업 환경을 사전에 확인한다.

④ **요구사항 반영** : 수요기업이 희망하는 기대효과를 달성할 수 있는 수준과 목표하는 솔루션 기능 간의 차이를 정의하여 기술 개발과 구축 범위를 협의한다.

⑤ **AR 콘텐츠 도출** : 문서, 도면, 영상 등의 기존 매뉴얼을 참고하여 AR 콘텐츠로 제작될 부분을 정의하고 AR 콘텐츠 개발 및 적용한다.

⑥ **목표 설정** : 수요기업과 공급기업의 협의를 통해 솔루션 적용 개발 전후를 비교하여 달성하고 싶은 정량적 · 정성적 성과지표 설정한다.

⑦ **솔루션 기능 구체화** : 사전 기획 단계에서 수렴한 수요기업의 신청서를 분석하여 아래 항목들을 구체적으로 정의한 후 개발 · 구축 부분을 협의한다.

표 3-7-1 **솔루션 기능 구체화**

연번	구분	내용
1	적용 희망 공정 선택	기업별 주요 핵심공정을 선택, AR 솔루션 적용 목적 구체화
2	최종 목표 설정	기존 공정 및 매뉴얼의 한계점을 돌파하여 필요성 및 시급성에 따라 구체적인 개발 목표 협의
3	개발 · 구축 부문 협의	수요기업이 희망하는 솔루션의 개발 범위 협의 • AR 매뉴얼 : 매뉴얼의 개발 콘텐츠 수량, 범위 등 • AR 시각화 : 연동 설비 범위, 데이터 범위 등 • AR 원격지원 : 사용자 수, 사용 환경, 문서 연동 기능 등

출처 : VIRNECT (https://virnect.com/)

2.2 수요기업 설문 조사 및 신청서 내용

수요기업의 니즈를 정확하게 파악하기 위해서 다음과 같은 설문 조사 양식을 만들었다.

그림 3-7-1 수요기업 설문 조사 양식

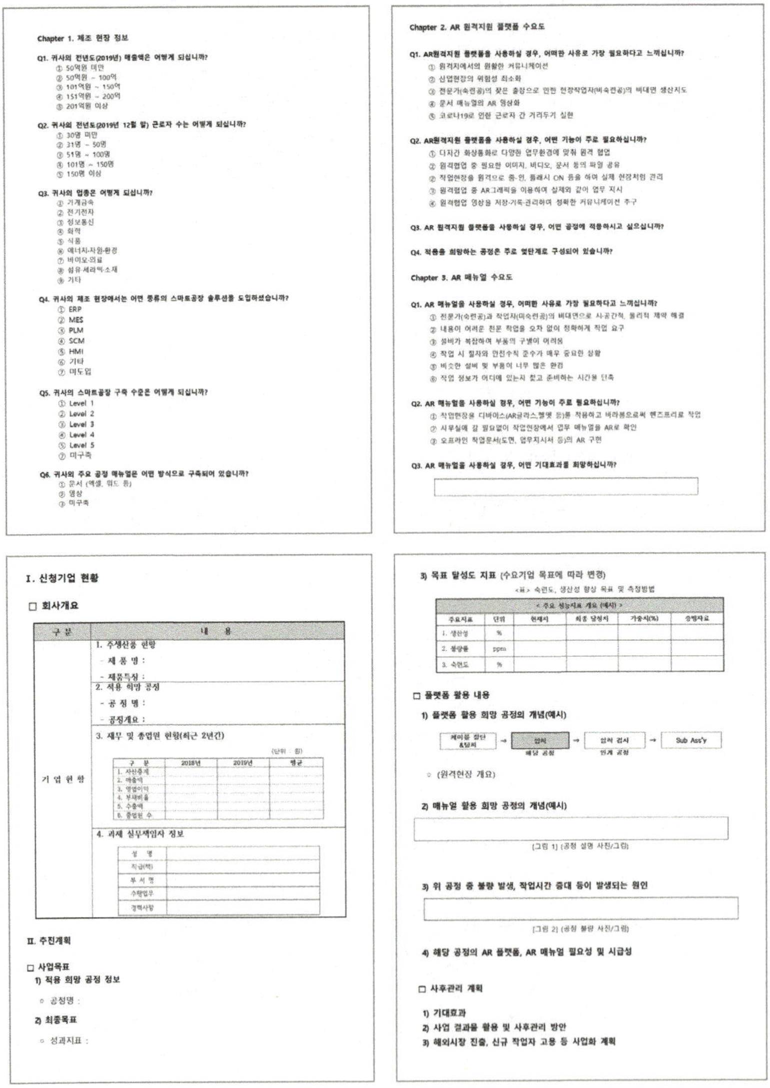

Chapter 1. 제조 현장 정보

Q1. 귀사의 전년도(2019년) 매출액은 어떻게 되십니까?
① 50억원 미만
② 50억원 ~ 100억
③ 101억원 ~ 150억
④ 151억원 ~ 200억
⑤ 201억원 이상

Q2. 귀사의 전년도(2019년 12월 말) 근로자 수는 어떻게 되십니까?
① 30명 미만
② 31명 ~ 50명
③ 51명 ~ 100명
④ 101명 ~ 150명
⑤ 150명 이상

Q3. 귀사의 업종은 어떻게 되십니까?
① 기계금속
② 전기전자
③ 정보통신
④ 화학
⑤ 식품
⑥ 에너지·자원·환경
⑦ 바이오·의료
⑧ 섬유·세라믹·소재
⑨ 기타

Q4. 귀사의 제조 현장에서는 어떤 종류의 스마트공장 솔루션을 도입하셨습니까?
① ERP
② MES
③ PLM
④ SCM
⑤ HMI
⑥ 기타
⑦ 미도입

Q5. 귀사의 스마트공장 구축 수준은 어떻게 되십니까?
① Level 1
② Level 2
③ Level 3
④ Level 4
⑤ Level 5
⑦ 미구축

Q6. 귀사의 주요 공정 매뉴얼은 어떤 방식으로 구축되어 있습니까?
① 문서 (엑셀, 워드 등)
② 영상
③ 미구축

Chapter 2. AR 원격지원 플랫폼 수요도

Q1. AR원격지원 플랫폼을 사용하실 경우, 어떠한 사유로 가장 필요하다고 느끼십니까?
① 원격지에서의 원활한 커뮤니케이션
② 산업현장의 위험성 최소화
③ 전문가(숙련공)의 잦은 출장으로 인한 현장작업자(비숙련공)의 비대면 생산지도
④ 문서 매뉴얼의 AR 영상화
⑤ 코로나19로 인한 근로자 간 거리두기 실현

Q2. AR원격지원 플랫폼을 사용하실 경우, 어떤 기능이 주로 필요하십니까?
① 다자간 화상통화로 다양한 업무환경에 맞춰 원격 협업
② 원격협업 중 필요한 이미지, 비디오, 문서 등의 파일 공유
② 작업현장을 원격으로 줌-인, 플래시 ON 등을 하여 실제 현장처럼 관리
③ 원격협업 중 AR그래픽을 이용하여 실제와 같이 업무 지시
④ 원격협업 영상을 저장·기록·관리하여 정확한 커뮤니케이션 추구

Q3. AR 원격지원 플랫폼을 사용하실 경우, 어떤 공정에 적용하시고 싶으십니까?

Q4. 적용을 희망하는 공정은 주로 몇단계로 구성되어 있습니까?

Chapter 3. AR 매뉴얼 수요도

Q1. AR 매뉴얼을 사용하실 경우, 어떠한 사유로 가장 필요하다고 느끼십니까?
① 전문가(숙련공)과 작업자(미숙련공)의 비대면으로 시·공간적, 물리적 제약 해결
② 내용이 어려운 전문 작업을 오차 없이 정확하게 작업 요구
③ 설비가 복잡하여 부품의 구별이 어려움
④ 작업 시 절차와 안전수칙 준수가 매우 중요한 상황
⑤ 비슷한 설비 및 부품이 너무 많은 환경
⑥ 작업 정보가 어디에 있는지 찾고 준비하는 시간을 단축

Q2. AR 매뉴얼을 사용하실 경우, 어떤 기능이 주로 필요하십니까?
① 작업현장용 디바이스(AR글라스,헬멧 등)를 착용하고 바라봄으로써 핸즈프리로 작업
② 사무실에 갈 필요없이 작업현장에서 업무 매뉴얼을 AR로 확인
③ 오프라인 작업문서(도면, 업무지시서 등)의 AR 구현

Q3. AR 매뉴얼을 사용하실 경우, 어떤 기대효과를 희망하십니까?

I. 신청기업 현황

□ 회사개요

구 분	내 용
기 업 현 황	1. 주생산품 현황 - 제 품 명 : - 제품특징 :
	2. 적용 희망 공정 - 공 정 명 : - 공정개요 :
	3. 재무 및 종업원 현황(최근 2년간) (단위 : 원)
	4. 과제 실무책임자 정보

구 분	2018년	2019년	평균
1. 자산총계			
2. 매출액			
3. 영업이익			
4. 부채비율			
5. 수출액			
6. 종업원 수			

성 명	
직급(책)	
부 서 명	
수행업무	
경력사항	

II. 추진계획

□ 사업목표
1) 적용 희망 공정 정보
◦ 공정명 :
2) 최종목표
◦ 성과지표 :

3) 목표 달성도 지표 (수요기업 목표에 따라 변경)

<표> 숙련도, 생산성 향상 목표 및 측정방법

< 주요 성능지표 개요 (예시) >					
주요지표	단위	현재치	최종 달성치	가중치(%)	증빙자료
1. 생산성	%				
2. 불량률	ppm				
3. 숙련도	%				

□ 플랫폼 활용 내용

1) 플랫폼 활용 희망 공정의 개념(예시)

케이블 절단&탈피 → 압착 (해당 공정) → 압착 검사 (연계 공정) → Sub Ass'y

◦ (원격현장 개요)

2) 매뉴얼 활용 희망 공정의 개념(예시)

[그림 1] (공정 설명 사진/그림)

3) 위 공정 중 불량 발생, 작업시간 증대 등이 발생되는 원인

[그림 2] (공정 불량 사진/그림)

4) 해당 공정의 AR 플랫폼, AR 매뉴얼 필요성 및 시급성

□ 사후관리 계획

1) 기대효과
2) 사업 결과물 활용 및 사후관리 방안
3) 해외시장 진출, 신규 작업자 고용 등 사업화 계획

출처 : VIRNECT (https://virnect.com/)

2.3 수요기업별 기술 개발 기대효과 파악

총 3개의 수요기업을 발굴하였다. 기업들로부터 파악한 솔루션 도입에 대한 기대효과를 정리하였다. 향후 실제 솔루션 도입 결과와 비교하여 도입 효과를 검증하기 위한 목적으로 활용된다.

표 3-7-2 수요기업 기대효과 파악

수요기업	솔루션 적용 현장 사진	솔루션 적용 기대효과
네온테크		• 수입 검사 전 업체 출장 후 사전 검수를 통한 Loss율 개선, 일정 단축에 의한 비용 절감 • A/S 출장 시 숙련자, 비숙련자 간 소요시간 갭 평준화에 의한 비용 절감
프로발		• 비숙련자 신입직원들 대상으로 효과적인 교육 가능 • 밸브 컨트롤 A/S 출장에 대한 원격업무 대응으로 해결시간 및 비용 절감
텔스타홈멜	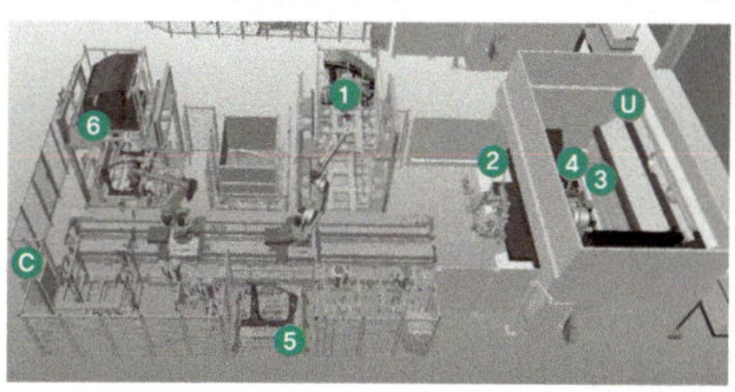	• 평택(본사) 및 공장(경주) 간 원격 시스템 구축으로 장애 발생 시 신속한 대응 가능 • 경주 공장의 최소한의 인원들로 생산효과를 최대로 높일 수 있음 (투입작업자 4명, 1일 260대 생산 목표)

출처 : 네온테크, 프로발, 텔스타홈멜을 참조하여 저자 작성

3. AR 솔루션 소개

3.1 제조 현장 전용 AR 솔루션 소개

작업(업무) 등록, 물류 관리 등록 등의 전반적인 업무 관리 솔루션이다. 공정별 다양한 업무에 따르는 작업을 누가 언제 어디서부터 진행하고 현재 어떤 업무를 진행 중인지 파악이 가능하다. 이러한 업무 관리는 스마트 제조 관리의 핵심이자 가장 기본적인 시스템이다. 기본적인 업무 등록 및 관리는 물론이거니와 스마트폰, 태블릿, PC 등의 하드웨어를 통해 계정별 권한에 따라 업무를 등록 · 관리할 수 있는 기능을 제공한다. 또한 각 공정별 보고서를 등록 · 관리할 수 있어 공정에서 진행된 보고서를 확인할 수 있다. 누가 어떻게 업무를 진행했는지 리포트 DB를 통해 확인할 수 있다.

기 구축되어 있는 시스템(레거시 시스템)과의 연계를 통해 데이터를 통합적으로 제공할 수 있다. 조직구성부터 시스템 로그 통합 관리, Web 기반 데이터 제어 솔루션 연동까지 가능하다. 다양한 데이터들을 쉽게 관리 가능하다. 또한 다양한 기능들을 전부 적용하는 것이 아닌 기업에 요구하는 기능들 위주로 적용이 가능하며 여러 형태의 구축 방식(내부 구축형, 클라우드형 등)을 지원한다.

3.2 VIRNECT 워크스테이션

AR 서비스를 효율적으로 통합 관리하는 솔루션으로 사용자 관리, AR 콘텐츠 관리, 작업관리 등을 관리할 수 있다.

그림 3-7-2 VIRNECT 워크스테이션 화면

출처: VIRNECT (https://virnect.com/)

3.3 VIRNECT Make : AR 매뉴얼 제작 SW

2D, 3D 등 다양한 오브젝트가 포함된 AR 콘텐츠를 코딩 없이 안드로이드 모바일, 스마트 클래스 등에서 사용이 가능한 콘텐츠 수요기업 관리자가 직접 제작이 가능하다.

그림 3-7-3 VIRNECT Make 화면

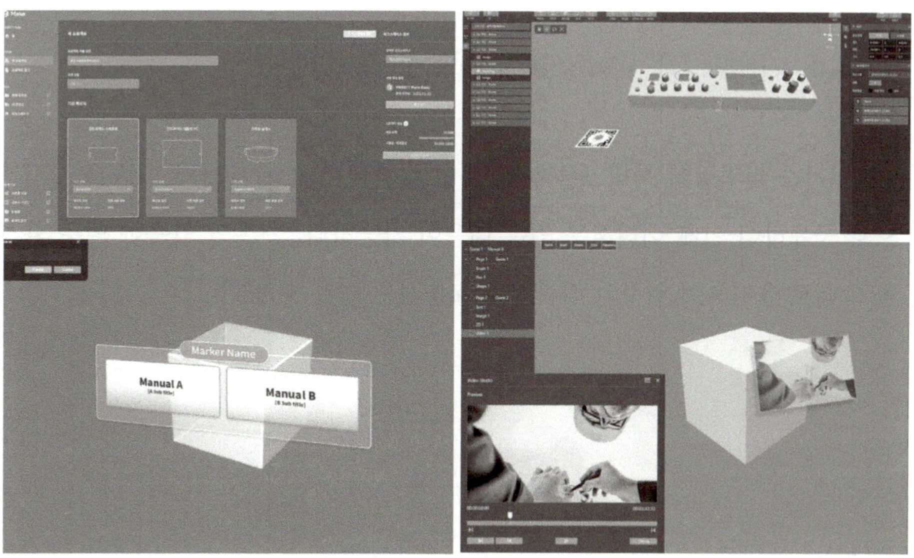

출처: VIRNECT (https://virnect.com/)

3.4 VIRNECT View : AR 시각화

QR 코드 인식을 통해 안드로이드 모바일 및 스마트 글라스에서 쉽게 정보를 확인할 수 있고 텍스트, 이미지, 영상, 3D 모델링 등 다양한 정보를 실시간으로 확인할 수 있다.

그림 3-7-4 VIRNECT View 화면

출처: VIRNECT (https://virnect.com/)

3.5 VIRNECT Remote : AR 원격 지원

실시간 원격협업 서비스를 통해 산업 현장에 필요한 정보와 이슈를 실시간으로 공유하여 언제 어디서든 업무 대응이 가능하다. 기존의 익숙한 업무 환경을 그대로 유지하여 업무의 정확성과 효율성을 높일 수 있다.

그림 3-7-5 VIRNECT Remote 화면

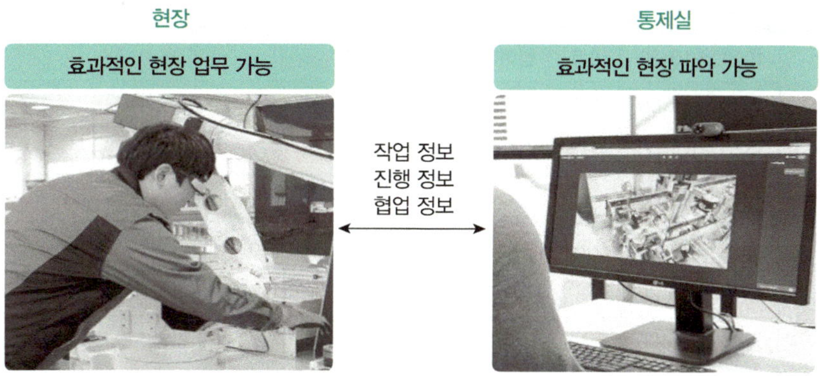

AR 원격지원 적용 시 현장과 본사(통제실) 간 연계 화면

출처: VIRNECT (https://virnect.com/)

4. 도입 사례

4.1 수요기업 AR 솔루션 사용자 교육

우선 수요기업 재직자 교육을 진행하였다. 솔루션의 원활한 사용을 위해 AR 솔루션 테스트 전 기본 사용 방법을 교육하고 비코딩 기반의 AR 콘텐츠 제작 실습을 진행하였다. 교육 프로그램은 다음 표와 같이 2일에 걸쳐 진행되었다.

표 3-7-3 교육 프로그램

시간		시수	교육 내용
1일차	10:00~10:30	0.5	참여자 등록, 발열 체크
	10:30~11:00	0.5	참여자 소개, 교육 목적 소개
	11:00~12:00	1	AR 이란? (VR과의 차이)
	12:00~13:00	점심 식사	
	13:00~14:00	1	AR 솔루션 VIRNECT Workstation 소개
	14:00~15:00	1	스마트글라스를 이용한 AR 다자간 원격 협업 Remote 실습1
	15:00~16:00	1	스마트글라스를 이용한 AR 다자간 원격 협업 Remote 실습2
	16:00~17:00	1	VIRNECT Make/View AR 콘텐츠 제작 실습(기초1)
소계		6	
2일차	10:00~12:00	2	VIRNECT Make/View AR 콘텐츠 제작 실습(기초2)
	12:00~13:00	점심 식사	
	13:00~14:00	1	VIRNECT Make/View AR 콘텐츠 제작 실습(응용)
	14:00~15:00	1	산업 현장 적용 AR 콘텐츠 기획 및 제작 실습1
	15:00~16:00	1	산업 현장 적용 AR 콘텐츠 기획 및 제작 실습2
	16:00~17:00	1	AR 콘텐츠 발표 및 피드백
소계		6	

출처: VIRNECT (https://virnect.com/)

4.2 AR 매뉴얼 : 2D, 3D AR 콘텐츠 제작

2D, 3D AR 콘텐츠 제작 시스템 개발을 통해 기존의 수요기업들이 사용하고 있는 레거시 시스템의 데이터들과 연계가 가능하며 데이터들을 시각적으로 표현할 수 있는 콘텐츠 제작이 가능했다. 일반적으로 외부에서 제작된 AR 콘텐츠는 설비·공정의 변경에 따라 재수정 및 콘텐츠 보완 시 비용이 발생할 수 있으나 본 도입 시스템을 통하여 사용자가 직접 제작된 콘텐츠를 수정 및 보완이 가능했다. 따라서 콘텐츠 보완·수정 시 타 기업을 통해서가 아닌 수요기업 자

체적인 보완 · 수정이 이루어질 수 있으며 변경에 대한 추가적인 비용이 발생하지 않았다.

AR 콘텐츠는 각 제조를 진행하고 있는 머신—단위 공정에서 필요한 정보를 간단한 마커—설비로 인식함으로써 머신에 대한 각종 정보를 2D, 3D 시각화로 제공하였다. 설비 조작법, 설비의 실시간 제조 데이터, 이력 정보, 연관된 자원 관리 정보 등을 AR 기술을 통해 사용자에게 제공함으로써 복잡한 여러 데이터를 하나씩 확인하는 것이 아닌 직관적으로 필요한 정보의 습득이 가능했다. 해당 기능을 통해 작업자들의 기술교육이 효과적으로 진행될 수 있으며 직관적으로 접하기 어려운 텍스트 · 이미지 형태의 공정 · 제조 데이터는 AR 기술을 통해 가시화가 가능한 콘텐츠로 재제작이 가능했다.

그림 3-7-6 AR 매뉴얼 제작 사례

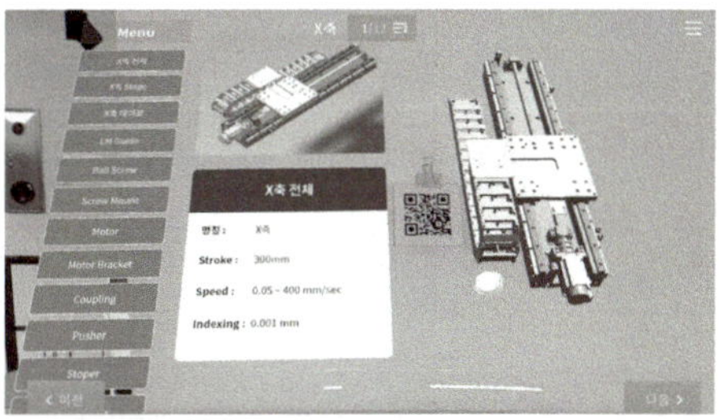

▲ 네온테크 다이싱 장비 AR 매뉴얼

▲ 텔스타홈멜 공장 설비 AR 조치 매뉴얼

▲ 프로발 포지셔서 세팅 AR 매뉴얼

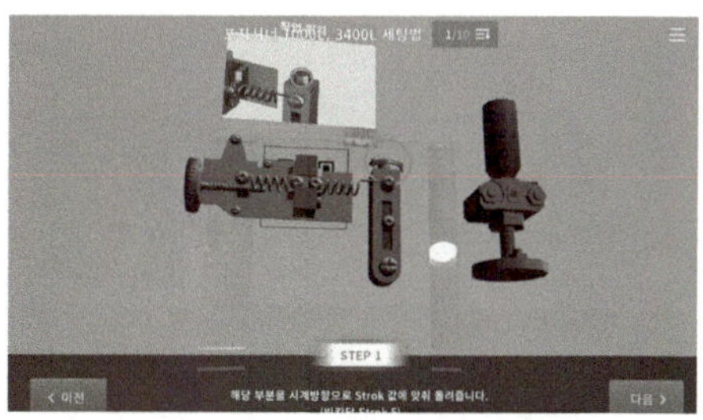

▲ 프로발 포지셔서 세팅 AR 매뉴얼

출처: VIRNECT (https://virnect.com/)

4.3 AR 시각화 : 기존 데이터의 3D 시각화/AR 뷰어용 시스템

실시간으로 누적되는 측정값 이상 발생 시 즉각적인 알람과 동시에 어떤 공정, 어떤 설비에서 어떤 문제가 발생했는지를 시각적으로 가시화함으로써 기존의 데이터로만 이상 현상을 나타내는 것이 아닌 즉각적인 문제 상황 파악이 가능할 수 있도록 신속 정확한 현장 대응 체계가 가능했다. OPC 프로토콜을 통한 머신 데이터 수집, 기타 MES 등의 데이터베이스와 연계하여 실시간 데이터 시각화, 분석 결과, 3D 모델 등의 시각적 가시화가 가능했다. 품질 공정상의 측정값 이상 발생, 제조 사이클 분석 등의 결과가 시각적으로 가시화가 가능한 뷰어를 제공, 제조 현장에서 발생할 수 있는 문제 상황(유휴 공정 분석, MPS, MRP 일정

그림 3-7-7 AR 시각화 사례

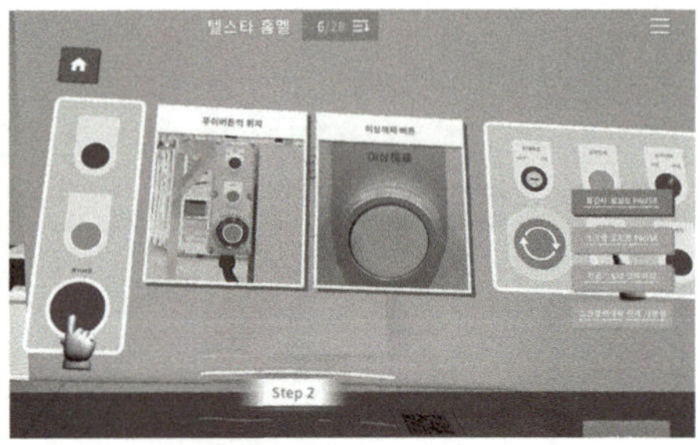

▲ 태블릿으로 현장설비를 비출 때 AR 데이터 시각화

▲ 스마트폰으로 현장 데이터 파악

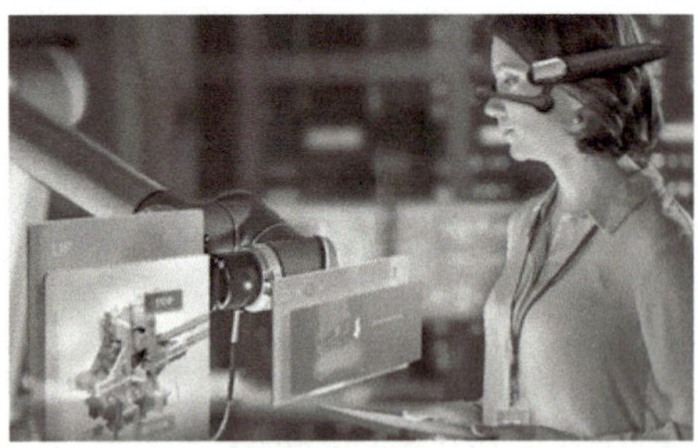

▲ 본사에서 원격 현장 데이터 파악

출처: VIRNECT (https://virnect.com/)

분석 등)을 일목요연하게 시각적으로 표현이 가능했다. 현장에서 사용 가능한 IP66 등급 이상의 스마트 글라스를 비롯해 태블릿, 스마트폰 등 다양한 디바이스에 적용 개발이 가능하여 특별한 장비 구매를 진행치 않고도 AR 정보, 시각화 정보 등을 매우 간편하게 어디서나 확인이 가능했다.

4.4 AR 원격지원 : AR 원격협업(현장-사무실) AR 통신 시스템

본사와 공장(또는 현장) 간의 거리가 먼 경우 빠른 대응이 어렵다는 문제가 있었다. 또한 복잡한 제조 머신의 이상 상황 발생의 경우 기술 전문가가 직접 현장에 방문해야 하는 문제로 인해 공정 간 유휴 시간이 발생하고 작업 효율이 낮아질 뿐 아니라 많은 기회비용이 발생하는 등의 문제점을 안고 있었다. 해외나 원격지에 공장을 운영하고 있는 기업의 경우 문제 발생 시 현지에 직접 방문해야 하기 때문에 이동 시간, 출장 비용 등의 부담이 발생할 뿐만 아니라 사전에 세워둔 제조계획(MRP) 등의 변경 문제가 동반되었다.

일부 기업은 기존의 스마트폰을 통한 영상 통화로 본사 기술자와 현장 기술자 간 정비를 진행하고 있으나 의사소통의 한계가 발생하고, 한 손으로 핸드폰을 쥔 채 나머지 손으로 작업을 진행해야 하는 등의 여러 업무적 고충이 발생하

그림 3-7-8 AR 원격지원 사례

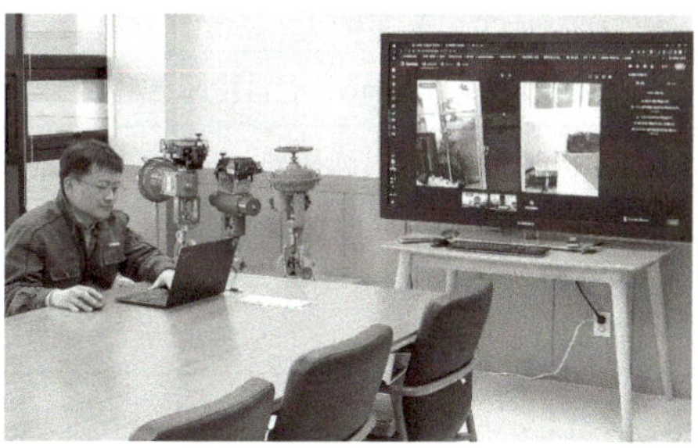

▲본사(통제실) 모니터링 화면

▲ 현장작업자가 스마트글라스를 착용하여 두손으로 작업하는 화면

출처: VIRNECT (https://virnect.com/)

게 되었다. 스마트 글라스를 통한 AR 원격 협업 통신 시스템을 적용할 경우 양손이 자유로운 상태에서 영상 · 음성 통화는 물론이거니와 본사 전문가가 현장의 작업자에게 정확한 문제 위치를 AR을 통해 알려줄 수 있으며 각종 도면 등의 정비에 필요한 자료 등의 전달이 가능했다. 또한 한 명의 본사(통제실) 내 기술 전문가가 동시에 여러 명의 현장 작업자에게 정비 등의 작업을 의사소통 하면서 자료 전송 등의 AR 협업이 가능해 업무적인 측면에서의 효율을 높일 수 있었다.

스마트 글라스는 IP66 이상 등급, 방폭 인증을 지원하는 하드웨어를 도입해서 화학 공정 등 위험요소가 있는 공정 간에서도 사용이 가능한 하드웨어를 통해서도 적용이 가능하며 공정에 따라 안전 수칙 등에 의거 스마트 글라스의 반입이 어려운 공정 또는 위험구역 등에서는 스마트폰, 태블릿 등을 활용하여 통신 가능했다.

4.5 각 수요기업별 도입 효과

각 수요기업별 도입효과를 다음 표와 같이 정리하였다.

표 3-7-4 각 수요기업별 도입 효과

(수요기업 1) 네온테크		
기업 개요	소재지	경기도 안양시
	품목	반도체 설비(Dicing Saw), 산업용 드론
솔루션 구축 목표	원격 협업 A/S 효율성 증대 위한 비대면 시뮬레이션 활용	
적용 공정 개념도	Dicing 장비 출하 → 사외 Set up → 오류 발생 → AR 원격 통신 시스템으로 현장 연결 → 스마트 글라스 착용 후 현장 문제 확인 → AR 매뉴얼로 S/W 설계 수정 조치 교육 → 오류 해결	

<table>
<tr><td>도입효과</td><td colspan="2">- 생산성 20%↑, 불량률 4.7%↓, 숙련도 4.7%↑
- 설비 오류 발생 시 비숙련자의 A/S 시간 단축
- 고객사의 비대면 검수 A/S로 활용해 만족도 증진
- 타 부서 간 품질 불량 발생 시 원격 대응
- 해외공장(필리핀, 중국) 상주자 추가 사용</td></tr>
<tr><th colspan="3">(수요기업 2) 텔스타홈멜</th></tr>
<tr><td rowspan="2">기업 개요</td><td>소재지</td><td>경기도 평택시</td></tr>
<tr><td>품목</td><td>자동차 초고장력 강판</td></tr>
<tr><td>솔루션 구축 목표</td><td colspan="2">AR 원격 엔지니어링 서비스를 통한 자동화 설비 운영 고도화</td></tr>
<tr><td>적용 공정 개념도</td><td colspan="2">반제품 입고 → 제품 투입→ 레이저 컷팅 → 오류 발생 → 라인 정지 → AR 원격지원 시스템으로 현장 연결 → AR 매뉴얼로 설비보전 노하우 전수 → 오류 해결 → 제품 배출 → 홀 Check 검사 → AR 시각화 시스템으로 데이터 확인 → 최종 검사 → 완성품 적재</td></tr>
<tr><td>도입 효과</td><td colspan="2">- 리드타임 10%↓, 숙련도 5%↑, 비용절감 10%↓
- 원격현장 (경주공장) 라인 1개소 기준 현재 대비 달성도 측정
- 설비 엔지니어링 비용 경감(출장비, 지원료, 숙박비 등)
- 신규 생산자 설비 운용 교육 기간 단축
- AR 원격 유지 보수를 통한 새로운 수익사업 검증</td></tr>
<tr><th colspan="3">(수요기업 3) 프로발</th></tr>
<tr><td rowspan="2">기업 개요</td><td>소재지</td><td>경기도 시흥시</td></tr>
<tr><td>품목</td><td>산업용 컨트롤 밸브</td></tr>
<tr><td>솔루션 구축 목표</td><td colspan="2">산업용 컨트롤 밸브 조립 · 검사 공정의 AR 솔루션/매뉴얼 적용</td></tr>
<tr><td>적용 공정 개념도</td><td colspan="2">입고 검사 → CNC → 용접 → 선반 → 도장 검사 → 작동기 조립 → 수압 검사 → 완성품 조립 → AR 원격 지원 시스템으로 현장 연결 → 본사에서 원격으로 최종 검사 → AR 시각화 시스템으로 데이터 확인</td></tr>
<tr><td>도입 효과</td><td colspan="2">- 생산성 10%↑, 숙련도 10%↑, 가격경쟁력 3%↑
- 소량생산 공정의 조립 · 검사 공정의 AR 매뉴얼 적용
- 수작업으로 발생하는 원인불명의 다양한 문제 해결
- 가격 경쟁력이 떨어지는 상황에서 AR 원격 대응으로 만족도 증진
- 스마트 공장 전산시스템과 70% 이상 연계</td></tr>
</table>

출처: VIRNECT (https://virnect.com/)

5. 결론

각 수요기업별로 제조 현장 맞춤형 AR 솔루션 시스템 개발 및 AR 매뉴얼 제작, 원격 지원 시스템을 도입하였다. 제조 현장 작업자들의 업무 효율성 증대, AR 비전문가들의 콘텐츠 개발이 가능했다. 이를 통해 중소기업의 숙련 제조 기술 및 노하우를 AR로 구현하여 기능 전수 체계를 마련하고 생산성 향상, 불량률 감소, 리드타임 단축 등의 제조 혁신 창출을 도모할 수 있었다. 중소기업 제조 현장에서의 AR 산업 융합 사례를 통해 향후 중소기업이 해야 할 'Digital Transformation'의 방향을 제시할 수 있었다. AR 기술을 제조업에 접목하는 방식은 포스트 코로나 시대에 요구되는 'Untact Business' 인프라 확산 및 스마트 팩토리의 고도화에 많은 기여를 할 수 있을 것으로 기대한다.

8장

SW 테스팅, 스마트 팩토리 발전의 핵심 인프라

권원일(STA테스팅컨설팅)

〈요약〉

스마트 팩토리 시스템이 실제적으로 사용되기 위해서는 해당 시스템의 구축 과정에서 품질이 확보되어야 한다. 이를 위해서 활용할 수 있는 최적의 방법이 SW 테스팅이다. 현재까지는 스마트 팩토리 시스템을 테스트하는 별도의 방법이나 사례가 공유되고 있지 않다. 미래에는 사례가 만들어져 발표되고 이를 정리해 스마트 팩토리 SW 테스트 방법론으로 정리하고, 이를 적용한 사례가 만들어져 발표되고 방법론이 정립되는 선순환이 일어나야 한다. 그래야 스마트 팩토리의 밝은 미래를 기대할 수 있다.

스마트 팩토리 시스템은 다양한 소프트웨어 핵심 기술들이 여러 제품 공정에 활용되어 있기 때문에 결국 일반적인 SW 테스트 방법을 기반으로 이러한 특징을 반영해 테스트를 수행한다. 스마트 팩토리 시스템을 테스트하기 위해서는 먼저 스마트 팩토리 시스템과 기능 요구사항을 토대로 테스트 수행 전략(주로 리스크 기반 테스트 전략)을 수립해야 하고 이를 토대로 테스트를 계획하고 설계한다. 이 과정을 통해 테스트를 수행하기 위한 체계적인 테스트케이스가 도출된다. 테스트케이스를 실행하면서 시스템의 결함이 발견되면 보고서를 작성하고 결함이 수정 완료될 때까지 추적 관리한다. 스마트 팩토리 시스템은 특성상 다양한 (서브) 시스템과 기술이 사용되고 통합해 구축되므로 그에 맞는 다양한 테스트가 필요하다. 각각의 (서브) 시스템과 사용된 기술 관련 모듈의 테스트가 필요하고, 해당 테스트가 적절히 수행되고 나면 이러한 서브 시스템 혹은 모듈을 서로 연동하고 통합하면서 통합 테스트를 수행한다.

이와 같이 SW 테스팅을 통해 스마트 팩토리 시스템의 품질이 확보되어야 시스템의 실무적인 활용성을 높일 수 있으며 스마트 팩토리가 중장기적으로 생존하고 발전해 산업에 기여하는 토대가 마련된다.

1. 난해한 스마트 팩토리의 품질 확보

스마트 팩토리는 다양한 ICT 기술의 조합에 의해 구현된 시스템으로써 품질을 확보하기 위해서는 개발 과정 초기 단계에서부터 품질 활동과 검증이 이루어져야 하며 개발 과정 후반부에서의 체계적인 검증도 매우 중요한 활동이다.

여기서 체계적인 검증이라고 말할 수 있는 활동이 바로 소프트웨어 테스팅이다. 소프트웨어 테스팅 활동은 국제표준 규격이 있을 정도로 매우 공식화된 절차와 방법이 정의된 분야이다. 테스팅의 가장 기본 목적은 요구사항을 충족하는지 검증하고 확인하는 활동이다. 나아가 시스템의 장애 여부를 확인해 결함을 발견하고 이에 대한 원인 발견을 지원함으로써 시스템이 더 안정적으로 실행될 수 있도록 한다. 시스템의 품질 확보를 위해서 테스트를 수행하려면 먼저 테스트를 수행할 대상을 정의하고, 테스트를 수행할 범위와 테스트 항목 등의 도출이 필요하다. 이러한 테스트 수행 활동의 기준이 되는 것이 시스템의 요구사항과 이를 구체화하고 세분화한 설계서 등 개발 과정에서 만들어 내는 문서, 코드 등의 다양한 개발 산출물이다.

스마트 팩토리를 테스트하는 것도 이와 같이 일반적인 소프트웨어 개발 과정에서 테스트하는 절차와 방법을 대부분 활용한다. 특정 산업 현장에서 스마트 팩토리 시스템을 구축하거나 개발한다고 가정하면, 먼저 해당 산업 현장에 어떤 스마트 팩토리 구현의 니즈가 있는지 파악하여 이를 정의하고 문서로 표현한다(요구사항 정의). 이를 기반으로 시스템을 설계하고 구현 가능한 구체적이고 상세한 설계서까지 작성한다. 이 설계서에 따라 스마트 팩토리 시스템을 구현(코딩)하고 개발된 모듈은 테스트한다.

스마트 팩토리 시스템 전체를 구성하기 위해서는 서브 시스템 혹은 작은 기능을 수행하는 모듈 단위로 먼저 구현(코딩)하고 이를 통합한다. 이러한 통합은 먼저 통합 전에 각 서브 시스템 혹은 모듈이 독립적으로 충분히 테스트되어야 하며 통합 단계에서 서브 시스템 혹은 모듈 간의 인터페이스(연동)도 별도로 테스트해야 한다. 서브 시스템 간의 통합이 완료되어 전체 시스템을 구성하게 되면 실제 스마트 팩토리 시스템이 사용되는 환경과 유사한 환경에서 통합된 모듈을 전체적으로 테스트하는 것이 필요하다. 그런 후에는 스마트 팩토리 구축의 요구사항을 준 발주사(혹은 산업현장)는 자신들이 요구한 대로 스마트 팩토리 시스템이 구현되었는지 테스트(인수 테스트)를 수행해야 일정 수준 이상의 품질을 확보할 수 있다. 또한 스마트 팩토리 구축 완료 후에도 이를 유지하고 관리하는 과정에서 유지보수 테스트가 필요하다.

이와 같이 테스트도 각 단계별 테스트가 적절히 이뤄지지 않는다면 어렵게 구축한 시스템을 사용할 수 없게 되거나 잘 사용하지 않는 시스템이 되어 버린다. 테스트는 사실상 개발의 전 과정에 걸쳐 수행되는 활동으로 설명할 수 있다. 이러한 시스템 개발의 전 과정과 테스트와의 상관관계는 대표적으로 V-모델로 살펴볼 수 있다(〈그림 3-8-1〉 참조).

그림 3-8-1 V-모델

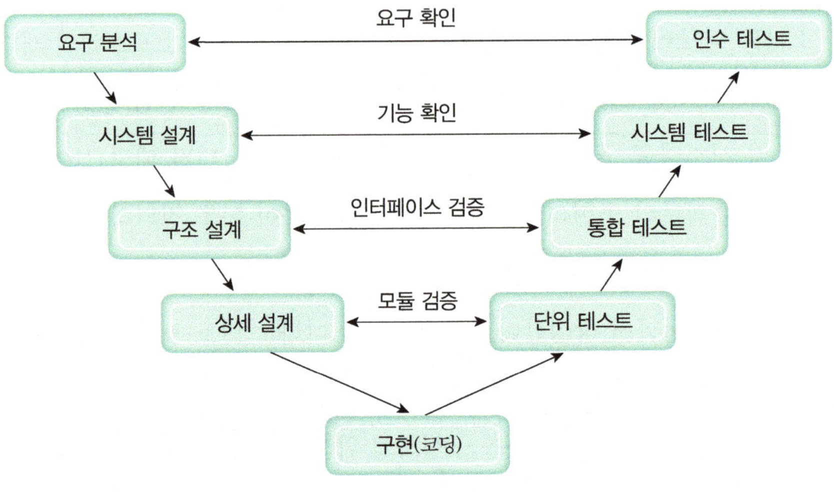

출처 : NIPA & ㈜STA테스팅컨설팅 『소프트웨어 테스트 실무 가이드』 (2019)

스마트 팩토리의 경우 여러 개의 시스템을 별도로 구축하거나 상용 시스템을 구입 및 변경하고 통합하므로 각 시스템 간 연동이 잘 되는지 시스템 레벨에서 연동(통합) 테스트를 수행하는 것이 필요하다.

그림 3-8-2 품질관리 및 SW 테스팅 관점의 V-모델 응용

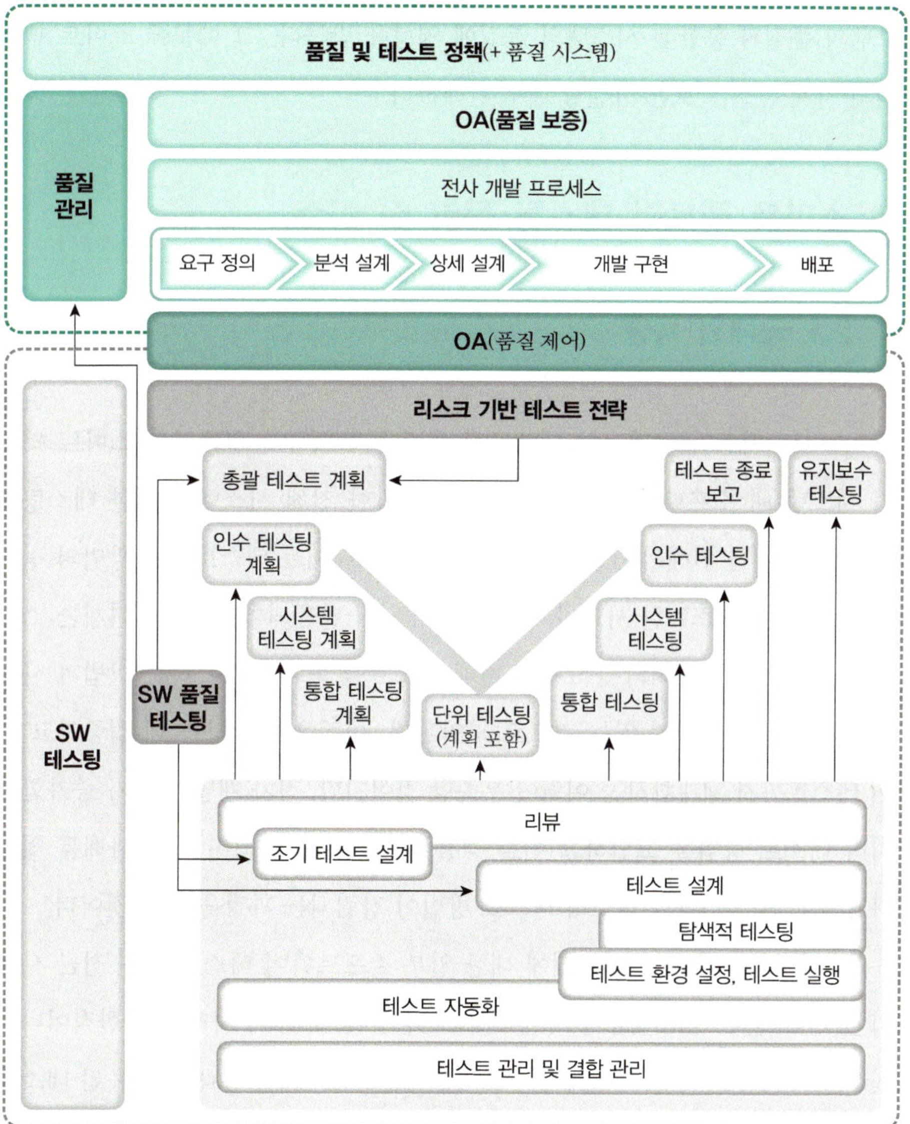

출처 : NIPA & ㈜STA테스팅컨설팅 『소프트웨어 테스트 실무 가이드』 (2019)

스마트 팩토리 시스템의 품질 확보를 위해서는 앞서 언급한 다양한 개발 과정에서의 검증과 테스팅이 필요하다. 그러나 일반적으로 여러 시스템의 통합으로 이뤄지는 스마트 팩토리의 특성상 품질 확보를 한다는 것이 그리 쉽지는 않다. 또한 해당 시스템은 소프트웨어는 물론 다양한 하드웨어 및 센서, 클라우드 플랫폼 등을 사용해 구축되기 때문에 스마트 팩토리의 품질 확보는 각 구성 시스템의 품질과 통합된 시스템의 품질에 영향을 받는다. 그 때문에 스마트 팩토리의 자체 품질 확보는 사실상 매우 난해하다.

2. 스마트 팩토리 테스팅 동향 및 이슈

2.1 국내외 동향

스마트 팩토리를 적절히 테스트해 품질을 확보하기 위해서는 스마트 팩토리 시스템 내 소프트웨어뿐 아니라 이를 포함한 전체 시스템에 대한 테스팅이 필요하다. 이를 위해서는 스마트 팩토리 소프트웨어를 테스트하는 방법의 정립이 필요하며, 테스트한 사례가 업계에 공유되어 활용되어야 한다. 현재는 스마트 팩토리 소프트웨어의 중요성에 비해 테스트를 체계적으로 하는 방법과 사례가 정립되고 공유되지 않는 것으로 파악된다. 아직은 개발하는 데 집중하고 있어 테스트까지 체계화하는 여력이 부족할 것이지만, 점차 개발 사례가 증가함에 따라 테스트 방법을 고민하고 이를 적용한 사례가 공유되며 해당 사례를 업계가 활용하면서 스마트 팩토리 테스트 방법이 정립되는 과정을 거칠 것이다.

해외에서는 스마트 팩토리에 대한 일부 소프트웨어 테스트 관련 접근 사례가 있거나 일부 경험자들에 의한 테스트 경험 공유 등의 사례를 제한적이나마 찾아볼 수 있다. 반면 국내에서는 스마트 팩토리 시스템에 대한 공유된 테스트 방법이나 사례는 찾아보기 어려운 실정이다.

국내는 주로 정부 지원으로 테스트베드를 구축하고 해당 테스트베드에서 가능한 테스트를 진행하는 형태로 스마트 팩토리 테스트를 접근하고 있다. 해외에서의 테스트베드 구축을 통한 테스트 활동은 국내와 같이 정부 지원으로 테스트베드를 구축하고 활용하는 형태와 민간기업들이 그들의 필요에 의해 컨소시엄을 구성해 구축한 테스트베드 활용 형태가 공존하는 상황이다.

2.2 국내외 이슈

스마트 팩토리를 품질 관점에서 보면 제약적이고 체계적이지 않은 소프트웨어 테스팅으로 다양한 품질 이슈와 결함이 발생하고 있고 개발 사례가 증가함에 따라 이러한 이슈와 결함을 최소화하기 위한 노력이 시작되고 있는 상황이다. 스마트 팩토리의 소프트웨어 관련 품질 이슈는 매우 다양하고 복합적이다. 이는 소프트웨어 자체가 갖는 품질 이슈 이외에도 스마트 팩토리의 특성상 다양하고 복합적인 소프트웨어와 시스템의 통합 이슈가 상존하기 때문이다.

표 3-8-1　스마트 팩토리 품질 이슈 : 공장 사고와 정보보안 피해 중심

기업 사례	발생한 품질 이슈
일본 사야마 (2017)	혼다자동차 사야마 공장, 랜섬웨어 'WannaCry'에 감염되어 8시간에 걸쳐 공장 가동 중단(SW 보안성 이슈)
삼성 SDI(2021)	삼성SDI 헝가리 괴드 배터리 공장. 새 탱크 시운전 과정에서 전해액 누출사고 발생
Seagate Technologies (2018)	씨게이트 테크놀로지. 해커의 악의적 해킹으로 인한 공장 정보 유출사건 발생(SW 보안성 이슈)

출처 : 참고문헌 참조

스마트 팩토리 소프트웨어 테스팅을 효과적·효율적으로 하기 위해서는 이미 발생한 결함과 장애가 공유돼야 하는데, 현재는 각 스마트 팩토리 내부의 자료로 남아 있는 상태이다. 공개된 결함과 장애는 언론에 공개될 정도로 심각한 사고나 해킹, 바이러스 감염 등에 의한 정보 보안과 관련된 피해 정도이다.

스마트 팩토리는 가동되는 동안 장애가 발생하지 않아야 한다. 장애 발생으로 인한 피해는 공장의 가동 중단과 인명 사고로 이어질 수 있으므로 이를 최소화하기 위한 체계적인 소프트웨어 테스팅은 반드시 수행되어야 한다.

그럼에도 불구하고 스마트 팩토리 관련 전문가들이 소프트웨어 테스팅에 대해 잘 모르고 있는 경우가 많아 전문적인 소프트웨어 테스트가 진행되지 못하고 있는 실정이다. 게다가 스마트 팩토리 도메인에서 아직까지 체계적인 소프트웨어 테스팅에 대한 관심도 또한 높지 않은 실정이다. 중장기적으로는 물론 가까운 미래에도 체계적인 소프트웨어 테스트가 얼마나 필요할지 추가적으로 설명하지 않아도 직관적으로 알 수 있을 것이다.

3. 스마트 팩토리 SW 테스트 방안

스마트 팩토리 시스템의 품질 확보를 위해서는 공장을 스마트화하기 위한 아래와 같은 다양한 구성 요소들에 대한 테스트가 필요하다.

- CPS(Cyber – Physical System, 사이버 – 물리 시스템) 등 여러 서브 시스템
- 인프라에 해당하는 클라우드 서비스 및 보안
- 빅데이터 및 인공지능 모델
- IoT 단말기 및 5G 네트워크 등

또한 이러한 스마트 팩토리 구성요소가 통합되면서 발생되는 품질 이슈를 최소화하기 위한 테스트가 필요하다. 이 밖에도 시스템의 실제 구동 환경과 유사한 테스트 환경에서의 시스템 테스트, 실제 환경에서 사용자가 중심이 되어 진행하는 사용자 인수 테스트, 시스템이 운영되는 환경에서의 유지보수 테스트

등의 시스템 단계별 테스트가 체계적으로 이루어져야 한다.

여기서는 스마트 팩토리 관련 모든 테스트 내용을 다루는 데 있어 지면상 한계를 감안해 '통합 테스트'를 중심으로 다루고자 한다.

3.1 고려 사항

소프트웨어 테스트의 기본은 시스템이 요구사항대로 개발되었고 소프트웨어가 사용됨에 있어 리스크가 최소화되었음을 결함과 장애 발견을 통해 확인하는 것이다. 이와 마찬가지로 스마트 팩토리 시스템의 테스트도 시스템이 요구사항대로 개발되었는지를 확인해야 한다. 우선 스마트 팩토리 시스템의 일반적인 기능 요구사항과 시스템 및 기술 관점의 요구사항 등을 파악해야 하고 구성 기능들 혹은 기능을 구현한 서브 시스템 각각에 대한 테스트와 이들이 통합되었을 때의 테스트를 수행해야 한다. 이러한 요구사항은 스마트 팩토리가 구현되는 공장 사이트마다 다를 수 있기 때문에, 테스트는 반드시 해당 프로젝트의 요구사항을 먼저 명확히 하고 이를 토대로 이뤄져야 한다.

스마트 팩토리 기능 요구사항에 대한 일반적인 예시를 살펴보면 아래와 같다. 일반적으로는 아래와 같은 상위 레벨의 요구사항을 세분화하여 기능 요구사항을 작성하고 합의한 다음, 개발 단계에서는 이를 구현하고, 이를 기반으로 테스트 활동을 수행한다.

- 물리적 위치 제약을 벗어난 생산 현황 정보의 실시간 파악
- 이상 조업 대응 기준에 따른 알람 등 조치 체계 운영
- 생산 장애 대응 정보의 지적 자산화를 통한 자체 복구 기반 구축
- 생산 관련 실시간 의사결정을 위한 집계 정보 제공
- 현물과 정보 간 적합성 확보 기반의 물류 트래킹(tracking) 체계 도입

- 마스터 데이터를 통한 운영 기준 관리
- 생산 전략 요인에 따른 우선순위 규칙 운영
- 공정 설비별 부하 차이에 따른 공정 내 물류 루트 운영 등

스마트 팩토리 시스템 및 기술 관련 일반적인 요구사항 예시는 다음과 같다. 아래와 같은 요구사항을 세분화하고 합의해 개발은 이를 구현하고, 이를 기반으로 테스트 활동을 수행한다.

- 물리세계와 그 위에서 진행되는 프로세스와 정보를 네트워크로 접근하여 처리(CPS, 사이버-물리 시스템)
- 물리적으로 분산된 제조 자원을 단일 생산라인으로 최적화 구성하여 생산(클라우드)
- 알고리즘 기반 데이터 분석 학습인 기계 학습과 심층 신경망 기반의 딥러닝 활용(인공지능)
- 전기, 소프트웨어, 센서 등이 연결성을 구성하여 정보를 수집하고 교환(IoT)
- 복잡한 데이터의 처리를 위한 데이터 수집, 정제, 분류, 분석 가시화 등 일련의 처리(빅데이터) 등

3.2 스마트 팩토리 소프트웨어 테스트 접근법

스마트 팩토리 테스트는 요구사항은 물론 개발과정의 문서(시스템 설계 문서, 소프트웨어 (상세) 설계 문서 등)를 토대로 테스트 계획을 수립하고 테스트 설계 활동을 통해 테스트 케이스를 작성하며, 이를 기반으로 테스트를 실행해 결함을 발견하고 이를 조치할 수 있도록 보고하는 전반적인 활동이다. 개발 단계별 개발 문서를 토대로 해당 개발 단계에서 결함 유입이 최소화되었는지 확인하는 테스트 활동과 테스트 프로세스가 별도로 존재할 수 있다.

테스트 계획 수립, 테스트 설계 및 테스트 케이스 작성, 테스트 실행, 결함 보고(결함 추적 시스템 활용), 테스트 보고서 작성 등의 테스트 활동에 대한 상세한 내용은 여러 자료에서 자세히 다루고 있으므로 이를 참고하기 바란다. 특히 소프트웨어 테스팅 국제표준인 ISO/IEC/IEEE 29119-2와 29119-3에 표준적으로 다루고 있는 테스트 절차(Process)와 문서화(Documentation)에 관련한 구체적인 내용(예시 포함)이 있으니 이를 참고하기를 권한다.

스마트 팩토리의 일반적인 시스템 요구사항과 기능 요구사항 등을 참고하면 CPS 소프트웨어 중심의 통합 테스트, IoT 관련 단말기 테스트, 해당 단말기가 수집하는 데이터 품질 테스트, 해당 데이터로 학습하는 인공지능 모델 테스트, 5G 중심의 네트워크 테스트, 보안 테스트 등이 필요하다. 각각의 소프트웨어와 하드웨어는 물론, 이들이 통합된 (서브)시스템이 전문적으로 테스트되어야 한다(각 테스트 분야의 전문적인 테스트 관련 상세 내용은 본 글에서 다루지 않으니 별도의 자료를 참고하기 바란다. 예를 들어 인공지능 모델 테스트의 경우, ISO/IEC 29119-11 AI 기반 시스템 테스트 국제표준에서 관련 내용을 다루고 있다).

CPS(Cyber-Physical System, 사이버-물리 시스템) 소프트웨어 중심의 통합 테스트는 스마트 팩토리 시스템의 전체적인 기능과 성능, 신뢰성 등이 확보되는지 확인하는 테스트이다. 리스크를 감안해 CPS 시스템을 어떻게 테스트할지 전략(리스크 기반 테스트 전략)을 수립하고 이를 기반으로 테스트 계획을 수립한다. 그런 다음 테스트 전략과 계획에 따라 테스트를 설계하고 테스트 케이스를 도출한다. 도출한 테스트 케이스를 실행하고 그 과정에서 결함이나 이슈가 발생하면 이를 기록 · 보고하고 수정 · 개선될 수 있도록 개발조직과 소통한다. 필요에 따라서는 리그레션 테스트(회귀 테스트)를 수행해 수정 · 변경으로 인한 이상(Side effects)이 발생하지 않았는지 확인한다. 계획대로 테스트가 수행되는지 모니터링하며 수시로 이해관계자에게 테스트 진행사항을 보고한다. 계획된 테스트가 끝나면 테스트 보고서를 작성해 공유하고 테스트를 종료한다.

그림 3-8-3 스마트 팩토리 시스템의 품질 확보에 필요한 다양한 테스트

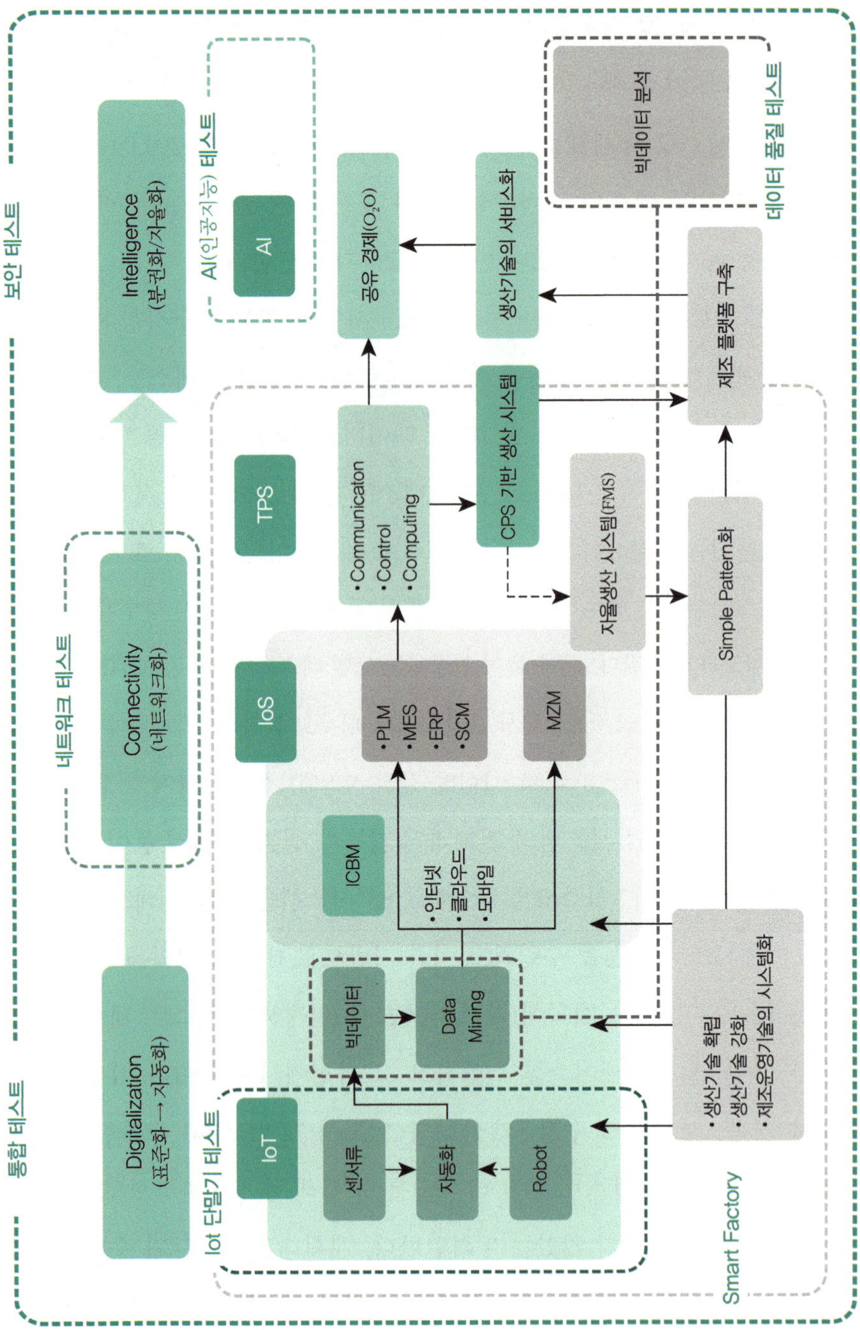

출처 : 강소제조인(2019), 참고문헌 참조

CPS 소프트웨어 중심의 스마트 팩토리 통합 테스트가 안전과 관련된 경우 IEC61508 기능안전 표준 또는 공장과 관련된 기능안전 표준을 준수하는 테스트가 필요하다.

지금까지 가까운 미래에 해야만 하는 소프트웨어 테스트에 대해 다뤘다. 중장기적 미래에는 인공지능을 활용한 소프트웨어 테스트 자동화 도구의 발달로 스마트 팩토리 구성 요소에 대한 테스트는 상당 부분 자동으로 이뤄질 것이다. 반면 CPS 소프트웨어 중심의 스마트 팩토리 통합 테스트는 자동화되지 못할 것으로 전망한다. 스마트 팩토리 구축 범위와 방법, 세부적인 내용이 개개 공장의 니즈에 따라 다를 것이기 때문이다. 결국 이 테스트를 위한 사례 구축과 방법론 정립, 이를 수행할 수 있는 전문가와 자동화 지원도구 확보가 필요하다.

〈참고〉 CPS 시스템 테스트

CPS 자체의 테스트도 스마트 팩토리 통합 테스트와 같은 테스트 절차(Test processes)에 따라 진행돼야 하고 그 과정에서 발견된 결함과 이슈가 해결돼야 한다. CPS 시스템 테스트 사례는 공개되고 있지 않으나 공장 자동화와 관련해 핵심 시스템이었던 HMI(Human – Machine Interface) 또는 MMI(Man – Machine Interface) 시스템 테스트 사례를 참고하면 직접적인 도움을 받을 수 있다. 참고로 공장과 유사하게 발전소에도 HMI 시스템이 있어 이런 시스템의 테스트 사례 자료를 활용하면 CPS 테스트에 매우 유용할 것이다(원자력 발전소의 경우 MMIS).

이 밖에도 스마트 팩토리 관련 테스트의 각 내용들을 간단히 정리해 보면 다음과 같다. 상세한 내용은 별도의 자료를 참고하기 바란다.

- IoT 관련 단말기 테스트는 해당 단말의 적응성은 물론 스마트 팩토리에서 사용하기에 충분하게 (일반 IoT 보다) 빠른 응답 속도를 보이는지에 대한 응답성 테스트 등을 수행한다. 여기에서 충분함의 정도는 스마트 팩토리

프로젝트별 응답 속도 요구사항에 따른다.

- 해당 단말기가 수집하는 데이터 품질 테스트는 데이터의 정확성, 완전성, 일관성, 기밀성 등을 측정하여 고품질 데이터를 확보하기 위한 테스트를 진행한다.
- 해당 데이터로 학습하는 인공지능 모델 테스트는 테스트 데이터에서 발생할 수 있는 결함과 이슈를 토대로 테스트 데이터를 검증한 후 해당 테스트 데이터로 테스트를 실행해 인공지능 모델의 성능지표를 어느 정도 달성하는지 측정한다. 이때 인공지능 모델에서 발생할 수 있는 결함과 이슈를 토대로 인공지능 모델 테스트도 진행한다. 인공지능 모델을 포함한 SW 시스템을 테스트하는 방법은 ISO/IEC29119-11(Testing of AI based systems)에서 다루니 이를 참고하기 바란다.
- 5G 중심의 네트워크 테스트는 스마트 팩토리의 필수인 초저지연, 초고속, 초연결을 위한 네트워크 규격 적합성 테스트를 수행한다.
- 보안 테스트는 공장 내 설비의 네트워크 연결로 인한 사이버 보안 리스크를 대응하는 테스트다. 스마트 팩토리의 정보 유출 및 랜섬웨어 등 산업현장의 보안 위협 요소들을 선제적으로 파악하는 테스트가 필요하다.

이 밖에도 메타버스, AR, VR, 블록체인 등의 최신 또는 미래 기술이 활용된다면 이와 관련된 소프트웨어 테스트도 구축되는 스마트 팩토리의 맥락(Context)에 맞춰 수행돼야 한다.

스마트 팩토리 구축 프로젝트별로 개발하는 스마트 팩토리 시스템 범위가 다르고 이에 따른 시스템 및 기능 요구사항이 다르기 때문에 스마트 팩토리 시스템 테스트는 이에 대한 정확한 파악이 기본적으로 우선되어야 한다. 이를 테스트를 설계하기 위한 테스트 베이시스[1](Test basis)로 활용해 프로젝트에 맞는 테스트가 수행되어야 한다. 또한 스마트 팩토리 솔루션을 개발하는 경우 솔루션이 커버하는 스마트 팩토리 시스템 범위와 해당 솔루션의 개발 요건(요구사항)이 테스트 베이시스가 된다. 그런 후 체계적인 소프트웨어 테스트 방법을 참고해 일정 테스트 프로세스를 준수하고 테스트 기법을 활용해 테스트를 진행하는 것이 기본이다.

4. 스마트 팩토리 소프트웨어 테스팅의 영향

ICBM(IoT, Cloud, Big Data(AI), Mobile)으로 대표되는 다양한 ICT 기술과 CPS 등 다양한 시스템이 연계돼 구현되는 스마트 팩토리의 핵심은 통합(Integration)이고, 이를 구현하는 가장 핵심적인 기술 중 한 가지는 잘 통합됐는지 확인하고 검증하는 소프트웨어&시스템 테스트 기술이다.

다시 말해 스마트 팩토리 시스템을 적절히 테스팅해야만 스마트 팩토리의 수준 높은 구현과 안정적 운영을 담보할 수 있다. 구축하는 스마트 팩토리가 안전과 관련됐다면 기능안전 규정을 준수하는 철저한 테스트를 통해 시스템의 안전을 확보할 수 있다.

스마트 팩토리 시스템의 소프트웨어 테스팅은 스마트 팩토리가 중장기적으로 존속하는 데 핵심적인 역할을 할 것이다. 어떤 범위, 어떤 형태의 스마트 팩토리도 이의 특징을 반영한 유사한 방식의 소프트웨어 테스팅을 거쳐 품질을 확보하면 중장기적으로 활용될 가능성을 극대화할 것이다.(김현규, 2020)

일정 기간은 스마트 팩토리 시스템의 구축과 개발이 확산되고 안정화되면서 소프트웨어 테스팅이 이에 맞춰 이뤄지고, 테스트한 사례가 공유되고 방법론

1. 테스트 베이시스 : 테스트를 설계하기 위한 요구사항, 설계서 등 각종 개발 산출 문서 등을 말한다.

이 거론될 것이다. 이를 통해 스마트 팩토리 시스템의 기본적인 품질이 확보되고, 관련 노하우와 방법이 표준화되고 국제표준도 제정될 것이다.

중장기적으로는 정립된 스마트 팩토리 시스템을 표준적으로 테스팅하는 기술과 방법을 토대로 인공지능과 소프트웨어 테스트 자동화 기술을 활용해 상당 부분의 스마트 팩토리 소프트웨어 테스트가 자동으로 수행될 것이다.

5. 스마트 팩토리 성공의 전제인 소프트웨어 테스팅

적절한 소프트웨어 테스팅 없이 스마트 팩토리가 성공적으로 구현되는 것을 기대하기는 사실상 불가능하다. 스마트 팩토리의 출현 이유가 사실상 기존의 생산 환경보다 품질 높은, 그야말로 스마트한 공장 환경을 추구하기 위한 것이므로 그에 걸맞는 시스템의 품질을 뒷받침해줘야 하기 때문이다. 스마트 팩토리 시스템이 실제적으로 사용되고 산업에서 안정적으로 자리잡기 위한 기반은 결국 체계적인 소프트웨어 테스팅이 제공할 것이라고 해도 과언이 아니다.

스마트 팩토리 테스트의 상당 부분은 결국 소프트웨어 기반 기술이다. 따라서 잘 정리돼 있는 소프트웨어 테스팅 기술(기법)을 활용해 테스트 절차(프로세스)를 만들어 수행할 수 있다. 스마트 팩토리의 구축 요구사항을 토대로 시스템의 리스크를 파악해 이를 기반으로 테스트를 수행하는 것이 테스트 전략의 기본이다. 이러한 전략 하에 테스트 수행 절차에 따라 테스트를 관리하고 설계하고 실행한다.

스마트 팩토리는 특성상 테스트 대상도 다양하고 테스트 범위도 프로젝트마다 다를 수 있기 때문에 테스트했던 사례를 수집해 축적하고 이를 활용해 테스트하는 방법을 체계화하는 것이 필요하다. 특히 중소기업 대상으로 스마트 팩토리 시스템을 정형화해 재사용할 경우에는 많은 기업들이 사용할 시스템이기 때문에 보다 철저한 테스트가 필요하다. 물론 해당 시스템을 특정 기업과 공장에 구축할 때에도 적절한(체계적인) 테스트가 필요하다.

또한 테스트 사례 확보와 공유를 통해 스마트 팩토리 테스트 방법의 완성도를 높이고 이를 가이드화한 것을 배포해 업계 전반의 테스트 역량을 키우는 것이 필요하다. 이는 공공 차원에서 추진하는 것이 필요하다는 판단에서 비롯된 것이며 공공 부문에서 스마트 팩토리 산업을 지원하는 경우 과제 수행에서 테스트를 강조하고 이에 대한 필수적 지원 및 예산 지원이 절실히 필요하다.

물론 체계적으로 테스팅을 수행한다는 것이 실무적으로는 쉽지 않은 일이긴 하다. 그러나 스마트 팩토리에 특화된 소프트웨어 테스팅을 통한 품질 확보는 필수이고 이것이 전제되지 않으면 스마트 팩토리의 진정한 확산을 기대하기 어렵다. 그렇기 때문에 소프트웨어 테스팅에 대한 지속적인 관심과 노력이 스마트 팩토리의 성공적인 안착에 필수적인 요소임에는 틀림없다. 스마트 팩토리 솔루션을 개발하고 이를 기업과 공장에 구축하면서 해당 기업과 개발자들이 지금까지 품질을 확보하는 노력을 밖으로 보여지지 않는 곳에서 나름의 방식으로 진행해 왔을 것이고 앞으로도 노력을 아끼지 않을 것이라 확신한다. 스마트 팩토리 시스템의 체계적인 테스팅이 가져올 성공적으로 더욱 확산된 스마트 팩토리를 기대해 본다.

참고문헌

강소제조인(2019. 5. 18), "스마트 팩토리(2) - 특징, 구축 Flow & 효과(r.01)", https://blog.naver.com/sigmagil/221533367532.

경기일보(2021. 9. 30), "인천지역 스마트공장 절반서 생산정보 모니터링 등 '초보'", http://www.kyeonggi.com/news/articleView.html?idxno=2382935.

권원일 외(2020), 『개발자도 알아야 할 소프트웨어 테스팅 실무』, STA테스팅컨설팅.

김현규(2020), 「스마트 팩토리의 품질이 효율성과 활용도에 미치는 영향에 관한 연구」, 『기업경영연구』, 한국기업경영학회, Vol. 27, No. 4, 통권 92호, pp.145~161.

김현진 외(2018. 7), 「스마트 팩토리 보안 사고 유형 분석 및 대안 프레임 제시」, 『한국컴퓨터정보학회 하계학술대회 논문집』, 제26권 제2호.

딜로이트 안진 리뷰, "유연 생산 체계를 구현하는 Smart Factory : 생산 전략의 효과적 운용 방안", https://www2.deloitte.com/content/dam/Deloitte/kr/Documents/insights/deloitte-anjin-review/04/kr_insights_deloitte-anjin-review-04_08.pdf.

산업통상자원부 보도자료(2018. 6. 4), "IIC 인증 글로벌 스마트공장 테스트베드 현황".

https://www.cyren.com/blog/articles/data-breach-report-underscores-phishing-risk-for-manufacturers.

https://www.koreascience.or.kr/article/CFKO201831342440407.pdf.

ISO/IEC/IEEE 29119-2(2021 개정), "Software and systems engineering Software testing - Part 2 : Test processes".

ISO/IEC/IEEE 29119-3(2021 개정), "Software and systems engineering Software testing - Part 3 : Test documentation".

ISO/IEC/IEEE 29119-11(2020), Software and systems engineering Software testing – Part 11 : Testing of AI based systems.

IT비즈뉴스(2021. 9. 2), "삼성SDI, 헝가리 괴드 배터리 공장서 전해액 누출 사고".

NIPA & ㈜STA테스팅컨설팅(2019.3.10., 3판), 『소프트웨어 테스트 실무 가이드』, p.11.

찾아보기

ㄴ

ㄷ

ㄹ

ㅁ

ㅅ

ㅇ

ㅈ

ㅍ

ㅎ

스마트 팩토리 : 미래 제조 혁신

초판 1쇄 인쇄 2022년 2월 22일
초판 3쇄 발행 2023년 9월 22일

지은이 박준희 · 김문구 · 오지선 · 김희태 · 최동학
손지연 · 강학주 · 박종현 · 정선민 · 신동형
오재영 · 조충호 · 정재윤 · 김재현 · 강인식
임명환 · 배지훈 · 이은서 · 하태진 · 권원일

펴낸이 박기남
기획 · 영업 박정헌
책임편집 박세린
펴낸곳 **율곡출판사**
08590 서울시 금천구 가산디지털1로 84(에이스하이엔드 8차), 803호
전화 (代) 02) 718-9872/3
팩스 02) 718-9874
홈페이지 http://www.yulgokbooks.co.kr
이메일 yulgokbook@naver.com
등록 1989.11.10. 제2014-000031호
ISBN 979-11-91812-17-6 93580

정가 32,000원